좋은 정부의 제도와 과정

이론적 탐색과 한국 사례

좋은 정부의 제도와 과정

이론적 탐색과 한국 사례

인 쇄: 2016년 6월 25일
발 행: 2016년 6월 28일

지은이: 이현우·노대명·서복경·이덕로·이정진
　　　　이지호·조영호·최연혁·황아란

발행인: 부성옥
발행처: 도서출판 오름
등록번호: 제2-1548호 (1993. 5. 11)
주　소: 서울특별시 중구 퇴계로 180-8 서일빌딩 4층
전　화: (02) 585-9122, 9123 / 팩　스: (02) 584-7952
E-mail: oruem9123@naver.com

ISBN　978-89-7778-464-2　　93340

* 잘못된 책은 교환해 드립니다.
* 값은 뒤표지에 있습니다.

이 논문은 2013년 교육부의 재원으로 한국연구재단의 지원을 받아 수행된
연구입니다(NRF-2013S1A3A2055205).

좋은 정부의 제도와 과정

이론적 탐색과 한국 사례

이현우 · 노대명 · 서복경
이덕로 · 이정진 · 이지호   지음
조영호 · 최연혁 · 황아란

Institution and Process of Good Government

Theoretical Research and Case Studies

Hyeon-Woo LEE · Dae Myuong NO · Bok Kyung SEO
Deokro LEE · Jeong-jin LEE · Jiho LEE
Youngho CHO · yonhyok CHOE · Ah-ran HWANG

ORUEM Publishing House
Seoul, Korea
2016

머리말

이 책은 교육부 지원 한국사회과학연구 지원사업(SSK) '좋은 정부' 연구의 중형단계 연구 성과를 종합하고, 학계와 현장을 아울러 한국적 맥락에 맞는 '좋은 정부' 연구를 위한 고민을 함께 나누기 위해 기획되었다.

10년 장기기획으로서 '좋은 정부' 연구는 고령화·양극화·다문화화 등 다층적, 다면적 사회변동에 직면한 한국 정부를 질적으로 고양시키기 위한 지식사회의 노력이 시급하다는 문제의식에서 출발하였다. 연구를 시작했던 2010년 시점, 한국의 GDP와 정부 재정규모는 민주화 직후였던 1987년 대비 10배 이상 증가했지만, 2번의 정권교체와 5번째 정부, 6번째 국회를 경험하는 동안 국가와 정부의 문제해결능력에 대한 시민들의 회의는 점차 커지고 있었다. 투표참여로 상징되는 제도적 참여는 급격히 하락한 반면 대의제 민주제도 밖에서 공공의 문제를 해결하려는 시도는 확대되었다. 주기적인 거리정치가 일상화되었고 공적 제도 및 정부의 사회적 문제해결 능력에 대한 시민들의 불신이 만연했다. 세계사적으로 선례를 찾을 수 없는 급격한 고령화추세, 세계화와 맞물린 사회경제적 양극화의 가속화, 결혼과 고용수요를 충당하기 위한 다문화화 등 우리나라 정부가 직면해야 하는 문제는 과거의 경험만으로 대처해나갈 수 없다는 점이 명확해져 있었다. 본 연구를 진행해 온 지난 6년 동안 다시 정부가 1번 바뀌었고 2번의 국회가 바뀌었지만, 상황이 좋아지고 있다는 징후를 찾기는 어렵다.

정치체제로서 민주주의에 대한 기대와 현존하는 정부의 문제해결능력 사이의 간극이 초래한 시민들의 회의와 불만은 비단 한국만의 문제가 아니며 민주주의 국가들이 직면한 공통의 문제다. 이에 대한 대응으로 세계적 연구소와 대학들은 시민들의 이해와 욕구를 충족하기 위한 제도적 장치로서 민주주의를 심화하고, 사회적 수요에 반응하는 정부의 능력을 고양하기 위한 다양한 기획들을 시도하고 있다(World Bank Institute Good Governance Project; Quality of Government Institute in University of Gothenburg; Governance Project in Stanford University 등). 미국과 유럽을 중심으로 한 이러한 장기기획들의 특징은, 대학이 주체가 되어 안정적이고 풍부한 지적 인프라를 구축하고, 국제적 연구협력 네트워크를 통해 성과를 비교하고 공유한다는 점이다.

국제협력 네트워크는 국제기구나 유럽연합 혹은 개별 국가의 정부지원 연구기관 등에 의해 구축되었지만, 그 토대는 각국 지식사회의 축적된 연구 성과였다. '좋은 정부' 연구는 우리나라 정부에 대한 고유한 연구 성과를 축적하고, 이를 토대로 국제연구협력 네트워크에 접속하여 정부의 질을 제고하기 위한 지구적 노력을 '한국화'하기 위한 목표를 가지고 출발하였다.

'좋은 정부' 연구의 목표는 명확하다. 매년 새로운 과제에 직면하고 있는 한국 정부의 문제해결 능력을 제고하고, 시민들의 수요에 효과적으로 대응하는 정부로 만들기 위한 지적 자원을 축적하여, '좋은 정부'의 청사진을 제시하는 것이다. 그 출발은 민주화 이후 선거로 선출된 정부의 반복된 거버넌스 위기에 대한 경험적 천착이다. 민주적 제도가 본격적으로 도입되기 이전의 정부와 이후의 정부는 완전히 다른 거버넌스 구조를 가진다. 민주화 이전 권위주의 정부가 시민들의 수요를 정부와 연결하고 평가하는 제도적 장치가 없이 정책을 추진하였다면, 민주화 이후의 정부는 확연한 질적 차이를 갖는다. 선거를 통해 권력을 위임받고, 유권자들의 표출된 이해와 욕구를 정책을 변환하여 공급하며, 정기적으로 정치집단(정당)은 유권자의 평가를 받는다. 이와 같은 과정은 정부의 정책이 유권자들의 수요와 동떨어지거나 반하는 방향으로 흘러가는 것을 방지하는 기능을 한다. 그러나 동시에 민주적 제도와 절차가 제공하는 다양한 정보들은 정부에 대한 정책적 기대와 정책 공급 사이의 간극을 평가할 수 있게 함으로써, 더 나은 정부를 만들어야 하는 압력을 상승시킨다.

지난 30년간 민주적 절차와 과정을 전제로 한 거버넌스 구조에서, 우리나라 정부는 선진 국가들의 제도와 행태를 모방하는 것에 집중해 온 것이 사실이다. 그러나 민주적 거버넌스가 30여 년에 이르는 지금, 한국 정부의 현실을 경험적으로 분석하는 작업은 '한국형 좋은 정부'의 모델을 모색하는 장기연구과제의 출발점이 되어야 한다. 이 같은 문제의식에서 '좋은 정부' 연구단은 소형단계에서부터 정부의 주요정책들이 수혜자 집단의 수요와 얼마나 일치하는가에 관한 데이터베이스 구축을 목표로 출발했다. 미시적 차원에서 소형 3년 동안 '좋은 정부' 연구는 고령자집단, 근로빈곤집단, 결혼이주자집단을 소재로 정부와 시민의 일상적 정책채널에 대한 경험연구에 주력했다. 각 정책의 투입-결정-집행 등 단계마다 형성되어 있는 정부와 시민의 다층적 연계망들은, 한국 정부의 반응성(responsiveness)과 책임성(accountability)이 구현되는 가장 중요한 부문체제(partial regime)들이다. 분석결과 이익의 집약과 정책 선호형성 기능을 담당해야 할 시민적 토대의 결여 혹은 미성숙은 우리나라 정부의 반응성을 저해하는 핵심요인으로 드러났다.

시민사회의 자율적 정책형성기능이 결여된 자리는 전문가집단, 관료집단, 이익대표를 자임하는 명망가집단, 선거동원이 목적인 정치집단에 의해 대체되고 있었다. 이들에 의해 굴절된 정책투입은 국가적 자원의 배분을 왜곡하고 정책전달체계의 효율성을 저해하며 정책 사각지대를 만들어냈다. '시민참여가 민주주의를 건강하게 한다.'는 당위적 진술을 넘어, 정책채널에 누락된 시민들의 규모가 크면 클수록 정책 반응성이 낮아지고 국가적 자원배분의 효율성이 떨어지며 결과적으로 대의제 정부에 대한 신뢰가 하락하게 된다는 것이 소형연구의 경험적 발견이었다.

미시적 차원에서 '좋은 정부'의 이론과 함의를 도출한 소형단계 연구 성과는 중-대형단계 연구가 해결해가야 할 과제들을 제시하였다. 특정 사안에 대하여 실질적 정책수요자들의 요구가 어떤 과정과 경로로 정부에 전달되는가? 정책수요를 가진 시민들은 어떻게 정부가 이를 알고 반응하도록 만들수 있는가? 이질적이고 때론 상충하는 정책수요를 가진 개별 시민들은 자신의 정책욕구를 어떻게 공공화할 수 있는가?에 관한 문제다. 중형단계 연구는 정부 내 정책수립-집행-평가와 같은 미시적 차원과 연계하여, 유권자들이 자신들의 욕구와 이해를 표출하고 정당과 정치인들이 이를 정책으로 변환하는 '좋은 정부'의 거시적 정치과정으로 연구관심을 넓혔다. 시민들이 주기적으로 집단적 정책수요를 결집하는 제도적 계기로서 '선거채널'로 연구범위를 확장하였으며, 중앙정부-시민의 관계에서 지방정부-시민의 정책 관계망으로 연구영역을 확대하였다.

20세기 민주정부에서 '자유롭고 공정한 선거'는 어느 곳에서나 가능하며 민주주의라면 당연한 것으로 간주되었다. 선거는 민주적 정부가 유권자들의 이해와 욕구 및 가치를 파악하고, 정당과 정치인들은 이에 반응하여 구체적인 정책을 개발하고 위임받는 핵심적 과정이다. '좋은 정부'가 유권자들의 이해와 요구에 투명하게 부응하고 이들의 의견을 중시하는 정부라면, 선거는 이를 가능하게 하는 최소한의 필요 요건이 될 수 있다. 그러나 선거를 중심으로 하는 제반 민주적 절차와 과정이 정부의 유권자에 대한 반응 메커니즘을 질적으로 제고하는 충분조건이 될 수는 없다. 일상적인 정책과정이 절차적 정의, 민주적 책임성과 정책 실효성을 담보해낼 수 없다면 선거는 언제든 민주정체의 골격만을 간신히 유지시키는 알리바이로 전락할 수 있다. 그런데 선거와 선거 사이 한국의 중앙정부와 지방정부가 좋은 정부의 가치와 규범에 비추어 어떻게 작동하고 있는가를 확인하고, 한계가 있다면 어디에서 무엇을 개선함을 통해 질적 고양을 시도할 수 있는지를 탐색하는 작업은 그리 간단한 문제가 아니다.

이론적 탐색과 경험연구를 동시에 진행하면서, 경험과 이론 사이를 오가는 과정을 부단히 반복하지 않으면 안 된다. 모든 이론은 특정 경험 사례들을 토대로 보편적 속성을 추상화한 결과물이다. '좋은 정부' 연구에 관한 이론들도 마찬가지다. 지금까지 '좋은 정부'에 관한 이론들은 대개 유럽과 미국을 경험적 토대로 하였다. 그 이론들은 한국적 맥락의 '좋은 정부' 연구의 초기 방향을 설정하는 길잡이가 되어 주었다. 그러나 한국, 일본, 대만 등 아시아 국가들은 시장 기반 민주주의 모델을 발전시켜왔던 그들과 달리, 발전국가를 토대로 한 정부 모델로부터 출발해 민주주의 정부로 이행해 왔다. '좋은 정부' 연구단은 유럽이나 미국을 기반으로 형성된 이론의 보편성을 받아들이면서도, 한국을 비롯한 아시아 국가들에 좀 더 적합한 설명모델을 위한 탐색 작업을 지속해 왔고 이 책에는 현재까지의 성과를 정리하고 있다. 세계적인 '좋은 정부' 연구 동향에 대한 분석과 한국적 경험에 토대를 둔 이론적 모델, 그리고 경험과 이론의 간극을 줄이기 위한 방법론에 관한 제1부 세 편의 글이 이를 요약한다.

다음으로 철저한 경험연구에 토대를 두어야 하는 것은 우리가 하는 이 작업이 다른 나라가 아닌 한국 정부에 관한 문제이기 때문이다. 2016년 현재의 한국 정부는 정부수립 이후 70여 년, 민주정부 30여 년이 빚어낸 산물이다. 그 경험들이 만들어낸 제도와 관행, 규범과 행태로 움직이고 있는 것이다. 오래된 나무의 나이테처럼 둘러진 역사 위에서 현재를 이해하고 분석하는 작업은 작동 가능한 대안 마련을 위해 반드시 선행해야 할 영역이다. 한국 정부의 역사성 위에 제도와 과정을 분석한 글이 제2부에 5편 실려 있다.

우선 주거정책, 반부패정책, 기초생활보장정책을 소재로 역대 한국 정부 정책과정의 제도와 행태를 분석하였다. 이 세 정책을 소재로 삼은 것은 역대 한국 정부의 정책영역 중 대유권자 관계에서 절차적 정의, 민주적 책임성, 정책 실효성 측면의 제도와 과정을 가장 잘 보여줄 수 있는 영역이기 때문이다.

우리나라 정부의 '집'정책은 부동산 산업정책에서 주거복지정책으로의 전환을 경험해 왔다. 오랫동안 우리나라 정부정책에서 '집'은 건설 산업 성장 정책 수단이었고 경기부양이나 경기안정을 위한 거시경제정책 수단이었다. 그러다 점차 복지정책의 한 영역으로서 자리를 잡아가기 시작했다. 산업정책에서 복지정책으로 '집'에 대한 접근이 전환되면서, 이를 다루는 제도영역도 바뀌었고 행정부처와 정책수단도 변화를 경험했다. '집'정책은 한국 정부의 정책결정제도와 과정의 오래되고 점진적인 변화를 보여줄 수 있는 좋은 소재가 될 것이다.

기초생활보장정책은 IMF 이후 대한민국 정부의 복지정책 패러다임 변화와 그것이 야기한 제도와 과정의 변화를 잘 보여줄 수 있는 소재가 된다. IMF 외환위기 직후 김대중 정부에서 처음 도입된 기초생활보장제도는 노무현, 이명박 정부를 거쳐 박근혜 정부에서 근본적 정책변경을 경험했다. 초기 도입자들이 어떤 제도와 과정을 거쳐 정책을 입안했으며 정책시행 경험이 누적되면서 왜 근본적 변경을 야기하게 되었나에 관한 분석은, 4번의 정부 사이에 정부 복지정책 결정과정의 변화를 긴 흐름으로 보여주게 될 것이다.

반부패정책은 민주화 이후 한국 정부가 유권자들과의 관계에서 특히 역점을 둔 정책영역이었다. 역대 정부들은 항상 '반부패와 청렴'을 우선 정책

목표로 설정했고, 실제로도 많은 제도적 진전과 성과를 가져온 것이 사실이다. 그러나 객관적 지표와 유권자들이 인식하는 주관적 평가 사이의 간극은 여전히 크다. 정책 산출과 유권자들이 느끼는 정책 실효성 사이의 간극이 왜 발생하는지에 관한 분석은 정부 정책과정의 민주적 책임성 차원에서 중요한 함의를 전달해 줄 것이다.

한편 제7장에서는 역대 지방정부 청년정책 변화를 소재로 지방정부가 미조직 사회집단과 거버넌스 모델을 어떻게 형성해 왔는지를 추적한다. 지방정부 차원에서 시민들에 대한 정책적 반응성과 정치적 책임성의 메커니즘은 다른 나라에서 진행 중인 '좋은 정부' 혹은 좋은 거버넌스 연구들의 핵심 관심사이기도 하다. '좋은 정부' 연구를 선도한 스웨덴 고덴버그대학의 좋은 정부 연구소는 이미 정부의 수행력과 시민들에 대한 반응성 및 책임성을 탐색함에 있어서 국가수준을 넘어 지방 수준으로 이동하였다. 아울러, 스탠포드 대학의 'Governance Project'나 영국 정부의 지원을 받는 발전연구소(Institute of Development Studies)의 'Deepening Democracy' 기획 등은 유럽, 남미, 미국 등의 지방 차원에서 벌어지는 정부의 실험들을 연구하고 있다. 비교적 역사가 짧은 한국의 지방정부에서도 새로운 시도들이 등장하고 있으며, '좋은 정부' 연구단은 이런 시도들에 대한 참여관찰 등의 방식으로 한국적 경험을 축적하고자 계획하였고 그 성과를 실었다.

제8장은 '사법적 정책결정'에 관한 사례연구다. 이론상 대의 민주정에서 공공정책 결정은 선출된 입법부와 행정부의 역할로 위치 지워지지만, 현실에서는 이미 오래전부터 사법부에 의한 공공정책 결정이 이루어져 왔다. 이미 해외에서는 사법적 공공정책 결정에 관한 많은 경험연구들이 축적되어 있고, 대의 민주정에서 사법부의 정책결정을 어떻게 바라봐야 하는가에 관한 이론적 논의도 두텁다. 그러나 한국에서는 2000년대 초반 이후에야 헌법재판소 판결을 둘러싼 논의가 시작되었고, 대법원을 정점으로 한 재판부의

일상적인 공공정책 결정에 관한 연구는 드물다. 사법부의 공공정책결정은 대개 입법부와 행정부를 중심으로 한 공공정책결정과정이 작동하지 않거나 오작동한 결과로부터 나타난다. 정리해고제도를 둘러싼 30여 년의 역사는 한국적 맥락에서 사법부가 어떻게 정책결정의 장으로 초대되고 영향력을 발휘하게 되는지를 잘 보여주는 소재다.

마지막으로 제3부에 실린 3편의 글은 '좋은 정부' 연구단이 한국적 경험과 이론 탐색을 위해 진행했던 설문조사 결과를 토대로, 한국 유권자들의 정부 인식을 분석한 것이다. 국가와 민주주의, 복지국가에 대한 태도와 '좋은 정부'가 무엇이라고 생각하는지에 관한 구성적 요소를 분해하여 보여준다. 설문조사 내용은 한국 정부와 유권자 사이의 현 주소를 확인시켜줄 것이다.

이 책은 '좋은 정부' 연구단 9명 연구자들의 공동 창작물이다. 기획부터 조사, 사례연구와 해석에 이르기까지의 전 과정을 함께 하였다. 이 책은 교육부와 한국연구재단의 안정적 지원이 허락되었기에 가능했다. 또한 도서출판 오름의 부성옥 대표를 비롯한 직원 여러분의 도움이 컸고, 깊이 감사드린다.

2016년 6월
연구진을 대표하여
이현우

제1부 이론적 탐색

제2부 정부의 제도와 과정

제3부 유권자가 본 좋은 정부

제1부

이론적 탐색

제1장

정부의 질 연구의 세계적 경향

최연혁

I. 들어가는 글

부패와 정부의 질에 대한 연구는 1990년대 이후부터 중요한 정치적 관심 영역으로 자리 잡고 있다. 정부의 질의 정도가 개발도상국의 필수발전요인으로 주목을 받으면서 세계은행, 국제연합, IMF 등의 국제기구는 개념의 정의, 측정 방법, 인과관계의 규명 등 다양한 연구가 진행되었으며 지속적 발전의 틀 속에서 국제원조기금의 제공을 위한 기준으로도 사용되어 왔다 (IMF 2005; Kaufmann, Kraay, och Zoido-Lobatón 1999; Smith 2007). 국제원조가 그 이전까지는 SOC 확장, 생필품지원, 의약품과 질병치료 등 물질적 지원에 초점을 맞췄지만 정치인, 관료, 군인 등의 정권 핵심 및 주변 권력자들의 부패로 인해 정작 지속적 경제발전과 정치발전에는 크게 기여하지 못한 점을 개선하기 위한 방법으로 시도되었다고 볼 수 있다. 이때까지만 해도 정부의 질 연구는 주로 행정부의 중립성(impartiality)을 핵심 개념으로 보고 행정부의 부패 정도, 정부신뢰에 미치는 영향 등에 연구의 초점을 두었다(Rothstein 2011; Rothstein & Stolle 2003; Teorell 2007).

2008년 리먼브라더스 사태 이후 정부의 질 연구의 관심영역은 더욱 확장되는 경향을 띠고 있다. 전 세계의 국가재정 위기와 유동성 위기, 시장의 실패에 따른 사회의 위기 상황이 심화되면서 국가의 실패와 부도, 그리고 국가제도의 불안정성이 경제적으로 부유한 국가들의 정책수행 능력까지도 연구의 관심영역으로 확장되었다(Kaufman 2004; Johnson 2009; Rothstein 2012, 13). 이 같은 변화의 직접적인 원인은 월스트리트 발 미국재정 위기가 이탈리아, 스페인, 포르투갈, 아일랜드에 이어 그리스에까지 유동성 위기로 파급되어 유로존 전체의 저성장, 남유럽국가의 정치불안정, 정치의 불신, 법과 제도의 불신 등의 국가위기가 지속되면서 근본적 원인의 제공은 세계 금융 및 자본시장의 통제와 감시기능을 제대로 시행하지 못한 정부의 능력 부재, 그리고 이에 따른 책임성의 부재 등에 있기 때문에 이때부터 정부의 질에 대한 연구의 관심은 더욱 증폭되었다. 그 이전에도 2005년 미국의 뉴올리언스시를 강타한 허리케인 카트리나 사태, 2004년 500여 명의 스웨덴 국민이 희생당한 쓰나미 사태, 2011년 일본의 후쿠시마 원전 사태 등의 자연재해, 안전사고에 따른 피해 등이 속출했지만 정부의 소극적 대응과 부적절한 대처는 정부의 질이 아무리 높아도 국민의 생명과 안전을 지켜주지 못하기 때문에 정부정책의 질과 국가운영을 새롭게 조명하는 계기가 되었다. 이전까지만 해도 중립적 관료제도와 공평성, 효율성에 초점을 두었다면 정부의 질 연구는 점차 국가의 위기관리능력, 정치 지도자들의 능력과 통치성, 정부의 책임성 등의 관심영역으로 확대되고 있다.

이 글은 1990년대부터 최근까지 정부의 질에 대한 연구의 실태와 현황, 그리고 연구의 관심영역의 변화에 대한 체계적 정리를 위한 목적을 갖는다. 이 글의 후반부는 정부의 질 연구의 문제점과 앞으로의 연구방향성에 대한 논의를 다룬다. 앞으로 정부의 질 향상을 위해 어떤 연구가 필요하며, 변화된 환경하에서 반부패제도의 효율적 운용 이상으로 어떤 노력이 필요한 지에 대한 논의와 함께 글을 맺도록 한다.

II. 정부의 질 연구의 추이와 관심영역

1. 정부의 질 연구의 방향성과 특징

국제기구를 중심으로 관료의 부패와 빈곤, 그리고 경제성장과의 연관성에 대한 연구가 시작된 1990년대 이후 정부의 질에 대한 관심은 꾸준히 성장해 왔다. 정부의 질 연구의 주된 관심은 부패가 빈곤의 발생, 경제의 성장과 발전에 어떻게 영향을 미치는지, 그리고 부패의 원인과 치유방법 등에 대한 연구가 주종을 이루어 왔다. 여기에는 세 가지의 연구성향으로 구분될 수 있다.

첫 번째 관심영역은 부패와 정부통치 효율성과의 관계, 정부의 질에 대한 측정 방법, 그리고 부패의 효과적 대처와 반부패 활동을 통한 정부의 질 향상에 관심을 둔다(Kaufmann, Kraay, och Zoido-Lobatón 1999; Kaufmann, Kraay & Mastruzzi 2010; Smith 2007; Berg 2005). 둘째는 부패와 정부의 질에 영향을 미치는 변인, 즉 정부의 질의 원인에 대한 연구에 초점을 두고 있으며(Dahlström & Holmgren 2015, 6-8; Dahlström, Lapuente & Teorell 2011), 세 번째로 정부의 질을 독립변인으로 보고 민주주의와 정치발전 등과 같은 종속변속에 어떤 상관관계가 있으며 어떤 영향을 미치는지에 대한 연구관심 등으로 구분된다(Rothstein 2011; Frey and Stutzer 2002; Mungiu-Pippidi 2006; Öberg and Melander 2010; Uslaner & Rothstein 2016).

첫 번째 연구의 관심은 한 국제기구의 연례발표가 국제적 관심을 받기 시작하면서부터라 볼 수 있다. 국제투명성기구(Transparecy International)는 1993년 세계은행의 유럽지역 담당자였던 아이겐(Peter Eigen)이 설립한 국제기구로 각국 정부의 부패지수인 부패 인지도(CPI: Corruption Perception Index)에 대한 측정치를 1995년부터 매년 발표해 오고 있다. 1999년부터는 유사한 지표로 뇌물지수(BPI: Bribe Payers Index)를 개발해 발표해오고 있다. 이 지표들은 각국에서 거주하고 있거나 거주했던 경험이 있는 전문가집단(사업가, 학자, 변호사, 인권단체간부 등)을 확보해 부패관행에 대한 평가를 취합한 자료이기 때문에 객관적 통계수치라기보다는 주관적 평가기준에 따른 인지도에 기초하고 있어 신뢰도에 관해 많은 논란이 있는 것이 사실이다(Economist 2010; The Guardian 2013). 하지만 세계 각국 정부의 부패에 대한 객관적 비교자료가 전무한 상태에서 이 지표는 점차 폭넓게 사용되기 시작했고, 매년 발표될 때마다 각국은 부패순위 변화에 촉각을 곤두세우기 시작했다. 이와 함께 세계은행(World Bank)은 유사한 개념인 국가통치 지수(Governance Index)를 1999년부터 개발해 사용하기 시작했다. 2000년부터는 부패 인지도, 그리고 통치력 등이 제공되면서 학문적 연구가 봇물을 이루기 시작했다. 우선 2004년 설립된 스웨덴의 정부의 질 연구소(The Quality of Government Institute)는 부패와 국가통치 지수를 바탕으로 정부의 질이라는 개념을 사용하기 시작했다. 이때부터 정부의 질에 대한 개념 정의, 측정 방법에 대한 논의가 본격적으로 시작되었다고 볼 수 있다. 정부의 질 연구소의 버그(Ulrika Berg)는 정부의 질은 부패가 낮고 통치지수가 높으며, 경제성장과 같은 국가의 효율성의 정도에 따라 결정된다고 보았다(Berg 2005).

　보다 이론적 접근을 시도한 로스타인은 그의 연구에서 새로운 공평성(impartiality)이라는 개념을 도입해 관료의 중립적 관행, 능력, 그리고 효율성을 정부통치의 질, 즉 정부의 질 연구의 핵심 개념으로 사용하기 시작했다(Rothstein & Teorell 2008; Teorell 2007). 동시에 각국의 학자를 중심으로 한 자체 전문가 풀을 선정해 매년 정부통치의 질(Quality of Governance)을 측정하고 있다. 로스타인의 공평성 지수(impartiality index)는 다음의 3개 개념, 즉 민주주의, 법치주의, 효율성이 결합된 측정지표라 할 수 있다(Rothstein & Teorell 2008, 178-183). 즉 정부통치의 질이 높을수록 민주주의와 법치주의가 잘 작동하며, 효율성도 높을 것이라는 가설을 기초로 하고 있다. 하지만 초기 로스타인 교수가 사용하고 있는 3개의 개념 중 민주주의와의 상관성은 많은 문제점을 드러내고 있다. 즉 중국의 경우 일당통치와 통제를 통한 국가통치의 결과 국가 효율성이 높게 나타나기 때문에 경제성

장과 같은 국가 능력(state capacity)은 높게 나타날 수 있지만 민주주의와
는 거리가 멀고, 법치주의도 자율적인 법질서의 존중에 기반을 둔 자유민주
주의적 개념이 아닌 통제와 감시에 의해 제한되고 있기 때문이다. 이 부분
에 대해서는 정부의 질 연구의 문제점을 다룰 때 상세히 논의하기로 한다.

　정부의 질 연구의 두 번째 영역은 정부통치의 질에 영향을 주는 변수,
즉 원인에 관심을 둔다. 정부의 질이 종속변수로서 무엇이 좋은 정부에 결
정적으로 영향을 미치는가에 대한 관심에 초점을 두고 있다. 정부기관
(government authorities)의 부패는 주로 정치인이 무능하거나 척결의지가
없거나 혹은 스스로 부패한 데에 기인하는 경우가 대부분이다.

　노스(Douglas North)의 연구는 제도의 무능과 부패의 원인은 주로 무능
하고 부패한 정치 지도자의 책임에 있다고 본다(North 1990, 2006; Snyder
and Mahoney 1999). 즉 정치인의 무능과 부패는 국가관료체제의 부패사
슬 구조로 인해 통치력의 약화와 저발전의 결과 정치적 안정성이 낮고 쿠데
타와 역쿠데타 등이 반복적으로 발생하는 원인으로 작용하고 있기 때문으로
통치의 효율성이 낮다는 가설에 기초하고 있다.

　정치인과 정부관료들이 부패하는 원인에 대해, 후쿠야마는 전통적 사회의
의식과 관행, 그리고 의식이 그대로 답습되고 있기 때문이라고 보았다. 후쿠
야마에 따르면 정부관료가 정부의 질이 낮고 통치력이 낮은 이유는 극소수
정치엘리트들에게 집중된 권력자원, 예를 들어 정치자금이나 정치적 충원
등의 수단으로 인해 초래된 불균형적 권력관계, 그리고 수직적이며 위계적
인 정치질서, 그리고 농경사회에서와 같은 고객주의(clientalism)가 통치의
중심수단으로 이용되고 있기 때문이다(Fukuyama 2011; 2014; Plattoni 2001,
6-7; Powell 1966). 이와 유사한 후원주의(patronage)도 부패의 원인이 되기
도 한다. 하지만 후원주의는 충성구조가 기저에 있기 때문에 보다 끈끈한
혈연·지연·학연 등의 공동체적 사회에서 발생하는 현상이며 이권과 매관매
직과 같은 계약적 관계에서 발생하는 고객주의와는 다르다는 시각을 띤다는
차이가 있다(Fukuyama 2014, 126-148의 8장과 9장을 참조).

　정부의 질이 낮은 국가들은 권력의 집중현상, 경쟁적 정당제도의 부재 혹

은 미숙, 감시체제의 비효율성 등으로 인해 정부기관의 기능장애(dysfunc-
tion of government authorities)가 발생하는 현상이 공통적으로 발견된다
(Beetham 1995; Heywood 1997; Webb & White 2009). 정치적 기능장애의
원인으로 정부의 형태와 정치체제의 다양성이 제시된다. 의원내각제보다 대
통령제에서, 지방자치제도의 뿌리가 깊고 권력이 분산되어 있을 때 높으며,
삼권분립, 의회의 행정부 통제능력이 높은 국가에서 높은 경향이 있다. 이와
함께 강력한 야당과 다당제, 그리고 타협적 정당제도에서 더욱 정부의 질이
높은 경향이 있는 것으로 나타난다(Lijphart 1999; Keman 2002; Seleny
1999).

　세 번째 연구방향은 정부의 질의 결과에 관심을 둔다. 정부의 질이 독립
변수로 다른 정치현상에 미치는 영향에 대한 연구가 주를 이루는 것이 특징
이다. 정부의 질 연구는 정부의 질이 어떻게 개인 삶의 질, 사회적 불평등
구조, 사회정책을 통한 빈곤의 해결, 질병 등에 영향을 미치는지에 대한 영
역까지 확장되었다는 점을 들 수 있다.

　기본 가설로 "정부의 질이 높을수록 국민 삶의 질은 높고, 양극화의 정도
가 낮으며, 상대적 빈곤이 낮다", "정부의 질은 국민건강, 위생, 환경, 공기오
염, 성평등, 교육정도, 폭력과 갈등에 매우 밀접한 관계가 있다" 등을 설정해
다양한 연구가 진행되었다(Frey and Stutzer 2002; Anderson and Tverdova
2003; Mungiu-Pippidi 2006; Öberg and Melander 2010; Choe 2011;
Rothstein 2011, 7; Uslaner & Rothstein 2016).

　좋은 사회, 그리고 적극적 시민성도 좋은 정부와 밀접한 관계가 있다. 홀
름버그와 로스타인은 좋은 정부일수록 출생의 질, 죽음의 질, 그리고 삶의
질에 긍정적 영향을 끼친다는 가설을 중심으로 좋은 사회연구에도 관심영역
을 넓히고 있다(Holmberg 2007; Holmberg & Rothstein 2014; 2015). 좋
은 사회일수록 국민이 태어나 사망할 때까지 영위하는 삶의 질이 높아져
삶의 만족도와 행복도가 높게 나타난다(Holmberg & Rothstein 2015, 11).
좋은 정부일수록 국민과의 대화채널을 통해 귀를 기울이게 되며 비판적 목
소리까지 정책에 반영하려고 노력하기 때문에 시민의 참여는 더욱 적극적인

〈표 1〉		정부의 질 연구의 방향성과 특징
	연구의 초점	해당영역
개념 정의	• 어떻게 정의하며 측정할 것인가?	공정성 (impartiality) 부패 정도 (degree of corruption) 민주주의 (democracy) 법치주의 (rule of law) 책임성 (accountability) 효율성 (effectiveness)
결과로서의 정부의 질	• 정부의 질에 영향을 미치는 변수들은 무엇인가?	통치자의 정당성 (legitimacy) 지도자의 능력 (leadership capacity) 엘리트정치의식 (투쟁적-합의적) 통치체제 (대통령제-내각제, 단방제-연방제, 양원제-단원제, 삼권분립, 중앙집권-지방 분권, 단순다수제-비례대표제, 능력제- 엽관제 등 다수) 생산구조 (노동집약-노동분화) 사회구조 (전통사회-다원사회) 근대화 정도 (도시화, 산업화, 소득, 교육)
원인으로서의 정부의 질	• 정부의 질이 다른 변수에 어떻게 영향을 미치는가?	경제성장 투표율 정부신뢰 및 상호신뢰 민주주의에 대한 신뢰

형태를 띤다. 통제되고 억압적인 정부일수록 정치보이콧 등이 더욱 효과적 수단이거나 혹은 아예 정치에 관심을 두지 않는 혐오주의, 소극주의가 팽배하기 때문에 정치적 효능감은 낮게 나타날 수밖에 없다(Finifter 1970; Balch 1974). 정부의 질이 높은 국가일수록 또 다른 참여의 형태인 투표참여에도 적극성을 띤다. 달버그와 솔비드는 정부의 부패가 심하고 선거가 혼탁할수록 투표율이 낮다는 가설을 연구를 통해 보여주고 있다(Dahlberg & Solevid 2015).

2. 정부의 질의 유사 개념과 문제점

로스타인은 정부의 질(quality of government)과 유사 개념으로 좋은 통치(good governance)와 국가의 능력(state capacity)을 들고 있다(Rothstein & Teorell 2008, 178-183; Holmberg & Rothstein 2012, 3). 국가의 통치능력과 같은 맥락에서 정부의 질의 개념에 접근하고 있는 학자가 후쿠야마(Francis Fukuyama)다. 그는 정부의 질은 사회발전의 가장 중요한 요인으로 정부의 질이 높아질수록 결국 국가의 통치능력도 확대된다는 관점을 취하고 있다(Fukuyama 2014, 8). 그에 따르면 국가의 통치능력은 경제의 발전, 절대적 빈곤의 퇴치, 양극화의 완화 등과 같은 지표로 측정될 수 있기 때문에 정부의 질은 국가의 통치능력과 유사한 개념이라고 볼 수 있다는 것이다.

하지만 정부의 질을 통치의 질과 결합해 국가의 높은 능력을 설명하려고 할 때 문제가 발생할 수 있다. 예를 들어 남미의 아르헨티나, 칠레, 콜롬비아, 우루과이, 멕시코, 북아프리카의 이집트, 튀니지, 알제리, 유럽의 그리스, 스페인, 포르투갈 등 2차 대전 이후 군사혁명 혹은 독재를 체험한 국가들은 저성장, 실업률, 정부불신 등이 나타나 질이 낮은 통치의 전형적인 모습을 보여준다(Collier 1981; Kaufman 1986; Packenham 1976; Wiarda 1973; Waterbury 1994).

정부의 질이 낮은 국가들은 공통적으로 후원주의(patronage) 혹은 고객주의(clientalism)가 만연해 부패구조가 깊게 뿌리를 내리고 있고, 저성장, 국가부도의 위험, 유동성 위기 등이 반복되면서 제도적 신뢰가 매우 낮게 나타나는 공통적 특징을 보인다(Fukuyama 1995; 2014; Eek & Rothstein 2005; Rothstein & Teorell 2005; Rothstein & Stolle 2007). 이 경우 정부의 질과 통치의 질이 모두 낮은 경우에 해당한다. 문제는 정부의 질이 낮은데도 정부의 통치능력은 높아 국가의 효율성이 높게 나타나는 경우다. 즉 정부의 질이 낮아도 통치의 질만 높으면 높은 경제성장과 삶의 질 확대, 그리고 국력의 성장 등을 이끌 수 있다. 이 같은 예가 바로 중국이다.

중국은 1980년대 이후 세계에서 유래를 찾을 수 없을 만큼 빠른 경제발전을 이루면서 국방력, 우주기술 등의 국력이 급격히 성장했다. 2011년부터는 일본을 경제규모에서 추월해 세계 제2위의 경제대국으로 성장했고, 미국을 2020년 전후로 미국까지 추월할 수 있을 것이라는 전망이 우세하다(*Financial Times* 2011). 구매력 기준으로 산출한 국내 총생산 규모에 있어서는 중국은 이미 2014년부터 미국을 추월하기 시작했다. 하지만 중국은 전 세계에서 매우 부패한 관료제도, 일당독재, 인권과 사법체계의 부재, 정보의 통제 등의 낮은 정부의 질을 가진 국가로 평가되고 있는 국가다(Rothstein 2012; 2014; Wedeman 2012).

이 경우 일반적으로 좋은 통치의 기준인 사유재산보호, 소수의견의 존중, 그리고 표현의 자유 및 출판의 자유와 같은 국민주권과 평등사상에 밀접하게 연관성을 갖고 있지만, 권위주의 혹은 1당중심체제하에서도 경제성장을 이끌며 국가의 능력을 확장시켜 왔다는 점에서 볼 때 반드시 좋은 통치가 국가의 능력을 신장시키는 요소는 아니라는 점이다. 통치의 좋고 나쁨, 혹은 성공과 실패의 척도는 국민의 정치적 자유와 권리에 대한 제한이 가해지는 경우라 하더라도 삶의 질이 개선되고 경제적 수준이 향상되는 상황, 그리고 국가의 국력증대를 통한 국민들의 자긍심과 소속감을 강화시켜주는 정부에서는 다르게 평가해야 한다는 점이 문제가 된다(Rothstein 2012; 2014).

중국의 경우 막스 베버(Max Weber)가 정의하고 있는 법적(legal)·합리적(rational)·중립적(impartial) 관료제는 존재하고 있지 않지만 공산당 간부들의 공적정책 수행능력은 매우 높아 국가정책 수행능력이 매우 높게 나타난다(Acemoglu & Robinson 2008; Norris 2012; Wedeman 2012, 178). 일반적 개념으로는 중국 정부가 소수의 의견까지 보호하고 소수의 인권을 지켜주는 정부가 아니기 때문에 좋은 정부로 평가될 수 없지만 경제발전, 삶의 질 향상, 국력신장 등을 보는 국민들이 평가는 일반적으로 다르게 나타난다.

따라서 한 정부가 좋은 정부인지 아닌지에 대한 객관적 평가의 기준은 매우 모호해진다고 볼 수 있다(Saich 2012). 이 같은 측면에서 볼 때 정부의 질 개념은 좋은 정부, 국가 능력과는 별개로 평가될 수 있기 때문에 로스타인이 정의한 세 개념의 유사성 혹은 상호성은 설득력을 잃게 된다. 즉 정부의 질, 좋은 정부, 그리고 국가의 능력은 민주주의와 권위적 정부 형태인지에 따라 각각 다른 뉘앙스를 띠고 있다는 점에 유의할 필요가 있다.

〈표 2〉에서 보여주고 있는 바와 같이, 국가의 능력은 민주주의 국가나 권위주의 국가 여부에 관계없이 정부의 목표에 따라 판단될 수 있다. 즉 민주적 정부가 반드시 최고의 정부를 뜻하지는 않는다는 것이다. 민주적 정부에서 추구하는 정부의 투명성, 공정성, 개방성, 다양성, 경쟁성과 같은 민주적 정치과정과 제도는 희생되더라도 경제성장과 발전, 국가안전의 확보, 민족번영, 국가발전과 국가번영을 성공적으로 이루는 정부는 효율적 정부 혹은 능력 있는 국가라 볼 수 있다(Huntington 1991; 1992; Preston 1996; Preston 1998; Peet & Hartwick 1999; Rapley 2007; Greig, Hulme & Turner 2007).

민주주의 국가에서도 당연히 국가생존, 안전과 번영, 그리고 발전이 우선하는 것은 중요하지만 국민의 기본권을 침해하고 속박하면서 추구할 때 국민저항을 받을 수 있다. 바로 홉스적 국가주의인가, 혹은 로크적 민권주의인가의 차이에서 확연하게 국가의 역할이 구분된다. 좋은 정부의 측정을 부패, 법치, 민주주의로 볼 때 생기는 문제점이라 할 수 있다. 두 번째 국민의 사회적 권리, 즉 생존, 안전, 빈곤, 불결 등으로부터 최소한의 삶의 수준을 확보시켜 주는 것이 좋은 정부의 역할이다. 국민의 생존권이 위협받는 상황에서는 아무리 경제발전이 이루어진다고 해도 소수에게만 국한된 정부이지 전체 국민을 위한 정부는 아니라는 점이다. 세 번째가 국민기본권이다. 표현의 자유, 출판 및 언론의 자유, 정치적 권리, 즉 보통선거권, 비밀선거권, 평등선거권, 직접선거권, 피선거권 등 정치적 자유와 권리를 충족시켜주는 것이 정부의 중요한 임무 중 하나다.

여기서 문제되는 것이 정부의 부패 정도가 다소 높다고 하더라도 첫 번째부터 세 번째까지의 목표를 모두 만족스럽게 수행하는 정부가 최고의 정부라 할 수 있다. 문제는 세 번째 목표를 희생하면서 첫 번째, 그리고 두 번째

〈표 2〉	정부의 질 유사 개념과 문제점	
	연구의 초점	해당 영역
유사 개념	• 정부의 질과 유사한 개념은 무엇인가?	통치의 질(Quality of governance) 국가의 능력(State capacity)
연구의 한계와 문제점	• 통치의 질이 높은 국가는 모두 민주주의 국가인가? • 국가의 능력은 민주주의 국가에서 만 발생하는 현상인가? • 정부의 질은 민주주의와 어떤 관계인가? • 정부의 질을 민주주의와 분리한다 면 정부의 목적을 어떻게 정의해야 하나?	정부의 목적 1. 국가안전, 민족생존, 국가발전, 국가번영 2. 국민 삶의 질, 생존, 안전, 사회 보장, 빈곤, 위생, 교육, 상대적 빈곤, 빈부격차 3. 재산권, 소유권, 표현의 자유, 출판의 자유 등의 인간기본권

목표를 달성하는 정부의 평가가 관건이다. 권위주의 정부, 혹은 부패한 정부라고 하더라도 1번과 2번의 정부 목적을 충실히 수행했다면 좋은 정부로 볼 수 있을까? 이 경우에 해당하는 중국 정부는 무능정부로 정의해야 할까? 부패한 정권이 아니라도 3번을 충실히 제공하지 못하는 정부는 민주주의 목표가 충족이 되지 못했다고 무능정부로 봐야 할까? 이 경우에 해당하는 싱가포르 정부는 무능정부로 간주되는가? 정부의 역할과 목적의 구분에 따라 좋은 정부에 대한 정의가 차이가 난다는 점에서 공정성과 중립성이라는 핵심적 개념을 중심으로 한 정부의 질 연구소와 로스타인의 연구결과는 많은 비판을 받고 있다(Berg 2005; Rothstein 2012).

3. 통치의 질, 신뢰 그리고 국가 실패의 극복 방안

그렇다면 정부의 질을 평가하는 객관적 지수는 무엇일까? 정부의 질 연구소(Quality of Government Institute)가 제시한 정부의 질 척도인 중립성의 정도(degree of impartiality), 투명성기구의 부패인지지수(Corruption Perception Index) 등은 정부의 질 평가에 유용하기는 하지만 포괄적 의미를 담아내고 있지는 못하는 것이 단점이었다. 하나의 대안으로 제시되고 있는 것이 세계은행이 제시하고 있는 좋은 통치지수(Index of good governance)라 할 수 있다. 세계은행은 정부의 질을 결정하는 좋은 통치의 기준을 여섯 가지로 제시하고 있다.

첫째로 국민의 목소리에 귀를 기울이고 책임 있게 수행할 수 있는 능력을 꼽는다(voice and accountability). 표출된 사회의 불만족을 해소하기 위한 정책을 내놓고 정책이 부재하거나 불충분해 문제가 발생하면 책임소재를 명확히 해 해임, 법적 조치, 재발방지 등의 조치를 취하는 정부의 능력을 담고 있는 지표다. 질병에 대한 공포, 안전과 치안에 대한 불안, 국민 삶의 불편 등을 공공재(보건소, 질병관리, 식품안전검사, 상하수도 관리, 원자력안전관리 등)의 질을 높이면서 삶의 질과 생존에 대한 근본적 대책을 내놓고 국민을 안심시키는 것이 정부의 중요한 업무에 속한다.

둘째로 정부의 효율성이다(government efficiency). 정부의 효율성 지표는 경제성장과 재화의 균형분배를 통한 양극화의 최소화로 측정된다. 경제성장은 고용을 창출하고 삶의 질을 향상시킨다. 하지만 물가상승으로 인해 임금상승을 상쇄하지 않도록 시장관리 능력도 함께 보유하고 있어야 한다. 성장이 없는 경제, 분배 없는 성장은 결국 실업자 양산과 양극화로 이어져 사회불안이 가중될 수 있다. 정부가 효율적 산출을 만들어내지 못하면 국민의 삶의 질은 악화되기 때문에 정부의 신뢰에 부정적 영향을 미치게 된다.

셋째는 폭력의 부재와 정치안정을 든다(political stability and absence of violence). 사회의 불만세력을 설득하는 정부의 능력, 정책으로 문제를 해결하려는 자세와 열정, 그리고 장기적 비전을 제시해 평화적 방법으로 문제를 해결할 수 있는 의지와 능력, 야당과의 협상능력, 설득과 타협능력 등 평화적 방법으로 사회적 대립구조를 해소하는 능력을 담고 있다.

넷째로 사법의 질을 들 수 있다(regulative quality). 국민의 생존에 가장 큰 위험은 사법적 절차가 아예 존재하지 않거나 권력을 가진 자가 사법을 통제할 때 이루어진다. 공정한 사법제도는 국민의 생명과 안전을 지키는 마지막 보루로 정의로운 사회에 필수요소로 꼽힌다.

다섯째로 법치국가의 작동여부다(rule of law). 법과 제도에 따른 절차의 통치가 이루어지는지를 가리는 변수다. 법의 제정에서부터 적용, 평가 등이 유기적으로 이루어지고 있는지, 지위고하를 막론하고 법을 존중하고 지키는지, 범법을 저질렀을 때 적절한 조치가 이루어지는지, 합리적 절차(rational process)와 법적 질서(legal order)가 잘 갖추어져 있는지의 여부에 따라 정부의 질이 영향을 받는다.

여섯째로는 부패의 통제 능력을 들 수 있다(control of corruption). 부패가 만연되는 사회에서는 먹이사슬 구조가 형성되어 있다. 부패 카르텔이 형성되어 있을 경우 정치, 관료, 시장 등이 총체적으로 보스주의(patronage) 혹은 고객주의 부패구조가 만연하며, 정직한 사람이 항상 패배하는 구조가 된다. 행정관료의 부패, 정치인의 부패, 뇌물을 통한 서비스질의 확대를 꾀하는 국민이 많을수록 부패는 폭넓게 존재한다(Kaufmann, Kraay & Mastruzzi 2010).

세계은행이 제시한 6개의 지표를 중심으로 제시되는 각국의 좋은 통치지수는 국제원조의 중요한 잣대로 사용되고 있다. 좋은 통치의 지표가 낮은 국가일수록 정부의 부패도가 높기 때문에서 지속발전 가능성이 낮아 수혜국가의 정부에 직접 현금지원보다는 비정부기구의 지원 등을 선호하는 성향이 강하게 나타난다(Santiso 2001; Rothstein 2011, 210).

세계은행의 좋은 통치지표는 앞에서 지적한 통치체제의 중립성과 공정성에 기초한 좋은 정부의 방법론적 문제를 극복한 것일까? 세계은행이 사용하고 있는 좋은 통치지표도 앞에서 지적한 민주주의 국가만을 위한 측정 방법은 아닐까? 이런 지적에 민감하게 반응하는 것이 바로, 첫째(정부책임성), 넷째(사법의 질), 그리고 다섯째(법치국가) 지수가 문제가 된다. 즉 민주국가에서 중요하게 여기는 가치들이다. 하지만 세계은행의 지수들은 점수화되어 측정하기 때문에 중국과 싱가포르 등의 국가의 측정에서 해당 항목이 낮게 나타나기 때문에 비교지표로 사용할 수 있으므로 효용성이 높다는 점에서 다르다.

국가의 실패현상을 연구한 로트버그(Robert I. Rotberg)와 개니-로크 하트(Ashraf Ghani & Clare Lockhart)는 국가의 실패는 정부의 실패, 정치제도의 실패, 시장의 실패, 그리고 권력을 가진 자의 실패이기 때문에 사람과 제도가 복합적으로 원인을 제공해 발생한다고 본다(Rotberg 2004, 2-3; Ghani & Lockhart 2009). 실패한 국가의 재건을 위해서는 국가통치제도의 재건, 시장질서의 확보, 신뢰의 시민사회가 필요하다는 진단을 위의 두 연구는 제시하고 있다. 국가의 실패는 주로 권력주변에 있는 엘리트들의 정치력 부재와 권력찬탈 과정에서 발생하는 빈도가 매우 높다.

헌팅턴(Samuel P. Huntington)은 국가가 실패하는 원인을 7가지로 설명하고 있다. 1) 국민의 민주주의 가치의 부재, 2) 경제성장의 부재, 3) 사회 및 정치적 양극화, 4) 상류층의 좌파 진영의 배제, 5) 법과 질서의 파괴, 6) 외국의 침략, 7) 이웃국가의 붕괴 등이다(Huntington 1991; 1992). 헌팅턴은 민주주의 국가의 실패를 중심으로 분석한 경우이기 때문에 민주주의 국가의 실패 원인인 민주주의 가치 부재, 상류층의 좌파 진영의 배제 등만 제외하면 세계은행에서 지적하고 있는 6가지 지표와 매우 밀접한 연관성이 있다. 헌팅턴의 경제성장의 부재와 사회 및 정치적 양극화는 세계의 은행의 지표인 정부의 효율성 부재에 해당하는 지표라 볼 수 있다. 헌팅턴이 제시한 법과 질서의 파괴는 세계은행이 제시한 폭력의 부재와 정치안정, 사법의 질과 법치국가의 작동과 유사한 개념으로 볼 수 있다.

헌팅턴이 마지막으로 제시하고 있는 국가 실패의 이유인 외국의 침략과 이웃국가의 붕괴를 통한 도미노 현상은 〈표 2〉에서 제시한 정부의 1번 목표의 실패에 해당된다. 헌팅턴은 7가지 현상으로 나타나는 국가의 실패는 권력을 가진 정부와 통치권력자의 정부경영능력의 미숙과 정치엘리트들의 권력찬탈과정에서 발생하고 있다고 지적하고 있다. 따라서 로트버그와 헌팅턴의 연구에서 공통적으로 발견되는 점은 바로 국가의 실패는 국가의 능력과 유사한 개념이기는 하지만 〈표 2〉에서 지적한 바와 같이 국가생존과 번영(정부의 목표 1), 경제성장, 양극화 해소, 삶의 질 증대(정부의 목표 2)와 같은 통치행위의 실패 시 결과적으로 나타나는 현상이지 인권과 같은 기본권의 제한이 직접적으로 국가의 실패로 볼 수 없다고 본 점에서는 공통적으로 일치하고 있다.

국민의 낮은 신뢰는 민주주의 국가에서는 〈표 2〉의 1~3번까지의 실패에 기인하며, 권위주의 국가에서는 1~2번의 정부가 실패할 때 나타나는 현상이다. 그러나 민주주의 국가든 권위주의 국가든 관계없이 관료가 부패해 있거나 뇌물과 인맥 등이 중요한 정부요직의 수단이 될 때 국민의 정부신뢰는 매우 부정적으로 영향을 받게 된다. 하지만 앞에서도 지적했듯이 정부의 질이 낮더라도 집중적 통치력이 높을 경우 국가의 성취능력은 높아질 수 있기 때문에 도리어 신뢰는 상승할 수 있다는 점에 유념할 필요가 있다. 독재나 권위주의 정부체제에서 정부의 통제하에서 수출과 무역정책, 금융정책, 소수 엘리트의 등용 등의 방법으로 빠른 시기에 경제발전을 이룰 수 있기 때문에 국가의 능력도 증가할 수 있기 때문이다. 흐루시초프 집권기간 동안 이룬 소련의 우주과학과 로켓기술의 발전으로 달에 먼저 무인우주선을 쏘아 올릴 수 있었던 국가 능력에 국민은 자긍심을 가지고 국가에 신뢰를 보낼 수 있었다. 한번 떨어진 국민의 신뢰를 회복하기 위해서는 정부의 질과 관계없이 통치의 질을 높일 필요가 있다. 하지만 한번 떨어진 정부의 신뢰는 다시 회복하는 것이 쉽지 않은 것이 문제다. 정부의 신뢰를 회복할 수 있는 방법으로 경제협력개발기구(OECD)는 6가지의 선행조건을 제시하고 있다.

1) 정부의 신빙성(reliability) 제고,
2) 대응성(responsiveness)의 향상,
3) 개방성(openess)의 증진,
4) 더 좋은 통제성(better regulation),
5) 통합과 공정성(integrity and fairness)의 확보,
6) 포용적 정책생산(inclusive policy making)의 시행.

OECD 지표도 세계은행의 지표와 같은 측정 지수 문제가 내포되어 있다.

민주주의 국가에서의 정부 신뢰회복에 초점을 두고 있다. 특히 개방성의 증진 (3), 통합과 공정성의 확보 (5) 등은 민주주의 국가에서만 해당하는 지수에 해당하는 것이 단점이다. 정부의 신뢰회복이라는 접근을 민주주의 국가와 권위주의 정부에 모두 충족시키는 지수를 확보하는 것이 쉽지 않은 이유는 정부의 정당성과 통치구조가 상이하기 때문이다. 정부의 질을 향상시키기 위한 방법에 있어서도 같은 딜레마에 빠지게 된다.

달스트렘은 관료의 질 향상을 통한 정부의 질을 높이기 위한 방법으로 두 가지 방법을 제시하고 있다. 첫째로 선제적(ex ante) 조치를 든다. 관료들의 충원제도, 공무원 훈련 및 연수 등을 통한 역량 강화, 그리고 직능업무의 고정 혹은 순환 등을 어떻게 조합하는 것이 전문성, 중립성, 효율성을 갖춘 막스 베버적 정의(Weberian definition)에 입각한 관료제를 만들 수 있는지에 대한 이론적 접근이다(Dahlström & Holmgren 2015, 6).

이와 같은 연구의 관점은 개방성과 투명성, 능력제 도입을 통한 관료의 질 향상이 곧 정부의 질을 높일 수 있는 중요한 수단으로 보는 경향성이 강하다(Dahlström, Holmgren & Björkdahl 2014; Dahlström, Lapuente & Teorell 2012; Dahlström & Holmgren 2015). 센(Amartya Sen)이 주장하는 인적 자원의 능력향상(enhancement of human capital and capacity)과 유사한 접근법이라 할 수 있다(Sen 1999).

달스트렘의 두 번째 방법으로 사후조치적 방법(ex-post measures)이 있다. 예를 들어 행정집행이 제대로 수행되었는지, 목표가 달성되었는지, 조세가 제대로 징수되는지, 예산이 제대로 집행되었는지, 정부의 조달과 감리 등이 제대로 이루어졌는지, 그리고 부적절한 행위가 발견되었을 때 합당한 조치가 이루어졌는지, 감사를 통한 시정조치와 사법처리 등이 제대로 이루어졌는지 등을 통해 정부의 질을 획기적으로 향상시키는 방법 등을 들 수 있다(Dahlström & Holmgren 2015, 6-8; Dahlström, Lapuente & Teorell 2011).

그러나 관료제도의 개선을 통한 정부의 질에 관한 연구는 통치체제의 딜레마를 극복하지 못하고 민주주의 정부에만 해당하는 단점이 있다. 예를 들어 2005년 충칭시 서기였던 보시라이 제거, 2014년 저우융캉 전 상무위원 부패혐의로 척결하는 것을 보면서 이 기준을 적용할 수 있을 것인가? 관료의 능력과 질 개선을 통한 좋은 정부의 구축이라는 수단은 권위주의체제에서는 달스트렘의 연구를 직접 적용시키는 것에는 제약이 따른다고 할 수 있다. 중국을 좋은 정부의 범주로 놓고 이론화하는 작업은 앞으로도 난항을 겪을 것으로 보인다.

III. 정부의 질 연구의 전망과 과제

정부의 질 연구는 앞으로 두 가지 차원에서 진행될 것으로 전망된다. 첫째, 국가의 안보위기와 국민의 안전을 확보하는 것이 중요한 정부의 역할이라는 데 초점을 둘 것으로 보인다. 이 같은 예측은 테러위협, 안전사고, 경제위기, 자연재해 등의 다양한 국가위기 상황에 미연에 대처하는 정부가 가장 효율적 정부라는 연구의 주된 영역으로 자리 잡을 것으로 전망되기 때문이다.

2001년 9·11 사태에 이은 2003년 이라크 침공, 2005년 덴마크 일간지 윌란드포스텐(Jyllandposten)의 무함마드 만화모욕사건과 2008년 이슬라마바드 덴마크 대사관 폭파사건, 2011년 알 카에다 지도자였던 오사마 빈라덴 사살, 2015년 이라크와 시리아에서 시작된 이슬람국가(IS)의 전쟁, 2015년 1월 샤를리 에브도 신문사와 11월 파리총격으로 이어진 테러 사태는 정부의 역할이 국지적 국방 개념을 넘어 전 세계 바다와 하늘까지 포괄하는 국가방위 개념을 수립해야 하는 상황으로 변하고 있다. 아랍의 봄 이후 진행되었던 민주화의 후퇴 이후 제도의 부재와 민주적 의식의 미성숙으로 인한 국가 실패와 붕괴, 파키스탄, 이라크, 아프가니스탄의 내전과 소요, 시리아 전쟁 등으로 속출하는 정치난민과 이주의 행렬 등 정부의 실패는 이제

국가의 붕괴로 이어지는 양상에서 좋은 정부의 역할은 질서의 확보와 법치를 넘어 국가의 생존과 번영을 위해 더욱 확대될 것이 요구되고 있다.

경제분야에 있어서는 2008년 리먼브라더스 사태 이후 전 세계로 파급된 국가재정 위기와 유동성 위기, 그리스의 경제위기와 국민동요, 스페인, 포르투갈, 이탈리아로 번져나간 국가재정 위기와 대량실업으로 인한 인재의 유출 등으로 기존의 경제성장을 초월하는 경제정책을 통한 국가 경제의 경쟁력 확보가 필요하다.

2004년 500여 명의 스웨덴 국민이 희생당한 쓰나미 사태, 2005년 미국의 뉴올리언스시를 강타한 허리케인 카트리나 사태, 2011년 일본의 후쿠시마 원전 사태 등의 자연재해, 우리나라도 2014년 세월호 침몰에 이은 경주 체육관 붕괴, 판교 야외공연장 붕괴사고 등 일련의 안전사고가 연쇄적으로 발생하면서 국민안전이 정부의 최우선 정책목표로 제시되고 있다. 이와 함께 2003년 사스, 2009년 중국의 조류독감, 2014년 에볼라바이러스, 2015년 메르스(중동호흡기증후군) 사태 등은 중립적 관료제도와 공평성이 앞으로도 중요한 목표가 남게 하겠지만 이보다 더 적극적으로 국민의 안전을 확보하고 국가위기의 예방능력과 해결능력을 확보하는 것이 중요한 목표로 정부의 책임성(accountability)이 더욱 강조될 것으로 보인다.

이 같은 예측이 가능한 것은 1990년대 초까지 지속되어온 냉전체제의 패러다임이 이제 종교와 문화라는 패러다임으로 바뀌고 있는 과정에 있으며, 질병, 재해, 안전 등이 전 세계화로 인해 국민의 복지, 안전과 생명보호에 더욱 비중을 삶의 질(quality of life)이라는 패러다임으로 바뀌고 있는 상황에서 새로운 정부의 역할과 목표가 요구되는 상황이기 때문이다.

이와 함께 정치선진국을 포함한 후발국까지 부패의 저효율행정을 극복할 수 있는 방안과 제도의 효율적 작동에 따른 정부의 능력 혹은 국가의 능력을 늘리는 방안에 대한 연구가 지속적으로 확대될 것으로 예상된다. 민주주의 국가든 비민주주의 국가든 관계없이 필수적인 연구의 과제가 될 것이다. 좋은 정부는 이제 모든 국가가 추구하는 최대의 과제이며 원인변수, 결과변수 등의 다양한 차원에서 연구가 진행될 것으로 전망된다.

　지금까지의 정부의 질 연구가 정부기관의 중립성 확보와 통치의 질과 국가의 능력이라는 관점에서 연구되었지만 앞으로는 미래분석 능력, 위기의 예방과 해결능력, 국제적 네트워크 확보능력, 빅데이터와 같은 대량정보의 확보와 인공지능의 활용 등을 통한 분석의 과학화 구축과 정부능력의 효율적 재배치 등과 같은 정부구조 조정의 노력이 앞으로 지속적으로 선행되어야 할 것으로 보인다.

✦ 참고문헌 ✦

Acemoglu, Daron, and James A. Robinson. 2012. *Why Nations Fail: The Origins of Power, Prosperity and Poverty*. London: Profile.

Almond, Gabriel A., and Sidney Verba. 1963. *The Civic Culture: Political Attitudes and Democracy in Five Nations*. Princeton: Princeton University Press.

Almond, Gabriel, and G. Bingham Powell. 1966. "Introduction and Overview." In Almond and Powell. *Comparative Politics: A Developmental Approach*. Boston: Little and Brown. pp.1-41.

Balch, George I. 1974. "Multiple Indicators in Survey Research: The Concept Sense of Political Efficacy." *Political Methodology*, Vol.1, No.2. pp.1-43.

Berg, Ulrika. 2005. "Hur kan corruption bekämpas? Om olika metoders effektivitet att angripa korruption." The Quality of Government Institute, University of Gothenburg. QoG Working Paper Series 2005: 1.

Choe, Yonhyok. 2011. "Beyond the Welfare State: Institutionalized Conflict Treatment within the Nordic Welfare State Regime." *International Journal of Peace Research*, Vol.16, No.2(Winter 2011). 25-42.

Clapham, Christopher. 1986. "The Third World State, Chapter 3." In Clapham. *Third World Politics: An Introduction*. London: Croom Helm. pp.39-60.

Collier, David. 1981. "Overview of the Bureaucratic-Authoritarian Model." In Collier. *The New Authoritarianism in Latin America*. Princeton: Princeton University Press. pp.19-32.

Dahlberg, Stefan, & Maria Solevid. 2015. "Does Corruption Suppress Voter Turnout? A multi-level approach." In Stefan Dahlberg, Henrik Oscarsson and Lena Wangerud, eds. *Stepping Stones. Research on Political Repre-*

sentation, Voting Behaviour, and Quality of Government. Gothenburg: University of Gothenburg. pp.249-270.

Dahlström, Carl, Mikael Holmgren, and Christian Björkdahl. 2014. "Agencies and Agency Heads in Sweden." The Quality of Government Institute: University of Gothenburg.

Dahlström, Carl, Victor Lapuente, and Jan Teorell. 2011. "Dimensions of Bureaucracy II: A cross-national dataset on the structure and behavior of public administration." The Quality of Government Institute: University of Gothenburg. The QoG Working Paper Series 2011: 6.

_____. 2012. "The Merit of Meritocratization: Politics, Bureaucracy, and the Institutional Deterrents of Corruption." *Political Research Quarterly* 65(3): 658-670.

Deutsch, Karl. 1966. "Social Mobilization and Political Participation." In Jason Finkle and Richard Gable. *Political Development and Social Change*. John Wiley: New York. pp.384-902.

Diamond, Larry, Juan J Linz, and Martin S. Lipset, eds. 1989. *Democracy in Developing Countries*. Boulder: Lynne Rienner.

Diamond, Larry, Juan J Linz, and Seymour Martin Lipset. 1995. "Introduction: What Makes for Democracy." *Politics in Developing Countries: Comparing Experiences with Democracy*, edited by Larry Diamond, Juan J. Linz and Seymour Martin Lipset. Boulder and London: Lynne Rienner Publishers.

Eek, Daniel & Rothstein, Bo. 2005. "Political Corruption and Social Trust: An experimental approach." The Quality of Government Institute, University of Gothenburg. QoG Working Paper Series 2005: 3.

Finifter, Ada W. 1970. "Dimensions of Political Alienation." *The American Political Science Review*, Vol.64. 389-410.

Frank, Andre Gunder. 1995. "The Development of Underdevelopment." In Charles Wilber and Kenneth Jameson, eds. *The Political Economy of Development and Under-Development*. 6th ed. New York: McGraw-Hill.

Fukuyama, Francis. 1995. *Trust: The Social Virtue and the Creation of Prosperity*. New York: The Free Press.

_____. 2011. *The Origins of Political Order: From Prehuman Times to the French Revolution*. London: People Books.

_____. 2014. *Political Order and Political Decay: From the Industrial Revolution to the Globalization of Democracy*. New York: Farrar, Straus and Giroux.

Ghani, Ashraf, & Clare Lockhart. 2009. *Fixing Failed States: A Framework for Rebuilding a Fractured World*. Oxford: Oxford University Press.

Greig, A., D. Hulme, and M. Turner. 2007. *Challenging Global Inequality. Development Theory and Practice in the 21st Century*. New York: Palgrave Macmillan.

Hadenius, Axel. 2001. *Demokrati: En jämförande analys*. Malmö: Liber.

Haggard, Stephan, & Robert Kaufman. 1992. "Economic Adjustment and the Prospects for Democracy." In Haggard and Kaufman, eds. *The Politics of Economic Adjustment*. pp.319-350.

Hagopian, Frances. 1990. "Democracy by Undemocratic Means? Elites, Political Pacts, and Regime Transition in Brazil." *Comparative Political Studies*, Vol.23, No.2(July 1990). pp.147-170.

_____. 1994. "Traditional politics against state formation in Brazil." In Joel S. Migdal, Atul Kholi and Vivienne Shue, eds. *State Power and Social Forces*. Cambridge: Cambridge University Press. pp.37-64.

Holberg, Soren, and Bo Rothstein. 2012. *Good Government: Relavance of Political Science*. Cheltenham: Edward Elgar.

_____. 2014. "Correlates of the Good Society." The Quality of Government Institute, University of Gothenburg. The QoG Working Paper Series: 2014: 13.

_____. 2015. "Good Societies Need Good Leaders on a Leash." The Quality of Government Institute, University of Gothenburg. Paper presented at "The Quality of Government and the Performance of Democracies." conference at the Department of Political Science, University of Gothenburg, May 20-22.

Holmberg, Sören. 2007. "The Good Society Index." The Quality of Government Institute, University of Gothenburg. The QoG Working Paper Series: 2007: 6.

Horowitz, Donald. 1994. "Democracy in Divided Societies." In Larry Diamond and Marc Plattner. *Nationalism, Ethnic Conflict and Democracy*. Baltimore: Johns Hopkins Univ. Press.

Huntington, Samuel P. 1968. "Political Order and Political Decay, Chapter 1." In Huntington, *Political Order in Changing Societies*. New Haven: Yale University Press. pp.1-92.

_____. 1991. "Democracy's Third Wave." *Journal of Democracy*, Vol.2, No.2. 12-34.

_____. 1992. *Democratization in the Late Twentieth Century*. Oklahoma: University of Oklahoma Press.

Kaufman, Robert. 1986. "Liberalization and Democratization in South America: Perspectives from the 1970s." In Guillermo O'Donnell, ed. *Transitions from Authoritarian Rule: Comparative Perspectives*. Baltimore: Johns Hopkins Univ. Press. pp.85-107.

Kaufmann, Daniel, Aart Kraay, & Massimo Mastruzzi. 2010. *The Worldwide Governance Indicators: Methodology and Analytical Issues*. The World Bank Developing Research Group. The World Bank Policy Research Working Paper No.5430.

Kaufmann, Daniel, Aart Kraay, and Pablo Zoido-Lobatón. 1999. "Aggregating Governance Indicator." The World Bank Developing Research Group. The World Bank Policy Research Working Paper No.2195.

Lijphart, Arend. 1977. "Plural Societies and Democratic Regimes." In Lijphart. *Democracy in Plural Societies A Comparative Exploration*. New Haven and London: Yale University Press. 1-52.

_____. 1999. *Patterns of Democracy: Government Forms and Performance in Thrid-Six Countries*. New Haven and London: Yale University Press.

Lipset, Seymour Martin. 1959. "Some Social Requisites of Democracy: Economic Development and Political Legitimacy." *American Political Science Review* 53: 69-105.

_____. 1960. *Political Man: The Social Bases of Politics*. Garden City: Doubleday.

_____. 1981. "Economic Development and Democracy." Chapter 11. in Lipset, Seymour Martin. *Political Man: The Social Bases of Politics*. Baltimore:

Johns Hopkins University Press. pp.46-76.

March, J. G., and J. P. Olsen. "The New Institutionalism: Organizational Factors in Political Life." *American Political Science Review*, Vol.78. pp.734-749.

Migdal, Joel. 1994. "The State in Society: An Approach to Struggles for Domination." In Migdal et al. *State Power and Social Forces, Domination and Transformation in the Third World.* Cambridge: Cambridge University Press. pp.7-36.

Norris, Pippa. 2012. *Democratic Governance and Human Security: The Impact of Regimes on Prosperity, Welfare and Peace.* New York: Cambridge University Press.

North, Douglas C. 1990. *Institutions, Institutional Change and Economic Performance.* Cambridge: Cambridge University Press.

_____. 2006. "What is missing from political economy." In *Handbook of Political Economy.* Edited by Barry R. Weingast and Donald Wittman. Oxford: Oxford University Press.

O'Donnell, Guillermo. 1981. "Tensions in the Bureaucratic-Authoritarian State and the Question of Democracy." In Collier. *New Authoritarianism.*

O'Donnell, Guillermo A., and Philippe Schmitter, eds. 1986. *Transitions from Authoritarian Rule Tentative Conclusions about Uncertain Democracies.* Baltimore and London: Johns Hopkins University Press.

Packenham, Robert. 1976. "The Liberal Roots of the Doctrine, Chapter 3." In Packenham. *Liberal America and the Third World.* Princeton: Princeton University Press. pp.5, 111-160.

Peet, Richard, and Elaine Hartwick. 1999. *Theories of Development.* London: The Gildford Press.

Plattoni, Simonana, ed. 2001. *Clientelism, Interests, and Democratic Representation: The European Experience in Historical and Comparative Perspective.* New York: Cambridge University Press.

Powell, John Duncan. 1966. "Peasant Society and Clientalist Politics." In Finkle. *Political Development and Social Change.* New York: John Wiley & Sons. pp.519-537.

Powell, Walter W., and Paul J. DiMaggio, eds. 1991. *The New Institutionalism in Organizational Analysis.* Chicago: University Of Chicago Press. pp. 1-38.

Preston, Peter W. 1996. *Development Theory: An Introduction to the Analysis of Complex Change.* London: Wiley-Blackwell.

_____. 1998. *Rethinking Development.* London: Routledge & Kegan Paul Books Ltd.

Przeworski, Adam. 1986. "Some Problems in the Study of the Transition to Democracy." In Guillermo O'Donnell et al., eds. *Transitions from Authoritarian Rule: Comparative Perspectives.* Baltimore: Johns Hopkins University Press. pp.47-63.

_____. 1992. "The Games of Transition." In Scott Mainwaring, Guillermo O'Donnell and Samuel Valenzuela, eds. *Issues in Democratic Consolidation.* Notre Dame, Indiana: University of Notre Dame Press. pp. 105-153.

Rapley, John. 2007. *Understanding Development.* Boulder, London: Lynne Rienner Publishers.

Remmer, Karen. 1997. "Theoretical Decay and Theoretical Development: The Resurgence of Institutional Analysis." *World Politics*, Vol.50, No.1 (October 1997). 34-61.

Rostow, Walt W. 1960. The Stages of Economic Growth: A non-communist manifesto. Cambridge: Cambridge University Press. Chapter 2. "The five stages of growth─A Summary." pp.4-16.

Rotberg, I. Robert, ed. 2004. *When States Fail: Causes and Consequences.* Princeton & Oxford: Princeton University Press.

Rothstein, Bo, & Dietlind Stolle. 2003. "Social Capital, Impartiality, and the Welfare State: An Institutional Approach." In *Generating Social Capital: The Role of Voluntary Associations, Institutions and Government Policy.* M. Hooghe and D. Stolle, eds. New York: Palgrave Macmillan.

_____. 2007. "The Quality of Government and Social Capital: A theory of political institutions and generalized trust." The Quality of Government Institute, University of Gothenburg. QoG Working Paper Series 2007: 2.

Rothstein, Bo. 2011. *The Quality of Government: Corruption, Social Trust, and Inequality in International Perspective.* Chicago: Chicago University

Press.

_____. 2012. "Understanding the Quality of Government in China: The Cadre Administration Hypothesis." QoG Working Paper Series 2012: 17.

_____. 2014. "The Chinese Paradox of High Growth and Low Quality of Government: The Cadre Organization Meets Max Weber." *Governance: An International Journal of Policy, Administration, and Institutions.*

Rothstein, Bo, & Jan Teorell. 2005. "What is Quality of Government? A theory of impartial political institutions." The Quality of Government Institute, University of Gothenburg. QoG Working Paper Series 2005: 6.

_____. 2008. "What Is Quality of Government? A Theory of Impartial Government Institutions." *Governance: An International Journal of Policy, Administration, and Institutions*, Vol.21, No.2. pp.165-190.

Santiso, Carlos. 2001. "Good Governance and Aid Effectiveness: The World Bank and Conditionality." *The Georgetown Public Policy Review*, Vol. 7, No.1. pp.1-22.

Seleny, Anna. 1999. "Old Rationalities and New Democracies: Compromise and Confrontation in Hungary and Poland." *World Politics*, Vol.51, No.4 July 1999. 484-519.

Sen, Amartya. 1999. *Development as Freedom.* New York: Knopf.

Snyder, Richard, and James Mahoney. 1999. "The Missing Variable: Institutions and the Study of Regime Change." *Comparative Politics.* October 1999, 103-123.

Teorell, Jan. 2007. "Corruption as an Institution: Rethinking the Nature and Origins of the Grabbing Hand." Quality of Government Institute Working Paper 2007: 5. University of Gothenburg.

Tony Saich. 2012. "The Quality of Governance in China: The Citizens' View." Faculty Research Working Paper Series. Harvard Kennedy School. RWP12-051.

Uslaner, Eric M., & Bo Rothstein. 2016. "The Historical Roots of Corruption: State Building, Economic Inequality, and Mass Education." *Comparative Politics* 48(2): 227-248.

Waterbury, John 1994. "Democracy without Democrats? The Potential for

Political Liberalization in the Middle East." In Ghassan Salame, ed. *Democracy without Democrats? The Renewal of Politics in the Muslim World.* London: I. B. Tauris. pp.24-47.

Webb, Paul, and Stephen White. 2009. *Party Politics in New Democracies.* Oxford: Oxford University Press.

Wedeman, Andrew. 2012. *Double Paradox: Rapid Growth and Rising Corruption in China.* Ithaca and London: Cornell University Press.

Wiarda, Henry. 1973. "Toward a Framework for the Study of Political Change in the Iberic-Latin Tradition: The Corporative Model." *World Politics.* Vol.25(Jan. 1973). pp.250-278.

〈인터넷 자료〉

Economist. 2010. "Transparency International, Murk meter." http://www.econ omist.com/node/17363752(2016년 4월 16일).

Financial Times. 2011. http://www.ft.com/cms/s/0/df1be35e-9073-11e0-9227-0 0144feab49a.html#axzz46P3XEoTC(2016년 4월 16일).

The Guardian. 2013. "Is Transparency International's measure of corruption still valid?" http://www.theguardian.com/global-development/poverty-matte rs/2013/dec/03/transparency-international-measure-corruption-valid(2016 년 4월 16일).

제2장

정치 지지의 감소와 좋은 정부

이현우

I. 민주주의 지지의 감소

민주주의 정치체제를 채택하고 있는 국가에서 국민의 민주주의에 대한 인식은 양면적이다. 정치이념으로서 민주주의라는 가치에 대해서는 포괄적 동의가 있지만, 과연 민주주의 정부가 국민의 기대와 요구를 충족시키는가에 대해서는 회의적 주장이 제기되어 왔다. 민주주의를 공정한 선거절차에 따라 대표자를 선출하는 선거민주주의라는 관점에서 본다면 다수의 국가에서 민주주의에 기초한 권력의 정통성이 오랫동안 안정적으로 수용되고 있다(Dalton et al. 2007; Inglehart 2003). 오래전부터 학자들은 선거민주주의의 가치를 수 없이 강조하였다(Goodwin-Gill 2006). 유권자들이 대표자를 뽑는 과정에서 1인1표라는 정치적 평등이 실천되고 선거의 공정성이 지켜진다면, 정치경쟁의 결과로서 정치권력의 불평등은 받아들일 수밖에 없으며 이것이 현실적 민주주의라고 보는 것이다.

선거민주주의가 수용될 수 있는 몇 가지 논리적 이유가 있다. 우선 과정의 정당성이 확보될 수 있다는 장점이 있다. 유권자가 자신의 의지대로 투표선택을 할 수 있는 자유투표가 보장된다면 선거결과에 따른 정치권위는 정통성을 부여받게 된다(Dahl 2006). 모든 투표참여자들의 의사가 선거결과에 반영되는 것은 아니지만 대표선출 과정에서 모든 투표가 계산에 포함된다는 것은 선거과정에 모두가 영향력을 미치는 것으로 간주할 수 있다. 이처럼 선거민주주의는 참여자 모두에게 의견을 개진할 기회를 준다는 점에서 민주주의의 기본원칙을 따르고 있는 셈이다. 뿐만 아니라 선거민주주의는 패자에게 다음 선거에 도전하여 승리할 수 있는 제도적 가능성을 열어놓음으로써 이번 선거의 승리에 대한 정통성을 인정하고 정권교체의 경우에도 안정성을 유지할 수 있도록 한다. 이러한 선거민주주의를 강조하는 시각은 정치적 정통성이 정치체제의 입력측면에서 확보된다고 보는 것이다.

그러나 현재 다수의 민주주의 국가에서 민주주의에 대한 지지수준이 급격히 낮아지고 있다. 일찍이 20세기 초반부터 민주주의의 한계에 관해 경고한 학자들이 있었다(Lippmann 1922; Laski 1931). 이들이 주장하는 논리와 현재 당면한 민주주의의 문제점이 일치하는 것은 아니지만 정치소외, 냉소주의 그리고 정치불신 등은 일찍이 지적된 바 있다. 여기서 주목해야 할 것은 민주주의의 제도화가 완전하지 못한 신생민주주의 국가뿐 아니라 민주주의 역사가 오래된 국가에서도 민주주의에 대한 비판과 도전이 심각하게 제기되고 있다는 사실이다. 이러한 현상을 통해 선거민주주의를 안정적으로 유지하는 것이 민주주의 정치체제의 지속성을 보장하는 것이 아니라는 것을 알 수 있다.

동일한 민주주의 정치체제의 국가라도 각 국가의 정치환경에 따라 정치적 문제는 다양한 형태로 나타난다. 예를 들어 신생민주주의 국가들에서 나타나는 문제는 민주주의 원칙이 제대로 지켜지지 않는데서 시작한다. 시민의 정치적 권리와 자유가 보장되지 않고 형식적으로만 민주주의를 차용한 정치체제에서 부패, 권력의 남용이 문제로 부각된다. 이러한 국가들에서는 공적인 민주제도가 권위주의적 관행을 벗어나지 못한 채 현직권력자의 이익

을 위해 도구적으로 이용되고 있다. 따라서 민주주의의 정착을 위해서는 제
도의 도입뿐 아니라 동시에 정치구조와 민주의식이 서로 조응하는 것이 요
구된다.

한편, 이미 제도적 민주주의가 확립된 민주국가에서도 민주주의 운영에
있어 정부역할에 대한 시민들의 불만이 심각한 수준에 이르고 있다. 정치인
에 대한 불신이 커지고, 민주주의 제도에 대한 회의적 평가가 팽배해지고,
본질적으로 민주적 절차가 제대로 작동할 수 있는 것인지에 대한 불안이
시민들 사이에게 점차 확산되고 있다(Dalton 2004, 1). 거버넌스의 원칙에
근거한 민주주의 가치에 대한 지지는 나름 유지되고 있지만 정치시스템으로
서 민주주의의 기능과 역할과 관련하여 불만을 표출하는 시민들이 점차 증가
하고 있는 것이다. 이러한 태도를 가진 집단을 비판적 시민(critical citizens)
이라 부르고 이들에 대한 학문적 관심이 높아지고 있다(Norris ed. 1999,
257-270).

다수의 연구들에서 명칭은 다르지만 '비판적 시민'과 유사한 개념들이 자
주 언급되었다(Lagos 2003; Klingemann 1999; Rose et al. 1998). 이러한
유형의 시민들이 민주적 정권을 지지한다는 것은 자유롭고 공정한 선거에
의한 정치체제를 지지하는 것이며, 비민주적 정권을 대안으로 받아들이지
않는 정치정향을 가진다는 것을 의미한다. 이들 비판적 시민들은 기본적인
민주적 가치와 원칙에 대한 굳건한 신념을 가지고 있다. 한편, 민주정권의
성과란 정치체제가 실제로 수행한 업적에 대한 만족 정도 등 민주적 정부의
산출에 대한 평가를 의미한다. 문제는 민주주의 가치와 성과라는 다른 두
가지 측면에 대한 평가에서 괴리감을 느끼는 시민들이 존재한다는 사실이
다. 이에 대하여 노리스(Norris ed. 1999)는 비판적 시민들이 민주주의 발
전에 긍정적 영향을 준다는 보고 있다. 이들이 민주정권의 업적에 불만을
느낀다는 사실이 민주주의 정치체제 유지에 심각한 문제가 되는 않는다고
보는 것이다. 민주국가에서 비판적 시민들이 상당수 존재하지만, 이들은 오
히려 민주적 절차와 구조를 개혁하는 데 동력으로 작용하여 민주주의 발전
에 기여한다는 것이다. 노리스는 비판적 시민들을 분석해 보면 높은 교육수

준, 정치에 대한 충분한 정보와 관심을 가지고 있으며, 이들이 건전한 비판을 제시함으로써 민주주의가 강화될 것이라고 예측하였다.

그러나 비판적 시민이 지속적으로 증가하는 현상에 대하여 우려하는 목소리도 있다. 스토커는 정치제도에 대한 지속적인 비판과 민주주의 산출에 대한 불만수준의 증가가 계속된다면 결국은 건전한 비판의 수준을 넘어 대의제민주주의에 심각한 위협이 될 수 있다고 경고하였다(Stoker 2006; Doorenspleet 2012). 민주주의에 대한 만족도를 결정하는 요인들이 무엇인가에 관한 경험적 연구는 상당히 축적되어 있다. 대부분은 개인적 수준의 자료를 통해 공적인 정치기관에 대한 평가에 초점을 맞추어 분석하였는데, 만족수준이 높은 시민들에 비해 불만족한 시민들의 정치참여 수준이 낮으며 정치에 관심도 적은 것으로 나타났다. 이러한 결과는 비판적 시민들이 정치적으로 세련되어 참여에 적극적이고 조직화되어 있다는 주장이나 민주주의 심화를 위한 정치발전에 기여한다는 주장과는 상반되는 것이다. 즉 비판적 시민들이 민주주의 발전에 기여하는 집단이라는 주장은 경험적으로 보았을 때 틀렸거나 과장된 것이다.

민주주의에 대한 불만이 과연 민주주의체제에 위험이 되는가에 대해서는 학자들 간의 견해가 다르다. 정치적 가치로서의 민주주의에는 동의하지만 민주정부에 대해서 불만을 갖게 되는 것을 민주주의 결핍(democratic deficit)이라고 정의한다(Norris 2011). 이 같은 민주주의 결핍은 두 가지 측면에서 원인을 규명해 볼 수 있다. 하나는 정치체제의 입력부분으로, 국민의 의사가 제대로 정부에 반영되지 않을 가능성에 주목한다. 이러한 문제에 대해서는 대표성 질의 향상이라는 개선책을 모색하는 방향으로 해결책이 제시되어야 한다. 또 다른 시각은 정치제체의 산출부분에서 민주주의 괴리의 문제를 파악하는 것이다. 부패 혹은 불공정과 같이 정부의 집행과정에서 정부의 품질이 낮을 때 국민의 정부능력에 대한 불만이 발생할 수 있다고 보는 것이다.

정치체제의 입력측면, 즉 대표성에 문제가 있어서 민주주의 불만족이 발생한다는 관점에서 문제를 바라본다면 선거를 통한 대표자 선출과 그들에게 권한을 부여하는 대의민주주의제를 검토해보아야 한다. 그리고 대의민주주의의 제도를 개선함으로써 정치적 불만을 해결할 가능성에 초점을 맞추어야한다. 왜냐하면 정치불만의 핵심은 대중이 정치엘리트가 자신들의 선호를제대로 대표하지 않는다고 생각하기 때문이다(Norris 1999). 이러한 시각이옳다면 민주주의에 대한 지지는 민주과정에서 대표성과 참여의 질에 달려있는 셈이다. 대표성과 관련된 대중의 불만이 누적되면서 민주주의 결핍의정도를 심각하게 만들고 결국은 정치권력의 정통성마저 부인하는 지경에 이르게 될 가능성을 무시할 수 없다.

이러한 시각에 바탕을 둔 경험적 연구들은 제도가 민주주의 만족도에 미치는 영향에 관심을 기울였다. 이론적으로 볼 때 들어 비례대표제는 다당제를 가져오는 경향이 있으며, 다당제는 좀 더 많은 정치적 대안을 유권자들에게 제공한다는 점에서 비례대표제를 택한 국가에서 대표성의 수준이 높을것으로 예상하였다(Lijphart 1999; Hoffman 2005). 그런데 그러한 예상과는 달리 비례대표제를 채택한 국가들에서 오히려 민주주의 만족도가 낮은것으로 나타나고 있다. 경험적인 연구에 따르면 극단적인 정당정책이 늘어날수록 민주주의에 대한 만족도가 낮아지는 것으로 확인되었다. 따라서 거대정당에 의해 이익이 반영된다고 생각되는 시민들은 민주주의체제가 수행하는 것에 대한 만족도가 높아질 것이라고 추론하는 것도 가능하게 되었다.[1] 신생정당들은 정책이나 이념적 위상이 안정적이지 못하고 변화가 지속적으로 나타나는 경향이 강하기 때문에 이들 정당을 지지하는 유권자들은상당한 혼란을 겪게 된다(Brug 2008). 따라서 공고하고 안정적인 정당체제를 가진 민주국가에서는 정당과 유권자들 사이에 이념적 유사성이 높을 것으로 생각된다.

---

1) 비교정치의 관점에서 국가별로 시민의 민주주의 만족수준이 달라지는, 즉 제도적 요인에 따라 만족도 수준이 달라진다는 것은 일반적 사실이다. 그러나 한 국가 내에서도정책대안의 다양성의 감소와 전체적인 민주주의 만족수준의 증가 사이에도 관계가 나타난다. 결국 시민과 정치의 대안 사이에 간격이 좁을수록 민주주의 만족도는 상승하는데, 여기서 중요한 것이 평균 시민의 위치이다(Powell 2000, 164).

민주주의 지지를 포함한 정치적 지지는 체제의 입력영역뿐 아니라 산출 영역에 의해 영향을 받는다는 분석틀에도 주목할 필요가 있다(Norris 2012; Dahlberg and Holmberg 2013). 이러한 관점에 기반한 연구들은 정치제도 의 실제적 업적과 정부의 품질에 관심을 가지며, 정책의 공정한 집행 여부가 정치적 지지를 결정한다는 주장을 내세운다(Rothsthein 2011; Holmberg and Rothstein 2012). 서구국가를 대상으로 한 연구에 따르면 대중의 지지 를 구축하는 데 정부의 공정성이 가장 중요한 요건이 된다. 그러나 신생민 주주의 국가의 상황은 다르다. 서구민주주의 국가에 비하여 신생민주 국가 에서는 정부업적이 나쁜 경우가 많으며 때론 업적이 정치 지지를 결정하는 가장 중요한 요인이 아니다. 이들 국가에서 정부의 품질을 좌우하는 것은 부패근절의 수준이 되기도 한다(Rothstein and Teorell 2008; Linde 2012; Booth and Seligson 2009).

II. 정치 지지의 대상

민주주의 국가에서 나타나는 시민의 정치 지지 감소는 이미 보편적 현상 이 되어 특정 국가의 정부 문제나 정치적 스캔들 등을 원인으로 설명할 수 없게 되었다. 시민들의 태도변화를 분석하여 단순히 민주주의의 위기나 도 전을 우려하는 단계를 넘어 민주주의 국가들에서 발견되는 보편적 요인들로 서 정부에 비판적 태도를 갖게 만드는 원인규명에 관심을 두어야 한다.

시민들의 정치 지지의 대상은 3가지로 구분할 수 있다(Easton 1975). 첫 째, 정치공동체(political community)에 대한 정치 지지로, 국가 혹은 넓은 의미의 정치체제에 대한 지지를 의미한다. 둘째는 레짐(regime)에 대한 정 치 지지이다. 여기서 레짐에 대한 지지란 법질서에 대한 대중의 태도를 지 칭한다. 레짐을 정의하면 정치체제가 작동하는 모든 영역을 포함하여 그 개념의 범주가 상당히 넓다. 광의(廣義)로는 민주주의나 권위주의 등 정치체제의 형태를 의미하기도 하고, 정치행위의 규범으로 해석되기도 한다. 또 한편으로는 정치제도에 대한 정향을 의미하기도 한다. 여기에는 국회, 정당, 법원 등 공적기구에 대한 평가가 포함된다. 따라서 레짐에 대한 지지는 개념상 구분을 필요로 한다. 레짐의 규범에 대한 지지와 특정한 기구에 대한 지지는 명확히 다른 개념이기 때문이다. 원칙으로서 민주주의를 수용한다는 것은 정치공동체에 대한 부분이며, 민주주의의 특정 기구를 수용한다는 것은 도구적 판단을 의미한다. 마지막으로 정치 지지는 정치권위를 대상으로 하는 의미로 해석할 수 있다. 대통령, 수상 혹은 국회의원과 같이 정치권력을 가진 개인들을 대상으로 하는 정치 지지가 여기에 포함된다. 정상적으로 작동하는 정치체제에서 시민들은 정치체제의 일반적 원칙을 지지할 뿐만 아니라 권위적 정치결정을 내리는 현직자에 대해서도 지지를 보낸다.

기존의 경험연구를 보면 정치권위에 대한 지지는 정치기구와 정치체제에 대한 지지로 이어진다(Canach et al. 2001). 따라서 설문에서 정부에 대한 신뢰를 묻는 질문이 과연 현직자 지지 혹은 레짐에 대한 지지를 묻는 것과 구분될 수 있는지에 의문을 제기하게 된다. 이러한 경험적 연구의 혼란에도 불구하고 이론적 구분은 매우 중요하다. 상이한 대상에 대한 지지는 다른 함의를 갖기 때문이다. 예를 들어 정치권위에 불만을 갖는다는 것은 현직자에 대한 불만을 의미하게 되어 다음 선거에서 다른 후보를 택하겠다는 의지이다. 따라서 근본적인 정치변화를 뜻하는 것이 아니다. 현직자에 대한 불만은 그 직책 자체에 대한 것이 아니며 제도적 구조에 불만을 뜻하는 것도 아니다. 하지만 불만의 대상이 레짐이나 정치공동체와 같이 일반화될수록 정치적 함의는 커진다. 정치과정에 대한 지지 감소는 제도적 구조에 대한 근본적 변화나 정부절차에 대한 개혁을 요구하는 것으로 이어진다. 민주체제에서 정치공동체와 연계가 약해진다는 것은 궁극적으로는 혁명, 내전 혹은 민주주의 상실로 이어질 가능성도 있다. 불만의 대상에 따라 체제는 그대로 유지될 수도 있고 반대로 근본적 변화를 야기할 수도 있는 것이다 (Easton 1975, 437).

정치 지지가 감소하는 현상이 민주주의체제의 우월성에 대한 신념의 축소로 이어진다면 심각한 문제가 된다. 그동안 민주주의가 다른 어떤 정치체제보다 정책수행에 있어 우수하다는 신념이 뿌리 깊게 자리 잡고 있었다. 생활수준의 향상뿐 아니라 정치 및 시민의 권리를 보장하는 데 있어서도 민주주의를 능가하는 정치체제는 없다고 여겨져 왔다. 민주주의 가치의 핵심은 정치과정이며 다른 정치형태보다 민주주의가 우월하다는 정치적 기대가 있을 때 정치지지가 유지될 수 있다. 만일 민주주의가 정부산출에만 의존하는 것이라면 생활수준을 향상시키는 권위주의 정치체제에 대해서도 시민들은 지지를 보낼 것이다. 그러한 현상이 발생하지 않는다는 것은 민주주의는 정부산출 그 이상의 무엇이라는 의미이다. 따라서 현재 민주주의 국가들에서 발견되는 정치 지지의 감소가 비정상적이거나 일시적인 것이 아니라면 그 원인은 정치 지지가 정부의 업적이라는 산출 때문만은 아니라는 것을 시사한다.

왜 정치 감소 현상이 발생하는지를 설명하는 몇 가지 시각이 있다. 20세기 후반은 사회경제적 변화가 두드러진 시기이다. 산업혁명 이후 후기산업혁명이라 불릴 정도로 노동시장, 노동의 성격, 생활 스타일 등에 상당한 변화가 발생하였다. 이러한 변화가 정치 지지의 감소의 원인으로 작용했을 가능성이 있다. 그리고 그 가능성은 대비되는 가능성으로 제시된다. 첫째는 부정적 효과가설(negative effects hypothesis)이다. 산업사회의 발전은 새로운 사회경제적 문제를 야기하였는데 그러한 문제들이 시민들의 정치 지지를 감소시켰다는 주장이다. 비숙련, 실업자 등 경제의 변두리에 위치한 사회집단의 사람들은 발전된 산업사회에서 도태하게 된다. 경제적 경쟁력이 뒤떨어지는 시민들은 사회의 잠재적인 불안과 정치불만의 요소로 작용한다. 더욱이 세계화된 경제구조 속에서 정치적 자신감의 결여가 심화되어 간다. 경제발전 속도는 낮아지고 임금노동의 경쟁적 압력이 높아지면서 실업률의 증가가 나타난다.

세계화란 정치적 통제의 약화를 야기하는데 결과적으로 정부가 책임질 수 없는 정책적 결과에 대해서까지도 정부가 책임져야 하는 사태가 된다. 국경의 개념을 넘어선 국가들 구조 속에서 민주적 권위를 갖는 정부의 통제력이 약화되는 것이다. 그 결과 정부와 유권자 사이의 관계변화가 통제의 상실로 나타난다. 즉 정부는 경제를 비롯한 국정통제력이 약해지고 궁극적으로 국민에 대한 책임성의 약화가 필연적으로 수반된다(Putnam 1996, 25).

　세계화는 경제분야에서 가장 큰 변화를 가져오는데 이득의 불평등 구조가 더욱 심화된다. 하층계층은 세계시장에서 가장 큰 비용을 지불하게 되고 이득은 소수에 집중되는 경향이 두드러진다. 세계화는 노동계층의 사회적 이득과 임금수준의 변화와 동시에 위협을 가져오는 것이다. 반면에 자본가는 새로운 투자기회의 확대를 통해 이득을 증대시킬 수 있게 된다. 따라서 정치 지지가 개인의 재정상태와 연결된다고 본다면 당연히 정치 지지가 감소한다는 것을 예측할 수 있다. 즉 경제환경이 소득의 불평등이 심화되는 방향으로 바뀌면서 하층계층의 정치적 냉소주의가 확대되는 것이다. 여기에는 하층계층이 국가서비스에 더 민감하다는 사실이 경제적 불평등과 정치 지지의 관계를 더욱 강화시킨다.

　반면에 긍정가설(positive effects hypothesis)은 20세기 후반의 물질적 풍요와 교육수준의 향상에 중점을 두고 있다. 고전적으로는 물질적 풍요와 교육수준의 향상이 안정적 민주주의에 기여한다고 보았지만(Almond and Verba 1963), 최근 연구들은 국가와 시민 사이의 관계변화에 주목하고 있다. 시민사회는 엘리트 중심의 정치에 대한 문제를 제기한다. 전통적인 대의제 정치로부터 참여를 강조하고 이슈 범주도 늘어나 환경이나 페미니즘과 같은 새로운 이슈를 제기하기 시작하였다. 그러나 기존 정치는 참여의 확대와 이슈의 확산을 감당할 의지와 능력을 가지고 있지 못하다. 따라서 정치 지지의 감소는 사회하층이 아닌 전통적 대의제 정치에 불만을 표출하는 교육수준이 높고 젊은 층에서 두드러지게 나타난다. 그리고 이들의 주장은 새로운 민주주의를 향한 것으로 민주주의 발전에 기여할 가능성이 있다.

　이러한 관점에 따르면 정치 지지의 감소는 기존체제에서 피해를 보는 집단에 의한 것이 아니라 사회가치의 변화로 인해 발생하는 현상이다. 다시 말해서 주목해야 할 것은 정치체제에 대한 불만의 증가가 현재 체제로부터 이득을 보는 집단을 중심으로 나타나고 있다는 사실이다. 교육수준이 높고 물질적 풍요를 누리는 젊은 층이 바로 주목해야 할 집단이다. 이들은 민주적 과정에서 차별을 받는 것이 아니라 가장 많은 혜택을 받고 있지만 이들의 가치관과 기대의 변화가 정치불만의 핵심이 되는 것이다. 잉글하트가 주장하는 탈물질주의자의 증대가 대표적인 가치관의 변화 사례다(Inglehart 1990, 1997). 삶의 질, 개인의 자유, 삶의 방식 선택, 표현의 자유, 참여의 증대로 대표되는 탈물질주의는 기존의 민주정치과정의 변화를 요구한다. 이들은 정당정치나 대의적 민주주의를 불신하며 참여정치와 집합적 의사결정 그리고 합의 중심의 결정과정을 대안으로 제시하고 있다. 이러한 현상에 초점을 맞춰 해석해 보면 정치적 불만의 증가는 민주주의에 대한 위협이라기보다 변화를 통한 민주주의 발전 가능성을 볼 수 있다. 왜냐하면 이들이 주장하는 바가 민주주의의 기본원칙에 벗어나는 것이 아니라 오히려 그 기본원칙에 충실하자는 것이기 때문이다.

정치 지지의 감소는 정부의 업적과 인과성을 떼어 놓을 수 없다. 정부업적이 기대보다 낮다면 정치행위자에 대한 특정 지지(specific support)가 낮아지게 된다. 낮은 업적은 다음 선거에서 현직자 교체를 가져온다. 그리고 국민을 실망시키는 정부의 낮은 업적이 상당 기간 지속되면 지지 감소는 일반화되어 레짐과 정치공동체에 대한 평가에 영향을 미치게 된다.

경제상황인식과 정치 지지의 관계에 대한 연구는 경제투표라는 주제하에서 많이 다루어졌다. 시민들은 다양한 분야에서 정부업적을 평가하게 되지만 특히 경제에 주목하는 것으로 나타나기 때문이다. 대부분의 민주주의 국가에서 선거에 가장 큰 영향을 미치는 정부업적으로 경제상황을 꼽고 있다(Alesina and Wacziarg 2000). 무엇이 경제요인으로서 측정되어야 하는가에 대한 논쟁은 실업률과 물가상승률 등 고전적 변수에서부터 세계화, 국제경쟁력, 경제적 불평등 등의 변수들에 이르기까지 정치 지지를 감소시키는 요인들에 대한 다양한 실증적 연구가 발표되었다.

경제투표에 대한 또 하나의 논쟁은 경제의 객관적 지표가 아니라 경제에 대한 시민의 주관적 인식이 정치 지지에 더 직접적 영향을 미친다는 주장이다. 사실 경제상황이 지속적으로 나빠지는 추세를 보일 때 정치 지지의 감소가 나타나야 하지만 경험적 분석에 따르면 그러한 일관성이 나타나지 않

는 것으로 확인되었다. 단기적인 정부업적에 따른 집권정부에 대한 불만상
승은 있었지만 장기적 추세에서는 정부의 경제업적에 따른 정치 지지의 변
화는 확인되지 않는다. 단기적인 경제상황의 변동은 있지만 장기적 경제추
세는 발전적이다. 그러나 정치 지지는 장기적 추세에서 감소하고 있다. 시
계열적으로 볼 때 이전보다 전체적인 경제여건을 좋아졌음에도 불구하고 정
치 지지가 감소하고 있는 것을 볼 때 객관적 경제상황이 아니라 주관적인
기대치에 견주어 본 경제상황이 정치 지지와 관계가 있다고 보는 설명이
설득력을 갖는다.

한편, 정부와 시민들 사이에 이념적 차이 확대가 정치 지지를 감소시키는
원인이 될 가능성을 생각해 볼 수 있다. 원칙적으로 정부와 시민의 정책선
호 차이 때문에 정치 지지가 감소하였다는 것은 민주주의 사회에서는 성립
할 수 없다. 왜냐하면 선거를 통해서 시민들은 정책차이가 있는 정부정당을
교체할 수 있기 때문이다. 하지만 유권자의 선호가 양극화되어 있다면 중간
투표자(median voter)의 성향을 따르는 정부에 대한 시민들의 정책거리감
은 커질 수밖에 없고 따라서 정부에 대한 신뢰수준이 낮아지는 것은 가능하
다(Miller 1974; Erber and Lau 1990). 정부가 자신의 정책선호와 얼마나
가까운지에 따라 정부에 대한 평가가 영향을 받기 때문에 시민들의 정책적
양극화가 심해질수록 정치 지지도가 낮아지는 현상이 발생한다. 정책불만족
은 정치인, 정당 그리고 대의민주주의의 제도에 대한 지지를 야기하기 때문
에 가능한 것이다.

시민들의 정부에 대한 기대가 커지면서 정치 지지가 감소하는 현상이 나
타날 수도 있지만, 다른 한편으로는 정책목표의 범위가 넓어진 것도 원인이
될 수 있다. 정치가 복잡해질수록 그리고 정부가 다방면에서 역할을 해야
할수록 정부가 다수의 유권자들을 만족시킬 수 있는 중요한 프로그램에서
중위자의 위치를 찾는 것은 힘들어진다. 결국 정부의 영향력은 커지지만 일
반대중은 자신들은 정부로부터 외면당하고 있다고 느끼게 된다. 그렇다면
정치과정에 대한 불만이 커진다는 것은 현재의 정치과정이 그 도전에 제대
로 대응하지 못하고 있다는 것을 의미한다.

III. 좋은 정부의 개념과 정의[2]

정치 지지의 감소는 민주주의의 활력을 떨어뜨리고 결국은 민주적 과정 자체를 약화시킬 수 있다. 정치 지지의 감소 결과는 시민과 정부의 관계와 정부에 대한 기대변화를 야기한다. 정치 지지는 평가적 영역과 감정적 영역으로 나누어진다. 평가적 영역에서 긍정적 평가는 행위자 간의 신뢰형성을 강화하여 상호관계를 활성화시키고 쓸데없는 의심이나 감시의 필요성을 감소시킨다. 정치 역시도 사회적 거래의 일종이기 때문에 정치 지지가 감소하게 되면 정부에 대한 자발적인 복종이 줄어든다. 한편, 감정적 영역의 영향은 사회화 과정을 포함하여 정치문화의 중요한 부분이 된다. 그리고 감정적 정치 지지는 국가에 대한 충성적 행동의 근간이 된다. 이처럼 다차원적으로 구성되는 정치 지지는 정치신뢰라는 정치 태도를 통해 정치행위에 영향을 미친다. 그리고 정치인이나 정치기구에 대한 신뢰는 시민의 행동을 결정하는 데 중요한 역할을 한다. 정부에 대한 신뢰가 없는 시민은 공공정책을 음모론적 해석을 받아들이거나 정부정책을 특정 집단의 이익을 위한 것으로 간주할 가능성이 있다.

시민의 정부평가가 민주주의 유지에 중요한 요인이 된다면 긍정적 평가를 받을 수 있는 좋은 정부란 무엇인가라는 질문으로 이어지게 된다. 이처럼 좋은 정부의 개념은 제도적 민주주의 측면에서 나타난 한계를 극복하기 위한 방안을 모색하려는 시도 속에서 등장하였다. 그리고 그 핵심에는 거버넌스의 개념이 있다. 좋은 정부는 거버넌스의 추상성을 좀 더 구체화하고 정부의 반응성과 공평성에 중점을 둔 연구에서 시작되었다. 유럽에서 개념 정립이 시작되고 경험적 연구를 통해 보완된 좋은 정부의 개념이 보편타당하게 모든 국가에 적용될 수 있는지에 대해서는 주의를 기울일 필요가 있다. 왜냐하면 국가별로 민주주의로의 발전경로가 다르고 이에 따라 국가와 시민

---

2) 이 장은 이지호·이현우(2015)를 수정 보완한 것이다.

사회의 권력균형이 동일하지 않기 때문이다. 예를 들어 유럽과 달리 권위주의정권을 경험한 제3세계 국가들에게는 정부의 공평성보다 국가신뢰성 수준이 좋은 정부를 규정하는 데 더 중요할 수 있다. 따라서 좋은 정부의 개념을 적용할 때에는 좋은 정부의 구성요인들의 상대적 중요성에 대한 국가별 연구가 필요하다.

'좋은 정부'와 관련된 집단적 연구로는 세계은행(World Bank)과 스웨덴의 '정부의 질(Quality of Government)' 연구소의 지속적인 프로젝트를 대표적 예로 들 수 있다. 이들 기관들은 기초자료의 축적에서부터 지속적인 국제회의를 통한 학문적 소통 등에서 모범을 보이고 있다. 세계은행은 1989년 최초로 '좋은 정부(good governance)'라는 개념을 수용한 이후 그 개념을 꾸준히 발전시켜왔다(World Bank 1992; 1993). 세계은행은 1996년에 '세계 거버넌스 지표 연구(Worldwide Governance Indicators Project)'라는 프로젝트에 착수하여 본격적으로 '좋은 정부'에 대한 조사연구를 시작하였다. 그 결과 2008년까지 세계은행의 '거버넌스 지표 연구팀'에서 구축한 자료는 212개 국가를 포괄하게 되었다. 이 연구팀은 33개의 국제적 조직으로부터 생산된 35개의 자료로부터 정부를 인지적으로 측정할 수 있는 441개의 변수를 선정·집합하였고, 이들 개별 측정치들을 거버넌스의 6가지 차원에 포함되는 범주에 지정하여 총량적 계측방식을 구축하였다(Kaufmann et al. 2009, 2). 자료의 출처는 주로 국제기구, 기업 리스크 평가 기관, 싱크탱크, 비정부기구 등이며, 자료는 기업정보제공자, 비정부기구, 공공기관들이 수행해온 전문가 설문자료와 정부에서 실시한 기업과 가계에 대한 설문자료로 구성되어 있다. 이렇게 방대한 자료를 통해 세계은행은 '좋은 정부'의 6가지 범주에 대한 국가 간 차이, 범주들 간의 연관성 등을 분석하여 정부개선의 전략과 관련된 정보를 각국 정보에 제공해왔다.

세계은행 연구팀은 거버넌스를 한 국가에서 권위가 실행되는 전통과 제도라고 정의하고, 1) 정부가 선출되고 감시되며 교체되는 과정과, 2) 정부가 좋은 정책을 효과적으로 형성하고 집행하는 능력, 그리고 3) 시민과 국가 사이에 사회·경제적 활동을 통합하는 제도에 대한 시민과 국가의 믿음을 제시하였다(Kaufmann et al. 1994, 4). 연구자들은 거버넌스 정의의 첫 번째 영역을 대상으로 두 가지 범주를 설정하였다. 그 첫 번째는 '참여와 책임성(voice and accountability)'으로서 그 안에 정치과정, 시민적 자유, 정치적 권리의 다양한 측면을 측정하는 많은 변수들을 포함하고 있다. 이 변수들은 정부 선출에 시민이 참여할 수 있는 정도, 정부를 감시하고 미디어의 독립성 정도 등을 측정한다. 두 번째 지표는 '정치적 안정성(political stability)'으로 정부가 불안정하게 되거나 비관습적 혹은 폭력적 수단에 의해 전복될 개연성에 대한 엘리트나 시민들의 인지를 측정하는 지표들을 포함한다.

또 다른 영역은 두 가지 지표로 구성되는데 정부가 건전한 정책을 결정하고 집행할 수 있는 능력과 연관된 것들이다. 그 첫 번째 지표는 '정부의 효과성(government effectiveness)'이란 개념이다. 이 지표는 공공 서비스의 질, 관료의 질, 공무원의 역량, 정치적 압력에 대한 공공서비스의 독립성, 정부 공약에 대한 신뢰 등을 측정하는 변수들이 포함되어 있다. 그리고 두 번째 지표인 '규제의 질(regulatory quality)'은 정책 자체에 더 많은 초점을 둔다. 이 지표는 무역과 사업개발과 같은 영역에서 지나친 규제와 그 부담에 대한 인지 정도를 비롯해서 물가 통제, 은행에 대한 부적절한 감독 등과 같은 시장-비친화적 정책의 여부와 그 정도를 포함한다.

제도에 대한 시민과 국가의 믿음을 다루는 거버넌스 지표는 '법의 지배(rule of law)'와 '부패의 통제(control of corruption)' 개념으로 구성된다. '법의 지배'는 행위자들의 법 준수에 대한 확신을 의미한다. 이 지표에는 범죄의 발생, 사법부의 효율성과 예측성, 그리고 계약이행의 정도에 대한 평가가 포함된다. 이들 변수들은 사회가 공정하고 예측 가능한 규칙이 사회·경제적 소통의 기초를 발전시키는 데 성공한 정도를 측정한다. 거버넌스의 마지막 지표는 '부패의 통제'이다. 이 지표는 '사적 이득을 위한 공권력의 행사'로 정의된다. 여기서 부패의 범주는 무엇을 이루기 위해 추가적인 대가를 지불하는 것으로부터 기업환경에 대한 부패, 그리고 권력장악과 관련된 정치영역에서의 부패에 이르기까지 포괄적이다. 부패에 초점을 맞추는 이유는 부패가 존재한다는 것은 거버넌스의 실패를 의미하기 때문이다.

　정부의 질에 관한 집단연구로 대표적인 다른 기관은 정부의 질 연구소(Quality of Government Institute)이다. 연구의 주요 주제는 높은 질의 정치제도가 어떻게 만들어지고 유지될 수 있는가이며, 연구대상은 의료, 환경, 빈곤 같은 정책 영역에 정부의 질이 미치는 영향을 연구하는 것이다. 이 연구진은 세계은행의 '좋은 정부' 개념이 환원론적이며 개념의 과도한 확장으로 인해 적용범주가 모호해져서 정부를 평가할 수 있는 구체적인 준거틀이 되지 못한다고 비판한다. 정부의 질 연구소는 이론을 확증하는 데 적합한 개념 정의를 제시하는 데 반해, 세계은행은 각기 다른 연구마다 임의의 해석을 할 수 있는 위험을 가지고 있다는 비판을 가한다. 특히 세계은행 연구팀의 '좋은 정부' 개념에는 자유민주주의의 개념이 혼재되어 있어 많은 다른 영역들이 공유할 수 있는 "근본적 규범"이 결여되어 있다는 점을 강하게 비판하고 있다(Rothstein and Teorell 2008, 169-173).

　그들에 따르면 '정부의 질'을 정확히 측정하고 사회경제적 발전상태와 연관성을 올바로 분석하기 위해서는 '정부의 질' 개념에 선거민주주의에 해당하는 권력접근의 측면을 배제하고 권력집행의 측면만을 다루어야 한다는 것이다. 몇몇 연구자들은 민주주의가 안착될수록 정부가 경제성장과 사회발전을 위한 효율적 집행을 해 왔다고 주장한다(Helperin et al 2004; Deininger and Mpuga 2005; Isham et al. 1997). 그러나 다른 연구자들은 대의민주주의는 공권력 행사 측면에서의 정부의 질과는 뚜렷한 연관이 없다는 것을 주장하고 있다(Montinola and Jackman 2002; Sung 2004; McMillan and Zoido 2004).

　래리 다이아몬드(Diamond 2007)는 민주화가 성공적으로 출발한 나라에서도 부패와 권력남용 등이 발생하는 것을 지적하면서, 나쁜 정부의 병폐가 민주적 장치의 확대를 통해서 억제되는지 그 인과성은 판단할 수 없다고 주장한다. 왜냐하면 제도 자체는 민주적이라 해도 엽관제와 지속적 부패가 만연한 사회의 정치문화를 넘어서기 어렵기 때문이다. '나쁜 정부(bad governance)'는 국가마다의 전통적이고 특수한 정치문화와 결합하기 때문에 제도를 통해서 근본적 문제를 해결할 수 없다는 것이다(Munggui-Pippidi

2006). 따라서 문제의 본질은 정치문화에 '보편주의 규범'이 부재하다는 점이라고 보아야 한다. 여기서 보편적 규범이란 '모든 시민에 대한 동등한 대우'를 의미하며, 구체적으로 '공권력 행사에서 공정성(impartiality)'으로 측정된다(Rothstein and Teorell 2008).

'정부의 질' 연구에서 공정성이란 "법률이나 정책을 수행할 때 정책이나 법이 대상으로 하지 않은 시민이나 사례 등을 고려해서는 안 된다"는 개념이다. 이러한 정의는 측정가능하며 보편성을 갖는다. 왜냐하면 부패나 정실주의, 차별 혹은 특별한 이익집단에 대한 혜택이 발생할 때 공권력의 남용이 무엇인지를 명백히 확인할 수 있기 때문이다. 여기서 중요한 점은 이러한 정의가 전적으로 공권력 행사의 절차에 관한 것이기 때문에 정부의 정책성과가 높으면 좋은 정부라는 동어반복적 오류를 피할 수 있다는 점이다.

'정부의 질' 연구자들은 2011년에 135개국 1,053명의 전문가들의 평가를 취합한 통합자료를 구축하고 있는데, 최소한 3명 이상이 응답한 107개국의 자료가 신뢰성을 갖는 것으로 확인되었다. 이 설문자료를 바탕으로 개별 국가단위로 공정성을 측정할 수 있으며, 분석결과 국가 간에 공정성에 큰 차이가 있음을 확인하였다(Rothstein and Teorell 2012). 뿐만 아니라 이 연구소의 성과를 보면 공정성으로 대표되는 정부의 질이 경제성장, 제도적 신뢰, 삶의 만족도와 연관성이 있음을 밝혔고, 세계거버넌스 지표 중 권력행사의 측면에 해당하는 정부효율성, 부패, 법의 지배가 이들 종속변수에 미치는 영향과도 크게 차이가 없음을 발견하였다(Teorell 2009). 또한 연구자들은 과세와 복지정책과의 관계를 연구하여 공정성이 복지국가의 정통성을 결정하는 중요한 요인이라는 것을 밝혔다(Svallfors 2012). 나아가 정부의 정통성을 유지시키는 것은 정당이나 의회가 아니라 정책을 집행하고 법규를 준수하는 행정부에 대한 평가와 인식이라는 결론을 통해 정부의 질의 중요성을 다시금 강조하였다(Rothstein 2009). 정부의 질은 행복지표에도 영향을 주는 것으로 나타났는데 빈곤국가뿐만 아니라 부유한 OECD 국가에서도 정부의 질과 행복지표간의 관계가 강한 것으로 확인되었다(Samanni and Holmberg 2010). 또한 '정부의 질' 연구자들은 민주주의와 정부의 질 사이의 관계는 조건적이라는 것을 주장하는데 경제성장이 바로 그 조건이다(Charron and Lapuente 2009). 민주주의가 무조건적으로 정부의 질을 높이는 것이 아니라 경제성장이 상당 수준에서 이루어졌을 때 정부의 질을 상승시킬 수 있다는 것이다.[3]

IV. 좋은 정부 논쟁: 공정성

'정부의 질(quality of government)' 연구소는 오랫동안 공정성(impartiality)에 초점을 맞추어 권력행사 측면에서 정부의 질 개념을 강조하였다. 이에 대하여 공정성을 중심으로 한 정부의 질 개념에 대한 비판이 제기되었다. 그 요지는 절차적 규범만으로 정부의 질을 평가하면서 정부의 질이 담고 있는 많은 실질적 내용을 놓칠 수 있다는 것이다. 아그나포스(Agnafors 2013, 436)는 로스타인(Rothstein)이 공정성이라는 절차적 규범만을 강조하는 것은 투입과 결과가 무엇이든지 간에 법만 지키면 된다는 생각으로 심각한 부도덕성과 양립할 수 있다는 것을 지적하였다. 민주적인 선거로 등장한 나치체제가 법과 정책을 불편부당하게 집행한다면 그 체제는 좋은 정부인가? 선으로서의 정부의 질이 도덕적으로 부패한 법과 정책과 짝을 이룰 때, 그것은 선이 될 수 있으며 명백한 악이 되는 것이다.

---

3) 정부신뢰는 거버넌스와 비교되는 개념이다. 이숙종(2006)이 지적하는 바와 같이 정부 신뢰의 하락이 민주적 거버넌스의 쇠퇴와 동일한 개념으로 사용할 수 없다. 정부신뢰는 다원적 의미를 함의하는데 정부가 공익에 충실하며 정책수행에 있어 공정성을 유지한다는 의미로 해석되기도 하고, 또 다른 한편으로는 정부의 능력이나 역량 혹은 부패하지 않는 투명한 공무원 집단을 지칭하기도 한다. 반면에 거버넌스는 정부신뢰의 하락에 대한 대안으로 민주적 거버넌스가 거론되기도 한다. 왜냐하면 거버넌스는 민주적 시민의 역량 강화를 통해서 공공 문제에 관한 시민들의 참여와 상호작용을 의미하기 때문이다.

아그나포스는 정부의 질에 대한 산출 측면의 고려를 포함하면서 어느 나라에도 적용될 수 있는 정의의 보편성을 제시하였다. 그는 로스타인의 정의보다 복잡한 정의를 제안한다. 첫째, 최소한의 도덕성(minimal morality)의 개념이 그것이다. 아그나포스(Agnafors 2013, 437-8)는 로스타인의 절차적 공정성이 부도덕함과 양립할 수 있는 오류를 피하기 위하여 정부의 질 개념에 도덕성을 포함하여야 한다고 주장한 것이다. 여기서 보편적으로 수용될 수 있는 최소한의 도덕성이란 권위의 행사에 있어서 보편적으로 수용될 수 있는 기본적인 금지와 의무의 집합을 의미한다. 아그나포스는 최소한의 도덕성의 개념에 '살인, 사기, 고문, 억압과 폭정'의 금지 혹은 '곤란한 지경에 놓여 있는 사람들'을 지원하는 의무 또한 포함하였다.

이러한 접근에 대해 로스타인은 반론을 제기한다. 결코 나치가 공정할 수 없다는 것이 반론의 시작이다. 나치와 같은 비민주적인 체제는 연고주의, 후원주의 등이 지배적인 체제로서 공평하지 못한 정책집행을 할 수밖에 없다는 것이다. 즉 비민주적인 사회에서는 공평한 정책집행을 할 수 없으며, 단지 민주적인 사회에서만 공정한 정책집행이 가능할 수도 있고 그렇지 않을 수도 있다는 것이다. 좋은 정부 연구자들이 도덕성 혹은 민주성을 배제하고 절차적 규범을 정부의 질 개념의 중심에 두는 것은 그들을 둘러싼 정치환경에 영향을 받은 것이다. 그들의 관심이 민주주의가 이미 진척된 사회에서의 정부의 질 개선에 있기 때문이었다. 로스타인은 민주화된 국가(예를 들어 남아프리카공화국)에서 사회경제적 지표가 민주화되기 이전보다 더 못하다는 경험적 증거를 보면서 국민이 정책결정에 목소리를 내고 참여한다고 해서 잘사는 것이 아니라고 주장한다. 즉 권력접근의 민주성이 좋은 정부를 보장하지 않는다는 것이다.

그러나 민주주의 제도의 정착이 정부의 질을 보장하지 못한다고 해서 민주성을 좋은 정부의 개념에서 배제하는 것은 문제가 있다. 정치체제는 민주적이지 않으면서 절차적 규범으로서 공정성이 높은 정부를 가지는 나라도 있을 수 있기 때문이다. 작은 도시국가인 싱가포르의 경우가 예가 될 수 있다. 싱가포르의 정치체제를 민주적이라고 볼 수 없다. 국민들의 관심이

온통 경제에만 쏠려 있는 이 나라는 '인민행동당(People's Action Party)'이라는 정당이 지배적인 일당우위의 정당체제를 가지며, 지금은 사망했지만 오랫동안 이콴유(Lee Kuan Yew)라는 한 사람의 카리스마적 지도자에 의해 통치되어 왔다. 언론은 국영기업에 의해 지배되어 정부 비판이 제한적이다. 싱가포르에서 언론의 자유가 보장되고 있다고 볼 수 없다. 그러나 싱가포르는 세계에서 가장 부패 없는 나라로 알려져 있다. 관료사회의 청렴도가 높으며 아시아의 네 마리 용 중에 하나로 꼽히듯 경제발전의 수준 또한 매우 높다. 공정성이라는 절차적 규범의 잣대로 보면, 싱가포르는 높은 정부의 질을 가진다고 볼 수도 있다. 그러나 민주주의는 서구적 가치이고 그것이 없어도 아시아적 가치로 잘 살 수 있다는 이콴유의 정부를 우리는 '좋은 정부'라고 할 수 있는지에 대해서는 회의적이다. 정부의 질을 판단함에 있어서 민주성을 배제한다면 박정희 유신체제와 같은 권위주의체제도 높은 정부의 질을 가지고 있었다고 평가할 수 있다. 물론 실제에 있어서 유신체제가 후원주의나 연고주의에 이끌려 공정성이 높은 정부를 유지했다고 볼 수 없지만, 정부의 질 연구자들의 개념적 정의에 따르면, 민주적이지 않은 정부도 높은 정부의 질을 가질 수 있는 개연성을 열어놓고 있기 때문이다.

이러한 이론상의 문제를 극복하기 위해서는 '좋은 정부'의 개념에 민주성을 포함시켜야 한다. 그렇게 해야 선진민주주의 국가부터 권위주의체제를 경험한 신생민주주의 국가를 망라하여 일관된 기준에서 정부의 질을 평가할 수 있기 때문이다. 그러나 권력접근의 측면을 정부의 질 개념에 포함시킨다고 하더라도, 세계은행이 거버넌스 지표 중의 하나로 포함하고 있는 '참여와 책임성(voice and accountability)'의 개념은 기준으로서 의심스럽다. 정부의 질을 평가함에 있어서 선거 공정성, 표현의 자유, 인권과 같은 개념들은 너무 확장적이어서 적용이 모호하기 때문이다. 권력이 가치의 권위 있는 배분과 관련된 것이라면(Easton 1953), 권력에 대한 민주적 접근은 사회적 가치 배분에 대한 대중적 참여를 의미하며, 다수 국민들의 의사에 대한 정부의 반응성(responsiveness)을 의미한다. 따라서 정부에 대한 평가와 관련해서 민주성이란 정책결정에의 민주적 참여 혹은 정부 반응성에 국한해야 한다.

즉 정부가 정책결정에 있어 얼마나 이해당사자 집단이나 일반국민들의 의사를 반영하는가에 대한 문제를 정부의 질에 대한 판단에 중요한 기준으로 삼아야 한다.

공정성이 '좋은 정부'의 유일한 근본 가치라는 주장에 대한 두 번째 비판은 정부 효율성과 관련되어 있다. 정부의 질 연구자들은 주요한 사회적 과제를 해결할 능력이 있는 정부는 좋은 정부의 결과이지 좋은 정부의 원인이 아니기 때문에 좋은 정부의 개념에서 정부 효율성을 배제해야 한다고 주장한다. 좋은 정부가 사람들이 가장 중요하게 해결해야 된다고 느끼는 사회적 과제를 잘 해결하는 정부인데, 이를 좋은 정부의 요소로 놓으면 동어반복에 빠진다는 것이다. 따라서 그들은 좋은 정부의 핵심 요소로서 정책집행에 있어서 공정성을 강조한다. 그러나 동일한 정책의 목표를 성취함에 있어 한 양식의 통치가 엄격한 공정성의 규범을 지켰지만 성과가 미미한데—예를 들어 사람들이 기아에 허덕이고 있고—반면에, 공정성의 원칙에 있어 유연하지만 다른 가치를 더 고려하는 또 다른 양식의 통치가 상당한 성과를 거둘 수 있는 상황이 존재한다. 결과가 좋기 때문에 공정성이 잘 지켜지지 않았어도 좋은 정부라고 간주하는 것도 문제이지만, 공정성의 규범을 잘 지켰기 때문에 성과가 좋지 않아도 좋은 정부라고 판단하는 것도 납득하기 어렵다.

정부의 질 연구자들이 정부의 성과를 정부평가에서 배제하려고 한 이유는 GDP와 같은 정부의 객관적인 성과 지표가 '좋은 정부'의 속성이 될 수 없다고 생각하기 때문이다. 그러한 지표들은 '좋은 정부'의 결과이기 때문이다. 따라서 '좋은 정부'의 속성인 집행의 공정성이 정부의 성과와 어떤 연관성이 있는지를 규명하는 것이 필요하지 성과를 '좋은 정부'의 속성에 넣을 수 없다는 것이다. 그러나 정부의 수행능력이 바로 사람들이 정부를 판단하는 기준이 된다는 점을 고려한다면 과제를 수행할 능력이 있기 때문에 성과를 내는 것이다. 수행능력은 성과와 가깝지만 결과는 아니며 정부의 집행 영역에 해당한다. 세계은행의 '거버넌스 지표 연구팀'에서도 효율성은 '공공 서비스의 질과 정치적 압력으로부터 독립된 정도, 정책을 형성하고 수행하는 능력과 신뢰'라고 정의하였다. 아그나포스(2013, 440)도 성과와 관련한 효율성보다는 수행(performance)의 측면을 강조한다. 즉 '사회적으로 요구되는 재화에 관심을 두는 지속가능한 긍정적 수행(positive performance)'을 정부의 효율성이라고 정의한다. 정책을 형성하고 수행하는 능력으로서의 효율성은 정책집행의 절차적 공정성이나 정책결정의 책임성과는 또 다른 속성으로 정부의 질 개념에 포함해야 할 것이다.

V. 한국에서 좋은 정부 연구

정부의 질이나 정부 신뢰의 개념이 서구국가에서 개발되었지만 그 개념의 이론적 타당성과 경험적 적실성에 관한 연구는 국내에서도 다수 이루어졌다. 서문기(2001)는 본격적으로 정부신뢰구조에 대한 담론적 논의를 제시하였는데, 집합적 자료를 통한 그의 주장은 생태적 오류(ecological fallacy)의 위험성을 일부 포함하고 있다. 그럼에도 불구하고 규범적 수준을 넘어 공정성의 결핍을 지적하고 사회갈등을 조정할 수 있는 국가 역량의 부족이 정부신뢰 수준을 떨어뜨린다는 지적은 시사하는 바가 크다. 경험분석을 통한 정부신뢰에 대한 본격적인 연구로 박종민(1991)은 정책 산출 면을 중심으로 살피고 있다. 그의 중요한 발견은 경제적 성과나 안보분야의 성과를 통해서 정부의 신뢰수준을 높일 수 없다는 것이다. 정치적 자유화와 사회적 형평성의 수준 향상 없는 권위주의 정치체제로는 국가의 신뢰도를 상승시킬 수 없다고 결론짓고 있다. 이러한 주장은 경제적 업적을 대안으로 정권을 유지하려는 권위주의 정권은 본질적인 한계가 있음을 보여주는 것으로 결국 민주화를 통해서만 정부의 질을 높일 수 있다는 결론에 도달하였다.[4]

---

4) 이후 박종민과 김왕식(2006)은 서구사회와는 달리 개인의 사회적 자본이 증가되어도

대다수의 정부신뢰에 대한 연구가 정치적·사회심리적 평가에 중심을 두었기 때문에 정부의 능력부분이 소홀하였다는 비판과 함께 경제모형을 도입한 연구가 있다(김병곤·이곤수 2009). 순서화 로짓모형(ordered logistic model)을 이용한 이들의 경험분석은 국가경제상태, 경제악화의 원인 그리고 경제 평가 등의 경제적 요인들이 정치적 변수들 이외에도 정부신뢰 결정에 유의하다는 것을 밝혀냈다. 경제투표 모형의 기초논리인 보상과 처벌의 기재(reward and punishment mechanism)가 정부신뢰 함수에도 적용될 수 있다는 것이다. 경제적 여건에 대한 평가가 선거뿐만 아니라 정부신뢰에도 영향을 미칠 것이라는 주장은 설득적이다. 이들의 분석결과는 흥미로운데 경제상태에 대한 인식이 긍정적일수록 정부신뢰가 높아진다. 반면에 경제상태에 대한 부정적 평가가 정부신뢰에 영향을 미치는 것은 조건적으로 나타난다. 경제악화의 책임이 국회나 정당 혹은 기업에 있다고 평가한 경우에는 정부신뢰 저하에 미치는 정도가 매우 낮다는 것이다(13). 또한 정부신뢰에 영향을 미치는 변수들의 영향력을 비교해 보면 경제에 대한 평가가 가장 크다는 것이다. 필자들은 이러한 결과를 바탕으로 정부신뢰를 향상시키기 위해서는 경제상태의 개선이 가장 중요하다고 결론짓고 있다.

앞의 박종민(1991)의 연구와 비교하면 김병규와 이곤수(2009)의 주장은 매우 상이하다. 박종민은 민주적 절차를 통한 권력의 정통성을 강조한 데 비하여 김병규와 이곤수는 경제적 여건이라는 정부의 산출적 측면의 중요성을 역설하고 있다. 이러한 연구결과의 차이는 기본적으로 시대적 여건을 반영하고 있다는 점에서 이해할 수 있다. 박종민이 사용한 자료는 권위주의 정권이었던 1991년인 데 비하여 김병규와 이곤수의 연구는 이후 18년이 지나면서 진보세력이 정권을 잡은 경험도 있으며 동시에 1997년 IMF와 2008년 서브프라임이라는 금융위기를 겪는 시기였다. 연구시기의 차이가 국민들

사회신뢰가 증가하지 않으며, 오히려 국가기관에 대한 신뢰가 높을수록 사회신뢰가 높아진다는 것을 발견하였다. 아쉽게도 이 연구에서는 사회신뢰가 정부신뢰에 영향을 미칠 가능성에 대해서는 추가 분석이 이루어지고 있지 않아 사회신뢰와 정부신뢰 사이의 양방향적 관계는 확인하지 못하였다.

의 국가와 정부에 대한 역할과 기대의 차이를 가져왔을 가능성이 높다. 김 병규와 이곤수의 연구는 서구국가의 선거에서 발견되는 경제의 중요성을 확 인했다는 점에서 의미가 있다. 그러나 거버넌스나 정부의 질이라는 새로운 화두는 경제적 요인을 넘어서 정부의 정책 산출로는 설명할 수 없는 영역이 라는 점에서 그들의 연구는 현재의 질 높은 민주주의를 논하는 데 적용하기 에는 적절치 않다.

정치적 요인과 경제적 요인의 두 가지 요인이 정부신뢰에 미치는 영향을 배타적일 이유는 없다. 김왕식(2011)의 연구가 이들 두 요인을 하나의 모델 속에서 검토하고 있다. 김왕식은 두 가지 요인이 모두 중요하기 때문에 단 기적 정부신뢰를 위해서는 경제적 방안을 그리고 장기적 관점에서는 시민들 의 자발적 참여를 증대시키는 방안을 마련해야 한다고 결론 내리고 있다. 그러나 그의 회귀분석모델을 보면 다른 연구에서 통계적으로 유의한 변수로 나타나는 정치관심이나 민주주의 수준평가 등이 유의하지 않는 것으로 나타 난다. 정치관심이 많고 적음이 정부신뢰에 영향을 미치지 못하고, 현재 민주 주의 수준에 대한 평가수준이 정부신뢰와 관계가 없다는 결과는 의외다. 따 라서 이러한 경험적 결과에 대한 이론적 설명이 필요하다.

본격적으로 서구의 정부신뢰 모델을 도입한 연구는 박종민과 배정현 (2011)연구를 통해서 볼 수 있다. 이들은 정부신뢰 평가의 구성요소로서 정 부대우의 공정성, 정책과정의 절차공정성 그리고 효율성에 속하는 국가경제 상황을 상정한 경험분석을 시도하였다. 정책의 일련의 과정인 정책결정과 정책수행과정 그리고 정책결과라는 산출 측면을 모두 포함하여 정부신뢰 구 성모형을 분석한 결과 상대적 평가가 중요하다는 것을 확인하였다. 즉 현재 정부로부터 받는 혜택의 정도가 아니라 이전과 비교하여 정부혜택이 늘어났 다고 생각하는가의 여부가 중요하다는 것이 발견되었다. 또한 정책결정과정 의 공정성과 정부정책 수행이 공정한가의 여부가 정부신뢰에 영향을 미치는 것을 나타났다. 이러한 연구는 이전의 연구들과 차별적으로 절대평가와 상 대평가라는 세분화된 개념을 통해 좀 더 세련된 경험모형을 제시한 것이다. 이후 정부신뢰에 대한 경험분석은 집단별 차이에 관심을 두어 세분화된 모

델들을 제시하였다. 이수인(2013)은 정부신뢰에 대한 원인변인들이 성별에
따라 차이가 있다는 점을 밝혀냈다. 남성 집단에서는 국가 경제와 정치적
자유권이 정부신뢰에 영향을 미치는 데 비하여 여성 집단에서는 가계 경제
와 사회권의 영향력이 두드러지게 나타난다는 것이다. 이러한 성별에 의한
차이는 남성은 공적 영역 담당자이고, 여성은 사적 영역 담당자라는 차이에
서 기인한다는 것이다. 물론 남녀집단에서 공통적인 현상으로 정치적 성과
가 경제적 성과보다 정부신뢰에 더 중요하다는 것을 확인하였지만 성차에
따른 상이한 모형이 필요하다는 연구는 기존연구에서는 논의되지 않은 부분
이다.

이상에서 살펴본 정부신뢰에 대한 연구들은 그 시대의 환경을 반영하는
바가 있음을 알 수 있었다. 최근의 연구들을 종합하면 정치참여 요구가 정
부의 업적보다 중요하다는 데 동의하고 있다. 대의제민주주의의 한계가 이
제 한국에서도 나타나고 있다고 할 수 있다. 서구 국가들에서 민주주의 만
족도가 낮아지고 정책수행의 공정성이 강조되는 이유가 정부의 정책능력이
일정 수준에 이르면서 시민들의 관심은 정책결과 그 자체보다는 어떠한 과
정을 거쳐서 정책이 결정되고 정책수행이 공정하게 이루어지는가에 좀 더
많은 관심을 두고 있다는 것을 보여준다.

최근의 면접설문자료를 이용한 이지호와 이현우(2015)의 논문은 상세한
설문항을 대상으로 하고 있다는 점에서 이전 연구들에 비해 변수의 타당성
이 높다. 그 결과를 보면 한국 국민들을 대상으로 한 정부 인식 조사에 대한
분석의 결과는 서구의 정부의 질 연구자들의 선행연구 결과와 상당히 달랐
다. 한국민의 의식 속에는 정부의 반응성이 정부신뢰에 가장 큰 영향을 미
치는 것으로 확인되었다. 권위주의체제를 경험한 나라에서는 국민의 의식
속에 정책결정에 대한 민주성이 정부 신뢰에 대한 제일 기준이 될 만한 이
유가 있다. 한국은 정부의 정책결정이 시민사회의 주도성보다는 정부의 주
도성이 강한 나라다. 정책의제는 여야의 정치적 동기나 정부의 과제해결의
동기에 의해 제기되고, 정부 차원의 의제설정 이후 국민적 설득 과정을 밟는
경향이 여전히 강하다. 이러한 맥락에서 국민의 정부신뢰 인식에는 자원의

공평한 배분이나 의무의 공정한 부담보다 정책결정에 나를 포함한 국민 의사가 민주적으로 반영되는 측면이 더욱 중요하게 자리 잡고 있다고 볼 수 있다.

이들 조사에서는 정부 효율성을 '10년 내에 주요한 과제를 해결할 가능성'으로 조작화하였다. 분석결과를 보면 효율성은 정부신뢰와 연관성을 가지는 것으로 나타났다. 그러나 그 연관성은 반응성보다 낮았다. 효율성이 중시될 수 있는 까닭은 역사적 경험과 무관하지 않다. IMF 위기 이전까지 국민들이 정부주도의 수출전략으로 급속한 경제성장을 경험한 한국의 역사와 관련이 있다. 노년층을 중심으로 정부가 조금 부패하고 조금 공정하지 못하더라도 경제성장을 통해 성과를 내는 정부를 신뢰하는 경향성을 볼 수 있다. 반면에 경제성장의 절실함을 경험하지 못한 젊은 층의 가치관은 서구적 민주주의의 가치관에 영향을 받아 효율성보다는 공정성에 좀 더 비중을 두고 있다는 것이 밝혀졌다.

1987년 민주화 이후 한국 정치의 민주화 속도는 상당히 빠른 편이었다. 선거의 공정성과 민주주의 가치에 대한 국민들의 신념 등은 서구민주주의 국가들과 큰 차이를 보이지 않는다. 민주주의 역사가 긴 서구민주국가들에서 공정성 확보라는 현재적 고민으로 인해 정부의 성과에 대한 만족도가 낮아지는데 그러한 현상이 지속되면 민주주의 자체에 대한 신뢰가 감소하는 것이 우려되고 있다. 이러한 문제를 해결하는 방안으로 제시된 것이 정부의 질을 향상시킴으로써 국민들의 정부에 대한 신뢰를 향상시키고 궁극적으로 민주주의체제의 유지가 가능토록하자는 것이다. 그리고 일군의 학자들의 경험적 연구는 정부의 질을 향상시키는 데 있어 가장 중요한 차원적 요인이 공정성이라는 것을 확인하였다. 즉 정부의 정책집행이 공정하게 이루어질 때 정부의 질이 향상될 수 있다는 것이다.

이러한 주장은 정책결정이 이미 민주적으로 진행되었다는 것을 가정할 때 그 의미를 가질 수 있다. 만일 집행 이전에 정책결정이 국민의사를 제대로 반영하지 않는다고 인식된다면 그러한 정책의 공정한 집행이 의미를 가질 수는 없다. 따라서 유럽민주국가들의 연구결과를 한국에 적용함에 있어서는 한국적 특수성이 감안된 모델이 제시되어야 한다. 향후 좋은 정부 연구에서 중점을 두어야 할 것은 한국에서 정부에 대한 신뢰는 서구와는 다른 의미를 함축할 가능성이 있다는 점이다. 이지호와 이현우(2105)에 따르면 정부의 신뢰를 결정하는 차원적 요인들 3가지 ─ 반응성, 효율성, 공정성 ─ 는 서구 국가들에서와 마찬가지로 유의미한 것으로 나타났다. 하지만 상대적 중요성에서는 확연한 차이를 보이고 있다. 결론적으로 정부의 정책결정 과정에 얼마나 시민들의 의사가 반영되는지의 여부가 가장 중요한 변수라는 것이다. 민주주의의 발전이 시민참여의 활성화라는 시각에서 본다면 아직도 시민들은 활성화된 정치참여와 그에 대한 정부의 수용이 부족하다고 느낀다는 것이다. 정치 지지의 감소라는 공통적 현상에도 불구하고 그 원인에 있어서는 개별국가의 차이가 있다는 것이 좋은 정부의 개념과 범주의 다양화의 필요성을 제기한다.

◆ 참고문헌 ◆

김병규·이곤수. 2009. "정치경제적 관점에서 본 정부신뢰의 영향요인." 『한국행정논집』 21권 3호. 893-914.

김왕식. 2011. "정부신뢰에 미치는 영향요인에 관한 연구." 경성대학교 『사회과학연구』 27집 2호. 141-161.

박종민. 1991. "정책산출이 정부신뢰에 주는 영향." 『한국행정학회보』 25권 1호. 291-305.

박종민·김왕식. 2006. "한국에서 사회신뢰의 생성: 시민사회와 국가제도의 역할." 『한국정치학회보』 40집 2호. 149-169.

박종민·배정현. 2011. "정부신뢰 원인: 정책결과, 과정 및 산출." 『정부학연구』 17권 2호. 117-142.

서문기. 2001. "한국사회의 정부신뢰구조." 『한국사회학』 35권 5호. 119-146.

이수인. 2013. "정부신뢰에 대한 정치적 성과와 경제적 성과의 효과 비교와 관계성 탐색: 성별 차이를 중심으로." 『정치학연구』 19권 2호. 195-239.

이숙종. 2006. "정부신뢰와 거버넌스." 『국정관리연구』 1권 1호. 143-172.

이지호·이현우. 2015. "정부신뢰의 한국적 의미와 측정: 반응성, 효율성 그리고 공정성." 『한국정치연구』 24(3): 1-28.

Agnafors, Marcus. 2013 "Quality of Government: Toward a More Complex Definition." *American Political Science Review* 107(3): 433-445.

Alesina, Alberto, and Romain Wacziarg. 2000. "The Economics of Civic Trust." Susan Pharr and Robert Putnam, eds. *Disaffected Democracies.* Princeton: Princeton University Press.

Bartels, Larry M. 2002. "Beyond the Running Tally: Partisan Bias in Political Perceptions." *Political Behavior* 24(2): 117-150.

Beetham, David. 1991. *The Legitimation of Power.* Basingstoke: Macmillan.

Booth, John A., and Mitchell A. Seligson. 2009. *The Legitimacy Puzzle in Latin America: Political Support and Democracy in Eight Nations.* Cambridge: Cambridge University Press.

Canache, Damarys, Jeffery J. Mondak, and Mitchell A. Seligson. 2001. "Meaning and Measurement in Cross-National Research on Satisfaction With Democracy." *Public Opinion Quarterly* 65(4): 506-528.

Castillo, Antonio M. 2006. "Institutional Performance and Satisfaction with Democracy: A Comparative Analysis." Paper presented at CSES Seville (Spain).

Charron, Nicholas, and Victor Lapuente. 2009. "Does Democracy Produce Quality of Government?" *QoG Working Paper Series.*

Dahl, Robert. A. 2006. *On Political Equality.* New Haven: Yale University Press.

Dahlberg, Stefan, & Sören Holmberg. 2012. "Understanding Satisfaction with the Way Democracy Works: Democracy versus Bureaucracy." *QoG Working Paper Series.*

Dalton, Russell J. 2004. *Democratic Challenges, Democratic Choices: The Erosion of Political Support in Advanced Industrial Democracies.* Oxford: Oxford University Press.

Dalton, Russell J., Doh Chull Shin, and Willy Jou. 2007. "Understanding Democracy: Data from Unlikely Places." *Journal of Democracy* 18(4): 142-156.

Deininger, Klaus, and Paul Mpuga. 2005. "Does Greater Accountability Improve the Quality of Public Service Delivery? Evidence from Uganda." *World Development* 33(1): 171-191.

Diamond, Larry. 2007. "A Quarter-Century of Promoting Democracy." *Journal of Democracy* 18(4): 118-20.

Doorenspleet, Renske. 2012. "Critical Citizens, Democratic Support and Satisfaction in African Democracies." *International Political Science Review* 33(3): 279-300.

Easton, David. 1965. *A Framework for Political Analysis.* Englewood Cliffs: Prentice-Hall.

_____. 1975. "A Reassessment of the Concept of Political Support." *British*

Journal of Political Science 5(4): 435-457.

Erber, Ralph, and Richard Lau. 1990. "Political Cynicism Revisited: An Infor-mation-Processing Reconciliation of Policy-Based and Incumbency-Based Interpretations of Changes in Trust in Government." *American Journal of Political Science* 34(1): 236-253.

Evans, Geoffrey, and Robert Anderson. 2004. "Do Issues Decide? Partisan Conditioning and Perceptions of Party Issue Positions across the Electoral Cycle." *British Elections and Parties Review* 14(1): 18-39.

_____. 2006. "The Political Conditioning of Economic Perceptions." *Journal of Politics* 68(1): 194-207.

Ezrow, Lawrence, and Georgios Xezonakis. 2014. "Satisfaction with Democracy and Voter Turnout: A temporal Perspective." *Party Politics.* on-line ver-sion(http://libproxy.sogang.ac.kr/7ce359d/_Lib_Proxy_Url/ppq.sagepu b.com/content/early/2014/09/12/1354068814549335.full.pdf+html 검색일: 2015.8.28).

Goodwin-Gill, G. S. 2006. *Free and Fair Elections.* Geneva: Inter-Parliamentary Union.

Halperin, Morton H., Joseph T. Siegle, and Michael M. Weinstein. 2004. *The Democracy Advantage: How Democracies Promote Prosperity and Peace.* New York: Routledge.

Helliwell, John. F., and Haigang Huang. 2008. "How's your government? Inter-national evidence linking good government and well — being." *British Journal of Political Science* 38(2): 595-619.

Hoffman, Amanda L. 2005. "Political parties, electoral systems and democracy: A cross-national analysis." *European Journal of Political Research* 44(2): 231-242.

Holmberg, Söören, and Bo Rothstein. 2012. *Good Government. The Relevance of Political Science.* Cheltenham: Edward Elgar. https://blogs.baylor.ed u/patrick_j_flavin/files/2010/09/Democracy_and_SWB_2.11.15-1hner70. pdf(검색일: 2016.5.7).

Inglehart, Ronald. 2003. "How Solid is Mass Support for Democracy — And How Can We Measure it?" *PS: Political Science and Politics* 36(1): 51-57.

Isham, Jonathan & Daniel Kaufmann, & Lant H. Pritchet. 1997. "Civil Liberties,

Democracy, and the Performance of Government Projects." *World Bank Economic Review* 11(2): 219-42.

Jonston, Richard, Emily Thorson, and Andrew Gooch. 2010. "The Economy and the Dynamics of the 2008 Presidential Campaign: Evidence from the NAES." *Journal of Elections, Public Opinion, and Parties* 20(2): 271-289.

Kaufmann, Damiel, and Aart Kraay. 2008. "Governance Indicators: Where Are We, Where Should We Be Going?" *World Bank Policy Research Working Paper*, No.WPS4654.

Kaufmann, Daniel, Aart Kraay, and Pablo Zoido-Lobatón. 1999. "Aggregating Governance Indicators." *World Bank Policy Research Working Paper*, No.2195.

Kaufmann, Daniel, Art Kraay, and Massimo Mastruzzi. 2007. "The Worldwide Governance Indicators Project: Answering the Critics." *World Bank Policy Research Working Paper*, No.WPS4149.

_____. 2009. "Governance Matters VIII: Aggregate and Individual Governance Indicators 1996-2008." *Political Research Working Paper*, No.4978.

Klingemann, Hans-Dieter. 1999. "Mapping Political Support in the 1990s: A Global Analysis." In Pippa Norris, ed. *Critical Citizens: Global Support for Democratic Governance*. Oxford: Oxford University Press.

Lagos, Marta. 2003. "Support for and Satisfaction with Democracy." *Public Opinion Research* 15(4): 471-487.

Laski, Harold. 1931. *Democracy in Crisis*. Durham: University of North Carolina Press.

Lijphart, Arend. 1999. *Patterns of Democracy — Government Forms and Performance in Thirty-six Countries*. New Haven, USA: Yale University Press.

Linde, Jonas. 2012. "Why Feed the Hand that Bites You? Perceptions of Procedural Fairness and System Support in Post-Communist Democracies." *European Journal of Political Research* 51(3): 410-434.

Lippmann, Walter. 1922. *Public Opinion*. New York: Harcourt, Brace.

McMillan, John, and Pablo Zoido. 2004. "How to subvert democracy: Montesinos in Peru." *Journal of Economic Perspectives* 18(4): 69-92.

Mendus, Susan. 2002. *Impartiality in Moral and Political Philosophy*. Oxford:

Oxford University Press.

Miller, Arthur. 1974. "Political Issues and Trust in Government: 1964-1970." *American Political Science Review* 68(3): 951-972.

Mungiu-Pippidi, A. 2006. "Corruption: Diagnosis and Treatment." *Journal of Democracy* 17(3): 86-99.

Norris, Pippa, ed. 1999. *Critical Citizens: Global Support for Democratic Governance.* Oxford: Oxford University Press.

_____. 2009. *Critical Citizens: Global Support for Democratic Government.* New York. Oxford University Press.

Norris, Pippa. 2004. *Electoral Engineering: Voting Rules and Political Behavior.* Cambridge: Cambridge University Press.

Norris, Pippa. 2012. *Making Democratic Governance Work — How Regimes Shape Prosperity, Welfare, and Peace.* Cambridge: Cambridge University Press.

OECD. 2013. *Government at a Glance 2013.* http://www.oecd-ilibrary.org/doc server/download/4213201ec006.pdf?expires=1441590391&id=id&accname =guest&checksum=5B39A20FBD082300244A13BF398835B0(검색일: 2015. 9.4).

Powell, G. Bingham. 2000. *Elections as Instruments of Democracy: Majoritarian and Proportional Visions.* New Haven, CT: Yale University Press.

Putnam, Robert. 1996. "The Strange Disappearance of Civic America." *The American Prospect* 7(24): 24-48.

Rose, Richard, William Mishler, and Christian Haerpfer. 1998. *Democracy and its Alternatives: Under-standing Post-Communist Societies.* Baltimore and London: The Johns Hopkins University Press.

Rothstein, Bo, and Jan Teorell. 2008. "What Is Quality of Government? A Theory of Impartial Government Institutions." *Governance: An International Journal of Policy, Administration and Institutions* 21(2): 165-190.

_____. 2012. "Defining and Measuring Quality of Government." In Sören Holmberg and Bo Rothstein, eds. *Good Government: The Relevance of Political Science.* Cheltenham: Edward Elgar Publisher. http://iis-db. stanford.edu/docs/623/Rothstein%26Teor ell2012.pdf(검색일: 2015.7.5).

Rothstein, Bo. 2009. "Creating Political Legitimacy: Electoral Democracy Versus Quality of Government." *American Behavioral Scientist* 53(3): 311-330.

_____. 2011. *The Quality of Government: Corruption, Social Trust, and In Equality in International Perspective.* Chicago: University of Chicago Press.

Samanni, Marcus, and Sören Holmberg. 2010. "Quality of Government Makes People Happy." *QoG Working Paper Series.*

Stoker, Gerry. 2006. *Why Politics Matters: Making Democracy Work.* Houndsmills: Palgrave Macmillan.

Sung, Hung-En. 2004. "Democracy and Political Corruption: A Cross-National Comparison." *Crime, Law & Social Change* 41(2): 179-194.

Svallfors, Stefan. 2012. "Does Government Quality Matter?" http://www.soc.u mu.se/digitalAssets/88/88747_nr-1_2012-svallfors_does-goverment-quali ty-matter.pdf(검색일: 2015.7.2).

Teorell, Jan. 2009. "The Impact of Quality of Government as Impartiallity: Theory and Evidence." *QoG Working Paper Series.*

Van der Brug, Wouter, Mark Franklin, and Gáabor Toka. 2008. "One electorate or Many? Voting behavior in new and established democracies in Europe." *Electoral Studies* 27(4): 589-600.

제**3**장

한국인들은 정부의 질을
어떻게 평가하는가?:
좋은 정부의 다차원적 모델과 경험적 적용*

조영호

I. 서론

최근 국내외적으로 정치학, 행정학 및 경제학분야에서 정부의 질 혹은 좋은 정부에 대한 연구가 급격히 증가하고 있다. 1970~80년대까지 사회과학의 주류가 과학적 이론검증에 주력하면서 좋은 정부란 무엇이고 정부는 어떻게 통치해야 하는가와 같은 규범적이고 고전적 질문들을 상대적으로 경시했던 과거 추세를 가늠해 볼 때 좋은 정부에 관한 관심의 증가는 학문과 현실을 연결하려는 긍정적 시도로 평가할 수 있다(Fukuyama 2014; Putnam 1993).

1990년대 이래로 지금까지 좋은 정부라는 구체적 용어를 사용하지 않더

---

* 이 글은 『국가전략』 제22권 제1호에 실린 원고로, 『국가전략』 편집위원회의 승인을 받아 전재합니다.

라도 정부와 거버넌스의 제도, 성과, 그리고 질을 평가하기 위한 다양한 시도가 국제기구와 학문사회 모두에서 다방면에서 두드러지고 있다. 대표적 사례로서 국제투명성기구는 1995년 이래로 부패통제의 수준을 측정해 왔고 세계은행은 이를 확장해 정부의 거버넌스 질을 다면적으로 평가해 왔으며, 학문사회에서는 스웨덴 고덴버그대학(University of Gothenburg) 로스스타인(Rothstein) 교수와 동료들이 불편부당성(Impartiality)을 중심으로 유럽의 각국 중앙정부는 물론 지방 수준까지 정부의 질을 측정하고 있다(Rothstein 2011). 국내에서는 고려대『정부학연구』 2011~2년 특별호에서 좋은 정부에 관한 해외연구들을 비판적으로 소개하였고, 우리나라에서의 적용가능성을 탐색하였으며, 일부 학자들은 경험연구를 시도하였다(김두래 2012; 김선혁 2011; 박종민 장용진 2012; 이현우 2013).

그렇다면, 왜 1990년대 이래 선진국과 개발도상국 모두에서 정부 혹은 거버넌스 질에 대한 연구들이 급격하게 증가하고 있는가? 이와 같은 학문적 및 실천적 관심의 배경은 크게 세 가지로 요약된다. 먼저 선진국과 신생 민주주의 국가들에서 정부에 대한 만족과 신뢰가 지속적으로 감소하고 있다는 점을 들 수 있다. 돈과 자본이 경제를 돌아가게 하듯이 정부신뢰는 정부와 정치를 원활히 작동시키는 정치적 자원이라는 점에서 정부신뢰의 감소는 정치공동체의 문제해결 능력의 쇠퇴를 의미하기에, 정부의 질에 대한 연구는 이에 대한 대응이다(Pharr and Putnam 2000). 두 번째 배경은 1974년 이후 세계적 민주화의 물결이 사회경제적 발전과 정부의 질적 개선에 크게 기여하지 못했다는 반성을 들 수 있다(Carothers 2002). 1980~90년대 비교정치학자들은 민주화가 사회경제 및 정치의 실질적 발전에 기여할 것이라고 기대하였으나, 민주화의 제3물결이 시작한 지 40년이 지난 오늘날 민주화의 사회, 경제, 정치적 효과는 결과론적으로 제한적이라는 데 동의하고 있다(Charron and Lapuente 2010; Fukuyama 2015). 마지막으로 정부의 질에 대한 관심이 확산된 배경은 개발도상국에서의 정부실패와 국가붕괴가 직접적 원인이다(Fukuyama 2014). 냉전 이후, 아프리카와 저개발 지역에서 국가가 붕괴되었고, 내전은 증가하였으며, 대량 학살 및 난민 증가와 같은 부정적 결과들은 국제적 문제로 등장하였다. 따라서 학문사회에서 국가건설과 정부의 재건은 고전적 이론이 아닌 경험적 연구의 주제가 되어야 한다는 인식이 확산되었고, 학자들은 좋은 정부란 무엇인가, 어떻게 정부를 건설하고, 질을 제고할 것인가와 같은 근본적인 질문들에 답하려 하고 있다.

좋은 정부에 관한 최근 연구는 크게 두 분야로 전개되고 있는데 먼저 다수의 연구들이 높은 혹은 낮은 정부의 질이 어떤 사회, 경제 및 정치적 결과를 낳는가에 집중하고 있다. 반면, 좋은 정부란 무엇이고, 어떻게 측정할 것인가, 그리고 그 기원은 어디에 있는가와 같은 개념과 원인에 관한 연구는 상대적으로 부족하다. 이 연구는 후자의 분야에서 기여하고자 하며, 구체적으로 선행연구의 두 가지 문제에 대응하고자 한다. 먼저 좋은 정부의 개념 및 측정과 관련하여 일부 선행연구들은 보편적 비교가능성을 높이기 위해 정부의 특정 속성을 강조함으로써 근대국민국가에서 정부의 다면적 복합성을 평가하는 데 한계를 보였고, 다차원적 모델은 정부의 속성은 물론 국가와 사회의 특성들을 포괄함으로써 타당성과 신뢰성이 훼손되는 문제점을 노출하였다. 다음으로 좋은 정부의 원인에 관한 대표 연구들은 역사적 기원의 경로의존적 영향에 주목하고 있다(Charron and Lapuente 2013; Putnam 1993). 그러나 역사적 기원을 강조하는 접근들은 현재의 시점에서 시민들이 정부를 어떻게 평가하고, 어떤 방향으로 개선할 필요가 있는지에 관한 실천적 대안을 제시하지 못하는 문제점을 가지고 있다.

이 연구는 특정 영토 내에서 좋은 정부의 대한 평가는 정부에 참여하고, 혜택과 불만을 경험하는 시민들의 생각에 달려 있다는 가정 아래, 면대면 설문조사에 기초해 한국 정부의 질을 다차원적으로 평가한다. 다차원적 모델은 1만여 년 전부터 인류사회가 국가와 정부를 형성해 오면서 좋은 정부의 바람직한(desirable) 속성들은 역사적 시기 및 조건에 따라서 변화한다는 구성주의적 가정에 기초하고 있다. 그러나 16~7세기 이후부터 전개된 서구의 비서구권에 대한 진출과 식민화, 20세기 비서구권의 독립과 국민국가건설 모방을 통한 서구적 정치모델의 세계적 확산은 오늘날 정부의 역할과 개념을 수렴시키는 데 기여하였다(Anderson 1991; Fukuyama 2014). 따라서 오늘날 좋은 정부의 속성들은 근대 및 현대의 역사적 경험을 반영하고, 복합성과 다면성을 포괄하기 때문에, 이 연구는 한국 정부가 얼마나 바람직한 속성들을 충족하고 있는가에 관해 분석하였다.

II. 선행연구 검토:
좋은 정부란 무엇이고 정부의 질은 어떻게 측정할 수 있는가?

선진국에서 정부신뢰의 하락과 개발도상지역에서의 정부의 붕괴 및 실패에 따른 혼란이 정치 발전의 핵심 문제로 등장하면서 정부의 질에 대한 학문적 및 실천적 관심이 증가하고 있다. 국제기구들과 학자들은 정부의 질을 평가하기 위한 틀을 개발하고 경험적으로 측정하고 있다. 이와 같은 일련의 시도는 현대사회의 가장 중요한 문제점이자 해결책이 정부임에도 이에 대한 직접적 연구는 부족했다는 반성과 현대 정부의 복잡한 문제점들이 더 이상 고전의 교훈을 통해서 해결될 수 없다는 진단에서 출발한다(Fukuyama 2014; Putnam 1993). 따라서 정부의 질을 평가하기 위한 최근 연구들은 이론적인 측면과 경험적인 측면을 동시에 고려하면서, 일부 학자들은 현대 정부의 특정 속성에 기초한 최소주의 접근을 취하는 반면 다른 학자들은 여러 특성들에 기초한 최대주의적 입장을 견지한다.

좋은 정부에 대한 학술적 관심의 재부상은 1993년 퍼트남(Putnam)에 의한 이탈리아 연구로부터 출발한다. 널리 알려진 그의 연구에서 퍼트남은 지방수준에서 대의정부의 질을 다면적으로 평가하고 좋은 정부와 나쁜 정부의 기원을 역사적 및 문화적으로 분석하였다. 퍼트남에 의하면 좋은 정부란 "시민들의 다양한 요구를 숙고할 뿐 아니라 이에 대해 효과적으로 대응하는" 정치 조직이다(63). 따라서 퍼트남은 현대사회에서 좋은 정부의 속성을 대응성(responsiveness)과 효과성(effectiveness)으로 규정하고 정책과정, 정책공표 및 정책실행과정에서 12개 지표를 통해 이탈리아의 20개 지방정부의 질을 비교하였다. 퍼트남 스스로 밝혔듯이, 그의 좋은 정부 개념은 달(Dahl 1971)의 민주주의 이론에 기초하고 있다. 달은 폴리아키(Polyarchy)에서 "민주주의의 핵심 특징은 시민들의 선호에 지속적으로 대응하는 정부"라고 주장하였는데(1973, 1), 퍼트남은 이 개념을 좋은 정부의 핵심 속성으로 차용하였다. 따라서 퍼트남은 정부의 민주적 질을 대응성이라는 단일 개념을 중심으로 측정하였다고 평가할 수 있다.

퍼트남 이후 최소주의적 접근에서 가장 주목을 받고 있는 연구집단은 스웨덴 고텐버그대학의 정부의 질 연구소(Quality of Government Institute)이다. 2000년대 이후 로스스타인 교수와 연구소는 불편부당성(impartiality)을 좋은 정부의 핵심 속성으로 정의하고, 유럽 중앙정부의 질은 물론 지방정부의 질도 함께 측정하고 있다. 특히 연구소는 2008년부터 대상을 발전도상국가로 확대하여 각국 정부가 얼마나 공정한가를 전문가 설문조사로 측정하였다. 로스스타인에 의하면 정부의 불편부당성은 정부가 특정세력이나 집단에 대한 특혜를 고려하지 않고, 관련 이해관계자들을 정치적·사회적·인종적·계층적·문화적 차이에 관계없이 공정하고 그리고 공평하게 대우함을 의미한다(2011, 13). 로스스타인은 정치시스템에서 투입 부문을 민주주의 정치과정으로 간주하고, 정부의 질을 산출 부문에서 정부관료의 통치 행위를 중심으로 평가해야 한다고 주장한다는 점에서 퍼트남과 맥을 같이 한다. 그러나 로스스타인의 모델은 퍼트남의 것보다 좀 더 절차중심적이라고 볼 수 있다. 구체적으로 불편부당성을 중심으로 한 정부의 질은 교육, 의료 및 치안 기관들이 제공하는 서비스의 질, 기관들이 특정 사람들에게 특혜를 주지 않고 모든 시민들을 공평하게 대응하는 수준, 각 기관들의 반부패 청렴도 등 3가지 차원에서 측정된다(Rothstein 2011).

대응성과 불편부당성을 중심으로 하는 최소주의적 모델의 장점은 단순함과 경험적 비교연구가 가능하다는 점이다. 실제로 퍼트남은 이탈리아 20개 지방정부의 질을 비교하였고, 고텐버그 연구소는 유럽의 212개 지방정부의 질을 비교하였으며, 전 세계 135개 중앙정부의 질을 평가하였다.

그러나 이와 같은 장점에도 불구하고 최소주의적 모델은 세계 각국에 현존하는 정부의 복잡성과 다면성을 반영하지 못한다는 단점이 있다. 구체적으로 대응성과 불편부당성을 중심으로 정부의 질을 평가 비교할 경우, 다른 측면에 대한 평가는 불가능하며, 이에 대해 정부가 어떻게 개선되어야 하는가에 대한 실천적 시사점을 전혀 제공하지 못한다. 특히 대응성과 불편부당성은 개발도상국가에서 정부가 불안정한 비민주적 국가들에서는 정부의 질을 대표성 있게 포착하지 못한다. 왜냐하면 헌팅턴(Huntington 1968)이 지적했듯이 정부가 산출해야 할 가장 근본적 공공재는 질서이기에, 치안과 안정이 위기에 처한 곳에서 대응성과 불편부당성의 수준만으로 정부의 질을 측정하는 방식은 매우 제한적이라고 평가할 수 있다. 이러한 문제점으로 인해서 후쿠야마(Fukuyama 2013)는 헌팅턴의 정치발전 개념을 차용하여 질서를 유지할 능력(capacity)와 사회로부터의 자율성(autonomy)의 두 차원으로 정부의 질을 평가할 것을 제안한다.

후쿠야마(Fukuyama 2013)의 모델이 전 세계 국가들은 물론 전근대 국가들의 정부들을 평가할 수 있는 기준이라는 점에서 경험적 비교의 지평을 넓혔다고 볼 수 있지만, 능력과 자율성만으로 정부의 질을 좁게 측정할 경우, 여전히 좋은 정부의 다른 측면들은 자연스럽게 간과될 수밖에 없다. 결국 오늘날 좋은 정부는 필수적인 속성과 바람직하다고 간주되는 속성들 모두를 필요로 한다는 점에서 다차원적이고 복잡한 현상이다.

최소주의 모델의 제한성을 극복하기 위해 국제기구들은 다차원적 모델을 제시하고, 정부의 질을 측정한다. 국제기구들은 정부의 질이라는 용어보다는 거버넌스의 질을 선호하지만, 실제 연구에서는 혼용해서 사용하며, 국제기구들도 행정부의 행위를 평가의 중심에 둔다. 국제기구들 중 가장 선도적인 기구는 세계은행이다. 세계은행은 1995년부터 세계 각국의 거버넌스의 질을 민주적 책임성, 정치적 안정, 정부의 효과성, 규제의 질, 법의 지배, 부패 통제 등 6개 차원으로 조사하여 발표하고 있다. 독일의 베르텔스만 재단(Bertelsmann Foundation)은 경제개발협력기구(OECD) 국가들을 대상으로 2008년부터 지속가능거버넌스지표를 정책성과, 민주주의 및 거버넌스 세

차원에서 조사하고, 이중 거버넌스 지수는 행정부의 정책수행 능력(capacity)과 시민, 의회 및 언론 등 이해관계자들과의 소통을 통한 책임성(accountability)을 포괄한다.

학계에서는 후쿠야마(Fukuyama 2011, 2014)와 아그나포스(Agnafors 2013)가 좋은 정부에 대한 다차원적 개념을 이론적으로 정립하려고 시도하였다. 후쿠야마(2011, 2014)는 오늘날 좋은 정부는 세 가지 특성을 균형 있게 갖추어야 한다고 주장한다. 세 가지 특성은 질서와 공적 서비스를 공급할 수 있는 행정부 능력, 민주적 책임성, 법치의 확립이며, 후쿠야마는 미국, 독일, 이탈리아 등의 국가들이 어떻게 정치발전 혹은 쇠퇴를 경험하였는지를 역사적으로 분석하였다. 아그나포스(2013)는 좋은 정부에 관한 기존의 사회과학적 개념들을 비판하면서 좋은 정부는 도덕적인 측면을 포괄해야 하며, 구체적으로 공적 정신, 좋은 의사결정, 공개적 정당성 확보, 선의의 원칙, 법의 지배, 효율성, 안정성 등 7개 차원으로 구성될 수 있다고 주장한다.

최소주의적 접근과 달리, 다차원적 모델들은 정부의 질을 종합적으로 평가할 수 있다는 장점이 있다. 그러나 다차원적 모델은 개념적으로 측정 대상이 정부인지 아니면 국가와 사회인지에 대한 구분이 명확하지 않다는 문제점이 있다(Agnafors 2013, 434). 일례로, 세계은행과 후쿠야마의 모델에서 법의 지배는 단순히 공직자들의 준법 수준 및 법률 기관의 독립 등과 같은 정부의 특성을 넘어 법을 존중하는 역사 및 사회적 전통을 반영한다(Fukuyama 2011). 이와 같은 개념적 불명확함으로 인해 학자들은 정부의 질을 측정하기 위해 거버넌스 지표들을 선택적으로 사용하는 경향을 보여왔다. 김두래(2012)는 세계은행의 지표 중 정부의 효과성, 규제의 질, 법의 지배, 부패 통제 등 4개를, 박종민과 장용진(2012)은 정부 효과성, 법의 지배, 부패 통제 등 3개를 활용하였다. 노리스(Norris 2012)는 민주적 책임성을 제외한 5개 지표를, 샤론과 라퐁테(Charron and Lapuente 2013)는 규제의 질과 정치적 안정을 제외한 4개 지표를, 홀름버그와 동료들(Holmberg et al. 2009)은 세계은행의 정부의 효과성과 법의 지배 지표와 국제투명성기구의 부패 통제 지표를 종합하여 사용하였다. 결과적으로 다차원적 거버넌스 모델들은 평가의 초점을 정부로 제한하는 데 문제점을 노출하였고, 이는 선행 연구들이 정부의 질에 관해 타당성과 신뢰성을 확보하는 데 어려움을 초래하였다(Kurtz and Schrank 2007). 마지막으로 후쿠야마와 아그나포스의 모델은 아직 경험적 지표로서 검증되지 않았다.

요약하건대 1990년대 이후 학자들과 국제기구들 사이에서 단순히 정부제도를 분류하는 수준을 넘어 정부의 질을 평가하려는 시도와 노력이 증가하고 있다. 일부 학자들은 특정 속성을 중심으로 정부의 질을 평가하는 모델을 선호하며, 국제기구들과 다른 학자들은 다차원적 모델을 제시한다. 전자는 현대 정부의 복잡성, 다면성 및 다양성을 포착하는 데 문제점이 있는 반면, 후자는 평가 대상이 정부와 국가사회를 포괄한다는 측면에서 타당성과 신뢰성의 문제점을 노출한다. 나아가 아그나포스가 지적했듯이 선행연구들은 정부의 질을 측정하기 위해서 사용 가능한 지표들을 선택적으로 사용함으로써 개념적 정당화 과정을 결여하고 있다. 따라서 이 연구는 선행 연구들의 한계점과 문제점에 대응하여 정부의 질을 구성주의적으로 정의하고, 한국 정부의 질을 다면적으로 평가하여, 개선의 방향을 제시하고자 한다.

III. 좋은 정부의 다차원적 모델

우선 이 연구는 인간이 만든 정치적 건축물의 질은 다차원적이며, 시대에 따라 변화하는 특성을 보인다는 가정을 수용한다. 좋은 정부에 관해 근현대에 바람직(desirable)하고 보편적(universal)이라고 간주되는 속성들은 근대 이전에 출발하였고, 과거와 원리적인 연속성을 가지지만 그 내용에 있어서는 상당 부분 차이가 날 수밖에 없다. 따라서 시대와 역사 및 지역을 초월하는 절대적이며 보편주의적 속성이 이론적 및 개념적으로 정의할 수 있을지라도 경험주의적 및 분석적 접근에서는 불가능할 뿐만 아니라 유용하지 않다. 예를 들어 후쿠야마(2013)이 제시한 질서 유지의 능력과 사회로부터의 자율성 중심의 모델은 보편적 비교가능성을 보여주지만, 현대사회에서 좋은 정부의 민주적 책임성 및 복지와 같은 바람직한 속성들을 포착하지 못할 뿐 아니라 정부의 질을 어떤 방향으로 개선할 것인가에 대해 제한적인 시사 점만을 제공한다.

또한 좋은 정부의 의미는 나라마다 다르기 때문에 일관된 모델을 제시할 수 없다는 앤드류스(Andrews 2010)의 상대주의적 접근도 적절치 않다. 왜 냐하면 16~7세기에 시작된 서구에 의한 비서구 지역의 지배, 비서구권에서 국민국가의 모방적 건설, 그리고 최근의 세계적 민주화 물결이 보여 주듯이, 서구적 국민국가의 모델은 이미 세계화되어 앞으로도 국제질서를 구성하는 토대로 존재할 것으로 예상된다(Anderson 1991; Fukuyama 2014; Tilly 1992). 이와 같은 가정이 학문사회는 물론 국제기구들에서 광범위하게 수용 되기에, 이들은 국가를 분석단위로 정부, 경제 및 사회의 특징을 평가하고 있다.

이 연구는 로스스타인(2011)이 베버리안 관료제(Weberian bureaucracy) 의 불편부당성을 중심으로 정부의 질을 접근하였듯이 현대 정부의 질을 구 성하는 속성들은 16~7세기 이후 역사적 및 구성주의적으로 구축되어 왔다 고 주장한다. 일부 속성들은 현실 세계에서 광범위한 동의를 얻는 규범과 원칙으로 구축된 반면, 다른 속성들은 역사적 쟁투와 검증의 과정에서 주변 화되고 생명력을 잃었다. 일반적으로 지배적인 원칙으로 인정되는 과정은 소수의 권력자 혹은 선구자들에 의해서 아이디어(Idea)가 제시되고, 현실 정치와 투쟁과 같은 인정(recognition)의 과정을 거쳐, 정부의 필수적인 역 할과 바람직한 속성으로 정착되고 구현된다(Berman 2006; Fukuyama 2014; Tilly 2007). 현대 정부의 복합적 기능을 지배하는 속성으로 자리 잡 은 규범과 원칙은 그 자체로 정치적 생명력과 관성을 가지며, 다른 국가들에 의해서 수입되고 모방된다(Anderson 1991; Scott 1999; Tilly 2007). 결국 현대국가에서 필수적이고 바람직하다고 인정되는 정부의 속성들은 서구 국 민국가 건설과 변화를 통해서 구체화되었으며, 이것이 비서구권에 수출되고 모방되면서 보다 보편적인 구성요소들로 수렴되었다.

이 연구에서는 현대 정부의 질을 구성하는 핵심 요소로서 다섯 가지 속성들에 주목한다. 다섯 가지 속성들은 안보, 법치, 정의, 민주성, 복지로서, 근현대국가의 확대와 발전의 과정에서 정부의 핵심 규범으로서 자리잡아 왔다. 현대국가에서 정부의 복잡성과 다면성을 지도하는 이들 속성과 원칙들은 근대 정치 사상들에 의해 정당화될 뿐만 아니라 현실정치의 과정을 통해서 정부의 규범으로 인정되고, 정착되었다.

먼저 안보와 법치는 17~8세기 근대 초기 자유주의에 의해 옹호되고, 정부의 핵심 원칙으로서 수용되었다. 홉스와 헌팅턴이 지적하였듯이, 국가와 정부의 가장 핵심적 기능은 질서와 안정을 공급하는 것이고, 외세로부터 국가를 수호하고, 공동체 내에서 치안과 질서를 유지하는 것은 좋은 정부의 근본적인 의무이다(Hobbes 1982[1651]: Huntington 1968). 근대의 안보와 치안은 특정 영토 내에서 폭력을 독점하고 합리적 권위에 기반하여 공동체 구성원의 재산권을 내외적으로 보호한다는 차원에서 국경이 불분명하고, 왕조의 전통적 권위에 호소하며, 폭력이 분산된 전근대적 개념과 큰 차이가 있다. 근대 이후 오늘날의 정부는 합리적으로 부여된 권한을 남용해선 안되며, 공직자들의 행위는 법을 따른다는 점에서 법의 지배를 핵심 규범으로 인정한다(Fukuyama 2014; Rothstein 2011). 법의 지배가 역사적으로 중세 시대 세속 권력과 교회의 갈등과 독일 관습법 전통에 기반하고 있지만, 근대 사회에서 정부의 권력을 제한하고, 법적인 제약을 수용하게 만든 결정적 계기는 개인의 자유로운 경제 및 정치활동의 보장을 주장한 초기 자유주의 사상과 이를 정부의 지배적 규범으로 만든 부르주아 계급의 노력에 있다는 점에서 전근대적 전통과 구별된다(Fukuyama 2011; Tamanaha 2004).

다음으로 정의와 민주성은 19세기 및 20세기 초 후기 자유주의 및 민주주의 사상들에 의해서 제기되고, 정부의 핵심 속성으로 뿌리내렸다. 밀(J. S. Mill)과 같은 후기 자유주의 및 민주주의 사상가들은 정부가 정의와 평등의 원칙에 입각하여, 정치공동체의 구성원들을 동등하게 대우하고 의무 또한 형평성의 원칙에 따라 부과되어야 함을 주장하였다(Held 2006). 정의의 원칙은 크게 절차적 정의와 분배적 정의로 구분되는데, 전자는 정부가 정책을 결정할 때 이해당사자나 관련 집단을 공평하게 고려할 것을 요구하며, 후자는 국가의 세금과 의무가 공정하게 분배되는 것을 의미한다(Roemer 1998; Tyler 2006). 전근대국가에서 정치적 권리는 특정 계급이나 집단에게만 허용되며, 의무는 집단에 따라 불공평하게 분배된다는 점에서 정의의 원칙이 제한적 및 차등적이었던 반면 현대국가에서 권리와 의무가 전국민에게 직접적이며, 공평하게 부과된다는 점에서 보편적이다.

다차원적 모델에서 정부의 민주성은 선거, 정당의 경쟁, 유권자들의 참여 및 의회 감시와 같은 정치과정 및 체제 차원의 특성과는 구분되어야 한다. 또한 정치시스템에서 투입 측면인 민주적 절차와 제도들이 구축되었다고 하여 산출 측면에서 정부의 민주적 책임성이 반드시 담보되는 것은 아니기 때문에 선행연구들도 이를 분리하여 다루었다(Putnam 1993; Rothstein 2011). 따라서 좋은 정부의 민주성은 절차적 측면이 아닌 실질적 책임성을 의미하며, 구체적으로 좋은 정부의 민주적 책임성은 정부가 정책을 결정할 때 국민여론을 중요하게 반영하며, 나아가 공직자들이 주인인 국민을 배반하고 사적 이익을 취하지 않는 것을 의미한다. 전근대 정부들은 물론 초기 근대 정부들은 특정 집단이나 계급의 여론만을 정부정책에 반영하였고, 공직자들이 국민을 배반하는 다양한 행태들이 광범위하게 존재한 반면, 20세기와 최근 민주적 절차와 제도들의 도입과 확대는 주권자에 대한 정부의 책임성을 실질적으로 개선할 수 있는 조건을 구축하였다. 결과적으로 민주적 책임성은 정부의 질을 평가하는 핵심 기준으로서 자리 잡았고, 여러 국제기구는 물론 학자들도 이를 공통적으로 강조한다(Diamond and Morlino 2005; Putnam 1993).

마지막으로 20세기 초 및 중반 이후 사회민주주의 및 진보적 자유주의자들에 의해서 옹호된 복지는 현대사회의 좋은 정부라면 필수적으로 갖추어야 하는 요소로서 간주된다(Berman 2006; Marshall 1950). 에스핑 앤더슨(Esping-Anderson 1990)이 선진 사회의 복지국가를 세 종류로 구분하였지만, 선진국 정부들은 전반적으로 개발도상 정부에 비해서 보다 많은 복지를 국민들에게 제공하고 있다. 물론 비서구권 정부들도 형식적 차원에서 복지를 제공하고 있지만, 서구 정부들의 질 높은 복지정책들은 비서구 국민들에게 좋은 정부라면 적정 수준의 복지를 제공해야 한다는 인식을 심어주고 있다.

이 연구는 상술한 다섯 가지의 속성을 기반으로 하는 다면적 모델이 현존하는 정부의 질을 평가하는 유일하고 철자하며 종합적인 틀이라고 주장하지 않는다. 왜냐하면 현대 정부는 영토 내에서 다양한 시민들과 집단의 가치, 규범 및 이익에 지속적으로 대응하기 하기 때문이다. 따라서 현대 정부라는 현상은 본질적으로 복합적이고, 상충적이며, 끊임없는 정치적 재생성의 과정을 거친다. 나아가 지난 19~20세기의 역사는 각국의 정부들 간 교류와 모방을 통한 수렴화 경향을 촉진해 왔다. 다차원적 모델은 이와 같은 동학과 수렴의 정치적 과정을 반영하여, 안보, 법치, 정의, 민주적 책임성 및 복지 등을 오늘날 좋은 정부의 필수적 및 바람직한 속성으로 규정한다. 현실적으로 이와 같은 속성들이 선진국에서는 구축되었고, 개발도상 지역에서는 확산되고 있다는 점에서 다차원적 모델은 사상적·역사적 및 정치적 정당성을 가진다. 요컨대 오늘날 현대 사회에서 정부가 안보와 질서의 바탕 위에 법치와 정의가 정책과정에서 지켜지고, 민주적 책임성과 적정의 복지를 보장될 때, 우리는 "좋다" 혹은 정부의 질이 "높다"라고 평가할 수 있다.

마지막으로 다차원적 모델은 최소주의 접근의 제한성을 극복하고, 정부의 질에 직접적으로 초점을 맞춤으로써, 거버넌스 모델들의 타당성과 신뢰성 문제를 개선한다는 점에서 학술적으로 기여한다. 또한 비서구권 개발도상지역에서 국민국가 전통이 구축된 한국에 대한 사례연구는 좋은 정부 연구의 지평을 비교론적으로 확장할 것이다. 마지막으로 주권자이자 정부를 직접적으로 경험하는 시민들의 생각에 기반하여 정부의 질을 평가하는 이 논문은 한국의 정부가 어떤 측면에서 긍정적으로 혹은 부정적으로 평가되는지, 그리고 어떤 점에서 개선을 필요로 하는지를 분석함으로써 정책적 시사점을 제공한다.

IV. 경험적 분석 I:
한국의 주권자들은 정부의 질을 어떻게 평가하는가?

한국인들은 한국 정부의 질을 어떻게 평가하고 있는가? 한국 정부는 어떤 측면에서 좋다고 혹은 좋지 못하다고 평가되는가? 이와 같은 질문들에 대답하기 위해서 이 연구는 2015년 10~11월 서강대 현대정치연구소에서 실시한 전국 1,501명의 시민들을 대상으로 한 면대면 설문조사를 활용한다. 전문가 설문조사가 대표성을 확보하는 데 어려움을 가지는 데 반대, 전국적 설문조사는 정부의 질을 평가할 수 있는 가장 신뢰할 수 있는 방법으로 학계에게 광범위하게 사용되어 왔다(Charron and Lapuente 2013; Putnam 1993).

한국에서 좋은 정부를 종합적으로 평가하기 위해 이 연구는 정부의 질을 경험적으로 두 수준으로 나눈다. 구체적으로 좋은 정부의 일반적 질(general quality)과 다차원 모델에 기초한 구체적 질(specific qualities)로 구분한다. 일반적 질이 좋은 정부의 구체적 정보를 제공하지 못하고, 다차원 모델의 구체적 질이 종합적인 정보를 제공하는 데 한계를 가지기 때문에 두 수준에서의 분석은 상호보완적이며, 한국의 좋은 정부에 관한 균형적인 평가에 기여할 것이다.

좋은 정부의 일반적 질을 알아보기 위해 조사는 우리나라의 정부가 얼마나 좋은지 혹은 나쁜지에 대해 직접적으로 물어 보았다(〈표 1〉 참조). 다차원적 모델의 구체적 질에 관해 이 연구는 안보, 법치, 정의, 민주적 책임성 및 복지 등 다섯 분야별로 복수의 질문들을 활용하였다. 정부에 대한 평가임을 명확히 하기 위해 각 질문에서 행위의 주체를 정부나 공직자로 명시하였고, 이를 명시하지 않았을 경우에도 행위의 주체가 정부라는 점을 인식할 수 있도록 설계하였다. 응답자는 질문에 대해 4단계 리커트 척도에 따라 답하였다.

좋은 정부의 구체적 질을 평가하기 위해 먼저 안보 차원에서 이 연구는 우리 정부가 북한을 비롯한 외부의 위협에 얼마나 잘 대응하지(안보)와 우

〈표 1〉	좋은 정부평가 모델과 측정 질문

좋은 정부의 일반적 질(General Quality)

정부에 대해 좋다 혹은 나쁘다고 평가할 수 있습니다. 선생님께서는 우리나라 정부가 얼마나 좋거나 나쁜 정부라고 생각하십니까? 매우 나쁘면 0점, 보통이면 5점, 매우 좋다면 10점으로 했을 경우 몇 점이나 주시겠습니까?

다차원적 모델에 기초한 좋은 정부의 구체적 질(Specific Qualities)

차원	내용	설문 내용
안보 (Security)	안보	선생님께서는 우리 정부가 북한을 비롯한 외부의 위협에 얼마나 잘 대응하고 있다고 생각하십니까?
	질서	선생님께서는 우리나라의 치안에 대해 어떻게 평가하십니까?
법치 (Rule of Law)	법 준수	선생님께서는 우리나라 공직자들이 법을 얼마나 지키고 있다고 생각하십니까?
	권한 남용 제한	선생님께서는 다음 주장에 대해 어떻게 생각하십니까? 우리나라 정부는 권한을 남용하는 경향이 있다
정의 (Justice)	절차적 정의	선생님께서는 다음 주장에 대해 어떻게 생각하십니까? 우리나라 정부는 정책을 결정할 때 이해당사자나 관련 집단을 공평하게 고려한다
	분배적 정의	선생님께서는 다음 주장에 대해 어떻게 생각하십니까? 우리나라 정부는 세금이나 병역의 의무 등을 모든 국민에게 공정하게 부여하고 있다
민주적 책임성 (Democratic Accountability)	대응성	선생님께서는 다음 주장에 대해 어떻게 생각하십니까? 우리나라 정부는 정책을 결정할 때 국민여론을 중요하게 반영한다
	반부패	선생님께서는 우리나라 공직자의 부패에 대해 어떻게 생각하십니까?
복지 (Welfare)	복지 수준	선생님께서는 우리나라 복지의 전반적 수준이 어느 정도라고 생각하십니까?
	복지 실효성	선생님께서는 다음 주장에 대해 어떻게 생각하십니까? "우리나라에서는 도움이 필요한 사람들에게 적절한 복지가 지원되고 있다."

리나라 치안에 대해 어떻게 생각하는지(질서)에 관해 조사하였다. 다음으로 우리나라 정부의 법치 수준을 알아보기 위해 공직자들은 법을 얼마나 잘 지키는 지(법 준수)와 권한을 남용하지 않는지(권한 남용 제한)을 사용하였다. 세 번째, 절차적 정의에서 우리나라 정부가 정책을 결정할 때 이해당사자나 관련 집단을 공평하게 고려하는지, 그리고 분배적 정의에서 세금이나 병역의 의무 등을 모든 국민들에게 공정하게 부여하는지에 대해 설문하였다. 네 번째, 민주적 책임성에서 이 연구는 우리나라 정부가 정책을 결정할 때 국민 여론을 중요하게 반영하는지(반응성)와 공직자들의 부패 수준은 어느 정도인지(반부패)를 활용하였다. 마지막으로 복지정부의 질을 알아보기 위해 우리나라 복지의 전반적 수준과 복지가 도움을 필요로 하는 사람들에게 적절히 제공되고 있는지를 조사하였다.

한국인들은 자신들의 정부를 얼마나 좋다 혹은 나쁘다고 생각하는가? 〈그림 1〉은 좋은 정부의 일반적 질에 대한 한국인들의 평가 결과를 보여준다. 〈그림 1〉에 따르면, 한국인들은 우리나라 정부의 질은 중간 수준으로 평가하고 있고, 평균값은 5.4였다. 구체적으로 정부의 질을 좋음(7-10), 중간

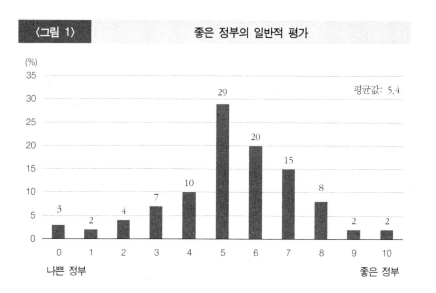

〈그림 1〉 좋은 정부의 일반적 평가

(4-6), 나쁨(0-3)으로 나눌 경우 좋다고 평가한 비율은 27%이고, 나쁘다고 인식한 비율은 14%이며, 나머지 중간은 59%로 과반수가 넘었다. 일반적으로 정부의 질이 높다고 인식한 사람들의 비율이 1/3 미만으로 소수라는 점은 다수의 시민들에게 우리나라 정부가 문제점이 있음을 의미한다. 좋은 정부에 관한 일반적 평가가 구체적으로 정부의 어떤 측면에서 문제가 있는지에 관한 정보를 주지 못하기 때문에, 다차원적 및 구체적 분석이 필수적이다.

한국인들은 우리나라 정부의 질에서 어떤 측면을 긍정적 혹은 부정적으로 평가하는가? 〈그림 2〉는 항목별로 우리나라 시민들이 긍정적으로 평가하는 비율을 보여 준다. 그림에 따르면 안보 차원에서 정부의 질이 가장 높은 평가를 받았고, 복지와 정의 차원이 중간 수준을, 그리고 법치와 민주적 책임성의 질은 가장 낮은 평가를 받았다. 외세의 위협이 안보와 국내질서 안정과 궤를 함께 한다는 명제는 한국에서도 증명이 된다. 20세기 초 국권을 상실하고, 남북 전쟁이 냉전의 형태로 지속되는 환경에서 강력한 국가를 건설한 우리나라에서 국민들은 안보와 치안의 질을 다른 차원에 비해 높게 평가하였다. 과반수 이상인 60% 시민들이 정부가 북한과 외세의 위협

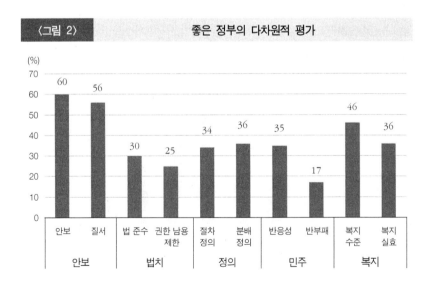

〈그림 2〉 좋은 정부의 다차원적 평가

에 잘 대응하고 있다고 평가하였으며, 56%가 우리나라 치안은 좋은 편이라고 응답하였다.

그러나 안보를 제외한 나머지 모든 차원에서 소수의 시민들만이 긍정적으로 평가하였다. 특히 전체 응답자 중 70%는 우리나라 공직자들이 법을 제대로 지키지 않고, 75%는 권한을 남용하며, 83%는 부패하다고 평가하였다. 다음으로 약 34~36%의 시민들만이 우리나라 정부는 이해관계자들을 공평하게 고려하고, 세금과 병역의 의무는 공정하게 분배되며, 국민 여론을 정책결정에서 중시한다고 생각하였다. 마지막으로 복지 차원에서 46%의 응답자들은 우리나라 복지의 수준은 높은 편이라고 평가하는 반면 36%의 시민들만이 복지가 도움이 필요한 사람들에게 전달되고 있다고 생각하였다. 종합하건대 우리나라 정부가 얼마나 좋은 정부냐에 관한 질문에 대해서 안보와 질서의 차원을 제외하고 다른 차원들에서 정부의 질은 낮다고 결론내릴 수 있다.

그렇다면, 우리나라 정부의 질 평가에 있어서 유권자들의 인식은 어떤 구조를 보이는가? 이 질문들에 답하기 위해 연구는 요인분석을 수행하였고, 카이저메이어올킨(Kaiser-Meyer-Olkin) 측도가 0.85로 1에 가깝기 때문에 최소한의 통계적 정당성은 확보되었다. 〈표 2〉에 따르면 좋은 정부평가의 10개 측정치들은 크게 절차적 및 결과적 요인들로 분리되었다. 절차적 측면은 정의, 법치, 민주적 책임성 및 법치가 포함하고, 결과적 측면은 안보와 복지와 같은 정부의 산출을 포괄한다. 결국 우리나라 시민들은 사회의 다양한 이해, 요구 및 가치들을 고려하고 처리하는 절차적 현상으로서의 정부 행위와 이와 같은 과정이 만들어 내는 결과로서의 정부 산출을 구분하는 경향을 보였다.

마지막으로 다차원적 모델은 신뢰성과 타당성을 가진다고 볼 수 있는가? 이를 검토하기 위해 좋은 정부의 일반적 평가와 다차원 모델의 종합 평가의 상관관계를 분석하였다. 분석 대상은 좋은 정부의 일반적 평가 지수(0-10 구간 11점 척도), 좋은 정부의 다차원 종합 평가 지수(10개 항목 리커트 4점 척도 응답 총합, 0-30 구간), 절차적 지수(절차적 차원 6개 항목 응답 총합,

〈표 2〉		한국인의 좋은 정부 인식의 구조: 요인 분석	

차원	내용	절차적 요인	결과적 요인
안보	안보		.483
	질서		.473
법치	법 준수	.386	
	권한 남용 제한	.395	
정의	절차적 정의	.608	
	분배적 정의	.631	
민주적 책임성	대응성	.599	
	반부패	.384	
복지	복지 수준		.593
	복지 실효성		.523

참조: Varimax 주축요인추출, 0.35 이하 제외; Kaiser-Meyer-Olkin 0.845

0-18 구간), 결과적 지수(결과적 차원 4개 항목 응답 총합, 0-12 구간)이다. 〈표 3〉에 따르면 한국인들의 좋은 정부에 대한 일반적 질에 대한 평가는 다차원적 종합 지수, 절차적 지수 및 결과적 지수와 각각 0.545, 0.515, 0.418의 상관관계 계수들을 보여줌으로써, 뚜렷한 관련성을 가지는 것으로 나타났다. 구체적으로 유권자들의 정부에 대한 좋고 나쁜 평가 인식은 결과

〈표 3〉	좋은 정부의 일반적 평가 지수와 다차원 종합 지수와의 상관관계		
	좋은 정부의 다차원 모델		
	종합 지수	절차적 지수	결과적 지수
좋은 정부 일반적 평가 지수	0.545***	0.515***	0.418***

유의도: *** 0.01 이하

적 요인들보다는 절차적 요인들과 깊은 관련성을 가진다.

요약하건대 우리나라 시민들은 정부 질을 중간적이라고 평가하며, 좋다고 평가하는 이들은 소수에 불과하였다. 구체적으로 한국인들은 정부의 질을 절차적 및 결과적 측면으로 나누어 평가하는 경향을 보이며, 절차적 질이 결과적 질보다 낮다고 생각하였다. 결과와 산출의 측면에서, 정부의 질에서 안보의 수준을 가장 높게, 그리고 복지의 수준을 중간 정도로 평가하였다. 반면, 과정과 절차의 측면의 법치, 정의, 민주적 책임성 중 시민들은 민주적 책임성과 법치의 수준을 가장 낮게 평가하였고, 정의의 수준을 이보다 약간 높지만 여전히 낮게 평가하였다. 이와 같은 차이점에도 불구하고, 절차적 측면의 3개 차원을 다수의 시민들은 부정적으로 평가하기 때문에, 우리 정부는 유권자들의 다양한 이해와 요구를 처리하는 과정에서 문제가 있음을 시사한다.

마지막으로 유권자들의 좋은 정부의 일반적 질 인식과 다차원 모델의 구체적 질 평가는 뚜렷한 상관성을 보인다는 점에서 다차원 모델은 기초적 타당성과 신뢰성을 가진다고 평가할 수 있다. 하지만 보다 추가적인 검증이 필요하기 때문에 다음 절은 회귀분석을 통해 좋은 정부에 대한 평가가 사회 및 정치적 집단 별로 어떻게 다른지, 좋은 정부의 다양한 평가 지표별로 차이가 있는지를 분석할 것이다.

V. 경험적 분석 II:
정부의 질에 대한 평가는 유권자의 특성에 따라 어떻게 달라지는가?

한국인들의 좋은 정부에 대한 인식은 정치 및 사회 집단별로 어떠한 차이를 보이는가? 좋은 정부에 대한 다양한 지표들은 유사한 원인들을 가짐으로써 측정지표로서 타당성과 신뢰성을 가지는가? 좋은 정부의 절차적 질과 결과적 질은 유사한 혹은 상이한 요인들에 의해 결정되는가? 이와 같은 질문에 답하기 위해서는 시민들의 정부에 대한 평가에 영향을 미친다고 알려진 요인들에 대한 회귀분석이 필요하다. 일반적으로 사람들의 정부에 대한 인식은 정치적·문화적·사회적·인지적 및 경제적 요인들에 의해 영향을 받는다고 알려져 있다.

먼저 정치적 요인들로 좋은 정부에 대한 일반적 평가는 현직 대통령에 대한 구체적 만족감이 반영되고, 지지 정당과 이념 성향에 따라 달라진다(Anderson et al. 2005). 두 번째 문화적 차원에서 시민문화 전통에서 시민들 간 신뢰감과 정치적 효능감은 파급효과를 통해 정부에 대한 긍정적 평가로 이어진다(Almond and Verba 1963). 세 번째 인지동원이론(cognitive mobilization theory)에 따르면 지속적인 사회적 근대화에 따라 높아진 유권자들의 인지능력은 이들이 정부에 대해 비판적 태도를 가지게 만든다(Dalton 2004). 특히 관련 학자들은 사회적 근대화는 전통적 시민문화를 보다 비판적이고 참여적 문화로 탈바꿈시키고 있다고 주장하며 충성형 시민(allegiant citizens)과 비판적 시민(critical citizens)을 구분한다(Dalton and Welzel 2014). 인지동원은 정치에 대한 관심과 교육 수준을 통해서 학계에서 측정되어 왔고, 이 연구는 전통을 따른다. 네 번째, 정부에 대한 평가는 개인의 사회인구학적 특성을 반영하며, 사회적으로 높은 위치에 있고, 정부의 혜택을 많이 받을수록 긍정적으로 나타난다(Hetherington 2006). 즉 사회계층과 소득 수준이 높고, 연령이 많을수록 정부의 질에 대한 평가는 좋아지는 반면, 사회적 의무는 많고 차별을 받는 지역 혹은 집단들은 정부에 대해 비판적임을 예상할 수 있다. 마지막으로 경제적 측면에서 나라경제와 개인가계에 대한 평가는 정부를 평가하는 핵심 요인으로 알려져 왔기에, 경험적 모델에 포함한다. 특히 경제 성장을 통해 통치의 정당성을 확보해 온 아시아와 한국에서 경제 성과에 대한 평가는 정부에 대한 태도에 중요한 요인이라고 알려져 있다(Yap 2013).

한국인들의 좋은 정부에 대한 인식을 종합적으로 검토하기 위해서, 이 연구는 앞 장에서 검토한 네 개의 종속 변수들을 분석한다. 좋은 정부의 일반적 평가 지수, 다차원 모델에 기초한 종합 지수, 절차적 지수 및 결과적 지수들의 각 구간이 11부터 31까지이기 때문에, 선형회귀분석을 활용한다.

연구는 먼저 좋은 정부의 일반적 평가와 다차원 종합 평가의 영향 변수들을 비교하고, 다음으로 절차적 및 결과적 지수를 분석한다. 그리고 정치적 요인 중 박근혜 대통령에 대한 만족도는 정당 지지, 이념 성향, 연령 및 영/호남 지역 변수들과 다중공선성의 문제를 가질 수 있기 때문에, 이를 분리하여 검증하였다. 이론적으로 대통령에 대한 만족도는 다른 구조적 변인들과 달리 정권 초기 높다가 정권 말로 갈수록 하향하는 경향을 보이고 시기와 사안에 따라 민감하기 때문에 분리할 필요가 있다. 마지막으로 독립변수들의 척도 차이를 통제하고 이들의 효과를 비교하기 위해 표준화된 계수를 사용한다.

한국인들의 좋은 정부에 대한 평가는 어떤 요인들에 의해서 영향을 받는가? 〈표 4〉는 좋은 정부의 일반 및 다차원 종합 지표에 대한 회귀분석 결과를 제시한다. 먼저 모델 1과 2를 비교하면, 한국인들의 좋은 정부의 일반 평가와 다차원 종합 평가는 비슷한 요인들에 의해 설명되며, 설명력(R-squared)은 각각 0.477과 0.413으로 공통적으로 높았다. 변수들의 영향력과 방향성은 박근혜 대통령의 만족도를 포함했을 때와 제외 했을 때 부분적으로 미세한 차이는 있지만, 전체적으로 일관성을 보였다.

전체적으로 좋은 정부 인식에 대한 영향은 정치적·문화적·인지적 및 경제적 변인들에 영향을 받았으나, 사회적 요인들은 상대적으로 미약했다. 특히, 박근혜 정부에 대한 만족도, 대인신뢰, 정치효능감, 나라 경제에 대한 평가는 좋은 정부에 대한 직접 평가와 종합 지수에 긍정적인 영향을 주는 반면, 정치관심이 높고, 이념적으로 진보적일 수록 좋은 정부에 대한 평가가 부정적이었다. 변수 별 영향력의 강도에 있어서, 박근혜 정부에 대한 만족도는 다른 모든 변수들의 영향을 압도하는 요인으로 발견되었고, 다음으로 대인신뢰, 정치효능감 및 나라 경제에 대한 평가가 중간 수준의 영향을 미치고 있었다. 마지막으로 이념 성향, 정치관심, 연령 세대, 전라도 거주자, 경상도 거주자, 가계경제 평가가 낮은 수준이지만, 유의미한 영향을 미쳤다.

〈표 4〉	좋은 정부의 일반적 평가 지수와 다차원적 종합 평가 지수에 대한 분석 결과			
	모델 1	모델 2	모델 3	모델 4
	일반 평가	다차원 종합 평가	일반 평가	다차원 종합 평가
정치적 요인				
박근혜 만족도	0.487(0.021)***	0.333(0.043)***		
새누리 지지	0.032(0.112)	0.052(0.230)*	0.181(0.123)***	0.156(0.120)***
민주당 지지	0.005(0.105)	0.044(0.214)	0.008(0.118)	0.049(0.112)
이념(진보-보수)	0.042(0.057)*	0.069(0.117)***	0.128(0.063)***	0.128(0.061)***
문화적 요인				
대인 신뢰	0.222(0.012)***	0.219(0.025)***	0.313(0.014)***	0.281(0.013)***
정치 효능감	0.040(0.033)**	0.134(0.069)***	0.055(0.038)**	0.145(0.036)***
인지동원 요인				
정치 관심	-0.053(0.053)***	-0.044(0.109)**	-0.072(0.060)***	-0.058(0.057)**
교육 수준	0.015(0.043)	-0.034(0.175)	-0.016(0.048)	-0.056(0.046)**
사회적 요인				
주관적 계층인식	0.015(0.059)	0.036(0.122)	0.025(0.067)	0.043(0.063)*
소득 수준	0.016(0.018)	0.021(0.038)	-0.000(0.021)	0.011(0.020)
연령 세대	0.06(0.037)**	0.038(0.076)	0.111(0.041)***	0.075(0.040)**
여성	0.008(0.075)	0.011(0.155)	0.030(0.085)	0.023(0.141)
기혼자	0.001(0.096)	-0.028(0.197)	-0.016(0.108)	-0.040(0.103)*
전라도	-0.046(0.132)**	-0.023(0.270)	-0.096(0.148)***	-0.057(0.041)**
경상도	-0.028(0.091)	-0.058(0.188)***	-0.041(0.103)*	-0.066(0.097)***
충청도	0.008(0.126)	-0.006(0.257)	-0.026(0.143)	-0.016(0.136)
경제적 요인				
나라경제 평가	0.078(0.080)***	0.182(0.164)***	0.143(0.089)***	0.228(0.085)***
가계경제 평가	0.03(0.077)	0.086(0.158)***	0.059(0.087)**	0.082(0.083)***
R-Squared	0.477	0.416	0.332	0.348
사례수	1491	1442	1491	1441

유의도 * 〈 0.1, ** 〈 0.05, *** 〈 0.01; 표준화된 절편값 사용

모델 2와 비교했을 때, 모델 4에서 교육 수준, 주관적 계층인식, 기혼자 및 전라도 지역 등 사회인구학적 변수들의 영향이 유의미하게 전환된 것은 현직 대통령인 박근혜 대통령에 대한 만족도와 이들 변수들 간 상관성으로부터 기인한다. 특히 박근혜 대통령에 대한 만족도가 교육수준이 높고, 전라도 지역에서 낮게 평가되는 점이 반영되었다고 추정된다. 좋은 정부의 다차원적 평가에서 기혼이고, 교유수준이 높으며, 전라도에서 거주하는 사람들일수록 비판적인 반면, 연령이 높고, 사회적 계층이 높다고 생각하는 시민들일수록 긍정적으로 나타났다. 이와 같은 변수의 유의미성 차이에도 불구하고, 방향성은 일관성을 보이며, 다중공선성 검증결과 분산팽창계수(VIF) 값이 2.4 미만으로 낮기 때문에 우려할 만한 수준은 아닌 것으로 판단된다.

각 변인 집단별로 흥미로운 점들을 나열하자면, 먼저 정치적 요인들 중 박근혜 정부에 대한 만족도는 시민들의 입장에서 정부가 얼마나 좋은 혹은 나쁜 정부냐에 관한 결정적 요인이 된다. 하지만 만약 박근혜 만족도는 제외하였을 경우, 정당 지지, 이념 성향, 연령 세대 및 영/호남 지역 등 정권의 지지와 연관된 변수들의 영향은 보다 유의미하고 일관되었다. 다음으로 정부의 질에 대한 인식이 민주당 지지자들 사이에서 부정적이지 않았다. 일반적으로 정부에 대한 인식이 파당적이고 대립적이라고 알려져 있으나, 〈표 3〉의 결과는 이것이 진실이 아님을 의미하며, 좋은 정부에 대한 부정적 평가는 무당파 시민들에게서 발견된다는 점을 보여 준다.

문화적 변인들 중 대인신뢰는 박근혜 정부 만족도 다음으로 큰 영향을 미쳤고, 만약 시기적 변수인 박근혜 만족도를 제외한 모델 3에서, 가장 중요한 변수였다. 정치적 효능감도 신뢰보다는 작지만, 다른 변수들에 비해서는 강한 영향력 보였다. 이는 우리나라에서 좋은 정부에 대한 평가가 사회적으로 및 정치적으로 중심부와 연결된 사람들 사이에서 긍정적인 반면 소외되고 가장자리에 있을수록 부정적이라는 점을 의미한다. 반면 인지동원 관련 변수들인 정치관심과 교육 수준은 좋은 정부의 평가에서 일관적으로 음의 관계를 보였다. 정치적 관심이 높고 교유수준이 높은 이들일수록 우리나라 정부를 좋지 않다고 평가하는 경향이 뚜렷했다.

이와 같은 결과들은 두 가지 시사점을 제공하는데, 먼저 사회적 신뢰와 정치적 효능감이 높은 전통적 충성형 시민들은 정부를 긍정적으로 평가함으로써 정치안정에 기여한다고 볼 수 있다(Almond and Verba 1963; Putnam 1993). 반면, 정치적 관심이 높은 시민들 사이에서 좋은 정부에 대한 평가가 일관적으로 부정적이라는 점은 한국에서도 비판적 시민들이 나타나고 있고, 이들의 영향이 발생하고 있음을 의미한다(Dalton and Welzel 2014). 전통적 충성형 시민들과 비판적 시민들을 비교할 때, 좋은 정부 인식에 있어서 전자의 특성이 후자에 비해 강하다는 점을 〈표 4〉는 보여준다.

사회적 집단 별 좋은 정부에 대한 평가는 전반적으로 영향력의 크기뿐만 아니라 통계적 유의미성도 미약하다는 것을 알 수 있다. 이는 한국인들의 좋은 정부에 대한 평가가 사회인구학적 집단보다는 다른 요인들에 의해서 결정된다는 점을 반증한다. 그러나 연령 세대와 영/호남 지역 변수는 보다 일관된 경향을 보인다. 일반적으로 연령이 높은 세대일수록 박근혜 정부에 대한 지지가 높다는 점에서 연령 세대의 영향은 쉽게 설명된다. 그러나 영남과 호남 거주자 모두에서 좋은 정부에 대한 인식은 부정적이라는 점은 흥미롭다. 이는 영남 지역 거주자들 사이에서는 정권을 배출했다는 점에서 정부에 대해 보다 많은 기대가 부정적 평가로 귀결되는 상대적 박탈감이, 반면 호남 거주자들의 경우 정권으로부터 소외되었다는 절대적 박탈감이 좋은 정부에 대한 부정적 평가로 이어졌다고 추론할 수 있으나 추가적인 검증이 필요하다.

마지막으로 나라 경제에 대한 평가와 가계 경제에 대한 평가는 응답자들의 좋은 정부에 대한 인식에 일관된 영향을 주었고, 전자의 영향이 후자의 것보다 3배 정도 강하였다. 대한민국의 경제가 정부 주도에 의한 발전국가 모델에 따라 성장되었다는 점을 고려할 때, 좋은 정부평가에 경제성과가 반영된다는 점은 자연스럽다고 판단된다.

그렇다면, 좋은 정부평가에 영향을 미치는 요인들은 절차적 및 결과적 측면에서 유사한 혹은 상이한 양상을 보이는가? 〈표 5〉에 따르면 전체적으로 절차적 및 결과적 측면에서 정부의 질을 결정하는 요인은 〈표 3〉에서의 결

〈표 5〉	좋은 정부의 절차적 및 결과적 지수에 대한 분석 결과			
	모델 1	모델 2	모델 3	모델 4
	절차 지수	결과 지수	절차 지수	결과 지수
정치적 요인				
박근혜 만족도	0.337(0.030)***	0.219(0.022)***		
새누리 지지	0.008(0.165)	0.096(0.120)***	0.113(0.167)***	0.163(0.119)***
민주당 지지	0.040(0.153)	0.035(0.112)	0.045(0.161)	0.037(0.115)
이념(진보-보수)	0.057(0.083)**	0.068(0.061)***	0.117(0.085)***	0.107(0.061)***
문화적 요인				
대인 신뢰	0.201(0.018)***	0.177(0.013)***	0.263(0.019)***	0.218(0.013)***
정치 효능감	0.130(0.049)***	0.094(0.036)***	0.140(0.051)***	0.101(0.037)***
인지동원 요인				
정치 관심	-0.076(0.078)***	0.018(0.057)	-0.090(0.081)***	0.009(0.058)
교육 수준	-0.023(0.063)	-0.033(0.046)	-0.043(0.066)	-0.047(0.047)*
사회적 요인				
주관적 계층인식	0.051(0.087)**	0.000(0.063)	0.058(0.091)**	0.005(0.065)
소득 수준	-0.009(0.027)	0.057(0.020)**	-0.018(0.028)	0.050(0.050)*
연령 세대	0.009(0.054)	0.070(0.040)**	0.046(0.056)	0.094(0.040)***
여성	0.038(0.110)*	-0.028(0.141)	0.050(0.115)**	-0.018(0.082)
기혼자	-0.006(0.140)	-0.049(0.103)*	-0.018(0.147)	-0.057(0.105)**
전라도	-0.055(0.192)**	0.022(0.041)	-0.089(0.202)**	0.001(0.143)
경상도	-0.072(0.133)***	-0.028(0.097)	-0.080(0.140)***	-0.034(0.099)
충청도	-0.025(0.183)	0.018(0.136)	-0.035(0.192)	0.011(0.138)
경제적 요인				
나라경제 평가	0.137(0.116)***	0.191(0.085)***	0.184(0.121)***	0.221(0.086)***
가계경제 평가	0.059(0.112)**	0.092(0.083)***	0.055(0.118)**	0.090(0.085)***
R-Squared	0.336	0.308	0.267	0.279
사례수	1441	1491	1441	1491

유의도 * 〈 0.1, ** 〈 0.05, *** 〈 0.01; 표준화된 절편값 사용

과와 유사하였다 구체적으로 정치적, 문화적 및 경제적 요인들의 영향은 강한 반면, 인지동원 및 사회인구학적 차이는 다른 변수들에 비해서 약했다. 그러나 인지동원 및 사회인구학적 모델에서 요인 별 차이는 뚜렷했다. 구체적으로 절차적인 측면에서 정치관심, 주관적 계층인식, 여성, 영/호남 지역 변수들의 영향은 박근혜 만족도를 포함 시킨 모델 1과 이를 뺀 모델 3에서 일관적으로 유의미하게 나타났다. 반면 이들 변수들은 모델 2와 4의 결과적 측면에서 정부의 질 평가에서는 유의미하지 않았다. 반면 결과적 지수에서는 소득 수준, 연령 세대, 기혼자 변인들의 영향이 일관적으로 유의미하였으나, 절차적 지수에서는 그렇지 않았다.

이와 같은 일관된 차이점은 우리나라 유권자들이 인지적 수준 및 사회인구학적 집단에 따라서 좋은 정부의 평가를 절차적 및 결과적으로 다르게 인식하고 있음을 의미한다. 구체적으로 낮은 계층에 속했다고 생각할수록, 여성일수록, 영/호남에 거주할수록 시민들은 정부가 자신들을 법치, 공정 및 민주적 책임성에서 정당하게 대우하지 못하고 있다고 생각하였다. 또한 정치적 관심이 높은 이들일수록 좋은 정부의 절차적 질에 비판적이었다. 반면 이들은 정부의 산출인 안보와 복지의 측면에서 정부의 질은 낮게 보지 않았다. 다음으로 저소득층이고, 젊은 세대이고, 기혼자들일수록, 결과적 차원에서 정부의 질을 낮게 보는데, 이는 이들이 정부가 산출해내는 안보, 질서 및 복지의 수준이 충분하지 않다고 인식하기 때문이다. 요컨대 정부 산출에 직접적으로 영향을 받는 저소득층, 청년 세대 및 기혼자 등과 같은 사회 집단들은 이를 좋은 정부의 평가로 연결한 반면, 영/호남 지역 거주민, 여성, 하층 집단들은 정부의 산출보다는 정책과정에서 소외되었다고 생각하며, 이를 절차적 측면에서 정부의 질 평가에 반영하였다. 이와 같은 절차적 및 결과적 측면에서의 차이는 유권자들이 자신들의 입장과 처지를 중심으로 정부의 질을 구체적 및 합리적으로 평가하고 있음을 시사한다.

좋은 정부평가에 대한 분석 결과를 요약하자면, 크게 두 가지로 나눌 수 있다. 먼저 좋은 정부에 대한 단일 항목 평가 지수와 10개 항목으로 이루어진 다차원적 평가지수는 결정 요인에서 큰 차이점을 보이지 않았고, 동일한 경험적 모델이 40% 이상의 설명력을 보이기 때문에 신뢰성과 타당성을 보유하고 있다고 볼 수 있다. 사회과학에서 동일한 경험적 모델이 서로 다른 종속 변수들의 변량을 30% 이상 설명한다는 점과 결정 요인들에서 일관성을 보인다는 점은 좋은 정부에 대한 평가가 단일 항목이나 다차원적 항목 모두에 의해 측정될 수 있음을 의미한다. 단일 항목을 이용한 측정이 정부의 질에 대한 추상화 수준을 높임으로써 분석의 편리함을 주지만, 정부의 복잡성과 다면성에 관한 정보를 제공하지 못한다는 점에서 상호보완적이며, 이는 최근 민주주의 및 선거의 질 연구들의 결론과 일치한다.

다음으로 한국인들의 좋은 정부평가에서 현직 대통령에 대한 만족도는 가장 큰 결정요인이었다. 이는 정치적으로 대통령과 집권 여당에 정치심리적으로 가깝게 느끼는 이들에게 정부의 질에 대한 평가는 좋게 나온다고 볼 수 있다. 또한 문화적으로 대인신뢰가 높고 자신들이 정치에 영향을 미칠 수 있다는 효능감이 높은 이들 사이에서 정부의 질을 긍정적으로 평가되었다. 다시 말해 정치권 및 정부에 심리적 소유권을 가지고 있는 이해관계자들 혹은 사회문화적으로 중심부와 연대의식을 가지고 있는 이들에게 정부는 좋다고 인식되기 때문에, 한국 정부는 상당히 공고한 지지 구조를 가지고 있다고 볼 수 있다.

VI. 결론

최근 학문사회에서 경제발전과 사회진보를 견인하고, 인류평화를 증진하기 위해서 정부의 질적 수준이 높아져야 한다는 합의가 확산되고 있다. 이에 발맞추어 국내외 학자들과 국제기구들은 정부의 질을 경험적으로 평가하고 그 원인과 결과를 탐색해오고 있다. 선행연구들의 기반 위에서 한국인들이 정부의 질을 어떻게 평가하고 있는가에 관해 분석한 이 연구의 기여는 크게 다섯 가지이다.

먼저 좋은 정부를 평가하는 기존의 최소주의적 모델과 최대주의적 다면 모델은 각각 신뢰성과 타당성에서 문제점을 노출하였다. 구체적으로 단일 속성 중심의 모델은 측정하고자 하는 속성 이외의 측면에서 정부의 질에 관한 정보를 제공하지 못하고, 정부의 복잡성과 다면성을 포괄하지 못한다. 기존의 다면적 거버넌스 모델들은 측정 대상에 국가와 사회를 포괄함으로써 정부의 질을 타당성 있게 측정하지 못하는 문제점을 보였다. 이에 대응하여, 이 연구는 현대 정부에 초점을 맞추고, 정부의 질을 평가하는 다차원적 모델을 제시하였다. 현대 정부에서 바람직하다고 간주되는 속성들은 근대 이후 역사적으로 구축되고, 세계화를 통해 모방 및 확산되었다는 가정 아래, 안보, 법치, 정의, 민주적 책임성 및 복지 등 다섯 개를 좋은 정부의 핵심 속성으로 정의하고, 전국적 유권자 설문조사를 통해 경험적으로 분석하였다.

다음으로 분석 결과, 다차원적 모델의 경험적 타당성과 신뢰성은 확인되었고, 한국인들은 좋은 정부의 절차적 및 결과적 질을 구분하여 평가하였다. 구체적으로 결과적 측면에서 안보와 복지의 질은 상대적으로 절차적 측면의 법치, 정의 및 민주적 책임성의 질보다 높게 나타났으며, 후자의 측면에서 다수의 사람들은 정부의 질을 부정적으로 생각하고 있었다. 이와 같은 결과는 근대화 과정에서 정치적 절차와 과정을 배제한 역사적 경험과 민주화 이후 심화되지 못한 민주정치의 현실을 반영한다(Im 2011).

세 번째, 한국인들은 현직 대통령과 정치권의 중심에 심리적 및 문화적으로 가까이 느낄수록 정부의 질을 좋게 평가하였다. 정치적 관심이 높은 이들이 정부의 질을 낮게 평가하는 등 비판적 시민들이 존재하지만, 좋은 정부의 평가에 있어서는 전통적 충성형 시민들의 특징이 뚜렷하게 나타났다. 나아가 우리나라 시민들은 나라경제에 대한 평가를 정부에 대한 평가로 강력하게 연결하는 경향을 보였다.

네 번째, 한국인들은 자신들의 처지와 현실을 중심으로 정부에 대한 평가를 구체적이고, 합리적으로 내리는 경향을 보였다. 특히 절차적 및 결과적 측면에서의 질을 사회인구학적으로 다르게 평가하였는데, 자신의 처지와 현실이 안보, 치안 및 복지와 같은 정부 산출과 직접적으로 연관된 사회 집단들은 이를 결과적 측면에서 정부의 질에 반영하였고, 사회적 차별이 존재하는 계층, 성별 및 영/호남 지역 변수들은 과정적 측면의 정부의 질과 연관되어 있었다. 결국 한국인들은 근대화 과정에서 정부의 성장과정과 자신의 사회 인구학적 현실을 합리적으로 정부의 질 평가에 반영하고 있음을 알 수 있다.

마지막으로 이 연구는 비서구권에서 국가 전통이 강한 동아시아의 한국에서 정부의 질을 경험적으로 측정하고 평가하였다. 선행한 연구들이 유럽과 선진국에 집중된 반면, 좋은 정부의 다차원적 모델의 한국에 대한 적용은 개발도상국가에서 좋은 정부가 어떻게 연구될 수 있는가에 대한 비교론적 지평을 확대하였다.

이와 같은 결과와 분석은 두 가지 함의를 제시한다. 정치 안정의 측면에서 정치적 및 사회적으로 중심에 가까운 한국인들 사이에서 정부의 질이 좋게 평가된다는 점은 한국 정부의 지지 구조가 중심으로부터 안정되어 있으며, 파당적 요소에 의해서 큰 영향을 받지 않는다는 점을 시사한다. 특히 비판적 시민들이 존재하기는 하지만, 정부의 질에 관해서는 전통적 충성형 시민들의 영향이 강하게 나타나고 있기 때문에 우리나라 정부는 안정적 정통성을 유지하고 있다고 볼 수 있다. 비록 선거 및 정당 정치에서 한국인들은 갈등의 양상을 보일지라도 정부는 정치적 및 사회적 수준에서 공고한 지지구조를 가지고 있다. 이와 같은 결과는 국제기구들에서 한국의 정치안정 및 국가성이 높다는 평가와 맥락을 같이 한다(Kaufman et al. 2009).

정책적 차원에서 한국 정부는 절차적 측면인 법치, 정의 및 민주적 책임성을 강화할 필요가 있다. 근대화 과정에서 민주적 정치를 배제하였다는 점과 민주화 이후 위임민주주의적 특징을 보이는 현실을 한국인들은 좋은 정부의 평가에 반영하고 있는 만큼, 이에 대한 개선이 요구된다. 최근 해외 국제기구와 학문사회 모두에서 한국 민주주의가 질적으로 하락하고 있으며 (Freedom House 2015), 경제, 안보 및 치안의 수준에 비해 법치와 정의의 수준이 지난 20년간 거의 나아지지 않고 있음을 지적하고 있는데(Kaufman et al. 2009), 이 연구는 이에 대한 미시적 근거를 제공한다.

◆ 참고문헌 ◆

김두래. 2012. "정치체제, 정부의 질, 그리고 정부성과." 『정부학연구』 18: 55-78.

김선혁. 2011. "정부의 질과 시민사회." 『정부학연구』 17: 49-79.

박종민·장용진. 2012. "좋은 시민과 좋은 정부." 『정부학연구』 18: 3-22.

이현우. 2013. "정부의 질." 『세계지역연구논총』 31: 7-28.

Agnafors, Marcus. 2013. "Quality of Government." *American Political Science Review* 107: 433-45.

Almond, Gabriel, and Sidney Verba. 1963. *Civic Culture*. Princeton, NJ: Princeton University Press.

Anderson, Benedict. 1991. *Imagined Communities*. New York, NY: Verso.

Andrews, Matt. 2010. "Good Government Means Different Things in Different Countries." *Governance* 23: 7-35.

Berman, Sheri. 2006. *Primacy of Politics*. New York, NY: Cambridge University Press.

Carothers, Thomas. 2002. "The End of the Transition Paradigm." *Journal of Democracy* 13: 5-21.

Charron, Nicholas, and Victor Lapuente. 2010. "Does Democracy Produce Quality of Government?" *European Journal of Political Research* 49: 443-70.

_____. 2013. "Why Do Some Regions in Europe Have a Higher Quality of Government?" *Journal of Politics* 75: 567-82.

Dahl, Robert. 1971. *Polyarchy*. New Haven, CT: Yale University Press.

Dalton, Russell. 2004. *Democratic Challenges, Democratic Choices*. New York, NY: Oxford University Press.

Dalton, Russell, and Christian Welzel. 2014. *Civic Culture Transformed*. New

York, NY: Cambridge University Press.

Diamond, Larry, and Leonardo Morlino. 2005. *Assessing the Quality of Democracy.* Baltimore, MD: Johns Hopkins University Press.

Esping-Andersen, Gøsta. 1990. *Three Worlds of Welfare Capitalism.* Princeton, NJ: Princeton University Press.

Freedom House. 2015. "Freedom in the World." Washington, DC: Freedom House.

Fukuyama, Francis. 2011. *Origins of Political Order.* New York, NY: Farrar, Straus and Giroux.

_____. 2013. "What Is Governance?" *Governance* 26: 347-68.

_____. 2014. *Political Order and Political Decay.* New York, NY: Farrar, Straus and Giroux.

_____. 2015. "Why Is Democracy Performing So Poorly?" *Journal of Democracy* 26:11-20.

Held, David. 2006. *Models of Democracy.* Stanford, CA: Stanford University Press.

Hetherington, Marc. 2006. *Why Trust Matters.* Princeton, NJ: Princeton University Press.

Hobbes, Thomas. 1982[1651]. *Leviathan.* New York, NY: Penguin

Holmberg, Soren, and Bo Rothstein. 2014. *Good Government.* Northampton, MA: Edward Elgar.

Holmberg, Sören, Bo Rothstein, and Naghmeh Nasiritousi. 2009. "Quality of Government." *Annual Review of Political Science* 12: 135-61.

Huntington, Samuel. 1968. *Political Order in Changing Societies.* New Haven, CT: Yale University Press.

Im, Hyug Baeg. 2011. "Better Democracy, Better Economic Growth?" *International Political Science Review* 32: 579-98.

Kaufmann, Daniel, Aart Kraay, and Massimo Mastruzzi. 2009. "Governance Matters." Washington, DC: World Bank.

Kurtz, Marcus, and Andrew Schrank. 2007. "Growth and Governance." *Journal of Politics* 69: 538-54.

Marshall, T. H. 1950. *Citizenship and Social Class.* London, UK: Cambridge University Press.

Norris, Pippa. 2012. *Making Democratic Governance Work*. New York, NY: Cambridge University Press.

Pharr, Susan, and Robert Putnam. 2000. *Disaffected Democracies*. Princeton, NJ: Princeton University Press.

Putnam, Robert. 1993. *Making Democracy Work*. Princeton, NJ: Princeton University Press.

Roemer, John. 1998. *Theories of Distributive Justice*. Cambridge, MA: Harvard University Press.

Rothstein, Bo. 2011. *Quality of Government*. Chicago, IL: University Of Chicago Press.

Scott, James. 1999. *Seeing like a State*. New Haven, CT: Yale University Press.

Tamanaha, Brian. 2004. *On the Rule of Law*. Cambridge, MA: Wiley-Blackwell.

Tilly, Charles. 1992. *Coercion, Capital and European States*. Cambridge, MA: Wiley.

_____. 2007. *Democracy*. Cambridge, MA: Wiley.

Tyler, Tom. 2006. *Why People Obey the Law*. Princeton, NJ: Princeton University Press.

Yap, Fiona. 2013. "Economic Performance and Democratic Support in Asia's Emergent Democracies." *Comparative Political Studies* 46: 486-512.

제2부

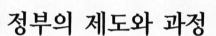

정부의 제도와 과정

제**4**장

역대 정부의 주거복지정책

이정진

I. 서론

1. 문제의 제기

주거는 인간의 기본적인 욕구의 하나로 인간의 존엄성 유지에 기초가 되는 요인이며, 사회적으로 지역사회에 대한 소속감과 이웃과의 교류 등 사회관계와 자기정체성을 결정짓는 중요한 요소가 된다. 그러나 현실적으로 안정적인 주거의 확보는 쉽지 않다. 그 이유는 주택의 생산과정이 매우 복잡하고 오래 걸려 공급이 비탄력적이며, 주택의 부동산 가치로서의 특성 때문에 주택시장이 제대로 작동치 않는 경우가 많고, 빈민이나 저소득층은 주택구매력의 부족으로 정상주택에 거주하기 어렵기 때문이다. 따라서 일반적으로 국가가 개입하여 주택부족 문제를 해결하고 저소득층을 위한 주거확보를 지원해주게 된다. 또한 흔히 대부분 국가들이 산업화와 도시화의 초·중기에 주택부족과 저소득층 주거 문제를 겪게 되고 혹은 산업화 이후에도 때로 심각한 주택난을 겪게 되는 경우가 있다. 이런 때 정부가 나서서 민간주택 시장을 보완하여 경기부양책을 제시한다든지, 때로 빈민들에게 무허가 정착 지를 활용한 주거를 제공하기도 하며, 공공임대주택 확대 같은 주거정책을 실행하여 사회적 질서를 유지하게 된다. 이렇듯 국가를 비롯한 공공부문이 실행하는 주택정책 중에 무주택자나 주거취약자에게 거처를 마련해주고, 주택수준을 향상할 수 있게 지원하는 등 사회복지적 차원에서 사회구성원이 누릴 최소한의 주거수준을 보장해주는 것을 주거복지라 한다(안중만·서진 형 2013).

이론적으로는 복지국가의 유형에 따라 각국의 주거복지정책은 차이가 있 다. 자유주의 복지국가에서는 자유시장경제 원리를 기반으로 하여 빈민층에 대한 최소한의 정부개입이 있을 뿐이고 전반적으로 자가주택 위주의 정책을 편다. 그리고 조합주의 복지국가 모델에서는 사회주택(공공임대주택)의 공 급을 통해 부분적으로 제도적인 주거보장을 해주며, 다양한 계층과 직업에 맞는 주택을 공급하려고 한다. 사회민주주의 모델에서는 토지의 국유화 및 주택의 공공성을 기반으로 국가가 주거 문제를 해결하는 역할을 한다(하성 규·배문호 2004, 98). 그러나 어떤 모델이건 저소득층을 위한 주거정책은 사회적 정당성 확보의 일환으로 국가가 직접적으로 개입하여 왔다. 선진국 이건 후진국이건 현대의 사회정책 시각은 주거 빈곤을 개인적 책임의 문제 로 간주하기보다는 사회·경제적으로 구조적인 문제로 여기는 것이 일반적 추세이다. 우리나라도 현재 정부가 운용하고 있는 주거복지수단으로 현물급 여인 공공임대주택 공급, 그리고 현금급여로서 전세자금 지원, 기초생활보 호법에 의한 주거비지원, 주거환경개선사업에 대한 재정 및 금융지원, 소형 주택 구입자금 금융지원 등의 프로그램이 있다.

주거정책의 변화는 군사정부 이후 민주주의가 공고화되는 과정에서 정권 의 이념적 특성에 따라 영향을 받을 수도 있고, 각 정권 시기의 경제 및 국가재정의 여유 상황에 따라 달라질 수도 있다. 하지만 이 글에서는 우리 나라의 경우 민주화 이후의 모든 정부들은 주거 빈곤을 구조적인 문제로 간주하여 최대한 국가가 재정지원과 지원제도 확립을 위해 노력해왔다고 전제한다. 그리고 '좋은 정부'의 개념을 기반으로 정책을 수립하는 반응성 및 실행하는 효율성의 차원에서 그 차이를 분석하고 평가해보려 한다. '좋은 정부'라는 정부의 질을 평가하는 기준으로는 일반적으로 정부가 실행하는 정책 중 안보와 질서, 법 준수와 권한 남용 제한, 절차적 정의 및 분배적 정의, 민주적 책임성, 복지의 수준과 효율성 등의 속성을 분석하는 연구가 많다. 그러나 본 연구는 각 정부의 주택정책을 비교하는 특성상 안보, 법치, 민주적 책임성 등은 주택정책 결정과 실행에 큰 영향을 주지 못하므로 비교 대상에 제외한다. 따라서 정책을 수립하는 데 국민이 원하는 바를 반영하는 반응성과 복지정책 실행에 있어서의 효율성에 중점을 두고 비교 분석할 것이다.

2. 기존연구 검토

하성규·배문호는 노태우, 김영삼, 김대중 정부에서 도시 저소득층을 위한 공공임대주택정책에 대해 프로그램 도입 배경, 건설 실적, 성과를 비교하였다(하성규·배문호 2004). 이들의 연구에 따르면 노태우 정부는 민주화투쟁에서 성장한 시민사회의 요구와 여소야대 국회 등의 영향으로 영구임대주택을 건설하여 우리나라 사회주택정책을 출발시켰다. 김영삼 정부는 신보수주의적인 경제운영과 세계화정책 추진 등으로 다른 면모를 보였는데 영구임대주택정책을 계승하지 않고 5년/50년짜리 임대주택을 새로 도입하여 실시하였다. 그러나 재정지원의 감소로 사실상 활성화되지 못하였고, 공공임대주택정책의 후퇴를 가져왔다. 김대중 정부는 IMF 구제금융 사태로 재정부담이 적게 투입되는 국민임대주택 건설을 계획하였는데 임기 중 수도권을 중심으로 주택 및 전·월세 가격이 급등하고 대량실업이 발생하여 도시 저소득층을 위한 임대주택의 수요가 급증하여 국민임대주택을 100만 호로 확대하였다. 이 시기는 공공임대주택에 관한 정책이 더 발전한 시기로 보았다.

박윤영은 공공임대주택의 전개과정을 이명박 정부까지 확장하여 살펴보았는데, 그는 우리나라 공공임대주택은 노태우 정부에서 시작되어 김대중 정부와 노무현 정부를 거치면서 그 유형이 다양화되고 그 규모가 늘면서 주거복지영역을 점점 확대해왔다고 한다(박윤영 2009). 그러나 공공임대주택 지역에는 많은 사회 문제가 나타나고 있으며, 한편 사회복지관이 설치되는 등 사회복지계에 변화를 일으키고 있다고 주장한다. 그런데 우리나라 사회복지계는 이런 현상에 적절히 대응하지 못하고 있다며 그 대응방안을 나름대로 제시하고 있다. 이상의 두 가지 연구는 정부별 주거복지정책의 특성을 잘 정리하였지만 특정한 기준을 가지고 일괄적으로 비교하지는 못하였다.

안중만·서진형은 공공임대주택정책 및 주거비지원정책을 중심으로 사업의 효율성, 효과성, 형평성, 행정의 단순성, 시장왜곡의 정도 등 다섯 가지 기준에서 전문가들의 의견을 모아서 평가해보았다(안중만·서진형 2013). 그 결과, 효율성은 전세임대정책, 근로자·서민 전세자금 대출지원 프로그램과 매입임대정책, 저소득층 전세자금지원 프로그램순으로 나타났고, 수직적 형평성은 전세임대 프로그램이 가장 높았으며, 효과성은 모든 정책이 수준 이상이었고, 행정의 단순성은 저소득 전세자금대출이나 근로자서민전세자금대출 프로그램 같은 수요측면의 정책이 높았고, 시장왜곡의 정도는 공급측면의 국민임대주택정책이 가장 크다고 주장하였다. 그러나 이런 평가는 그 범주와 평가기준이 주관적이고 일반적으로 이해가 가능하지 않으며, 특히 정권별로 정책이 어떻게 연결되는지는 전혀 알 수가 없는 한계가 있다.

그 외에 각 정부의 주택정책을 집중적으로 분석한 연구는 많이 있다. 김대중 정부의 주택정책을 평가한 최현일의 연구가 있고, 노무현 정부의 주거복지정책을 연구한 박신영의 연구가 있다. 최현일은 경제위기 시에 집권한 김대중 정부가 경제활성화를 위해 부동산 경기부양책을 선택해 성급하게 부동산정책의 규제완화 및 자율화를 추진하였다고 한다(최현일 2002). 그 결과 전세가와 주택가격이 폭등하게 되어 서민들의 주택 문제를 더 악화시켰다고 본다. 그리고 이런 주택정책의 실패의 원인을 정책적 측면과 공급적 측면으로 나누어 분석하였다. 박신영은 참여정부가 출범했던 당시는 이미

2002년 주택보급률이 100%를 채워 양적 부족은 해소되었으나, 주택 및 전세가격의 급등, 공공임대주택 재고부족 등으로 주거수준이 열악한 가구가 많이 있어 이를 해결하는 것이 시급했다고 한다(박신영 2006). 그래서 참여정부는 무주택 저소득층을 위해 도시 내 다가구매입임대주택과 국민임대주택을 공급하고, 최저주거기준 미달 가구의 감소를 위해 역대 정부들보다 더 노력하였다고 긍정적으로 평가하였다.

현재 박근혜 정부의 부동산정책은 지난 정부들의 정책과 차이가 있는데, 이를 집중적으로 분석한 연구들도 있다. 허강무는 박근혜 정부 이전까지 우리나라의 주택정책은 고도의 압축경제성장을 이루는 과정에서 인구의 급격한 사회이동에 따른 주택부족을 해소하기 위한 양적 공급확대를 최우선과제로 삼아왔지만, 지금은 저성장 경제구조, 인구 및 가구 형태 등 사회·경제 여건이 변화되었기 때문에 이제는 이에 맞추어 주거안정의 질적 향상 추구를 정책 목표로 삼아야 한다고 주장한다(허강무 2013). 그리고 박근혜 정부의 4·1 대책과 8·28 대책을 평가하고 앞으로의 주택정책의 과제를 제안한다. 이와 비슷하게 김선덕 외는 박근혜 정부의 부동산정책을 하우스푸어 및 렌트푸어대책, 주거복지정책의 패러다임 전환, 재고주택관리와 재정비 사업으로 나누어 분석하고 보완해야 하는 과제를 제시하였다(김선덕·김갑성·김현아·권대중 2013). 그러나 이렇게 특정한 한 정부의 주거복지정책이나 주택정책을 분석한 사례연구들은 세밀한 분석은 가능하지만 정권별로 어떤 차이가 있는지는 여전히 파악할 수 없는 한계가 있다.

따라서 본 연구에서는 '좋은 정부'라는 기준을 가지고 노태우 정부 이후 현재까지 정부의 주거복지정책을 어떤 기조를 가지고 실제로 어떤 정책을 집행하여 왔는지 그 차이를 비교하고자 한다. 구체적으로 그 기준으로는 정책을 수립하는 데 국민이 원하는 바를 반영하는 반응성과 복지정책 실행에 있어서의 효율성에 중점을 두고 비교분석할 것이다.

3. 연구의 대상 및 주제

우리나라에서 주거복지의 대상은 저소득층, 국민기초생활보호대상자, 차상위계층, 기타 주거취약자 등이다. 저소득층의 범위는 2000년 국민기초생활보장제도의 도입과 함께 국민기초생활보장제도의 수급권자 자격기준이 대표적인 기준이다. 국민기초생활보장제도의 규정에는 저소득층을 수급권자와 차상위계층으로 구분하고 있는데, 수급권자는 부양의무자가 없거나 있어도 부양할 능력이 없는 자로서, 소득인정액이 최저생계비 이하인 자이다. 차상위권은 소득인정액이 최저생계비의 120% 이하인 자이다. 경제적인 기준의 저소득층 외에도 주거복지의 대상이 되는 주거빈곤계층은 사회적·경제적으로 취약한 계층으로 주거 문제를 스스로 해결할 수 없는 가구이거나 최저주거기준에 미달하는 환경에 거주하는 계층을 의미한다. 그 유형은 물리적 측면에서는 쪽방, 비닐하우스, 고시원, 컨테이너 등 최저주거기준에 미달하는 건축물에서 거주하는 경우이고, 경제적 측면에서는 국민기초생활보장 수급자, 소득 4분위 이하 계층, 차상위계층, 노숙자 등이 포함된다. 그리고 사회적 측면에서는 독거노인, 편부모, 소년소녀가장, 고령자, 장애인 등 정상적인 경제활동이 불가능하거나 경제적 지원을 받을 수 없는 경우가 포함된다(안중만·장건 2014, 63).

주거복지정책 중에 직접적인 정책수단으로 현물로 제공되는 공공임대주택은 취약계층을 위한 가장 큰 단위의 주거복지 안전망이다. 공공임대주택은 국가의 재정지원으로 시장가격보다 저렴한 가격에 임대되는 주택으로, 입주자격이 유지되는 한 계속 거주할 수 있는 주택이라는 의미를 갖고 있다. 우리나라의 경우 노태우 정부에서 시작되어 정권에 따라 그 명칭과 조건을 조금씩 달리하며 공공임대주택정책이 이어져 왔다. 건설방식에 따라서는 영구임대주택, 50년공공임대주택, 국민임대주택, 5년·10년공공임대주택 등이 있고, 매입 혹은 임차방식에 따라서는 기존주택매입임대, 기존주택전세임대, 소년소녀가정전세임대 등이 있다. 또한 주거복지에는 간접적인 정책수단으로 주거급여 프로그램, 주택구입 및 전세자금 대출지원 등의 정책도 있다. 이 글에서는 이러한 주거복지정책들이 노태우 정부부터 현재까지 정권에 따라서 어떻게 변화해왔는지 각 정권별로 정부가 실행한 주거정책의 반응성과 효율성에 중점을 두고 비교 분석한다. 그러나 어떤 정권이 반응성과 효율성이 더 좋았고 우수했는가를 비교하는 것이 목적은 아니며, 그러한 비교는 매우 주관적인 평가가 되기 쉽다. 각 정부에서는 나름대로 특정 정책을 실행할 이유가 있었고, 가장 효율적인 방식으로 실행하려 노력했다고 전제하고, 여기서는 단지 각각 그 정책실행의 이유와 집행의 사회적 결과를 정권별로 분석하려는 것이다. 순서는 우선 직접정책수단인 공공임대주택의 공급정책을 정권별로 분석하고, 간접정책수단인 주거급여 프로그램 및 자금지원정책을 살펴본다. 그리고 역대 정부의 주거복지정책을 전체적으로 평가해 보고 개선점을 제안한다.

II. 공공임대주택정책의 변화

우리나라에서 최초로 공적 자금이 투입되어 건설된 임대주택은 1971년 대한주택공사가 개봉지구에 13평 규모로 300호를 건설한 임대주택이다. 그러나 이 주택은 임대기간 1년이 지나면 분양전환이 가능했기 때문에 공공임대주택이라고 할 수는 없다. 그 후 1981년에 '주택건설촉진법' 개정으로 국민주택기금이 도입되었으며, 그 다음 해에는 법인과 정부투자기관이 부양가족이 있는 무주택사원에게 전용면적 13평 이하의 임대주택을 건설하는 경우 융자와 세금 감면 등의 세제지원을 제도적으로 제시했으나 활성화되지 못하였다. 1984년에는 임대주택의 공급을 촉진하기 위해 '임대주택건설촉진법'을 제정하여 이에 따라 사원이 아닌 일반인을 대상으로 한 5년형 임대주택이 건설되기 시작하였다. 이 주택은 시장가 이하의 임대료와 분양가를 적용했다는 점에서는 공공적 성격이 있으나, 입주대상이 주거 취약계층이

| 〈표 1〉 | | 노태우 정부에서 이명박 정부까지 공공임대주택의 특징 | |

대통령 (시기)	유형 (구분)	입주자격	특징
노태우 (1989~ 1993)	영구임대주택 (25만 호 → 19만 호)	기초생활수급자, 모·부자가정, 국가유공자, 장애인 등/ 1~2분위	대규모 아파트 형태의 획일적 공간구조. 이웃 아파트 주민과 의 갈등 및 낙인 문제/단지 내 사회복지관 설치 의무화
(1991~ 현재)	재개발임대주택	무주택자 중 유자격자/ 1분위~5분위	당시 합동재개발사업의 세입자 대책
김영삼 (1993~ 1994)	5년 / 50년 공공임대주택 (10만 호)	청약저축 가입자, 국가유공자, 철거민, 장애인	1994년부터 정부재정지원 중단/사회복지관 없음
김대중 (1998~ 현재)	국민임대주택 (100만 호)	도시근로자 가구 월평균 소득의 70%(or 50%) 이하/ 10년형·20년형 → Ⅰ·Ⅱ·Ⅲ형 /1분위~5분위/고령자용 국민 임대주택(고령자임대주택)도 있음	김영삼 정부에서 중단되었던 공공임대주택의 공급을 재개한 것/사회복지시설 없음
노무현 (2004~ 현재)	다가구 매입임대주택	1순위: 기초생활수급자, 모·부자가정 2순위: 차상위계층, 장애인 등	공동생활가정(그룹 홈), 긴급 복지지원대상자 중 주거지원이 필요한 자 입주 가능
(2005~ 현재)	전세임대주택	〃 (매입임대주택과 유사)	기존주택에 전세계약한 후 저 소득층에게 임대/기존 거주지 역에 벗어나지 않고 생활 가 능, 대규모 밀집거주 형태에서 나타나는 문제들이 없음
서울시 (2007~ 현재)	직접적인 전세지원	소년소녀가장 등 전세주택 지원/신혼부부 전세임대	
	시프트 (장기전세) 주택	60m² 이하는 국민임대주택과 동일, 그 이상은 별도 기준/ 1분위~10분위	최고 20년까지 주변 전세 시세 의 80% 이하 가격으로 임대
	분양주택(70만)	중소형 저가주택 공급	분양받은 사람이 차익을 얻어 투기 우려, 사회복지적 성격 약함

이명박 보금자리 주택 (2009~ 2018)	임 대 주 택	공공임대 (10년/ 20만)	자가소유 촉진 위한 (능동적 복지) '지분형 임대주택(분납형 임대)' 위주로 공급: 10년 임대 후 분양 전환	순수한 의미의 공공임대주택 으로 보기 힘듦
		장기전세 (10~20년 /10만)	10~20년간 임대하는 장기전세주택	월 임대료 부담 없는 '장기전세형'
		장기임대 (30년 이상/ 50만)	30년 이상 임대하는 장기임대 주택 (순수한 의미의 공공임대주택) 국민임대주택 + 영구임대주택	이전 정부에서 공급했던 국민임대주택 40만 호 (시세의 60~70%, 소득에 따른 차등임대료, 전·월세 선택) / 영구임대주택 10만 호 (최저소득층 위해 공급재개, 시세의 30%)

표가 이명박/보금자리주택 행은 3개의 소분류(공공임대, 장기전세, 장기임대)로 나뉨

아닌 일반인으로서 청약저축 가입실적에 따라 주택의 배분이 이루어졌기 때문에 순수한 공공임대주택으로 볼 수는 없다. 결국 서구적 의미에 근접한 최초의 공공임대주택은 노태우 정부 시기인 1989년부터 건설되기 시작한 영구임대주택이라 할 수 있다(김영태 2010, 7). 노태우 정부에서부터 이명박 정부까지의 공공임대주택의 주요 특징은 〈표 1〉과 같다.

1. 노태우 정부의 영구임대주택정책

노태우 정부 초기는 여행자유화 조치가 취해지는 등 사회의 개방속도가 빨라졌고 경제 호황기였다. 그러나 유례없는 주택 및 전·월세 가격의 상승으로 주거조건이 악화되고 자살자가 속출하는 등 사회적 이슈가 되었다. 이런 정치적 위기상황에서 사회안정을 실현하기 위해서 정부는 1988부터 1992까지 주택 200만 호를 건설할 계획을 수립하였다. 이 계획 속에 생활보호대상자 등 영세민을 위한 영구임대주택 25만 호 공급이 포함되었다.

영구임대주택은 국가가 사업비의 85%를 지원하여 영세민의 주거안정을 목표로 공급하는 주택으로 보통 임대보증금은 200~400만 원 정도, 월 임대료는 3~6만 원, 관리비 3~4만 원 수준이었다. 입주대상자는 처음에는 '생활보호법'에 의한 거택보호자와 의료부조자, 보훈대상자 중 소득수준이 기준 이하인 자 등이 포함되어 있었으나, 입주희망 가구가 많지 않아 결국 계획 호수를 25만 호에서 19만 호로 줄이게 되었다. 1992년 6월에 입주자 자격 요건을 완화하여 저소득 모자가정, 월 5만 원 이하 주택청약저축 가입자까지 입주가 가능하게 되었다. 1993년 10월에는 일본군위안부, 철거세입자도 입주대상에 포함되었다. 이렇게 담당 정권의 시기별로 차이가 있으나 국민기초생활보장 수급자들이 가장 많은 비중을 차지하고 있다. 영구임대주택은 절대빈곤층을 비롯한 사회적 약자를 위해 주거복지의 영역을 처음으로 개척하여 사회주택을 태동시켰고, 주거약자를 위한 효율성 면에서도 성과를 거둔 것으로 평가할 수 있다.

그런데 영구임대주택정책은 부작용도 우려되었는데, 이전에는 빈곤지역이 달동네같이 고립된 형태라도 그 지역사회 내에서는 서로 교류가 활발한 공동체의 특성이 있었지만, 영구임대주택 단지는 아파트 주거문화 특성상 상호교류가 적고, 타 지역 주민과의 갈등 및 낙인 문제가 생겨 단지의 슬럼화나 고립화가 우려되었다. 따라서 이에 대한 사회복지적 대응으로 단지 내에 사회복지관 설치를 의무화하였다. 그래서 전국의 300가구 이상의 영구임대주택단지에 153개의 사회복지관이 설치되었다. 그러나 사회복지관 직원들을 대상으로 한 연구에 따르면 복지관은 입주민의 자활력 상실, 공간적 분리, 건물 하자 등의 심각한 문제를 제대로 대처하지 못하고 있는 것으로 나타났다(김성천·김영주 2006, 234-236). 자활력 상실 문제는 주민의 자활과 자립에 공동작업장이나 직장알선, 직업훈련 등의 서비스가 미흡한 것이고, 공간적 분리 및 사회적 단절 문제는 공공임대주택의 미래를 좌우할 수 있는 문제이고, 건물 노후화도 안전과 외부인에게 나쁜 이미지를 고정시키는 중요한 문제인데 이런 문제점들에 대한 대처를 못하고 있는 것으로 나타났다.

하지만 영구임대주택정책은 주거부문에 사회복지를 도입한 주거복지의 시작이 되었고, 많은 사회복지관을 설치하고 사회복지사들을 채용하는 계기가 되었다. 이 정책이 도입된 직접적인 계기를 정부의 반응성의 관점에서 살펴보면 1988년 4월 총선에서 여소야대 상황이 되었고, 1989년 1월 중간평가 조기 실시를 약속했기 때문에 정부로서는 조속히 국민의 지지를 받을 수 있는 정책들이 필요했다. 이런 구상의 일환으로 저소득층을 위한 가시적인 정책으로 임대주택정책이 추진된 것이다. 물론 민중의 역할을 중시해서 주거 문제 악화에 따른 주거권운동 같은 것을 강조하는 주장도 있지만(김수현 1996), 아직 민주화가 충분히 이루어지지 않았던 시기에 시민들의 요구와 맞물려 정치적 위기국면을 타개하려는 당시 집권층의 의지가 가장 중요한 요인이었다고 평가할 수 있다. 따라서 이러한 반응성은 국민의 뜻을 국회에서 수렴하여, 법률을 만들고 실행하는 민주화된 반응성과는 다소 차이가 있다고 볼 수 있다.

2. 김영삼 정부의 50년/5년 공공임대주택정책

50년과 5년으로 구분되는 공공임대주택은 1992년 '제7차 경제개발계획'과 함께 건설계획이 수립되었다. 1993년 출범한 김영삼 정부에서는 복지지향적 주택정책보다는 신보수적 경제정책을 선호하여 공공임대주택정책도 '신경제 5개년계획'과 함께 퇴보하는 경향을 보였다. 김영삼 정부의 공공임대주택은 노태우 정부의 영구임대주택이 정부에서 85%를 부담한 데 비해 국가의 재정지원이 축소되어 정부가 50%, 국민주택기금 지원이 20%, 그리고 입주자가 30%를 부담하게 되었는데, 이는 입주자의 부담이 영구임대주택에 비해 2배 가까이 되는 것이었다. 그나마 1994년부터 재정지원을 중단하여 기금융자 비율이 70%로 상향조정되면서 공공임대주택으로서의 성격이 약화되었다.

50년 공공임대주택의 입주대상은 무주택 청약저축가입자이지만 철거세입자, 보훈대상자 등도 입주가 가능하다. 5년 공공임대주택의 입주자격은 청약저축가입자이지만 임대의무기간이 짧아 공공임대주택으로서의 기능을 제대로 하는지 논란이 있었다. 따라서 이에 대한 대안으로 이명박 정부 시기인 2008년부터 임대기간이 10년인 공공임대주택이 공급되었다. 이와 같이 김영삼 정부의 공공임대주택은 사회복지적 성격이 크게 퇴색되었고 영구임대주택 단지와는 달리 사회복지관 등의 복지서비스도 없는 상태이다. 이런 상황을 종합해볼 때 주거약자를 위한 효율성 면에서도 이전 정부에 비해 떨어지고, 저소득층의 사회복지 확대 요구에 대한 반응성도 현저히 떨어진다고 평가할 수 있다.

3. 김대중 정부의 국민임대주택정책

김대중 정부는 1997년 대선에서 20만 호의 영구임대주택을 공급할 것을 공약하였고 정부 출범 이후에는 이의 절반인 10만 호 공급을 국정과제로 설정하였다. 그러나 IMF 경제위기에 따른 재정부담으로 영구임대주택보다 재정부담을 줄인 임대기간 10년/20년 국민임대주택을 5만 호 건설하는 것으로 계획을 축소하였다. 이후 2000년 4월에는 총선에서 패배하는 정치적 위기를 겪었고, 2001년 초반부터는 주택 및 전세가격이 폭등하였다. 더구나 이 시기 기업과 금융기관들의 구조조정으로 인하여 대량실업이 발생하였고, 도시 저소득층을 위한 임대주택이 긴급히 필요하게 되었다. 이에 따라 정부는 2001년 다시 20만 호로 건설물량을 확대하였고, 2002년에는 2012년까지 100만 호 건설로 계획이 확대되었다. 이후에도 노무현 정부에서는 이를 계승하여 국민임대주택의 공급을 계속하였고 이명박 정부에서도 이어졌다.

10년/20년 구분은 2002년 이후에는 I·II·III의 3개 유형으로 바뀌었다. 10년형은 입주대상이 무주택자로 도시근로자 월평균소득의 70% 이하인 청약저축가입자이고, 20년형은 같은 조건의 월평균 50% 이하인 자였다. I유형은 50㎡ 미만이고 정부재정 30%가 지원되며, 입주자격은 도시근로자 월

평균소득의 70% 이하인 자이다. II유형은 50m²~60m²로 재정지원은 20%이고, 입주자격은 I과 같다. III유형은 60m²를 초과하며 재정지원은 10%이고, 입주자격은 도시근로자 월평균소득 이하인 자이다. 이러한 선정기준 외에도 공급량의 15% 내에서 국민임대주택을 공급받을 수 있는 우선 공급대상자에는 65세 이상 직계존속 1년 이상 부양자, 장애인, 국가유공자, 소년·소녀 가장, 영구임대주택 퇴거자, 결혼 5년 이내 신혼부부 등이 있다. 그러나 이들 단지에는 적절한 사회복지시설이 부족하여 이를 확충하는 후속정책 실행이 필요하였다.

국민임대주택은 영구임대주택 이후 김영삼 정부의 50년 공공임대주택에서 중단되었던 공공임대주택정책이 재개된 것으로 볼 수 있다. 입주대상자들의 소득수준은 영구임대주택 거주자들보다는 높지만 소득기준으로 중하위 계층이고 주택복지의 우선적 대상자이다. 그리고 양적 규모가 100만 호에 이르는 만큼 아파트 형태의 새로운 지역사회가 등장하게 되었다. 이런 의미에서 김대중 정부의 국민임대주택은 주거복지의 효율성 면에서 성공적이었고, 반응성도 처음엔 가능한 규모부터 시작하여 필요에 따라 규모를 늘려가는 모습을 보여주며 민주적 정책결정의 원리가 도입되었다. 후술하는 주거복지의 간접정책수단인 주거급여 면에서도 미흡하나마 김대중 정부에서 국민기초생활보장법을 처음으로 제정하여 시작한 것도 평가할 만하다.

4. 노무현 정부의 다양한 임대주택정책

노무현 정부가 출범할 때는 주택보급률 면에서 전체적인 양적 부족은 해소되었으나, 2001년 이후 지속적인 주택 및 전세 가격의 상승에 비해 저소득층을 위한 공공임대주택은 부족하고, 주거수준이 열악한 가구가 여전히 많은 상태였다. 따라서 정부는 이를 해결하기 위해 여러 종류의 임대주택을 공급하고, 기존 국민임대주택정책도 계속 시행하며, 최저주거기준 미달 가구에 대한 지원에 집중하였다. 최저주거기준은 2000년 건설교통부 고시에 의해 설정되었던 것을 2003년 7월 노무현 정부에서 주택법을 개정하며 법제화하였다.

특히 노무현 정부는 주택가격안정에 노력하였는데 결과적으로 투기억제에 성공적이진 못했지만, 2003년부터 2006년까지 발표한 10차례의 부동산 관련 대책 중에 4차례에 서민주거안정 혹은 주거복지 증진을 위한 대책을 포함하였다(박신영 2006, 200-201). 정부는 임대주택 유형을 대규모 밀집거주 형태에서 다양화하려 하였다. 우선 첫째 유형으로는 거주자들이 기존 생활권 내에서 계속 살 수 있도록 다가구주택을 매입한 후 개·보수해서 입주자들에게 임대하는 '다가구 매입임대주택'을 2004년부터 공급하기 시작했다. 입주대상은 기초생활보장 수급자, 한부모 가족, 도시근로자 월평균소득의 50% 이하인 자, 장애인, 독거노인, 소년소녀 가장 등이다. 또한 다가구 매입임대주택에는 '그룹 홈'이라 불리는 공동생활가정도 입주하여 운영할 수 있다. 임대기간은 2년이고 4회까지 재계약이 가능하여 총 10년까지 거주할 수 있다.

두 번째 임대주택의 형태는 '기존주택 전세임대주택'으로 2005년부터 공급하기 시작했다. 이는 토지주택공사나 지방자치단체하의 지방공사가 기존주택에 전세계약을 한 후 이를 저소득층에게 임대하는 형태이다. 입주대상은 매입임대주택과 유사하지만 그 외에 부도 공공임대아파트 퇴거자, 영세민 무주택 세대주, 도시근로자 월평균소득의 70%이며 기타 조건이 해당되는 자들이다. 임대기간도 매입임대주택과 같다. 이상의 두 가지 형태 임대주택은 거주지역을 벗어나지 않고, 아파트 형태의 대규모 밀집거주에서 나타나는 소외 및 낙인 문제를 해결하며 주거취약계층에게 복지를 제공할 수 있는 장점이 있다.

또 한 가지 주거복지 형태는 직접적으로 전세주택에 대한 지원을 해주는 것인데, 소년소녀 가장 등을 위한 전세주택지원이 2005년 신설되었다. 입주대상은 소년소녀 가장, 교통사고유자녀 가정, 위탁가정 아동 등이다. 또한 신혼부부를 위한 전세임대제도도 신설되어 무주택세대주인 신혼부부로 기초생활보장 수급자이거나 도시근로자 월평균소득의 50% 이하인 가구에

2008년부터 공급이 된다.

　노무현 정부 시기에는 이상의 정부에서 제공하는 임대주택 외에도 서울시에서 2007년부터 공급하기 시작한 공공임대주택도 있다. 장기전세주택인 '시프트(SHIFT)주택'이 그것인데 20년까지 임대 가능하며 주변 전세 시세의 80% 이하 가격으로 임대한다. 2년 단위로 재계약을 하고 처음 전세가격의 5% 이내에서 인상할 수 있다. 입주대상은 서울시에 거주하는 무주택자로서 도시근로자 월평균소득의 70% 이하여야 한다. 우선 공급 대상자는 65세 이상 노부모 부양자, 장애인, 국가유공자, 모·부자 가정, 소년소녀가정 등이다. 시프트주택은 지방자치단체가 시행주체이기 때문에 공급량이 다른 임대주택보다 많지 않지만 지방자치단체가 주거복지에 참여하며 공급 주체가 다양화되었다는 측면에서 의미가 있다. 노무현 정부에서는 김대중 정부에서 시작된 국민임대주택을 포함하여 주택 건설실적 대비 임대주택 건설실적이 과거정부에 비해 높아졌는데, 이는 공공임대주택이 양적으로 확대되었으며 주택유형도 다변화되었다고 평가할 수 있다. 또한 주택법을 개정하여 최저주거기준을 설정하여 미달가구를 줄이는 데 노력하여 최저주거기준 미달 가구 수는 2000년의 334만 가구(전체 가구의 23%)에서 2005년 255만 가구(전체 가구의 16%)로 감소한 것으로 나타난다(박신영 2006, 218). 결과적으로 노무현 정부에서는 주거취약계층을 위한 임대주택의 다변화로 복지의 효율성이 높아졌으며, 각종 취약가구들의 필요에 대한 대처도 활발했기 때문에 반응성 면에서도 좋게 평가할 수 있다.

5. 이명박 정부의 보금자리주택정책

　이명박 정부가 출범할 당시는 2002년 이래 주택보급률은 100%가 넘었지만, 실제로 자가보유율은 61%에 불과한 실정이었다. 소득으로 보면 국민의 하위 40%에 해당하는 약 700만 가구가 무주택 가구인데, 이들은 전·월세 시장가격에 비해 경제능력이 미치지 못해서 주거불안정의 상태에 있었다.

즉, 사적 임대가 높은 비중을 차지하여 무주택 서민층의 주거불안은 여전히 계속되고 있어 공공임대주택을 활성화하는 주택정책이 필요한 상황이었다.

이명박 정부에서 도입된 보금자리주택은 국가나 지방자치단체, 한국토지주택공사, 주택사업을 목적으로 설립된 지방공사 등이 서민의 주거안정과 주거수준 향상을 도모하기 위하여 건설하는 국민주택규모(전용면적 85m²) 이하의 분양주택과 임대주택을 말한다. 정부는 2008년 9월에 향후 2018년까지 10년간 보금자리주택 150만 가구를 건설하는 계획을 발표하였다. 보금자리주택은 분양주택 70만 호와 임대주택 80만 호, 총 150만 호로 이루어진다. 우선 분양주택은 중소형 분양주택을 확대해 자가보유 비율을 높이고, 분양가도 시세보다 15% 낮게 공급하고 금융지원도 늘리겠다고 계획하였다. 하지만 분양가를 주변시세보다 낮게 책정하더라도 분양주택은 기본적으로 주택상품으로 판매할 수 있는 시장적 성격이 있다. 분양받은 사람이 시세와의 차익을 얻고 팔아버릴 수 있기 때문에 투기현상이 발생할 우려가 있는 것이다. 따라서 분양주택은 사회복지적 성격이 약한 것이고 공공임대주택으로 볼 수는 없다.

다음으로 임대주택은 세 가지의 유형이 있다. 첫째 공공임대(지분형 임대주택)는 10년 임대 후 분양전환을 하는 것으로 20만 호를 짓는데, 이것도 단지 10년 임대 후 분양전환되기 때문에 순수한 의미의 공공임대주택으로 보기는 힘들다. 둘째 장기전세주택은 10~20년간 임대하는 것으로 10만 호를 짓는다. 셋째 장기임대주택은 30년 이상 임대하며 50만 호를 짓는데 이것은 이전 정부에서 공급하던 국민임대주택 40만 호와 영구임대주택 10만 호로 구성된다. 이 중 영구임대주택 단지에는 예전처럼 사회복지관이 설치되고, 방과 후 학교운영 및 직업훈련 등 입주민 자활지원도 추진된 최하소득 계층을 염두에 둔 정책이었다. 이상의 분류와 그 내용에서 볼 때 이명박 정부의 보금자리주택 계획은 임대주택의 유형을 다양화한 듯 보이지만 순수한 의미의 공공임대주택은 전체의 1/3 정도에 불과하여, 사회복지적 효율성을 추구했다기보다는 시장논리에 의한 자가소유 촉진책의 성격이 강했다고 볼 수 있다.

또한 이명박 정부 초기에는 이전 노무현 정부에서 투기억제가 빠른 효과를 못 냈고, 글로벌금융위기 이후 각국의 경기부양 조치로 인한 세계적인 부동산 시장의 호황 여파로 국내 주택가격이 차츰 상승하고 있었다. 그런 가운데 정부는 2008년의 6·11 대책 이후 총 17회의 대책을 발표하며, 부동산 시장의 안정을 위하여 종합부동산세 완화, 주택공급 확대, 미분양 해소 대책 등을 추진하였다(이종인 2015, 57).

이렇게 이명박 정부 초기에는 LTV, DTI 등 주택금융의 규제를 강화하고 보금자리주택의 공급확대를 통해 민간 주택가격 억제정책을 추진하였는데, 2년이 지난 후 2010년 이후에는 유럽의 재정위기가 겹치면서 수도권 중심으로 주택시장이 급격히 침체되면서 전세대란이 야기된다. 이때부터는 전월세 시장의 안정을 위한 대책을 계속 발표하며 주택시장을 부양시키려 노력하였지만 결과적으로는 별 효과를 보지 못하였다. 수도권의 집값 하락과 매매시장 위축에 따른 전세수요의 증가와 전세 대란을 막지 못했고, 전세값에 소득의 대부분을 지출하는 렌트푸어 문제를 해결하지 못하였다. 이상에서 살펴본 대로 이명박 정부에서의 주거복지정책은 그 외면적인 다양성에 비하여 실제 주거취약계층을 위한 효율성이 충분하지 못했다. 또한 이전 정부에서 시행하였던 다가구 매입임대주택은 계속 추진하지 않았고, 공공임대주택을 아파트형 집단 단지 중심으로만 인식하고 시행하였다. 이런 의미에서 실제 수요자의 필요를 반영하는 반응성도 그리 좋지 않았다고 평가할 수 있다.

6. 박근혜 정부의 행복주택과 주거복지정책

1) 박근혜 정부 주거복지정책의 패러다임 전환

박근혜 정부의 저소득층을 위한 주거정책은 이전 정부들의 정책과 그 기조에서 차이가 있다. 박근혜 정부 출범 당시 우리나라 부동산 시장은 2010년 이후 장기 침체 현상을 보이고 있었다. 지방의 경우는 2011년 이후 세종시, 혁신도시 개발로 몇 년간 가격이 상승했으나, 수도권은 가격하락이 계속되고 있었고, 이에 비해 전월세 가격은 반대로 상승세가 지속되었다. 주택가격 하락과 거래 부진은 주택 소유자들의 주택담보대출 원리금 상환을 어렵게 만들어 '하우스푸어'가 양산되었다. 또한 주택 가격의 하락으로 주택 소유에 대한 리스크가 커지자 소유보다는 임대라는 인식이 확산되어 전월세 가격은 지속적으로 상승하여, 세입자들은 계약 갱신 때마다 추가자금이 필요한 '렌트푸어' 상태가 되었다. 따라서 정부는 하우스푸어 및 렌트푸어의 고통을 덜어주고 부동산 가격의 하락을 방지하는 정책을 실행해야 했다. 그래서 대선 공약에서부터 하우스푸어 및 렌트푸어대책이 발표되었고, 박근혜 정부 출범 후에는 부동산 시장 활성화대책과 저소득층을 위한 주거복지정책이 〈표 2〉와 같이 연이어 발표되었다.

그동안 우리나라 주택정책은 주택 공급 위주의 정책이었다. 정부 주도로 대규모 택지를 수용하여 신도시를 건설하고 공공임대주택도 대량 공급하였다. 하지만 주택보급률이 이미 2012년 기준 100%를 넘었고, 공급 위주의 주택정책은 여러 면에서 그 효율성이 떨어지고 있다. 우선 주택 수요의 기

〈표 2〉		박근혜 정부의 저소득층을 위한 주택정책	
발표일시	정책명	발표 명칭	내용
2013.4.1	4·1 대책	서민주거안정을 위한 주택시장 정상화 종합대책	양도·취득세 면제 및 거래세 완화를 통한 전세→매매 유도
2013.8.28	8·28 전월세 대책	서민·중산층 주거안정을 위한 전월세 대책	공유형모기지, 취득세 인하 등을 통해 전세수요 매매 전환 유도
2014.2.26	2·26 대책	서민·중산층 주거안정을 위한 임대차시장 선진화 방안	전월세 소득 과세를 통한 과세 투명화
2014.9.1	9·1 부동산 대책	규제합리화를 통한 주택시장 활력회복 및 서민 주거안정 강화방안	재건축규제의 합리화, 청약제도 개편, 주택공급방식 개편, 임대주택공급 확대, 무주택서민 주거비부담 완화

반이라고 할 수 있는 인구 및 가구에서 그 증가율이 현저히 둔화되었다. 동시에 전체 가구에서 1인 가구가 차지하는 비중은 증가했고, 평균 가구원 수는 줄어 가구의 소형화가 지속되고 있다.[1] 즉, 인구 및 가구 증가율이 크게 둔화된 반면에 가구 규모는 감소하고 있어 주택 수요가 줄면서 소형화하고 있다. 따라서 정부가 매년 몇십만 주택을 공급하겠다는 목표를 밀어붙여도 부작용이 심해지고 실효성이 떨어지는 시장여건으로 변한 것이다.

이런 상황을 진단하고 박근혜 정부에서는 아파트 대량공급정책에서 전환하여 다양한 수요자를 위한 '수요맞춤형정책'으로 주택정책의 방향을 잡았다. 박근혜 정부 첫 해인 2013년에 나온 대책인 "4·1 주택시장 정상화대책"과 "8·28 전월세대책"에 이런 내용이 포함되었다. 과거 공급 위주의 주택정책은 대규모 토지 매입이 수월한 교외 지역을 개발하여 공급하는 방식이었다. 하지만 수요맞춤형정책은 대규모 택지개발 방식에서 벗어나 도심의 철도부지 및 공공 유휴지, 저밀도 개발된 공공용지 등에 공공택지를 개발하고, 중앙정부와 지방정부의 협력, 그리고 공공뿐 아니라 민간사업자도 공공임대주택을 공급할 수 있도록 하는 것이다. 또 공공 부문은 분양주택보다는 임

〈표 3〉	박근혜 정부 주거복지정책 패러다임의 변화*
이전 정부	박근혜 정부
신도시 그린벨트 등 도시 외곽	도심 내 국공유지 등 활용
임대주택 건설 위주	매입·전세방식 확대
임대주택 공급 위주	바우처 등 수요자 지원 확대
물량확보 위주	복지연계·관리 등 전달체계 강화

* 김선덕 외(2013), p.13의 표에서 인용함

---

1) 1인 가구가 차지하는 비중은 2000년 15.5%에서 2010년 23.9%로 증가했고, 평균 가구원 수는 2000년 가구당 3.12명에서 2010년에 가구당 2.69명으로 줄었다(김선덕 외 (2013), p.4).

대주택 공급을 우선하고, 저소득층 주택난 해소를 위해서 서민들의 주거 여건에 맞는 도심 내 다양한 공공임대주택을 공급하고 매입 자금, 전세 자금, 주택바우처를 통하여 지원하기로 했다. 이전 정부의 공공임대주택과 박근혜 정부의 주거복지를 간단히 비교하면 〈표 3〉과 같다.

임대주택 물량확보에서 주거복지 전달체제로 주거복지정책이 바뀜에 따라 주거복지의 공급체계에도 크게 세 가지 정도의 변화가 생기게 된다. 첫째, 공공임대주택의 사각지대를 해소하기 위해 주택바우처 등 주거비 보조 지원방식을 확대하였다. 주택바우처제도(주택임차료 보조제도)는 저소득 임차인의 월소득액 중 임차료 비중이 일정 비율 이상 초과할 경우(일반적으로는 25~30%), 초과분을 현금으로 보조해주는 주거비 지원제도이다.[2] 지금까지 주로 기초생활수급자를 대상으로 지급되던 주거급여를 소득, 거주형태, 임대료 부담수준 등을 종합적으로 고려하는 바우처제도로 확대한 것이다.

둘째, 생애주기별 주거지원을 강화하는데 그 대상은 저소득 대학생, 신혼부부, 저소득 단신가구, 장애인 등이다. 저소득 대학생에게는 기숙사건축비 지원, 행복주택 일부 공급, 기존 대학생 전세임대의 지속적인 공급이 이루어진다. 신혼부부에게는 연 3.5%의 저리 전세자금이 연 2.5조 원 규모로 지원된다. 저소득 단신가구를 위해서는 기존 공공임대주택과 매입임대주택에서 소형주택 비중을 확대한다. 노인이나 장애인을 위해서는 편의시설을 갖춘 공공임대주택 비중을 확대하고 주택개조에 소요되는 비용을 저리융자로 지원한다.

세 번째, 이제까지의 공공임대주택의 관리가 주로 주택의 유지, 보수에 국한됐지만 앞으로는 단지 내의 일자리, 보육, 상담 등으로 확대하고 주거복

---

2) 주택바우처제도는 공공임대주택의 건설·공급, 국민주택기금의 전세자금 융자, 최저생계비 이하 가구에 대한 주거급여 등 기존 주거지원 수단의 혜택을 받지 못하는 저소득층 전월세 임차가구의 임차료 부담을 보조해주는 주거지원 수단이다. 주택바우처제도는 유럽국가들의 경우 우선 부족한 공공임대주택의 재고가 20% 가까이 확충된 후에 활성화되는 제도이다. 우리나라의 경우 재고가 4~5% 정도에 불과한 상황에서 이 제도를 확대하는 것은 이른 감이 있다. 특히 이 제도는 재원의 확보, 소득·자산 파악 방법의 문제와 도덕적 해이 문제 등을 잘 해결하는 것이 관건이다(허강무(2013), p.102).

지사를 배치함으로써 주거복지 서비스의 수준을 높이는 것이다.

2) 행복주택과 준공공임대주택

박근혜 정부의 보편적 주거복지의 구체적인 정책은 '행복주택'으로 공약 당시에는 철도부지 위에 공공임대주택을 공급한다는 취지였지만, 2013년 4·1 대책 및 5월 행복주택 시범지구 선정 등이 진행되면서 행복주택은 광의의 공공임대주택의 새로운 명칭으로 확대되었다. 4·1 대책이 나온 후에는 기존의 공공임대주택과 입지, 개발방식, 수혜 대상 등에서 차별성이 부각되었다. 첫째, 입지는 철도부지, 유휴 국·공유지, 미매각 공공시설용지 등 도심 내 공공 토지를 활용하기 때문에 대부분 시가지에 위치한다. 도심지에서 공공임대주택의 직접 건설을 시도한 것은 이번이 처음이다. 국토교통부는 향후 2017년까지 총 20만 호를 공급하되 우선 주거수요가 풍부한 수도권 도심에 철도부지 4개 지구, 유수지 3개 지구 등 총 7개 시범지구 약 49만m²를 지정하여 1만 호를 공급할 계획이다. 행복주택지구는 대중교통 접근성이 좋고 주변에 학교 및 상업시설 등 주거편의 시설이 충분히 구비된 지역을 중심으로 지정이 추진되고 있다.

둘째, 개발방식에도 차이가 있는데 기존의 임대주택은 대규모 단지형이면서 주거용으로만 지어졌다. 이에 비해 행복주택은 공공임대주택이지만 복합개발방식으로 주거기능 외에 업무, 상업시설도 추가하였고, 사업부지 내

〈표 4〉		박근혜 정부 공공임대주택의 특징	
대통령 (시기)	유형 (구분)	입주자격	특징
박근혜 (2013~ 2017)	행복주택 (20만 호)	저소득층인 신혼부부· 사회초년생·대학생, 주거취약계층	도심의 철도부지, 유휴 국·공유지, 미매각 공공시설 용지, 복합개발 방식으로 단지 내 여러 시설 유치
	준공공임대주택	〃	민간주택이 의무 임대기간, 임대료 인상제한의 조건 충족

에 공공청사, 커뮤니티센터 등을 유치하여 지역화합 및 소통의 장소가 될 수 있도록 하였다. 또한 부지 안에 사회적기업을 유치하여 거주민들에게 일자리를 제공할 수 있게 하였다. 사업주체는 LH와 지방공사를 중심으로 추진하되, 민간건설업체의 참여도 가능하게 공공·민간 공동사업방식도 병행한다.

셋째, 입주대상은 기존 공공임대주택은 주로 저소득층을 대상으로 했지만 행복주택은 '생애주기별 주거지원'에서 선정했듯이 신혼부부, 사회 초년생, 대학생 등 사회활동이 왕성한 저소득층(60%)과 주거취약계층(20%)에 우선 공급하고 나머지 20%를 소득수준에 따라 차등 공급하여 수혜계층이 연령과 계층 면에서 다양화되었다.

공공임대주택인 행복주택 외에 박근혜 정부는 민간주택에 대해 보조금을 지불하는 대신, 임대료 인상을 억제하거나 일정 수준 이하로 임대료를 받도록 하는 준공공임대주택을 도입하였다. 이것은 매입임대주택으로 국가, 지방자치단체, LH 또는 지방공사 외의 임대사업자가 10년 이상 임대하는 전용면적 85m² 이하의 주택이다. 전용면적 85m² 이하 주택 소유자 중 준공공임대주택으로 등록하는 사람에게는 재산세와 취득세를 감면해주고, 양도소득세 장기보유특별공제율을 적용해준다. 임대사업자가 준공공임대주택을 개량하는 경우 해당 주택을 '주택임대관리업자'에게 위탁 관리하는 조건으로, 개량을 위한 비용의 일부를 국민주택기금에서 융자 지원할 수 있다.

준공공임대주택제도는 최초의 임대료를 인상하는 경우에도 임대료 상승을 연 5% 이내로 제한하는 '주택임대차보호법'의 범위 내로 제한을 두어 전월세 시장의 안정을 고려하도록 한 제도이다. 현재 공공임대주택이 계속 공급될 가능성이 줄어든 상황에서 민간이 소유하고 있는 주택이나 민간보유 토지에 공공성이 있는 임대주택의 건설을 촉진한 것으로 의미가 있다. 이렇게 행복주택과 준공공임대주택제도는 사회·경제적으로 공공임대주택의 양적인 공급확대가 부작용을 낳고, 현재 사회활동을 하는 다양한 저소득층이 공공주택을 필요로 하는 상황에서, 이들에게 '수요 맞춤형' 주택을 만들어 공급하려는 정책으로 그 효율성과 반응성이 높은 정책이라 평가할 수 있다.

그러나 2016년 5월 현재 그 공급이 진행 중이고 그에 대한 다면적인 평가가 나오지 않아 전체적인 평가를 내리기는 이르다.

III. 주거급여 프로그램 및 자금지원정책

직접적 주거복지수단인 공공임대주택의 보급에 이어 여기서는 주거복지의 간접정책수단인 주거급여 프로그램 및 자금지원정책이 정권별로 어떻게 제도화되어 실행되었는지 살펴본다.

1. 주거급여 프로그램

주거급여는 김대중 정부 시기인 2000년 10월 '국민기초생활보장법'이 제정되며 신설되었고, 주거급여의 기준 및 지급절차는 시행령에서 규정하고 있다. 주거급여는 수급자의 주거안정을 위하여 임차료, 유지수선비, 기타 대통령이 정하는 수급품을 현금 혹은 현물급여로 지급하게 되어 있다.

첫째, 현금급여는 수급자의 주거형태에 따라 임차료, 유지수선비, 전세자금을 보조하는 방식으로 달리 지급된다. 주거급여는 최저생계비 중 최저주거비를 분리하여 지급하는 것으로, 기존 정액급여에서 가구별로 0원~최저주거비까지 정률급여로 지급한다. 둘째, 현물급여는 저렴한 비용으로 '자가가구 등'의 주거환경을 개선하고, 수급자가 참여하는 집수리 도우미 사업을 활성화하는 데 목적이 있는 것이다. '자가가구 등'에 해당하는 수급자에게 주거급여액 중 30%를 지급한다.

이외에 이명박 정부 시기인 2010년에는 서울시에서 시범으로 운영되었다가 박근혜 정부 시기 2013년에 전면 시행된 주택바우처제도가 있다. II절에서 전술한 바와 같이, 주택바우처제도는 저소득층의 임대료가 소득의 일정 수준을 넘을 경우 임대료의 일부를 쿠폰 형태의 교환권으로 지원하는 방식 이다. 이 제도는 정부가 저소득층의 전·월세 임대료를 일부 보조해주는 주 거비 지원제도로서 서민주거 안정에 도움이 되는 제도로 평가된다.

주거비지원 프로그램 같은 간접방식의 주거지원은 수혜자가 거주지역 및 주택유형을 직접 선택할 수 있다는 점에서 저소득가구의 주거만족도를 높이 는 효과를 가진다. 현금 및 현물급여 방식 모두 효율성과 반응성이 있는 제도라고 평가할 수 있다.

2. 주택구입 및 전세자금 대출지원

각 정권에서 도입된 주택구입 및 전세자금 지원을 위한 주요 제도는 다음 과 같다.

1) 저소득가구 전세자금 대출

저소득가구 전세자금 대출은 노태우 정부 시기인 1990년에 처음 도입된 것으로, 기초수급자 및 저소득 무주택 세입자의 주거안정을 위해 저리의 전 세자금을 지원하는 제도이다. 이는 지역별로 전세보증금 이하의 전세계약을 체결하는 무주택 저소득 세입자를 대상으로 하는데 소득이 최저생계비의 2 배 범위 내의 사람만 신청대상이다. 단 중형 이상 승용차 및 부동산을 소유 하고 있는 사람은 제외된다.

2) 근로자·서민 주택전세자금 대출

근로자·서민 주택전세자금 대출은 김영삼 정부 시기인 1994년 신설된 무주택 근로자 및 서민의 주거안정을 도모하기 위한 자금지원정책이다. 이 후 김대중 정부 시기 2001년 호당 대출한도를 6천만 원까지 상향조정하였 으며, 노무현 정부 시기 2005년에는 지원금리를 4.5%로 인하하였다. 지원

대상은 연간소득이 3천만 원 이하이고, 무주택 세대주(단독세대주 제외) 및 세대주로 인정되는 근로자와 서민이다. 전세가격의 70% 범위 내에서 호당 6천만 원까지 대출이 가능하다.

3) 근로자·서민 주택구입자금 대출

근로자·서민 주택구입자금 대출은 김영삼 정부 시기인 1994년 처음 도입된 것으로, 근로자·서민이 집을 마련할 수 있게 자금을 지원하여 생활안정 및 주거수준의 향상을 도모하는 정책이다. 이후 2000년에는 대출대상을 서민으로까지 확대했고, 2003년에는 호당 대출한도를 1억 원까지 확대하였다.

4) 최초 주택구입자금 대출

최초 주택구입자금 대출은 김대중 정부 시기인 2001년 도입되어 2003년까지 한시적으로 운용되었다가, 다시 노무현 정부 시기인 2005년 재도입되었으나 2006년에 중단되었다. 이 제도는 무주택 서민의 주택구입 기회를 확대하고 주택금융 부담을 덜어주기 위해 도입되었다. 생애 최초로 전용면적 85m² 이하이며, 주택가격 3억 원 이하의 준공된 혹은 승인받아 건설 중인 주택을 구입하는 경우에 지원된다. 대출한도는 호당 1억 5천만 원이다. 지원대상 가구는 연간소득이 부부 합산 3천만 원 이하이고, 무주택 세대주로서 세대원 모두가 주택을 소유한 적이 없는 자이어야 하는데, 35세 미만 단독세대주는 제외된다.

II절에서 살펴본 국민임대주택, 다가구매입임대주택, 전세임대주택 등의 프로그램을 공급측면의 정책 프로그램이라고 한다면, 여기 III절에서 살펴본 주택구입자금 대출이나 전세자금 대출은 수요측면의 정책이라고 할 수 있다. 이런 모든 정책들을 전문가들이 일괄적으로 평가해본 연구에 따르면 비용 대비 편익이라는 효율성의 측면에서 대체적으로 구입자금 대출이나 전세자금 대출 같은 수요측면의 정책이 공급측면의 정책보다 효율적인 것으로 평가되었다(안중만·서진형 2013, 145-148). 저소득층과 주거취약계층의 주거복지 향상에 도움이 된 점이 뚜렷이 나타났다는 의미이다. 다만 저소득가구 전세자금 대출과 근로자·서민 주택전세자금 대출의 경우 소득이 높은 계층일수록 편익이 커지는 역진성이 존재한다. 그리고 정부의 지원금이 주거안정에 사용되지 않고 교육이나 생활의 다른 용도로 사용되는 비효율성은 나타날 수 있다.

3. 주거복지 전담기관의 활성화

주거복지정책에 있어서 공급측면과 수요측면에 대한 분석과 평가 외에 주거복지의 확대과정에서 주목할 만한 특징을 하나 더 꼽으라면 주거복지 전담기관의 등장이 있다. 영구임대주택 단지 내에 설치된 사회복지관 외에 사회복지공동모금회의 지원으로 운영되는 주거복지센터와 주거복지재단의 위탁을 받아 운영되는 주거지원운영기관이 그것이다. 이 중 전자는 주거복지서비스를 제공하던 주거복지 관련 단체가 사회복지공동모금회의 지원을 받아 운영되는 것이지만, 후자는 정부가 관여한 운영기관이다.

노무현 정부 시기인 2007년 당시 건설교통부는 매입임대주택 및 전세임대주택을 관리하고 주거복지서비스를 제공하기 위한 단체를 육성하기 위해 주거복지재단을 설립하여, 임대주택운영기관을 선정하고 지원하기 시작했다(박윤영 2009, 232-234). 이 재단은 저소득층에 대한 주거지원운영기관의 활동지원, 공공과 민간의 주거복지서비스 연계 및 제도 개선 추진, 주거복지 향상을 위한 사회적 인식제고를 목표로 활동하고 있다. 이 재단에서 선정된 운영기관은 입주자 선정 및 LH에 임차료 지불, 입주자에 대한 개별관리, 사회복지서비스 알선 및 자활지원 등을 하고 있다. 이런 주거복지 전담기관의 활성화는 주거복지정책의 효율성과 반응성을 높이는 데 일조를 하고 있다고 평가할 수 있다.

IV. 역대 정부 주거복지정책의 진단

이상에서 살펴본 바와 같이 노태우 정부 이후 각 정부는 저마다 저소득층과 주거약자를 위한 주거복지정책을 실행하여 공급측면에서 공공임대주택을 지어 제공하였고, 수요측면에서 주거급여 프로그램을 제공하고 대출자금을 지원하였다. 각 정부는 가능한 사회복지 재원 내에서 대상자에게 보다 많을 혜택을 줄 수 있도록 최선을 다했을 것으로 생각되지만, 비교적으로 살펴봤을 때는 그 효율성과 반응성 면에서 다소의 차이가 있는 것으로 나타났다.

노태우 정부는 실질적으로 공공임대주택 보급을 처음으로 시작한 의미가 있고 김대중, 노무현 정부는 다양한 공공임대주택 보급정책을 구상하고 실행하여 그 효율성과 반응성이 높았다고 평가되지만, 상대적으로 김영삼 정부는 주거복지정책에 있어 양적으로나 질적으로 효율성과 반응성이 떨어진다. 이명박 정부는 다양한 그룹을 대상으로 다양한 주택정책을 폈지만 사실상 분양주택은 순수한 의미에서 공공임대주택으로 볼 수가 없고, 저소득층을 위한 공공임대주택 사업은 크게 확장되지 못했다고 평가된다. 박근혜 정부는 변화하는 사회·경제적 필요에 맞추어 기존의 공공임대주택을 공급하는 정책으로부터 각 그룹의 필요에 따라 서비스를 제공하는 맞춤형복지정책을 펴고 있지만 그 성과를 전체적으로 평가하기는 아직 이른 면이 있다.

그런데 역대 정부의 주택·주거정책을 보면 시장이 과열되고 투기가 심할 때는 규제를 강화하는 정책을 펴고, 경기가 침체되었을 때는 경기활성화를 위한 부양정책을 펴왔다. 장기적인 정책보다는 주택시장의 사정에 따른 대책이 위주였다. 하지만 정책의 효과는 집권기간 내에 가시적으로 나타나지 않는 경우가 많다. 예로 김대중 정부에서 주택시장 부양정책의 효과는 정권 말기에서부터 나타나기 시작해, 차기 노무현 정부에서 그 효과가 드러났다. 이에 부동산 경기가 과열된 노무현 정부에서는 강력한 규제정책을 폈으나 정권 중에는 별 효과를 보지 못하고 차기 이명박 정부에서 부동산 경기가 위축되는 요인이 되었다(이종인 2015, 59-60). 이렇게 장기적인 정책을 펴지 못하고 당면한 주택시장의 문제점을 해결하려는 정책을 펴는 것은 바람직한 좋은 정부의 모습이 아니다. 현 박근혜 정부의 주택 및 주거복지정책도 일관성을 갖고 장기적으로 정책을 실행하는 것이 중요할 것이다. 결론적으로 주거정책이 시장 활성화와 경기 안정화를 위한 방편으로 단기적으로 운용될 경우에는 주택소비자 특히 주거취약계층의 주거복지에 관한 정책들이 제대로 실행될 수가 없다. 주거약자의 필요성에 맞는 반응성을 갖추고 실제로 효율적인 정책을 실행하는 좋은 정부가 되려면 공고화된 민주주의의 원리에 맞게 정책추진 방향이 예측 가능해야 하며, 일관성과 지속성을 가져야 할 것이다. 그러기 위해서는 가능한 시장의 원리에 충실하고 정부의 규제는 최소한으로 줄이기를 제언한다.

◆ 참고문헌 ◆

김선덕·김갑성·김현아·권대중. 2013. "박근혜 정부의 부동산 정책."『도시정보』 pp.3-22.

김성천·김영주. 2006. "영구임대주택 관리정책에서 사회복지관과 관리사무소의 주거복지업무 연계에 관한 연구."『사회복지정책』 제26권. pp.225-250.

김수현. 1996. "공공임대주택정책의 논리와 한국의 경험: 무허가 정착지와의 관계를 중심으로."『도시연구』 제2호. pp.127-145.

김영태. 2010. "한국 공공임대주택 정책흐름."『한국주거학회지』 제5권 제1호. pp.6-11.

남원섭. 2012. "보금자리 임대주택 공급목표의 타당성 평가: 민간주택 임차가구의 주거소요 분석을 중심으로."『한국주거학회논문집』 제23권 1호. pp.1-8.

박신영. 2006. "참여정부의 무주택 저소득층을 위한 주택정책의 내용과 성과."『한국사회정책』 제13집. pp.199-228.

박윤영. 2009. "우리나라 공공임대주택정책의 전개와 사회복지계의 과제."『사회복지정책』 제36권 4호. pp.215-240.

송동수. 2012. "공공임대주택의 현황과 법적 검토."『도시공법연구』 제58집. pp.43-68.

안중만·서진형. 2013. "주거복지정책에 대한 평가."『집합건물법학』 제12집. pp.127-168.

안중만·장 건. 2014. "주거복지정책의 발전방안에 관한 연구."『토지와 건물』 제28호. pp.61-77.

이종인. 2015. "우리나라 주택정책의 추진 방향에 관한 연구: 소비자 주거안정 중시의 정책 패러다임 전환의 필요성을 중심으로."『소비자문제연구』 제46권 제1호. pp.53-67.

최현일. 2002. "김대중 정부의 주택정책에 대한 평가연구."『한국정책연구』 제2권 1호. pp.53-73.

하성규·배문호. 2004. "한국의 공공임대 주택정책과 주택정치: 3개 정부(노태우정
　　　　부, 김영삼정부, 김대중정부)를 중심으로." 『한국지역개발학회지』 제16권 제
　　　　4호. pp.96-120.
허강무. 2013. "박근혜정부의 주택정책 과제." 『토지공법연구』 제63집. pp.91-117.

역대 정부의 반부패정책*

이덕로

I. 머리말

국내·외를 막론하고 지난 30여 년간 가장 핵심적인 몇 가지 국가운영의 화두를 선택하라면 좋은 정부, 반부패, 청렴, 신뢰, 공정성, 투명성과 같은 주제를 거론하는 데 주저하는 사람은 그리 많지 않을 것이라 생각된다. 정부의 질(Quality of Government)로도 표현되는 이런 주제들은 많은 나라에 있어서 공공서비스의 양적 팽창에 대한 새로운 도전이기도 하다. 물론 정부에 대한 이와 같은 질적 차원의 접근은 그 자체로서 의미가 있지만 결코 성취가 용이한 것은 아니다.

그럼에도 불구하고, 국가운영과 그 성과에 대한 양의 질적인 변화는 이제 애써 외면할 수 없는 시대적 요청이다. 따라서 이에 대한 타당한 접근방법

---

* 이 원고는 이덕로(2015)와 서원석·이덕로(2016)를 기반으로 재구성되었다.

을 찾아내고, 수용가능한 성과를 달성하고자 하는 다양한 노력을 기울이는 것은 국가운영에 관련된 실무자들과 학자들의 피할 수 없는 숙명이라 할 수 있다.

이미 거론된 국가운영의 화두 중에서 가장 이상적이라고 할 수 있는 누구나 소망하고 지향하는 국가 또는 정부의 모습은 "좋은 정부(Good Government)"이다. 다만 "좋다"는 표현이 갖는 의미가 너무나 다원적이고, 주관적이라서 보편적이고 객관적인 차원의 기준을 도출한다는 것은 매우 어려운 일이다.

따라서 이를 몇 가지 다른 차원으로 치환한다면 "부패없고 청렴한", "투명하고 공정한", "신뢰할 수 있는," 그런 의미가 될 수 있다. 실제로 반부패(Anti-Corruption)는 유사 이래로 모든 국가와 정부가 지향하고 있는 국정의 보편적인 지표라 할 수 있다. 그럼에도 불구하고 여전히 좋은 정부의 핵심적인 기준이 반부패와 청렴이라는 사실은 반부패가 얼마나 어려운 국가목표인가를 일깨워준다.

이와 같은 사실은 다른 어떤 국가나 국제기구에게와 같이 우리에게도 매우 중요하다. 실제로 우리의 경우도 좋은 정부, 아니 부패 없는 정부는 유사 이래로 모든 정권이 지향하는 정부의 모습이었으나, 여전히 이에 대한 만족할 만한 성과를 거둔 때는 많지 않았다고 해도 과언이 아니고, 지금도 그런 정부는 신기루와 같은, 그러나 여전히 찾아가야만 하는 이상향이기도 하다. 이런 측면에서 부패를 없애려고 하였던 우리나라 반부패정책의 역사적 변천을 살펴보고, 결국 이를 달성하기 위해서 우리가 해결하여야 할 당면과제를 검토하고자 한다.

II. 부패의 본질과 인식

1. 부패의 정의

부패가 가지는 다원적인 속성으로 인하여 이를 정의한다는 것은 그리 쉬운 일이 아니다(전수일 1984; 윤태범 1993; 이영균 1993; 오석홍 2011; 이광모 2011; 최진욱 2012; Kurer 2005).[1] 게다가 부패에 대한 접근 역시 학문적·문화적·역사적인 차원과 같은 다원적인 영역을 포괄하기에 부패를 정의하는 것은 더욱 어렵다고 할 수 있다(Werner 1983; Heidenheimer 1989; 고길곤·조수연 2012). 그럼에도 불구하고 우리가 관심을 가지는 공직부패를 정의해본다면 일반적으로 "정부부문에 종사하는 공무원이 자신의 직무와 직접적 또는 간접적으로 관련되어 있는 권력을 부당하게 행사하여 사익을 추구하거나 공익을 침해한 행위"라고 할 수 있다(Nye 1967; Klitgaard 1988; 오석홍 2011; 이종수·윤영진 외).[2]

국제투명성기구(TI: Transparency International)는 부패를 "개인적 이익을 위한 공적 권한의 오·남용"으로 규정하고 있고, 우리나라의 부패방지법도 "공직자가 직무와 관련하여 지위나 권한을 남용하거나 법령을 위반하여 자기 또는 제3자의 이익을 도모하는 행위"로 정의하고 있다. 결국 공직자의 사적 이익을 위하여 자행되는 공권력의 오용으로서의 부패는 그것이 국가와 사회에 미치는 악영향은 물론 심지어 국가와 사회를 무너뜨릴 수 있는 해악이므로 발생을 억제하고 척결해야 할 대상이라 할 것이다.

---

1) 부패와 같이 정부 내외에서 널리 쓰이는 용어로는 부정, 비위, 부조리, 비리 등이 있다(오석홍 2011).

2) 부패는 공여자에 초점을 두는 뇌물, 수혜자에 초점을 두는 강탈, 공적 자원에 초점을 두는 횡령, 정보·사실의 왜곡에 초점을 두는 사기 등으로 유형화할 수 있다(박형중 외 2011).

2. 부패의 발생 원인과 영향

부패가 발생되는 이유와 부패가 미치는 영향의 정도와 범위에 대한 정확한 평가와 확인은 반부패의 첫걸음이라 할 수 있고, 이에 대한 연구도 많은 것이 사실이다(Heidenheimer 1989; Kurer 2005). 그러나 이와 같은 연구들을 종합해보면 부패의 원인을 정치·경제·사회·문화와 같은 환경적 측면, 법과 제도적 측면, 그리고 개인의 도덕과 윤리적 측면에서 접근하고 대별하는 경우가 많다(이재은 1999; 김왕식 2007; 박중훈 2008; 유종해·김택 2010).

환경적 측면에서는 대부분 국가나 사회가 처한 정치·경제적 수준, 사회와 문화적 관습 등을 통하여 부패의 원인을 찾는다. 이를 정치적 차원에서 본다면, 민주주의의 성숙도를 확인할 수 있는 국민들의 주권의식 수준이 낮을수록, 또한 경제적인 측면에서는 경제발전과 성숙의 수준이 낮을수록 부패의 발생가능성이 높게 된다. 그리고 정치·행정 권력의 권위주의, 연고주의와 온정주의와 같은 사회문화적 원인도 부패의 주요 원인으로 확인된다. 물론 이와 같은 사회문화적인 원인은 우리의 경우 사회저변에 널리 퍼져 있는 유교주의와도 무관하지 않다.

법과 제도적 측면에서의 부패발생은 부패행위자에 대한 처벌의 수위와 관련되어 있다. 부패행위자의 처벌 수위가 낮을 뿐 아니라 일정하지도 않다는 인식과 사실은 부패의 용인을 넘어서 부패를 조장하는 수준이다. 특히 급속한 정부 주도의 경제발전과정에서 부여된 정부의 다양한 인·허가권을 포함하는 제도화된 규제권과 모호한 규정에 따른 법규해석의 재량권은 광범위한 부패의 기반이 되었다.

개인적 차원의 부패원인으로는 부패의 수혜자와 공여자들의 가치관 등을 거론할 수 있다. 이와 같은 시각에서는 개인의 불공정한 성취욕구에서 비롯되는 일탈행위로 부패를 간주하고, 공직자의 윤리의식 제고, 성숙한 시민의식을 대안으로 보고 있다. 물론 개인의 윤리의식과 시민정신은 이미 논의된 정치, 경제, 사회, 문화와 같은 환경, 법과 제도와 밀접한 상관관계가 있다.

결국 개인과 사회는 서로 유리된 진공관 속에 존재하지 않기 때문이다.

부패가 국가와 사회에 미치는 부정적인 영향을 보다 분석적으로 접근해 보면, 다양한 경로를 통하여 경제발전에 부정적인 영향을 미치고, 결과적으로는 체제 안정과 유지를 어렵게 한다는 결론에 이른다(신봉호 외 2011; 박형중 외 2011). 이와 같은 결론은 가깝게는 2012년 이후 미국발 금융위기의 여파로 국가부도 사태를 겪고 있는 남유럽국가에서도 잠정적으로 확인할 수 있다(서원석·이덕로 2016).

부패는 공공투자의 왜곡을 초래하여 결국 사회가 가진 부족한 자원의 효율적 배분을 저해하게 된다. 현대국가에서 정부지출이 차지하는 국민경제에서의 비중은 날로 커져가고 있다. 이와 같은 정부지출의 핵심은 예산의 결정과 집행인데, 부패가 이 예산과정을 왜곡시키고 결과적으로 정부지출의 효율적인 배분을 저해한다는 것이다. 이와 같은 자원배분의 왜곡이 사회간접자본의 질을 저하시키는 것은 물론이고, 궁극적으로는 경제의 성장과 발전을 가로막게 된다.

부패한 정부와 공무원은 규제권력을 사용하여 공공서비스의 독과점을 보호함으로써 시장의 경쟁력을 저하시킬 뿐만 아니라, 소득의 분배와 재분배를 왜곡하여 가계의 직접적인 경제상황을 악화시키고 국민통합을 저해한다.

지구촌의 국경이 의미가 없어지는 최근의 경제상황에 비추어볼 때, 부패국가에 대한 해외투자의 감소는 당연한 현상이고, 이는 결국 부패한 국가의 경제발전의 계기를 박탈한다. 실제로 미국은 FCPA(Foreign Corrupt Practices Act 1977)를 통하여 부패국가에 대한 자국의 해외투자를 제한하는데, 이로 인하여 부패국가에 대한 투자가 감소한 실증사례는 너무나 많다. 결국 부패가 미치는 대내외적 경제환경에 대한 악영향은 궁극적으로 국가의 존망에까지 영향을 미치게 된다는 사실은 이미 거론한 바와 같이 많은 국가에서 확인되고 있다. 따라서 이의 예방을 포함한 방지대책의 수립과 적용은 중차대한 국가적 현안이라 할 수 있다.

3. 부패 현황과 인식

부패를 예방하거나 방지하기 위해서는 부패라는 현상을 확인할 수 있어야 한다. 그러나 일반적인 부패의 대가가 도덕적인 비난이나 법률적인 처벌과 같이 개인이 감당하기 어려운 사회로부터의 격리조치이므로 부패원인의 제공자는 물론 부패의 수혜자도 이를 드러내지 않는다. 결국 부패현상은 의도를 가지고 밝혀내지 않는 한 은폐되기 마련이다. 따라서 부패에 대한 이해와 분석은 인식에 근거하는 경우가 많다. 그러나 주지하는 바와 같이 현상과 인식의 괴리는 결코 무시할 정도로 작지 않다. 따라서 이 간극을 인정한 상태로 부패라는 현상을 최대한 있는 그대로 밝혀내야 하는 것이 부패연구의 태생적 한계인 셈이다.

그러나 그럼에도 불구하고 부패가 미치는 악영향의 정도가 너무 커서 이를 방관하거나 도외시할 수 없기 때문에, 부패 관련 기관들은 나름대로의 능력과 경험으로 이에 접근하고, 최선의 대책을 찾아내는 데 각고의 노력을 기울이고 있다. 부패현상을 주기적으로 그리고 지속적으로 분석하는 기관은 국제적으로는 국제투명성기구나 세계은행 등이 거명되고, 국내적으로는 부패의 주무부처인 국민권익위원회와 한국행정연구원을 거론할 수 있다.

국제투명성기구는 1995년부터 매년 부패인식지수(CPI: Corruption Perceptions Index)를 조사하여 발표하고 있는데, 이에 따르면 우리나라는 지난 6개년간 대략 10점을 기준으로 할 때 5.5점 수준을 유지하고 있고(〈표

〈표 1〉		국제투명성기구의 한국 부패인식지수 현황					
구분		2009	2010	2011	2012	2013	2014
CPI	점수	5.5	5.4	5.4	5.6	5.5	5.5
	대상 국가	180	178	183	176	177	175
	한국 순위	39	39	43	45	46	41

자료: 국제투명성기구(2015) 참조

| 〈그림 1〉 | 공직분야의 종합청렴도 추이 |

(단위: 점)

6.43
7.71
8.46
8.68
8.77
8.89
8.20
8.51
8.44
8.43
7.86
7.86
7.78

'02년 '03년 '04년 '05년 '06년 '07년 '08년 '09년 '10년 '11년 '12년 '13년 '14년

자료: 국민권익위원회(2015a) 참조; '08년과 '12년의 변화는 모형의 개정에 따른 일시적 변화임

1〉참조), 이는 전 세계 170여 개국 중 40위권에 해당하는 수치이다. 이와 같은 수준은 우리의 경제규모나 국제적인 위상에 비교하여 볼 때, 상대적으로 매우 낮은 수준이라 할 수 있다. 다만 이미 거론한 바와 같이 이 부패지수가 인식에 기초하고 있기 때문에 이에 대한 해석은 다소 현상과 괴리될 수 있다는 점을 상기할 필요가 있다.

이와 같은 국제적인 평가에 비추어볼 때 우리나라 국민권익위원회가 수행하고 있는 정부를 포함한 공공기관의 청렴도는 상대적으로 높은 수준을 나타내고 있는데, 우리 공공기관의 청렴도는 대개 10점을 기준으로 할 때, 7점 후반에서 8점 중반으로 평가받고 있다(〈그림 1〉참조). 바로 이 두 가지 조사 결과의 간극이 설문대상자들의 인식차이에서 비롯된다는 점에 주목할 필요가 있다.

부패인식과 관련하여 우리가 고려할 수 있는 현상과의 괴리는 한국행정연구원이 2000년부터 2014년까지 15년간 수행해 오고 있는 공공부문의 부패실태 추이분석에서 확인할 수 있다. 이 조사는 일반국민이 아닌 정부기관과 직접적인 접촉이 있는 자영업자와 기업체 종사자의 인식과 경험에 근거하기 때문에 보다 신뢰성이 담보될 수 있다고 본다.

이 조사에서는 설문대상자를 상대로 금품제공의 경험을 조사하고 있는데, 설문 첫해인 2000년에는 대상자의 25%가 정부관계자에게 금품을 제공한 경험이 있다고 응답하였지만, 이후 하락추세가 이어져 2006년에는 6.6%, 2010년에는 역대 최저점인 2.6%에 불과하였다. 이와 같은 추세는 이후에도 계속 유지되고 있다(〈표 2〉 참조).

이러한 결과는 부정부패에 대한 인식과 실제 경험 간의 간극을 확인하는

〈표 2〉   **금품 등의 제공경험**

(단위: %)

구분	있다	없다
2000	24.8	75.2
2001	16.2	83.8
2004	13.8	86.2
2005	11.6	88.4
2006	6.6	93.4
2007	7.4	92.6
2008	4.8	95.2
2009	6.8	93.2
2010	2.6	97.4
2011	4.0	96.0
2012	5.0	95.0
2013	2.3	97.7
2014	2.5	97.5

자료: 서원석(2014) 참조

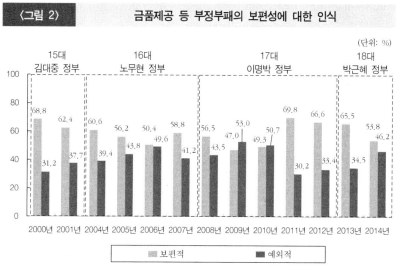

〈그림 2〉 금품제공 등 부정부패의 보편성에 대한 인식

(단위: %)

자료: 서원석(2014) 참조

계기가 된다. 즉 국민들은 일반적으로 공직사회에 부정부패가 만연하다고 생각하는 반면(〈그림 2〉 참조), 자신은 부패에 연루된 적이 없다고 주장하고 있는 것이다. 이런 현상은 몇 가지 해석의 여지가 있는데, 첫째로는 실제 금품 제공의 경험이 있으나, 응답을 정확하게 하지 않았거나, 둘째로는 시민사회 및 공직사회의 성숙과 선진화 과정에서 부패행위의 빈도는 실제로 낮아지고 있으나, 과거 경험에 대한 기억으로 양자 간의 차이가 발생하였다는 것이다. 물론 후자가 우리의 현실이기를 기대한다.

이와 같은 현상과 인식의 차이에 관한 논의에 있어서 함께 고려해야 할 또 다른 요소는 응답자들 간의 현저한 인식의 차이에 관한 것이다. 행정부문의 부패수준에 대한 국민권익위원회의 조사는 이를 명확히 보여주고 있는데(〈그림 3〉 참조), 공무원을 제외한 모든 응답자는 공직부패가 상당하다고 인식하고 있지만, 공무원은 자신들의 부패가 거의 없다고 응답하고 있다. 결국 이와 같은 국가 간 그리고 국민 간의 부패인식의 차이에 비추어볼 때, 부패현상에 대한 올바른 예방과 억제를 위한 대책의 수립에는 현상에 대한

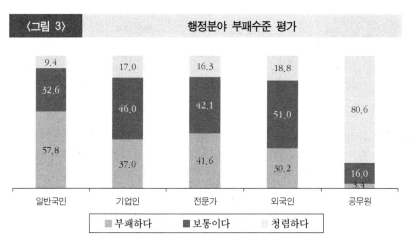

<그림 3> 행정분야 부패수준 평가

자료: 국민권익위원회(2015b)

명확한 확인이 필요하고, 현재와 같은 인식을 통한 현상의 유추에 보다 적극적인 연구와 지원이 요구된다는 점이 확인되고 있다.

III. 반부패정책의 역사적 변천

1. 제1·2공화국

1948년 정부수립으로 시작된 제1공화국의 행정환경은 기본적으로 조선시대의 유교문화와 일제강점기의 행정문화가 혼재된 미분화 상태로 정의될 수 있다. 물론 유교문화가 갖는 여러 가지 모습은 현재의 행정문화에도 영향을 미치고 있는 것이 사실이나, 제1·2공화국의 행정문화를, 그리고 당시의 공직부패와 반부패를 논의할 때 유교적 행정문화를 제외할 수는 없다고 생각된다. 기본적으로 유교문화가 갖는 권위주의적 중앙집권성은 조선시대 관료문화의 핵심이라 할 수 있다(노정현 1987). 특히 제도가 아닌 사람 중심의 국가운영, 국가의 관료가 아닌 통치자(국왕)의 가신이었던 관료로부터 발현된 권력이 봉건적 신분질서를 통하여 국가 전체로 전달되는 과정에서의 공적 이익의 사적 취득과 같은 전형적인 부패가 일반적이었고, 이와 같은 행정행태는 그대로 제1공화국으로 전달되었다고 할 수 있다(이재은 1999). 이에 따라 제1공화국의 기본적인 행정전략은 국가의 전반적인 전근대성 타파이고, 이와 같은 상황에서 반부패정책은 구조적이라기보다는 일반적인 구습 타파에 초점을 두었고, 개인적인 일탈행위에 대한 사정을 중심으로 전개되었다고 할 수 있다(박중훈 2008).

제1·2공화국은 심계원, 감찰위원회, 사정위원회를 설치하여 통상적인 사정활동을 수행하였다. 이때 심계원(1948~1963)은 국가의 수입·지출의 결산에 대한 검사를 전담하는 회계검사조직이라 할 수 있다. 본격적이고 핵심적인 반부패 전담기관으로서의 감찰위원회(1948~1955, 1961~1963)는 정부조직법에 의거하여 공무원의 탈법행위와 비리행위를 징계하는 권한을 부여받았으나, 정치권력과의 마찰로 1955년 2월 폐지되고, 사정위원회(1955~1960)가 그 임무를 대신하게 되었다. 사정위원회는 감찰위원회와 같은 광범위한 감찰과 징계권한은 없어, 주로 일선 행정기관의 비리조사와 이에 대한 인사권자·징계위원회에의 보고로 그 임무가 제한되었으나 이 역시 1960년 8월 국무원령으로 폐지되었다(감사원 2008).

짧은 기간이었지만 제2공화국에서는 1961년 3월 감찰위원회가 부활되었고, 1963년 감사원으로 통합되기 전까지 활동을 계속하였다. 또한 1960년 12월 「부정선거 관련자 처벌법」, 1961년 4월 「부정축재 특별처벌법」이 제정됨으로써 정치권의 부패를 막고자 하는 노력이 기울여졌다.

제1공화국은 근대국가의 구축을 위한 전반적인 행정제도의 설계와 집행에 초점을 두었기 때문에 특별한 반부패정책을 구현하거나 집행하지 않았으며, 점차 장기집권으로 접어들면서 정치권을 중심으로 한 부패가 저변으로 확대되는 양상을 나타내었다. 제2공화국은 제1공화국의 정치적 부패의 반

향으로 감찰위원회 부활, 부정선거와 부정축재에 대한 처벌법규를 만드는
노력을 보였으나, 짧은 집권기간으로 인하여 많은 성과를 거두기에는 역부
족이었다고 할 수 있다.

2. 제3·4공화국

국가운영과 관련된 부패에 대한 종합적인 접근은 제3공화국에서부터 시
작되었다고 할 수 있다. 제2공화국과 공식적인 제3공화국의 출범 직전인
군사정부 시절의 반부패업무는 제2공화국에서 부활한 감찰위원회가 감당하
였다. 즉 1961년 5월의 군사정변으로 제2공화국의 감찰위원회는 국무총리
에서 국가재건위원회 산하로 그 소속이 전환되어 운영되었고, 2명의 현역군
인인 2·3대 위원장(최재명·채명신)을 거치면서 나름대로의 반부패업무를
수행하였다. 특히 1961년 6월 제정된 「국가재건비상조치법」을 근거로 「부
정축재법」(1961년)을 제정하여 정치인과 고위공무원의 부정축재를 환수함
과 동시에 부패한 공무원의 해직을 실시한 바 있다.

1963년 군정의 민정이양을 통하여 성립된 제3공화국의 반부패 중심기구
는 「헌법」에 근거한 심계원과 「정부조직법」에 근거한 감찰위원회를 통합하
여 3월에 발족한 감사원이라고 할 수 있으며, 이 감사원은 현재까지 우리나
라 반부패정책의 한 축을 담당하고 있다.[3]

제3·4공화국의 감사원은 회계검사, 직무감찰을 동시에 그리고 공무원의
직무 전체에 대한 광범위한 사정을 진행하였다는 점에서 이전의 정부와는

---

3) 1962년 12월 26일 국민투표를 통하여 제3공화국 헌법이 제정·공포되었다. 헌법은 회
계검사와 직무감찰을 관장하는 감사원을 설치하기로 규정하였으나, 부칙에 이의 시행
은 민정이양, 즉 국회개회일 이후로 미루어졌고, 군사정부는 과도기의 감찰업무를 위
하여 1963년 1월 국가재건비상조치법을 개정하여 감사원의 설치근거를 마련하고 3월
감사원법을 제정·공포하였다. 감사원의 근거가 되는 감사원법은 9개월 후 군사정권의
민정이양으로 그 근거가 헌법으로 환원되었고, 같은 해 12월 감사원법을 다시 제정하
여 지금에 이르고 있다.

차별성을 가진다. 그러나 감사원 이외에도 1964년 6월 설치된 대통령 직속의 행정개혁조사위원회와 이것이 승계된 국무총리실의 행정개혁위원회도 반부패를 포함한 광범위한 행정개혁에 관한 임무를 부여받았다. 제4공화국 시기인 1971년 7월 설치된 대통령사정담당특별보좌관은 사정기능을 전담하였고, 국무총리 행정조정실은 정부의 서정쇄신업무를 총괄하였다. 물론 이 외에도 암행감사반 등 다양한 반부패 임시조직이 활용된 바 있다.

제3·4공화국의 부패에 대한 기본적인 접근은 부패를 구습과 개인적 비리 차원에서 다루고 있다는 점에서 제1·2공화국의 그것과 별반 다르지 않다. 그러나 1972년 10월 유신을 통하여 12월 출범한 제4공화국의 경우 정권의 정당성 확보를 위한 조치의 일환으로 "서정쇄신운동"을 포괄적이고 광범위한 반부패제도로 활용하였다(윤태범 1998).[4] 서정쇄신은 공무원사회 및 일반사회의 정화와 정신혁명을 3대 행동과제로 실행된 광범위한 국가개조활동이었으나 명확한 법적 근거를 결하고 있었다. 유신정부의 반부패 활동에 있어서의 특징으로는 대민관계 행정법령 정비를 부패원인 제거 차원에서 접근하였다는 점과 정부 및 관련 기관의 자체감사를 부조리 제거활동의 일환으로 광범위하게 활용하였다는 점을 들 수 있다(박중훈 2008).[5]

제3·4공화국의 반부패 활동은 초기에는 정권출범에 따른 정치적 정통성 확보 차원의 사정이 그 중심에 있고, 장기 집권과 급속한 경제성장에 따른 정·관·경 유착이 부패의 원인을 제공하였다고 볼 수 있다. 특히 유신정권의 공고화를 위한 서정쇄신운동은 정권의 정당성 확보는 물론 이를 넘어선 정권 연장의 도구로 활용되었으나, 처벌자의 규모에도 불구하고, 확대된 부패의 규모와 정도를 제어하기에는 부족하였다고 평가된다.

---

4) 제4공화국은 출범 직후부터 주로 유신이념의 전파를 위한 노력을 경주하였으나, 1976년 부터는 직전년에 도입한 서정쇄신을 매우 중요한 국민정신개혁운동으로 활용하였다.

5) 서정쇄신이 본격화된 1976년부터 1978년까지 비위혐의로 처벌된 공무원은 전체의 10.5%에 이르렀고, 이는 1975년에는 2.9%에 불과한 상황에 비추어볼 때, 매우 강화된 반부패 활동이 수행되었음을 알 수 있다.

3. 제5공화국

1979년 10월 26일 제3·4공화국 제5~9대 대통령 박정희 시해 이후, 12월 10대 대통령 최규하 취임, 1980년 9월 11대 대통령 전두환 취임, 10월 27일 제5공화국 헌법 공포, 1981년 2월 대통령 선거인단의 투표와 3월 12대 대통령 전두환 취임에 따른 제5공화국의 정식 출범까지의 과도기에 있어서 반부패 활동은 1980년 5월 출범한 국가보위비상대책위원회가 잠시 담당하였다. 이어 10월 28일 국무총리 직할로 설치된 사회정화위원회가 제5공화국 전 기간 동안 반부패 활동의 중심기관으로 활동하였다. 정부조직에서도 정화운동담당관, 시도의 사회지도계 등이 반부패 및 사정기관으로 활용되었다. 한시적 기관으로서의 국가보위비상대책위원회는 정권의 정통성을 확보하기 위하여 매우 광범위하고 강한 반부패대책을 강구하였고, 권력형 부정축재자, 공직자 및 토착비리자, 폭력배를 근절하려는 조치를 단행하였다.

이후 사회정화위원회는 정직, 질서, 창조를 사회정화의 이념으로 채택하고, 청탁배격운동을 전개하여 많은 고위공직자를 숙정하였고, 「공무원윤리헌장」(1980년), 「공직자윤리법」(1981년)을 제정하여 체계적인 반부패제도의 근거를 마련하였다. 이외에도 청렴도를 공무원의 근무성적평정요소로 포함시키고, 정화도 측정이라는 사업을 통하여 사회전반의 정화도를 주기적으로 측정하여 이에 대한 대책을 마련하였다(오석홍 2012). 이와 같은 접근은 이전과 달리 반부패에 대한 제도적인 접근을 시도한 점에서 의미를 찾을 수 있다. 또한 공직자의 재산등록제, 선물신고제도, 퇴직공무원의 취업제한제도를 규정한 「공직자윤리법」은 현재에도 유효한 반부패정책으로서 실효성을 담보하고 있다.

4. 제6공화국

1) 노태우 정부

노태우 정부는 정치적 근원에 있어서 일정정도 제5공화국과 그 뿌리를 같이 하고 있다고 볼 수는 있으나, 국민에 의한 직선으로 출범하였다는 점에서 제5공화국과는 다른 속성을 동시에 갖는다고 할 수 있다. 이런 측면에서 제6공화국에 들어서는 통제 중심의 반부패정책과 더불어 공직자의 윤리의식 제고에도 노력을 기울였다. 노태우 정부가 주창한 새질서·새생활운동은 "범죄와의 전쟁"과 "공직자 새정신운동"이 두 축을 이루고 추진되었다.

반부패조직의 경우 이전의 대통령 사정비서실과 사회정화위원회를 폐지하고, 국무총리실의 제4행정조정실을 통하여 사정업무를 담당하고, 사정정책자문단을 설치하는 등 민주적인 조치를 단행하였으나, 1990년 이후에는 특명사정반, 특별수사부, 기동감찰반 등 다양한 임시조직을 활용하기에 이르렀다(박중훈 2008).

부패방지 노력이 사정이나 숙정보다는 예방과 교화로 전환됨에 따라 비리가 빈발하는 대민행정분야(조세, 건축, 위생, 소방, 환경, 교통 등 6대 분야)를 부조리 취약분야로 선정하여 사전적인 제도개선조치를 강구하였고, 공직의식 고취를 위한 교육의 강화, 모범공무원에 대한 포상 등과 같이 공직사회의 안정과 사기진작을 위한 조치를 추진하였다. 이와 같은 조치로 인하여 제5공화국에서 실직된 공직자가 복직(1,322명)되거나 보상금(6,113명, 1,053억 원)을 지급받았다.

2) 김영삼 정부

실질적인 문민정권으로의 이양이 실현된 김영삼 정부는 군사정권의 유산을 정리하고, 새로운 민주시대인 신한국을 창조하겠다는 의지를 표명하면서 그 첫 번째 국정과제를 부정부패의 척결로 정하였다. 두 번째 국정목표인 경제활성화와 세 번째 국정목표인 국가기강 확립도 부정부패 척결과 직·간접적인 연계 속에서 추진되어졌다.

문민정부에서는 본격적인 반부패전담조직이 발아하게 되는데, 1993년 감사원장 자문기구로 설치된 부패방지대책위원회를 거론할 수 있다. 대검찰청에 설치된 부정부패사범 특별수사본부도 중요한 반부패업무를 수행하였다. 특히 1995년 감사원법의 개정을 통하여 감사원에 기존의 회계감사업무와는 별도로 직무감찰 전담 사무차장직을 신설함으로써 상시적인 공직사회에 대한 직무감찰을 재도입한 것은 주목할 만한 일이다. 같은 해 설치되어 1988년까지 지속된 행정쇄신위원회는 부패방지를 위한 제도적 정비에 있어 간접적인 역할을 담당하게 되었다.

문민정부 대표적인 반부패정책인 "신한국창조운동"은 부패공직자에 대한 광범위한 숙정을 단행한 "윗물맑기운동"을 출발점으로 한다. 문민정부는 「공직자윤리법」(1993년)을 개정하여 공직자의 재산에 대한 국민적 공개를 실시함으로써 공직자의 부정축재를 사전적으로 막고자 하는 노력을 기울였으며, 「금융실명제」(1993년)는 추후 부정과 부패의 고리인 금융의 흐름을 차단하는 기반이 된다. 또한 금권·관권선거를 막는 「공직선거법」(1994년), 공무원의 부정으로 인한 과실의 몰수를 규정한 「공무원범죄에 관한 몰수특례법」(1995년), 부정한 자금의 은닉을 막는 「부동산실명제」(1995년), 「정보공개법」(1996년) 등의 제정으로 부정부패를 직접 억제할 뿐 아니라 외연으로부터 차단하려는 조치를 실행하였다(윤태범 1998).

그러나 뿌리깊은 권위주의적 과거의 청산을 기초로 한 민주화의 완성을 목표로 진행된 반부패정책은 오랫동안 고질화된 기득권층의 저항과 대규모 부패사건, 외환위기와 맞물려 소기의 성과를 달성하지는 못한 것으로 평가된다.

3) 김대중 정부

외환위기와 함께 출범한 김대중 정부는 사상 초유의 경제위기의 근원을 정·관·경 유착으로 인한 부패로 보고 파편적인 사정 위주의 반부패정책을 집행하기보다는 근본적인 부패척결의 대안을 제시하게 된다. 우선 정부와 공무원이 가지는 권한의 근거인 다양한 규제의 개혁이 그것이다.

이를 위하여 1998년 국무총리실에 규제개혁위원회를 설치하고, 행정규제에 대한 포괄적인 법률적 근거를 마련하기 위하여「행정규제기본법」을 제정하였다. 특히 2002년 부패만을 전담하기 위한 본격적인 조직이며, 현행 반부패조직의 근간인 국민권익위원회의 모태가 되는 부패방지위원회를 설치하였다. 부패방지법의 제정이 지연되어 부패방지위원회가 설치되기 이전에는 대통령 자문기구인 반부패특별위원회(1999년)를 설치하여 운영하였다.「부패방지법」과「자금세탁방지법」(2001년)의 제정으로 보다 실효적인 반부패방지정책의 실시를 위한 기반이 조성되었으며, 이로 인하여 반부패정책의 법률적 근거와 전담조직의 출현이 가능하게 되었다(박중훈 2008). 또한「공무원행동강령」(2003년)을 제정하여 공무원의 부패방지를 위한 제도적 장치를 추가적으로 마련하였다. 이와 아울러 실효적인 반부패정책을 위하여 내부고발제도인 공익신고제를 도입하였다.

4) 노무현 정부

노무현 정부는 국정운영의 화두인 정부혁신 목표 중의 하나로 "깨끗한 정부"와 이의 실현을 위한 과제로서 "공직부패에 대한 체계적 대응"과 "공직윤리의식 함양"을 선정하였다. 또한 감찰기관 간의 견제와 균형, 규제개선, 권위주의 행정문화 청산 등의 강조는 기존의 정부가 추진하여 온 반부패정책의 연장선상에 있는 것으로 평가된다.

참여정부는 국민의 정부가 설치한 반부패 중심기관인 부패방지위원회를 2005년 국가청렴위원회로 개칭하고 좀 더 포괄적인 차원에서의 반부패 의지를 강조하였다. 제도적인 측면에서 참여정부는 부패영향평가제도의 도입을 통하여 정부규제의 사전적인 정비를 통환 부패예방조치를 강화하였고, 공직취임에 따른「주식백지신탁제」(2005년)를 실시하여 기업인의 공직 취임에 따른 사적 이익의 추구를 원천적으로 방지하고자 하였다.

청렴도 조사, 부패방지 시책평가, 정책투명성 조사 등도 참여정부의 성과관리제도와 맥을 같이하는 부패에 관한 평가 및 관리제도의 일환이라고 할 수 있다. 행정정보공개의 확대, 정책실명제의 실시 등도 반부패 시책의 일환으로 추진되었다(오석홍 2012). 이와 같은 시도를 통하여 참여정부의 부패에 대한 구조적이고 제도적인 접근은 진전이 있었으나, 실제 부패의 척결성과에 관한 평가는 별도의 문제라 할 수 있다.

5) 이명박 정부

이명박 정부는 출범과 함께 기존의 반부패 핵심기구인 부패방지위원회를 고충처리위원회 및 행정심판위원회와 통합하여 국민권익위원회(2008년)를 설치하였고, 「부패방지법」과 「공직자윤리법」을 개정한 바 있다. 또한 2011

〈표 3〉	반부패제도의 변천
구분	반부패조직 및 제도
제1공화국 (이승만 행정부 1948~1960)	심계원, 감찰위원회, 사정위원회
제2공화국 (장면 행정부 1960~1961)	부정선거 관련자 처벌법 제정
제3·4공화국 (박정희 행정부 1961~1979)	부정축재처리법 제정, 감사원 설치
제5공화국 (전두환 행정부 1980~1988)	공무원윤리헌장, 공직자윤리법 제정 및 운영
제6공화국 1기 (노태우 행정부 1988~1993)	공직자재산등록제도 운영
제6공화국 2기 (김영삼 행정부 1993~1998)	금융실명제, 부동산실명제, 공직선거법 제정 및 운영
제6공화국 3기 (김대중 행정부 1998~2003)	부패방지법 제정, 부패방지위원회 설치, 공무원행동강령 신설
제6공화국 4기 (노무현 행정부 2003~2008)	주식백지신탁제, 국가청렴위원회 개칭
제6공화국 5기 (이명박 행정부 2003~2008)	국민권익위원회(부패방지위원회 등 통합) 설치

자료: 김보은 외(2011) 및 이종수(2011) 참조

년에는「공익신고자보호법」의 제정을 통하여 내부고발자에 대한 보호와 보
상조치를 강화함으로써 내부자에 의한 부패행위 고발을 독려하였다.

이명박 정부에서는 국민권익위원회와는 별도로 행정안전부가 반부패체제
구축, 청렴도 향상, 청렴교육 강화 등 3대 분야에 대한 종합대책을 수립하고
추진하였다. 그 실천방안 중의 하나로 공무원의 청렴성을 인사에 반영하는
청렴인사시스템, 직원 청렴성을 부서별 성과평가에 반영하는 부서별 청렴점
수관리제 등을 도입하였다(오석홍 2012).

또한 퇴직공직자의 취업제한의 범위와 기간을 확장시켜 전관예우에 따른
부정부패의 소지를 제거하기 위한 노력을 기울였다. 이에 따라 판·검사의
관할지역 내 변호사개업이 제한되었고, 취업제한의 영역이 일반 기업을 넘
어서 법무법인, 회계법인, 세무법인 등으로 확대되기도 하였다. 그러나 부패
방지, 행정심판, 고충처리기능을 국민권익위원회로 통합함으로써 반부패 의
지는 축소된 것으로 평가되고 있다.

IV. 반부패를 위한 새로운 시도: 청탁금지법

우리나라가 2차 대전 후 피원조국에서 유일한 원조국으로 전환된 것은
세계사에 유래가 없는 우리만의 성과이다. 그리고 지금 우리가 직면한 국가
적 당면과제 중의 하나는 이와 같은 눈부신 경제발전에 걸맞은 정치·사회·
문화적 성숙이라고 할 수 있다. 부정과 부패는 국가의 존립에 관련된 문제
일 뿐 아니라 국가의 성숙도를 평가할 수 있는 중요한 기준이 된다. 그러나
부패가 밖으로 드러나는 현상이 아니라는 사실과 이로 인하여 부패의 평가
가 인식에 의존하는 경향이 강하다는 점, 그리고 인식에는 많은 차이와 오류
가 있을 수 있다는 점을 인정한다 하더라도, 우리의 국제적인 차원의 청렴도
수준은 그리 높지 않은 것이 사실이다. 이러한 여러 가지 정황으로 인하여

우리나라는 「형법」이나 「공직자윤리법」과 같은 반부패법령이 가지는 현실적 한계를 극복하고, 선제적인 반부패장치의 구비에 박차를 가하게 되었다. 2011년 '공정사회 구현, 국민과 함께하는 청렴 확산방안' 보고를 위한 국무회의에서 포괄적이고 선제적인 반부패법령의 제정 필요성이 제기된 이후 수많은 논의를 거쳐, 2013년 8월 '부정청탁 및 금품 등 수수의 금지에 관한 법률(안)'이 국회에 제출되었고, 오랜 동안의 논란 끝에 2015년 3월 공포되었다.

2016년 9월 28일 시행을 목전에 두고 있는 이 법(청탁금지법)은 그 적용대상의 포괄성과 처벌의 정도로 볼 때, 향후 우리사회의 부정부패 방지와 억제에 큰 역할을 할 것으로 판단된다. 우선 이 법이 적용되는 기관은 그 적용범위가 넓다. 즉 이 법의 적용 대상은 헌법기관, 중앙행정부서 및 지방자치단체, 시·도 교육청은 물론 「공직자윤리법」에 의한 공직유관단체, 「공공기관 운영에 관한 법률」에 의한 모든 공공기관으로 그 적용범위가 지금까지의 공무원에 국한된 반부패법령과는 차이가 크다. 게다가 「언론중재 및 피해구제 등에 관한 법률」이 적용되는 언론사, 사립학교를 포함한 각급 학교 및 학교법인이 그 적용대상에 포함된다. 또한 적용 대상자는 해당 기관의 임직원과 그의 배우자, 공무수행중인 민간인,[6] 그리고 공직자에 부정청탁을 하거나 수수금지금품을 제공한 민간인 등으로 그 규모가 파격적이다. 이 법이 부정부패의 수혜자와 제공자를 모두 적용대상으로 한다는 점은 획기적이다. 다만 당초 이 법의 적용대상이었던 공직자 가족의 범위가 배우자로 국한되어 대상자의 수가 1,800만여 명에서 300만여 명으로 줄어들었다는 점에서 이 법의 적극성은 다소 축소되었다고 할 수 있다.

이 법은 부정청탁의 판단기준을 적시하기 위하여 부정청탁행위를 15개로 규정하고 있는데(〈표 4〉 참조), 이 법의 적용대상자들이 인·허가 등을 포함한 15개 부정청탁 행위를 했을 경우에는 당연히 처벌된다. 부정행위의 처벌

---

6) 이에는 각종 위원회에 참여하는 민간위원, 공공기관의 권한을 위임·위탁받은 자, 공공기관에 파견근무하는 민간인, 공무상 심의·평가하는 자 등이 포함된다.

| 〈표 4〉 | 15개 부정청탁금지행위와 7개 예외 사유 | | | | |

구분	내용				
금지 행위	인허가 등 업무처리	행정처분· 형벌부과 감경·면제	채용·승진 등 인사개입	공공기관 의사 결정 관여직위 선정·탈락에 개입	공공기관 주관 수상·포상 등 선정·탈락에 개입
	입찰·경매 등에 관한 직무상의 비밀 누설	특정인 계약 선정·탈락에 개입	보조금의 배정·지원, 투자 등에 개입	공공기관이 생산·공급하는 재화 및 용역의 비정상적거래	학교입학· 성적 등 처리·조작
	징병검사 등 병역관련업무 처리	공공기관이 실시하는 각종 평가· 판정업무개입	행정지도· 단속 등 결과조작, 위법사항 묵인	사건의 수사·재판 등 개입	앞의 모든 유형에 대한 지위·권한 남용
예외 사유	법령·기준에서 정한 절차· 방법에 따른 특정행위요구	공개적으로 특정행위 요구	선출직공직자 등이 공익목적 으로 제3자 고충, 민원 전달 등	기타 사회상규에 위배되지 않는 행위	
	법정기한 내 업무처리 요구 등	직무· 법률관계에 관한 확인· 증명 등 신청·요구	질의·상담을 통한 법령· 제도 등 설명· 해석 요구		

자료: 국민권익위원회(2015c)

도 정도가 가볍지 않은데, 부정청탁에 따라 직무를 수행한 자는 2년 이하의
징역이나 2천만 원 이하의 벌금에 처하게 되고, 부정청탁을 한 일반인은 2
천만 원 이하의 과태료가, 공직자의 경우는 3천만 원 이하의 과태료가 부과
된다. 이런 경우 청탁을 시작한 이해관계자도 1천만 원 이하의 과태료가
부과된다. 공직자와 배우자의 금품수수에 있어서 그 행위가 직무와 관련되
어 있고, 100만 원 이하의 금품수수행위가 있었을 경우에는 수수금액의 2~5

배에 해당하는 과태료를, 1회 100만 원 그리고 매 회계연도 300만 원을 초과하는 금품을 수수하는 경우에는 직무 관련성과 관계없이 3년 이하의 징역이나 3천만 원 이하의 벌금에 해당하는 형사처벌을 받게 된다.[7] 물론 공개적으로 공직자에게 특정행위를 요구하는 등의 7개 사유의 경우(〈표 4〉 참조)는 예외적으로 처벌을 받지 않는다.

이 법이 갖는 파괴력과 함께 논란의 중심에는 공적인 행위를 하는 민간영역에 대한 적용에 관한 문제가 자리하고 있다. 즉 사립학교나 언론과 같은 민간부문의 경우 그들의 업무가 가지는 공공성에도 불구하고, 공무원과 같이 이 법의 적용대상이 되어야 하는지의 여부, 그리고 이들과 같은 수준의 공공성을 갖는 업무를 수행하는 전문 직업군을 적용범위에서 제외함에 따른 형평성 문제가 논란의 핵심이라 할 수 있다. 이런 이유로 이 법은 시행을 목전에 두고 있음에도 위헌의 논란과 개정 및 연기 요구에 직면하고 있다.

V. 반부패정책의 구조틀과 당면과제

1. 반부패정책의 구조틀

부패라는 현상은 정치·경제·사회적 환경에서 배태되고, 공직사회에 대한 법과 제도적 미성숙으로 인하여 확산되며, 개개인의 정신에 파고들어 자리 잡고 있기에 그 제거와 치유가 용이하지 않다. 그러나 이런 이유로 반부패정책의 시도는 역시 원인이 되는 환경과 제도, 개인적 차원의 접근에서 시작되어야 한다.[8]

---

7) 단, 배우자의 경우 직무 관련성이 있는 경우에만 처벌된다.

8) Nelson Mark and Hanna Hala, *Governance and Anti-Corruption: Some Lessons*

우선 정치과정의 민주화가 가장 먼저 선행되어야 할 반부패의 기반이라 할 수 있다. 사회의 모든 가치를 배분하는 숭고한 제도로서의 정치는 투명하고 깨끗한 경쟁에 기초하여 다른 모든 사회국면에서의 청렴을 선도하여야 한다.

둘째, 시장의 투명한 경쟁이 요구된다. 정부와 정치의 다른 한 축을 담당하는 시장의 자유로운 경쟁은 부정과 부패의 제공자이며 수혜자로서의 시장을 깨끗하게 만들어 다른 사회 부문의 부패방지에 기여할 것이다. 이런 측면에서 독점이 지대(rent), 그리고 궁극적으로 부패의 원천이 된다는 주장은 귀 기울일 만한 가치가 있다고 판단된다.

셋째, 시민사회의 성숙과 청렴이다. 부패가 사회적 문제로 부각되는 과정에서 시민사회의 역할은 지대하였다. 역설적이지만 시민사회의 성숙과정에서 잠복된 부패가 현재화 되고, 다시 이 부패 척결의 가장 유효한 도구로서의 시민사회의 중요성이 대두되고 있는 것이다. 또한 언론의 자유를 포함한 시민사회의 소통과 정책과정에의 적극적인 참여는 부패척결의 방향타가 될 수 있다.

넷째, 입법·행정·사법의 견제와 균형은 제도적인 차원의 반부패 접근이 될 것이다. 특히 독립적인 사법체계의 적극적이고 균형적인 작동은 정치와 행정의 부패를 막는 최후의 보루라 할 것이다. 물론 입법과 행정부의 의한 사법의 견제도 간과할 수 없는 문제이다.

이와 같은 사회 제국면의 적극적인 제도적 접근이 효과적인 반부패정책의 출발이라 할 수 있으며, 특히 행정에 의한 집행차원의 광범위한 부패방지의 기반이 될 것이다.

---

from *Around the World*(World Bank Institute, 2009); 정성진, "부패의 정치경제학," 경상대학교 사회과학연구소 편, 『한국의 부패와 반부패정책』(서울: 한울아카데미, 2016).

2. 반부패를 위한 당면과제

반부패를 위한 환경적 기반으로서의 제도적 접근은 거대한 반부패의 흐름을 막아내는 기반이 된다. 이와 아울러 다소 미시적이고 기술적인 차원의 접근도 효과적인 반부패정책의 집행을 위하여 간과해서는 안 될 요소라고 할 수 있다.

첫째로, 기술적 차원의 반부패정책의 출발점은 정확한 부패인식조사라 할 수 있다. 부패가 많은 경우 드러나지 않기 때문에 부패에 대한 정확한 현상의 파악은 결국 인식의 조사에서 시작될 수밖에 없다. 이미 살펴본 바와 같이 국내·외적으로 대표적인 부패인식조사인 국민권익위원회, 한국행정연구원, 그리고 국제투명성기구의 결과는 차이가 크다. 이는 물론 조사방법과 대상의 차이로 인하여 생겨나는 문제이다. 이와 같은 대표적인 부패인식 조사방법의 정교화를 통한 정확한 부패인식의 인지는 올바른 반부패정책의 기초인 만큼, 이에 대한 광범위한 지원과 독려가 요구된다.

둘째, 반부패정책의 초점은 처벌과 예방으로 대별될 수 있다. 물론 한 정책의 접근이 이분법적이라는 것은 오히려 정책적 오류와 실패로 귀결될 위험성이 있다. 이런 측면에서 반부패전술의 조합에 대한 전략적 모색이 요구된다. 예컨대 시행을 목전에 두고 있는「청탁금지법」의 경우는 처벌과 동시에 상당한 수준의 예방적 효과가 예상된다. 실제로 처벌과 예방은 반부패정책의 다른 모습이라고 할 수 있다. 이 두 가지 초점의 시·공에 따른 적절한 조합과 조화가 요구된다.

셋째, 반부패정책과 관련하여 논의되는 단골 주제는 내부고발자에 대한 실효적인 보호와 이를 통한 내부고발의 독려라 할 수 있다. 부패사건의 정확도와 실효성은 내부고발에 의하여 담보되는 경우가 많다. 이와 같은 내부고발의 중요성에 비추어 2014년 시행된「공익신고자보호법」은 광범위한 내부고발자에 대한 보호조치를 담고 있다. 그러나 앞으로 내부고발자에 대한 실효적인 보호장치의 강화는 더욱더 필요하다. 아직도 공공연히 확인되고 있는 내부고발자에 대한 조직의 보복성 조치들은 이에 대한 반증이기도 하다.

넷째, 거스를 수 없는 세계화의 조류에 부응하여야 한다. 이런 측면에서 국제기구가 추진하고 있는 반부패정책에 대한 적극적인 참여가 필요하다. UN은 2001년부터 15년간 지속되어 온 새천년개발목표(MDGs: Millenium Development Goals)를 대체하여 2016년부터는 국제사회의 지속가능발전목표(SDGs: Sustainable Development Goals)를 제시하고 있다. 이 SDGs의 17대 목표와 169개 세부목표에 담긴 반부패의지에 주목하고, 이를 위한 우리의 적극적인 역할을 모색하여야 한다. 지구촌의 모든 사회가 동조화 되어가고 있는 지금 국제적 표준에 부합하지 않은 국내정책은 무의미하다. 세계사회의 일원으로서 특히 지도자로서의 위치를 공고히 하기 위해서는 SDGs의 이행과 반부패정책의 적극적인 집행에 앞장서야 한다. 이것이 유사 이래로 가장 강력한 부패방지법으로서의 「청탁금지법」의 시행을 목전에 두고 있는 지금 이 법의 효과성을 극대화 시킬 수 있는 다양한 반부패제도의 지원이 요구되는 이유이다.

VI. 맺음말

2016년 9월 28일에는 「청탁금지법」이라 불리며, 우리사회의 부정부패 양상을 획기적으로 변화시킬 수 있는 「부정청탁 및 금품 등 수수의 금지에 관한 법률」이 시행된다. 발의시점부터 현재까지 이 법률은 국가적 논쟁의 중심에 있다. 이 법률이 가지는 파괴력 때문이다. 이 법률은 원안보다 여러 면에서 그 영향력이 축소되었지만, 여전히 강력한 미증유의 반부패 잠재력으로 인하여 시행을 목전에 두고 있는 지금에도 개정요구와 시행연기 요구가 제기되고 있다.

근자에 들어 사회과학계에서 주목받는 주제 중의 하나가 좋은 정부(Good Government)라는 것은 누구도 부정할 수 없다. 좋은 정부라는 주제는 그것이 갖는 추상성만큼이나 심오한 의미가 있다. 그러나 지금 이 시점에서는 반부패와 청렴이 다른 어떤 의미보다 좋은 정부를 치환할 수 있는 주제라 할 수 있다. 실제로 좋은 정부와 정부의 질(Quality of Government)을 선구적으로 주장했던 로쉬타인 교수(Bo Rothstein)의 경우도 반부패를 좋은 정부의 핵심적인 요소로 지목하고 있다. 이미 공직에서의 반부패와 청렴이라는 주제는 너무도 중요하다. 「청탁금지법」의 원활한 안착과 효과적인 반부패정책과 제도의 지원이 요구되는 이유이다.

물론 오랫동안 우리사회에 잠복하고 있는 병폐로서의 부정과 부패는 우리가 예상했던 것보다 더 심각한 상황일 수도 있다. 그러나 현상의 정확한 파악은 병증을 치유하는 첫걸음이다. 즉 우리사회가 봉착하고 있는 부정부패의 실체를 확인하고 치료하는 것이 좋은 정부로의 전환을 모색하는 첫걸음이라 할 수 있고, 이것이 부정부패 척결을 위한 모든 노력이 경주되어야 하는 이유이다.

◆ 참고문헌 ◆

감사원. 2008. 『감사60주년』. 서울: 감사원.

고길곤·조수연. 2012. "관행수용도와 부패: 시민의 관행수용도 영향요인에 대한 분석." 『한국행정학보』 46권 3호. 213-239.

국민권익위원회. 2015a. 『2015년도 공공기관 청렴도 측정결과』.

_____. 2015b. 『2015년도 부패인식도 조사 종합결과』.

_____. 2015c. 「부정청탁 및 금품 등 수수의 금지에 관한 법률 시행령 제정을 위한 공개토론회 자료집」.

국제투명성기구. 2015. 『부패인식지수 보고서』.

김보은 외. 2011. "정부의 반부패 제도변화에 관한 연구." 『현대사회와 행정』 21권 2호. 173-203.

김왕식. 2007. "반부패정책과 제도적 상호작용." 「한국정책학회 춘계학술대회논문집」. 169-192.

노정현. 1987. 『한국근대화론: 문제와 전망』. 서울: 박영사.

박중훈. 2008. "부패방지." 『한국행정60년』. 서울: 법문사. 596-632.

박형중 외. 2011. 『부패의 개념과 실태 및 반부패개혁』. 서울: 통일연구원.

서원석. 2014. 『정부부문 부패실태에 관한 연구』. 서울: 한국행정연구원.

서원석·이덕로. 2016. "정부부패에 관한 인식에 대한 논고." 『한국인사행정학회보』 15권 1호. 1-27.

신봉호. 2016. "부패이론과 부패방지대책." 경상대학교 사회과학연구소 편. 『한국의 부패와 반부패정책』. 서울: 한울아카데미.

오석홍. 2011. 『행정학』. 서울: 박영사.

_____. 2012. 『행정개혁론』. 서울: 박영사.

유종해·김 택. 2010. 『행정의 윤리』. 서울: 박영사.

윤태범. 1998. "역대 정부의 반부패정책의 평가에 관한 연구." 『지방정부연구』 2권 1호. 213-231.

_____. 1999. "우리나라 정부의 반부패정책의 평가: 지속성의 확보 관점에서." 『한
　　국행정학보』 33권 4호. 129-151.

이광모. 2011. "공직부패의 발생원인 및 통제에 관한 유교적 관점: 주역 괘·효의 관
　　계구조를 중심으로." 『한국행정학보』 45권 3호. 203-226.

이덕로. 2015. "반부패정책의 동향과 발전방안." 『KIPA조사포럼』 15권. 32-41.

이영균. 2004. "공무원 부패의 원인과 방지전략에 관한 분석." 『한국정책과학학회보』
　　8권 3호. 192-222.

이재은. 1999. "한국반부패정책의 배경: 역사적 유산과 정치경제적 맥락." 『연세사회
　　과학연구』 5권. 147-173.

이종수. 2011. "부패방지법 제정의 의미와 향후 부패방지제도의 발전방향." 「부패방
　　지법 제정 10년 반부패정책의 성과 및 과제 심포지엄 자료집」.

_____. 2016. "정부기관과 사회제도의 청렴성 및 공정성 제고방안." 『KIPA조사포럼』
　　16권. 44-49.

이종수·윤영진 외. 2012. 『새행정학』. 서울: 대영문화사.

장지원. 2011. 『정부부문 부패실태에 관한 연구』. 서울: 한국행정연구원.

전수일. 1984. "관료부패연구: 사회문화적 접근." 『한국행정학보』 18권 1호. 143-
　　163.

정성진. 2016. "부패의 정치경제학." 경상대학교 사회과학연구소 편. 『한국의 부패와
　　반부패정책』. 한울아카데미.

최진욱. 2012. "부패방지를 통한 국민권인보호 강화." 「한국행정학회 하계학술대회
　　발표논문집」.

Heidnheimer, A. J. 1989. *Political Corruption: Reading in Comparative Analysis*.
　　NY: Holt, Reinhart and Winston, Inc.

Klitgaard, R. 1988. *Controlling Corruption*. CA: Univ. of California Press.

Kurer, O. 2005. "Corruption: An alternative approach to its definition and
　　measurement." *Political Studies*, Vol.53, No.1. 222-239.

Mark, Nelson, and Hanna Hala. 2009. *Governance and Anti-Corruption: Some
　　Lessons from Around the World*. World Bank Institute.

Nye, J. S. 1967. "Corruption and political development: A cost-benefit analy-
　　sis." *The American Political Science Review*, Vol.61, No.2. 417-427.

Wener, S. B. 1983. "New directions in the study of administrative corruption."
　　Public Administration Review, Vol.43, No.2. 146-154.

제6장

기초생활보장제도 개편을 둘러싼 정책결정과정
제도 도입을 위한 결정과정과의 비교를 중심으로

노대명

Ⅰ. 문제제기

이 글은 2014년의 국민기초생활보장법 개정이라는 정책결정과정을 1999년 국민기초생활보장법 제정이라는 정책결정과정과 비교함으로써 그 공통점과 차이점을 살펴보는 데 그 목적이 있다. 여기서 이 두 차례의 정책결정을 각기 독립된 사건으로 간주하고 비교하는 이유는 다음과 같다.

먼저 이 두 사건이 한국 사회보장정책의 초기 국면과 안정화 국면을 상징한다고 생각하기 때문이다. 1999년 정부와 학계 그리고 시민사회는 복지정책에 대한 기획과 집행 경험이 충분치 않은 상태에서 대대적으로 새로운 제도를 도입하거나 기존 제도를 확장하는 정책결정을 해야 했다. 특히 정부는 새로운 제도의 도입을 결정하는 데 주도적인 역할을 하는 데 한계가 있었다. 상대적으로 시민단체 등 외부조직들이 정책대안을 제시하는 데 많은 역할을 수행할 수 있었던 것이다. 기초생활보장제도 또한 바로 이 시점에 이루어졌던 것이다. 반면에 2014년의 법률개정 시점은 전체적으로 복지정책결정에 참여하는 거의 모든 주체의 경험치가 크게 증가한 상황이었고, 그 중에서도 정부의 역량이 가장 크게 신장된 상황이었다. 각종 복지제도의 기획과 시행에 대한 경험을 축적해왔으며, 관련 정보를 총괄하고 각종 시행조직을 관리하고 있다는 점에서 그러하다. 기초생활보장제도를 개편하는 문제는 이러한 상황에서 발생했던 것이다. 그 밖에도 다른 많은 이유에서 이두 차례의 정책결정은 한국 복지정책의 다른 국면을 상징하는 것이다.

이어 기초생활보장제도의 도입과 개편이라는 두 차례의 정책결정을 공통점과 차이점이라는 관점에서 비교하는 것 자체로 의미 있는 연구라고 생각하기 때문이다. 앞서 언급했던 것처럼, 1999년 기초생활보장제도의 도입은 정책결정과정 및 주요 행위자의 역할과 관련해서 이미 많은 연구가 발표되어 있다. 따라서 그것이 어떤 과정을 거쳐 결정되었으며, 어떤 집단의 역할이 가장 중요했는지 잘 알려져 있다. 하지만 2014년의 정책결정과정에 대해서는 연구가 많지 않은 편이다. 제도개편이 빈곤정책 전반에 미칠 파급효과를 감안하면, 제도 도입에 비해 사회적 관심이 크지 않았고 정책결정과정에 대한 연구 또한 거의 없었다. 따라서 어떠한 과정을 통해 어떻게 제도가 개편되었으며, 그것이 왜 1999년의 정책결정과정과 달랐는지 설명할 필요가 있다.

끝으로 이 두 차례의 정책결정과정에서 나타난 몇 가지 문제점에 대해 언급하고자 한다. 그것은 우리나라에서 빈곤정책의 결정과정에서 개선이 필요하다고 판단되는 구조적인 문제점과 기타 지엽적인 문제들을 지칭한다.

2014년 기초생활보장제도 개편과정에 대한 연구는 몇 가지 한계를 안고 있다. 그것은 여전히 제도개편이 진행 중에 있으며, 아직 개편작업이 안정화되지 못한 국면이라는 점이다. 그리고 제도의 성과를 중심으로 두 차례의 정책결정과정을 비교하기는 곤란하다는 점이다. 이와 관련된 분석은 이후의 연구과제로 남겨두고자 한다.

II. 빈곤정책 결정과정에 대한 이론적 검토

왜 민주주의하에서 시민들의 이해관계에 반하는 정책결정이 이루어지는가? 더 구체적으로는 왜 빈곤층의 이해관계에 반하는 정책결정이 이루어지는가? 물론 어떠한 정책도 모든 시민을 만족시키는 결정이 되기는 힘들다. 민주주의는 다수결 원칙에 따라 작동하며, 때로 어떤 집단에게 불이익을 주는 정책을 결정할 수 있기 때문이다. 따라서 보다 적절한 문제제기는 다음과 같이 두 가지 질문으로 재구성되어야 한다. 첫째, 민주적 절차에 따라 결정된 정책이 정책결정자가 말한 것과 다른 결과를 초래하는 이유는 무엇인가? 둘째, 민주적 절차에 따라 결정된 정책이 정책결정자가 의도했던 것과 다른 결과를 초래하는 이유는 무엇인가?

위의 두 가지 질문 중 전자가 정치의 문제라면, 후자는 정책결정과정의 문제이다. 복지 문제에 대입하면, 전자는 복지정치의 문제이고, 후자는 복지정책의 문제인 셈이다. 여기서는 주로 후자의 문제에 초점을 맞추어 정책결정이론에 대해 살펴보고자 한다. 민주적 절차에 따라 정책결정을 했음에도 그것이 왜 기대했던 것과 다른 결과가 발생했는지 살펴보는 것이다. 물론 합리적 정책결정을 했음에도 예상과 다른 결과가 발생하는 경우가 있을 수 있다. 일종의 불가항력이 존재하는 것이다. 하지만 더 많은 정책실패는 합리적 정책결정을 하지 못했기 때문이다. 기존 제도나 정책에 대한 체계적 평가에 소홀했거나, 제도시행과 관련해서 내외부의 다양한 의견을 다양하게 수렴하지 못했기 때문일 것이다.

1. 정책결정의 이론들

20세기 사회과학의 방법론에 가장 큰 영향을 미쳤던 논쟁 중 하나는 주체와 구조의 논쟁이었다. 사회현상에 대한 해석과 설명의 두 가지 경향을 말해주는 것이었다. 한 가지 일화로 주체와 구조의 문제가 어떻게 사용되는지 설명하고자 한다. 그것은 프랑스의 68혁명을 보는, 서로 충돌하는 당대의 두 철학자의 목소리를 통해 설명할 수 있다. 68혁명 당시 학생들이 거리를 가득 메우고 기존의 질서에 저항하는 것을 두고, 루시앙 골드만(L. Goldman)이 학생들이 혁명의 주체로 거리를 메우고 있다고 표현했다. 반대로 자끄 라깡(J. Lacan)은 거리를 가득 메운 것이 주체가 아니라 구조라고 말했다(Doss 1992, 151-153). 이는 어떤 사건에서 의지를 가진 주체에 주목하는 관점과 이들을 규정하는 구조에 주목하는 관점의 차이를 웅변한다.

이 두 관점은 정책결정과정을 해석하는 방법으로도 활용할 수 있다. 정책결정이 그것에 참여하는 행위자들의 선택이라는 관점에서 사건을 해석할 수도 있으며, 각 행위자를 규정하고 있는 구조와 그 변화의 결과물이라고 해석할 수도 있을 것이다. 그리고 혹자는 대부분의 정책결정을 인과관계에 따라 설명할 수 있다고 믿는 반면, 다른 이들은 이러한 정책결정이 우발적인 사건에 의해 생겨난 상황이라고 해석하기도 하는 것이다. 사실 대다수 정책결정자는 자신의 선택이 최소비용으로 최대효과를 거두는 합리적 선택, 또는 보다 많은 사람의 욕구를 충족시키는 최적의 선택이라고 말할 것이다. 하지만 실제 이루어지는 정책결정은 합리적 선택이나 최적의 선택과는 거리가 먼 것이다. 이처럼 현실에서의 정책결정과정과 방식이 다양한 상황에서 그것을 설명하는 모형이 다양한 것은 자연스러운 일이다. 〈그림 1〉은 기존의 다양한 정책결정모형이 〈주체 ↔ 구조〉 그리고 〈사건 ↔ 법칙〉이라는 두 축으로 설계된 지도의 어디에 위치하는지 나타낸 것이다.

〈그림 1〉을 보면, 그림의 오른쪽 면에는 정책결정이 일종의 합리적 선택의 결과라고 전제하는 모형이 자리하고 있다. 각 주체가 합리적 선택을 통해 결정에 이르게 된다는 모형(Rational Model), 기존 제도나 조건 속에서 매우 점진적으로 변화를 수용하게 된다는 모형(Optimal Model), 이 두 가지 특징을 섞어 만들었다는 모형(Mixed Model)이다. 그리고 그림의 왼쪽 면에는 이러한 정책결정이 합리적 선택이라기보다 상황적 산물 또는 사건에 의한 우발적 조합이라고 생각하는 모형이 분포하고 있다. 그것은 주관적 만

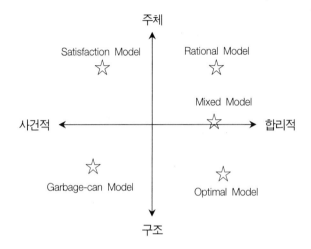

| 〈그림 1〉 | 주체와 구조의 관점에서 본 정책결정이론들 |

족도에 따라 정책이 결정된다는 모형(Satisfaction Model)과 다양한 구조나 흐름이 우연히 만나 정책이 결정된다는 모형(Garbage-can Model) 등이다. 그중에서도 일명 쓰레기통모형은 복지정책 결정과정에 대한 연구에서 많이 채택되는 모형이다.[1]

실제로 정책결정과정에 대한 연구에서 나타나는 흥미로운 경향 중 하나는 정책결정과정에서 중요한 영향력을 행사한 당사자에 의한 사건 해석 방식이다. 그것은 정책결정과정에서 일부 행위자의 헌신적인 노력과 그것이 정책결정에 미친 영향을 강조하는 방식을 말한다. 이는 실제 정책결정과정에서 중요한 요인으로 작용했음에도 공식문건을 통해 발견하기 힘든 요인을 알려주고 있다는 점에서 중요한 의미를 갖는다. 그리고 이처럼 일부 행위자

---

1) 쓰레기통모형에 대해서는 이 이론의 지속적인 발전과정을 담고 있는 Kingdon의 원 저술을 참고할 필요가 있다. Agendas John W. Kingdon, *Alternatives and Public Policies* (Boston: Little, Brown & Co., 2011), Update Edition, with an Epilogue on Health Care (2 edition).

의 헌신적인 노력을 배제하고서는 왜 동일한 상황에서 다른 정책이 선택되는지를 설명하기 힘들 것이다. 이러한 강점에도 불구하고, 정책결정에 참여했던 행위자 관점의 기술은 종종 다른 결정요인의 영향을 간과하거나 과소평가하는 경향을 보이기도 한다. 이 점에서 사건에 대한 하나의 해석이 다른 해석에 의해 반박되는 경우를 쉽게 발견할 수 있다.

위와는 정반대로 정책결정과정에 참여하지 않았던 제3자가 정책결정과정과 중요한 요인을 해석함으로써 발생하는 한계 또한 존재한다. 그것은 정책결정이라는 과거의 사건을 연구하면서, 공식문건이나 다양한 참여자의 해석 그리고 그것에 영향을 미쳤던 다양한 환경변수에 초점을 맞추게 된다. 이러한 해석을 통해 당대에는 알 수 없었던 어떤 법칙을 발견하기도 한다. 하지만 이러한 접근방식은 실제 정책결정이 이루어지는 공간에서 각 행위자가 다른 행위자와 상황을 어떻게 해석하고 있었는지 해석하는 데 한계가 있다. 사실 추상수준이 높고, 설명이 복잡할수록 정책결정과정의 실체로부터 멀어지기 쉬운 것이다.[2]

물론 가장 좋은 타협책은 이미 존재하는 모형을 사건에 대입함으로써 그것을 설명할 수 있는지 확인하는 것이다. 그리고 사건을 해석하는 데 필요한 정보를 재수집하는 것이다. 하지만 정책결정과정에 참여했던 행위자는 그 이해관계로 인해 쉽사리 결정이유를 말하지 못하는 경향이 있기 때문이다. 그리고 설사 자신의 역할을 말하는 경우라도 그것이 주관적 해석으로 사건의 재구성을 더 힘들게 할 수도 있다. 따라서 기존의 정책결정모형을 대입하고, 사건의 재구성을 통해 모형을 수정하는 방식이 불가피할 것이다.

다양한 정책결정모형 중 쓰레기통모형(Garbage-can Model)에 대해서는

---

2) 국내에서 발표되는 복지정책 결정과정에 대한 연구들에서 종종 발견되는 문제점은 당시 사건을 지나치게 건조하게 재구성하고 있다는 점이다. 정책결정의 시점에 각 행위주체가 당시의 경제사회환경을 어떻게 인식하고 있었으며, 정책결정자가 정책을 채택하게 된 계기가 무엇이며, 왜 다양한 정책대안 중 현재의 안을 선택했는지에 주목하지 않는 것처럼 보인다. 이는 과거의 사건을 재구성하는 과정에서 당시 정책결정에 참여했던 행위자들의 다양한 의견을 제대로 수렴하지 않았기 때문으로 판단된다.

좀 더 자세한 설명이 필요할 것이다. 이 모형은 Cohen 등이 1972년 발표한 한 논문3)에서 시작되었으며, Kingdon의 1984년 저작4)을 통해 발전되었다. 그리고 후자는 최근까지 이 이론을 꾸준히 보완하고 있다. 이들에 따르면, 정책결정은 합리성이나 협상, 타협 등을 통해 정책결정이 이루어지는 것이 아니라 다소 무질서한 상황에서 독립적으로 움직이는 몇 가지 흐름(streams)이 만나 정책결정이 이루어진다는 것이다. 그리고 그 속에서 각 행위자가 어떻게 사건을 인지하고 대처하는지 설명하고 있다.

Kingdon은 독립적으로 움직이는 세 개의 흐름, 즉 문제의 흐름(problem stream), 정책의 흐름(policy stream) 그리고 정치적 흐름(political stream)이 만나 정책결정이 이루어지게 된다고 설명하고 있다. 이러한 흐름이 만나는 정책결정의 기회가 열리는 것을 창문(window)이 열린다고 표현하고 있다. 이러한 창문은 어떤 사건을 계기로 하는 경우가 많으며, 문제의 발견은 대안의 발견으로 이어지기 쉽다. 대부분의 경우, 이 창은 아주 잠깐 열렸다 닫히며, 하나의 창이 열리면 다른 많은 정책들이 연쇄적으로 대안을 찾게 되기도 한다. 그것이 창이 열림에 따라 발생하는 파급효과인 셈이다 (Kingdon 2011, 165-195).

또한 이 모형은 정책결정의 각 단계, 즉 〈의제형성 — 정책결정 — 정책집행 — 정책평가〉라는 단계별로 어떤 행위자가 어떤 역할을 수행하는지 설명할 수 있다는 장점이 있다. 일반적으로 공무원과 전문가는 정책설계 단계에서 큰 영향력을 발휘한다. 그리고 전문가와 언론 등을 통해 어떤 문제가 심각하고 정책적으로 대처해야 한다는 공감대가 형성되어야 그것이 정책관리의 대상으로 인식되기 때문이다. 이와 관련해서 사람들이 문제를 인식하는 방식은 크게 두 가지 경로를 통해서다. 하나는 전문가들이 주로 사용하

---

3) Michael D. Cohen, James G. March and Johan P. Olsen, "A Garbage Can Model of Organizational Choice," *Administrative Science Quarterly*, Vol.17, No.1(Mar 1972), pp.1-25.

4) John W. Kingdon, Agendas, *Alternatives and Public Policies*(Boston: Little, Brown & Co., 1984), 이 책은 2011년 재판이 발행되었다.

는 방식으로 체계화된 지표를 통해 어떤 문제를 인식하고 설명하는 방식이고, 다른 하나는 관련된 사건을 언급함으로써 문제를 언급하는 방식이다. 그리고 이러한 언급은 기존의 통념을 확인시켜주는 사건이거나 지표일 때 더 강력한 영향력을 갖게 된다.

2. 빈곤정책 결정과정의 몇 가지 특징

앞서 언급한 바와 같이, 정책결정과정에 대한 분석모형을 일반화하기는 매우 힘들다. 설사 복지정책이라는 특정 영역에 국한하더라도 일반화된 모형을 만들기는 쉽지 않다. 공공부조제도처럼 상대적으로 더 동질적인 빈곤정책 결정모형도 크게 다르지 않다. 정책결정에 영향을 미치는 경제사회환경, 기존 제도의 발전정도, 주요 행위자의 구성과 특징, 정책결정과 관련된 권한배분에 따라 빈곤정책의 결정과정과 결정요인이 달라지기 때문이다.

하지만 빈곤정책은 정부예산으로 빈곤층에게 현금이나 현물을 지원하는 제도라는 점에서 몇 가지 특징을 갖는다. 그리고 이 특징은 빈곤정책과 관련된 정책결정모형을 구축함에 있어 고려해야 할 전제조건이라고 말할 수 있다. 〈그림 2〉는 정책결정의 단계를 〈공론화 — 의제설정 — 정책결정 — 정책집행 — 정책평가〉 다섯 단계로 구분하고, 각 단계별로 비교적 중요한 역할을 하는 행위자를 (*)로 표시하였고, 각 행위자가 개입하는 방식을 몇 가지 유형으로 구분하였다.

이 그림에서 (*)로 표시된 항목을 중심으로 설명하면 다음과 같다: 1) 정책결정에서 가장 큰 영향을 미치는 것은 정치적 판단이라는 점, 2) 정부는 의제형성과 정책결정 그리고 정책집행에 이르는 전 과정에서 강력한 영향력을 행사한다는 점, 3) 시민사회단체나 그 전문가들은 공론화와 정책의제설정 단계에 개입하여 빈곤층의 이해관계를 대변한다는 점 등이다. 그 밖에도 1990년대 이후 세계 각국의 공공부조제도가 근로빈곤층을 대상으로 하는 지원체계와 지원방식을 개편하고 있다는 점도 주목해야 할 대목이다. 그것

| 〈그림 2〉 | 빈곤정책 결정과정의 단계별 특징과 주요 행위자 |

	주요 기능	주요 행위자	주요 형태
공론화	- 문제인식 - 사건인식	- 시민단체(*) - 전문가/언론(*)	- 우발형 - 기획형
⇩			
의제설정	- 정책대안 제시 - 대안 간 경합	- 정부/지자체(*) - 정당(정치가) - 시민단체(*)	- 외부주도형 - 내부주도형 - 동원형 * 대안 간 경합
⇩			
정책결정	- 정책결정 - 법안제출/통과	- 대통령/총리(*) - 정부/지자체 - 국회(정당) - 시민단체	- 합리모형 - 만족모형 - 점증모형 - 쓰레기통모형(*)
⇩			
정책집행	- 시행령/지침 - 전달체계 - 재원마련	- 정부/지자체(*) - 민간공급자	- 통합형(집중형) - 분권형
⇩			
정책평가	- 문제발견 - 정책보완	- 정부/지자체(*) - 시민단체 - 전문가/언론(*)	- 과정 vs. 성과 - 효과 vs. 효율

은 이러한 선택을 피할 수 있는 성격의 문제가 아닌 셈이다.

〈그림 2〉를 토대로 빈곤정책의 결정과정에서 나타나는 주요한 특징에 대해 좀 더 상세하게 살펴보기로 하겠다.

첫째, 빈곤정책의 결정과정에서 가장 강력한 영향력을 행사하는 것은 집권세력의 정치적 판단이다. 이는 국민기초생활보장법 제정과정에서 김대중 대통령의 울산 발언이 결정적인 역할을 했다는 점이 그리 특이한 현상이 아니라는 것을 말해준다. 물론 그 발언이 얼마나 준비된 것이었는가에 따라 그에 대한 평가가 달라질 수 있을 것이다. 권위주의적 대통령제하에서 즉흥적으로 또는 정치적 위기에서 벗어나기 위해 결정된 것인지, 집권세력의 정책이념 등과의 관련성하에서 충분한 정책적 고려를 통해 계획된 것인지에 따라 평가가 달라질 수 있는 것이다. 하지만 많은 나라에서 빈곤정책, 특히 공공부조제도가 집권세력의 개혁공약에 단골메뉴로 출현한다는 점은 분명하다. 그것은 이 제도가 전적으로 정부예산에 의존하고 있어 정치적 판단에 따라 다른 제도보다 상대적으로 쉽게 개편할 수 있고, 공공부조제도 개편을 다른 복지개혁의 전조로 활용할 수 있으며, 다양한 사회 문제 해결을 약속하는 만능열쇠로 활용할 수 있다는 점에서 그러하다.

둘째, 빈곤정책의 결정과정에서는 정부의 역할이 매우 중요하다는 점을 지적할 수 있다. 정부는 정책결정과 관련된 과정 전체에 개입하여 결정에 필요한 정보를 제공하고, 다양한 의견을 수렴하며, 그중에서 적절한 정책대안을 선택하는 역할을 담당하기 때문이다. 그리고 이러한 역할은 법률을 통해 정해져 있다. 이러한 이유에서 빈곤정책의 결정에는 정부부처의 역할이 매우 중요한 것이다.

또한 법률의 제정 및 개정 과정에 개입하지 않더라도, 정부는 정책집행과 관련한 많은 사항을 별다른 제약 없이 결정할 수 있다. 그것은 대부분의 빈곤정책 관련 법률이 많은 중요한 사항을 시행령이나 시행규칙에 위임하고 있기 때문이다. 더욱이 빈곤정책의 집행 및 관리와 관련한 정부의 결정사항이 매우 많은 상황에서 이 모든 결정을 모니터링하고 평가하는 일 또한 간단치 않다. 이는 각국의 공공부조제도가 규율하고 있는 내용의 크기를 통해 알 수 있다.[5] 물론 각국은 공공부조제도의 정책결정에 보다 많은 의견을 수렴하는 장치를 두고 있다. 그것은 한국의 중앙생활보장위원회와 같은 조

---

5) 대부분의 국가에서 빈곤층의 지원을 담당하는 정부지침 또는 매뉴얼은 매우 두껍다. 한국의 기초생활보장제도를 시행하는 세부지침을 담고 있는 매뉴얼은 생계, 자활, 의료 등 총 세권으로 구성되어 있으며, 일본의 생활보호법 관련 지침 또한 매우 두꺼운 책자로 작성되어 있다. 그리고 최근 영국이 도입한 Universal Credit의 지침도 마찬가지이다.

직을 의미한다. 하지만 이러한 협의체를 통해 정책에 개입하는 데 많은 어려움이 있다는 점 또한 분명하다.[6]

셋째, 빈곤정책의 결정과정에서 시민사회단체가 빈곤층의 이해관계를 대변하는 역할을 담당하게 된다는 것이다. 역사적으로 빈곤층을 대변했던 많은 NGO를 예시할 수 있을 것이다. 영국의 아동빈곤층을 보호하는 운동에 앞장섰던 'Child Poverty Action Group,' 프랑스의 노숙자 보호를 위해 앞장섰던 'Fondation Abbé Pierre,' 우리나라에서 빈곤층과 수급자의 권리보호를 위해 활동하는 '빈곤사회연대' 등이 그것이다. 물론 시민단체가 빈곤층을 대신해 정부에게 그들의 욕구를 대변하고 지원을 요구하는 전통적 방식에서 벗어나, 빈곤층이 주체가 되는 당사자 조직이 생겨나기도 하였다. 이는 시민사회단체가 자신들의 욕구를 정부가 공식적으로 인정하게 하는 것을 넘어 더 구체적이고 실질적인 지원을 할 수 있다는 점에서 강점을 갖는다. 하지만 이러한 조직화 방식을 통한 개입이 정책결정과정에서 어떠한 역할을 하고 있는지는 더 연구가 필요한 대목이다.

위에 언급한 특징 외에도 1990년대 후반 이후 세계 각국의 빈곤정책에서 나타나고 있는 또 하나의 특징을 언급할 필요가 있다. 그것은 근로빈곤층(working poor) 대상 공공부조제도의 개편이 거의 모든 국가에서 공통적으로 나타나는 개혁과제라는 점이다. 근로빈곤층의 복지급여 부정수급과 그에 따른 도덕적 해이를 비판하는 목소리가 커지고, 대중의 주목을 받게 되면서 피할 수 없는 개혁과제로 설정되게 된다.[7] 이것은 더 이상 정권의 이념적

---

6) 일본의 생활보호법과 생활곤궁자자립지원법 또는 각기 중앙생활보장위원회에 준하는 협의조직을 설치하여 운영하고 있다. 하지만 이 조직은 의결권한은 없는 자문조직이라는 점에서 한국의 중앙생활보장위원회보다 정책에 영향을 미치는 정도가 약하다.

7) 2011년 영국이 Universal Credit을 도입하는 단계에서 가장 자주 화제가 되었던 것은 근로능력이 있는 빈곤층이 장애수당을 수급하는 방식으로 근로활동을 기피했다는 보도였다. 그리고 카메론 총리는 2000년 5월~2010년 5월까지 장애수당 수급자가 약 100만 명가량 증가했다고 언급하고, 이들 중 상당수가 부정수급자라는 점에서 이들의 급여를 제한할 것이라고 발표하였다. 당시의 언론보도 중 *Sunday Express*의 2011년 6월 4일자 기사, "Anger as disability benefit claimants soar by one millon"을 참조.

성향에 따라, 또는 정책결정자의 의지에 따라 우회할 수 있는 성격의 문제가 아니다. 이 문제에 대해 시민들의 태도가 매우 부정적이라는 점도 고려해야 할 사항이다.

특히 서구 각국에서는 공공부조제도 개혁이 피부색이 다른 이주민 수급자 문제와 맞물려 있다는 점에서 더욱 민감한 사항으로 작용하고 있다. 근로빈곤층의 취업과 자립을 촉진하는 방향의 복지개혁은 이미 그 결론이 정해진 정책이라고 말할 수 있을지 모른다. 물론 더 시급한 복지개혁은 연금개혁과 의료개혁이라고 말할 수 있다. 그것이 전체 사회보장재정에서 차지하는 비중이 높고, 재정적 지속가능성이 가장 취약하기 때문이다. 하지만 이러한 핵심 제도의 개혁은 수급자에 대한 보장수준을 하향조정하는 경우, 엄청난 후폭풍이 우려된다는 점에서 복지개혁의 선두주자로 채택되지 않는다. 이것이 근로빈곤층 대상 공공부조제도가 각국 복지개혁의 선두로 채택된 이유인 것이다. 미국의 1996년 근로연계복지(Workfare), 프랑스의 2009년 최소활동수당(Revenu Solidarité Active), 영국의 2011년 단일급여(Universal Credit), 일본의 2011년 생활곤궁자자립지원법(生活困窮者自立支援法)이 그것이다.

III. 기초생활보장제도 정책결정과정 비교:
1999년과 2014년 개편을 중심으로

우리사회는 1999년 기초생활보장제도를 도입한 지 15년 만에 법률을 개정하기에 이르렀다. 약 15년간 기존 제도를 대체할 정책대안으로 사용되었던 명칭은 개별 급여체계 또는 욕구별 급여체계였다. 하지만 2013년 3월 인수위 보고서 및 이후 정부의 국정과제 리스트는 맞춤형 급여체계라는 용어를 사용하고 있었다. 흥미로운 것은 2014년이 제도개편은 1999년의 제도 도입과는 여러 가지 측면에서 다른 양상을 나타냈다는 점이다.

그것은 정책결정과정에서 갈등의 정도가 상대적으로 크지 않았다는 점이다. 물론 그것은 1999년의 정책결정이 새로운 제도를 도입하는 것이었다면, 2014년의 정책결정은 기존 제도를 보수하는 것이었다는 점에서 갈등을 야기할 쟁점이 적었기 때문일 것이다. 또한 1999년의 정책결정이 시민단체의 청원운동이라는 밑으로부터의 법 제정운동이었다면, 2014년의 정책결정은 새로 집권한 대통령이 국정과제로 추진한 것이라는 점에서 차이가 있을 것이다.

달리 표현하면, 각 부처에서 제도개편에 반대하기 쉽지 않았음을 의미한다. 하지만 이것만으로 1999년과 2014년의 정책결정이 갖는 차이점을 제대로 설명하기는 힘들다. 이와 관련해서는 정책결정과정에 참여하는 각 주체의 경험과 역량의 변화, 그리고 정책의제설정의 기간 등에 주목해야 할 것이다. 정책결정의 각 주체들이 해당 복지제도에 대해 축적한 경험과 정보가 많을수록, 그리고 정책대안에 대한 검증기간이 길수록, 정책결정과정에서 경험하는 갈등이 작을 수 있는 것이다.

1. 1999년 기초생활보장제도 도입과정의 특징

우리사회에서 기초생활보장제도는 그것이 사회보장제도에서 차지하는 재정적 비중이나 수급자 규모에 비해, 상대적으로 많은 연구자들의 학문적 그리고 실천적 관심사가 되었다. 예를 들면, 이 제도의 역사적 의미, 최저생계비, 소득인정액, 부양의무자 기준, 자활사업 등에 대한 연구를 포함하면, 매우 방대한 연구영역을 이루고 있었다. 그중에서 기초생활보장제도의 도입과정, 정확하게는 국민기초생활보장법의 제정과정에 대해서도 많은 연구결과가 발표되었다.

국민기초생활보장법 제정과정에 대한 연구란 그것을 준비하는 공론화 단계에 대한 연구, 정책의제화 단계에 대한 연구, 법률통과 단계에 대한 연구,

정책시행방안 마련 단계에 대한 연구, 정책집행과정에 대한 연구 등을 포괄하고 있는 것으로 해석할 수 있다. 하지만 여기서는 범위를 좁혀 〈공론화 ─ 정책의제화 ─ 법률통과 ─ 정책시행방안 마련〉으로 국한하더라도 관련된 글과 논문은 수십 편에 달하고 있다. 1994년~2002년 사이 발표된 글을 중심으로 어떠한 유형의 필자들이 글과 논문을 발표했는지를 보면 시민단체(송경용 등), 시민단체 측에서 정책결정과정에 참여한 대학교수 등 전문가(이태수, 윤찬영, 문진영, 허선, 이찬진 등), 보건복지부 등 부처의 정책담당자(손건익, 문창진, 정호원 등), 국책연구기관 전문가(김미곤, 박능후, 강신욱 등), 정책결정과정에 참여하지 않은 대학교수 등 주요 연구자(안병영, 박윤영 등)들이 있다.[8]

이처럼 기초생활보장제도에 대한 학문적 관심이 컸던 이유는 크게 두 가지로 해석할 수 있다. 하나는 학문적 맥락에서 그것이 갖는 상징적 의미 때문이라고 판단된다. 국민기초생활보장법이 한국 사회보장제도의 역사에서 몇 가지 상징적 의미를 갖고 있었다. 첫째, 국민기초생활보장법의 도입이 1994년경에 시작되었던 국민복지기본선 도입이라는 운동의 연장선에 있었다는 점이다. 둘째, 국민기초생활보장법이 최저생계비의 개념화를 통해 사회권 개념을 쉽게 현실화시켰다는 점이다. 셋째, 근로능력이 있는 빈곤층을 기초생활보장의 대상으로 포합시켰다는 점이다.

다른 하나는 정치적 맥락에서 그것이 갖는 상징적 의미 때문이었다. 국민기초생활보장법 제정과정에서 시민사회단체, 특히 참여연대는 공론화는 물론이고, 기초생활보장법을 정책의제로 진입시키고, 법률을 제정하는 과정에서 큰 영향력을 행사했던 것으로 알려져 있다. 그리고 제도집행 초기 구체적인 시행방안을 마련하는데도 큰 영향을 미친 것으로 알려져 있다. 최저생계비 등의 개념화는 이 점에서 매우 중요한 사항이었다. 이처럼 시민사회단체가 주도적으로 정책의제화와 법률제정에 까지 영향력을 행사했던 경우는

---

8) 이들의 문건은 본문에서 직접 인용되지는 않았으나 후속연구를 위해 참고문헌에 게재하였다.

많지 않았다. 이러한 이유에서 기초생활보장제도의 도입과정에 대한 연구가 많은 연구자들의 관심대상이 되었던 것으로 여겨진다.

기초생활보장제도 도입과정에서 가장 큰 영향력을 행사한 행위자나 집단, 그리고 정책결정과정에서 나타난 행위자 간의 관계, 근로능력이 있는 빈곤층에 대한 각 행위주체의 태도, 그리고 이후 기초생활보장제도의 근간을 이루게 될 핵심내용에 대한 검토 등이 어떻게 이루어졌는지 간략하게 살펴보고자 한다.

첫째, 기존 연구들이 도달한 결론은 1999년 기초생활보장제도 도입에서 시민사회단체의 적극적인 노력이 매우 중요한 역할을 담당했지만, 정책결정단계에서는 대통령의 역할이 가장 중요했다는 것이다(안병영 2000; 박윤영 2001; 강신욱 외 2005). 그리고 이 해석에 대해서는 연구자 대부분이 큰 이견이 없어 보인다. 하지만 이러한 해석에 좀 더 구체적인 옷을 입힌다면, 아무래도 Kingdon의 쓰레기통모형을 적용할 수 있을 것이다. 그리고 이러한 정책결정모형을 적용한 것이 박윤영의 논문이다. 그는 1999년의 법률제정에 가장 큰 영향을 미친 요인에 대한 해석에서, 시민단체의 역할과 대통령의 정치적 결단을 강조하는 양극단을 넘어 보다 종합적으로 다양한 요인을 고려해야 한다고 말하고 있다(박윤영 2001).

둘째, 기초생활보장제도 결정과정에서 시민단체와 정부의 갈등이 매우 큰 흔적을 남겼다는 점이다. 이는 당시 공론화 과정이나 정책결정과정에 참여했던 시민단체의 활동가나 전문가들에게서 강하게 각인되어 있었던 것처럼 보인다(허선 2000).[9] 경제부처는 기초생활보장제도 도입에 부정적이었고 법률 제정과 관련해서도 최저생계비의 수준과 구성, 각 급여의 구성과 운영, 근로능력이 있는 수급자에 대한 급여와 조건부과 등 많은 문제에서 기초생활보장제도의 기본정신을 훼손한다고 생각했다. 이러한 문제와 관련해서 안

---

9) 참여연대가 1998년부터 2003년경까지 발표했던 의견서, 공개서한, 공동설명 등의 발표문건은 당시 기초생활보장제도 도입과정에서 세부 사항이 결정과 관련한 다양한 갈등양상을 보여주고 있다.

병영은 논문 말미에 정책결정과정에서 정부의 무의사결정(non-decision making)에 대해 언급하고 있다.[10]

셋째, 개초생활보장제도 도입과정에서 근로능력자에 대한 조건부 급여 문제는 이상주의와 현실주의의 대결로 해석할 수 있다. 1998년 시민단체청원이나 이성재 의원의 발의안에는 조건부과 규정이 없었다. 사실상 근로빈곤층에 대한 조건 없는 현금급여를 하고, 근로소득공제제도를 근로유인기제로 적용하는 방안인 셈이다. 하지만 1998년 상임위 법안심사소위에서 조건부과 규정이 신설되게 된다. 그것은 당시 소위에 참석한 국회의원들이 이 문제에 대한 의견을 수렴한 결과이다. 물론 이 과정에서 기획예산처와 재정경제부 등의 요구가 강하게 반영된 것으로 알려져 있다(강신욱 외 2005, 41-43; 72-74). 하지만 이 문제를 단순히 시민단체와 부처 간의 대결로 인식하는 것은 적절하지 않다. 사실 시민단체의 제안은 당시 빈곤인구 대비 수급자 규모, 근로능력이 있는 빈곤층에 대한 시민들의 복지 태도, 노동시장에서의 저임금노동 규모 등을 감안하면, 실현 가능성이 낮은 정책대안이었던 셈이다.

넷째, 기초생활보장제도의 근간을 이루는 중요한 사항에 대한 전문적인 검토가 취약했다는 점이다. 이는 기초생활보장제도를 구성하고 향후 제도운영에 매우 큰 영향을 미칠 핵심적인 내용들이 체계적인 검토를 거치지 못한 상태로 결정되었음을 의미한다. 국민기초생활보장법 도입을 결정하는 소요된 시간을 보면, 이 법이 매우 단기간에 검토되고 결정된 것을 알 수 있다. 1999년 6월 21일 김대중 대통령의 울산 발언이 있기 전까지, 정부부처가 국민기초생활보장법 제정에 소극적이거나 부정적이었다는 점은 대부분의 선행연구가 지적하고 있는 사항이다. 이처럼 사전에 충분한 준비가 없었던 상황에서, 7월 10일 경제정책조정회의를 거쳐 법률제정안의 주요내용에 대

---

10) 참고로 안병영은 글의 말미에서 "무의사결정"이라는 개념을 언급하고 있다. 무의사결정(non-decision making)이란 정책결정과정에서 정부 또는 누군가가 공론화를 막는 다양한 시도, 더 나아가 부득이한 경우, 정책결정 및 집행단계에서 이를 무력화시키는 시도를 지칭하는 것이다.

해 합의하고, 8월 2일 여야 국회의원과 복지부의 실무협의를 마치고, 9월 7일 최종법률안이 국회를 통과하게 된다. 울산 발언에서 법안통과까지 불과 두 달 반이 소요된 것이다. 다양한 전문가들의 의견을 수렴한 체계적인 검토가 이루어지기 힘든 시간이었던 셈이다.

구체적으로 최저생계비나 주거급여 등에 대해서도 충분한 검토가 이루어지지 못했다. 우선 의제설정이나 정책결정 단계에서 최저생계비에 대한 논의는 그 수준이나 급여구성에 초점을 맞추고 있어, 최저생계비를 모든 급여에 적용하는 선정기준과 급여수준으로 사용하는 문제에 대해 충분한 검토를 하지 못했던 것처럼 보인다(강신욱 외 2005, 76-92). 이 점은 향후 기초생활보장제도가 통합급여체계로 구축되는 데 매우 큰 영향을 미쳤던 사항이다. 다음으로 기초생활보장제도가 처음으로 적용했던 내용 중 하나인 주거급여를 현금급여 형태로 생계급여에 통합시키는 문제 또한 체계적으로 검토되지 못한 채, 결론을 내렸던 것처럼 보인다. 흥미로운 것은 당시 보건복지부가 주거급여를 분리하지 않고 생계급여에 통합해서 운영하는 방안을 제안하자, 시민단체 측에서는 주거급여(또는 주택급여)를 독립된 법률로 제정하여 규정하는 방안을 대안으로 제시하였다는 점이다(강신욱 외 2005, 39). 하지만 이 또한 지속적으로 논의되지 못했다.

이처럼 단기간에 기초생활보장제도를 설계하고 시행한 결과, 어떠한 문제점이 발생했는지는 자활사업의 예로 살펴볼 수 있다. 2000년 10월부터 기초생활보장제도가 시행되었지만, 수급자 선정은 이후 상당 기간 계속되어 2001년 상반기에 들어서면서 수급자 규모가 안정화되기 시작했다. 당시 중요한 관측 포인트 중 하나는 전체 수급자 규모와 조건부 수급자 규모였다. 특히 자활사업 참여자 규모가 어느 정도인가 하는 점이었다.

2000년 10월까지도 정부와 전문가들은 생활보호대상자 통계를 기반으로 미취업상태로 자활사업에 참여할 대상자 규모를 약 23만 명으로 추정하였다.[11] 하지만 정작 2000년 10월의 조건부 수급자 규모는 약 9만 명으로 파

---

11) 한국보건사회연구원(2000), 생활보호대상자 현황자료(내부자료).

악되었지만, 2001년에 7월의 조건부 수급자 규모는 약 4만 8천 명으로 감소
하였다. 이는 수급자 선정업무가 안정화되면서 실제 취업수급자로 판정된 사
람의 수가 증가했고, 근로능력이 있는 미취업수급자가 자활사업 참여를 기
피한 결과로 추정된다. 당시 정부는 생활보호 수급자 중 취업자 규모를 전
혀 파악하지 못하고 있었던 것이다. 결과적으로 20만 명을 잠재적 지원대상
으로 전제하고 설계된 자활사업은 출발부터 파국을 맞지 않을 수 없었다.12)

2. 2014년 기초생활보장제도 개편의 주요 내용

2014년 기초생활보장제도 개편이란 2013년 3월 인수위 보고서를 통해
제시되고, 이어 정부의 국정과제로 채택된 〈기초생활보장제도를 맞춤형 급
여체계로 개편하는 방안〉을 지칭한다. 하지만 맞춤형 급여체계는 많은 연구
자들이 도입 필요성을 주장했던, 개별 급여체계 또는 욕구별 급여체계에 다
름 아니다(노대명 외 2006; 노대명 외 2013). 급여체계 개편을 주장했던 연
구자들은 현재의 제도로는 크게 세 가지 문제를 해결하기 힘들다는 주장을
펼쳤다. 첫째, 빈곤층 복지사각지대를 해소하기 힘들다는 것이다. 둘째, 수
급자의 욕구별 급여를 적정 수준으로 보장하기 힘들다는 것이다. 셋째, 근로
능력이 있는 수급자의 근로의지를 약화시킬 위험이 있다는 것이다. 그리고

---

12) 파국을 맞이했다는 표현이 다소 지나칠 수 있다. 하지만 1999년 법률제정과 2000년
시행령제정 사이 자활사업은 보건복지부와 노동부 사이에서 줄다리기의 대상이 되었
다. 그리고 지루한 협상과정을 거쳐, 근로능력이 있는 수급자를 취업대상자와 비취업
대상자로 구분하고, 전자는 노동부가 지원하고 후자는 보건복지부가 지원하는 것으로
매듭지었다. 이 두 집단은 근로능력점수를 통해 판별되었지만, 기존 수급자의 인구분
포를 감안해서 각 집단이 약 10만 명 규모 구성되도록 안배되었다. 문제는 여기서
말하는 각 10만 명이라는 숫자는 생활보호대상자 중 취업자 비율을 토대로 추정된
규모였다. 하지만 제도 시행 이후, 미취업 수급자 규모는 예상보다 크게 낮은 수준으
로 나타났고, 그중에서도 청년층 중 자활사업 참여자가 거의 없었다. 그로 인해 노동
부의 자활사업은 개점하자마자 휴업상태로 들어가게 되었던 것이다. 이것이 자활사
업이 파국을 맞이했다고 표현한 이유이다.

이러한 문제는 주로 최저생계비 개념과 관련이 있다는 것이다.

따라서 제도개편방안의 핵심은 현재 기초생활보장제도에 적용되고 있는 최저생계비 중심의 통합급여체계를 재구성하는 것이다. 통합급여체계란 최저생계비가 모든 급여의 선정기준이자 각 급여의 수준을 결정하는 기준으로 사용되고 있어, 소득인정액이 최저생계비를 초과하면 전체 급여에 대한 수급자격을 상실하게 되는 체계를 말한다. 쉽게 설명하면, 선정기준을 초과하면 모두 잃고, 선정기준에 미달하면 모든 지원을 받는 '전부 또는 전무(all or nothing)' 방식의 급여체계이다. 이러한 이유에서 수급자들로 하여금 기초생활보장제도에서 벗어나지 않으려는 복지의존 문제를 야기하고 있다는 비판을 받아왔다.[13]

그리고 통합급여체계를 욕구별 급여체계 또는 맞춤형 급여체계로 개편하는 핵심내용은 최저생계비를 선정기준과 급여기준에 모두 적용하던 기존 방식에서 벗어나, 선정과 급여를 분리하고 각각의 기준을 별도로 설정하는 방식을 도입하는 것이다. 각 급여의 수급여부를 결정하는 소득기준을 급여에 따라 다층화하고, 각 급여의 급여수준 또한 빈곤층의 주거와 가족구성 등을 고려하여 적정화하는 것이다.

이를 위해 선정기준은 상대적 기준선을 급여마다 다른 수준으로 적용하는 방식으로 개편되었다. 그것은 중위소득의 일정 비율을 선정기준으로 설정하는 방식이며, 생계급여는 중위소득의 30%, 의료급여는 40%, 주거급여는 45%, 교육급여는 50%로 다층화되어 있다. 그리고 급여수준은 지금까지 최저생계비의 일정 비율로 계산하던 방식에서, 생계급여는 상대적 기준선과 동일하게, 주거급여는 급지와 가구원수를 고려하여 기준임대료를 재설정하는 방식으로, 교육급여는 빈곤가구의 교육비 지출수준을 고려하여 재산정하는 방식으로 개편되었다(노대명 외 2013).

---

13) 물론 이 문제에 대해서는 여전히 해석의 여지가 있다. 참고로 허선은 수급자들 사이에서 복지의존 또는 도덕적 해이가 나타나고 있다지만, 그 원인이 무엇인지에 대해서는 신중한 접근이 필요하다는 점을 지적하고 있다. 이는 통합급여체계로 인한 것으로 단정하기 힘들다는 지적으로 이해할 수 있다(허선 2009).

그리고 제도개편의 중요한 목표 중 하나였던 사각지대 해소를 위해 부양의무자 기준을 완화하는 것이다. 하지만 부양의무자 기준의 완화는 크게 두 가지 전략을 채택하고 있다. 하나는 지금까지와 마찬가지로 부양의무자의 부양능력을 판정하는 소득인정액을 상향 조정하는 것이다. 현재의 제도개편안은 부양의무자가 평균적인 소비생활을 영위하고도, 수급신청자를 부양할 소득여력이 있을 때, 부양능력이 있는 것으로 판정하도록 조정되었다. 다른 하나는 보다 과감하게 급여별로 부양의무자 기준을 폐지하는 방안이다. 그것은 부양의무자의 소득기준을 조정하는 것으로 사각지대를 해소하기 힘들다는 판단에 기초한 것이다. 따라서 상대적으로 재정부담이 낮은 교육급여부터 단계적으로 적용하는 방안을 채택하고 있다(노대명 외 2013).

이러한 내용이 맞춤형 급여체계의 핵심내용이라면, 이러한 제도개편을 안정적으로 수행하기 위한 몇 가지 조치 또한 설명할 필요가 있다. 첫째, 기존 최저생계비와의 연계성을 유지하면서 보장수준이 하락하지 않는 안전장치를 마련했다는 점이다. 그것은 이행기 보장급여와 관련된 것이다. 이 보장급여는 제도개편 후에 받게 될 급여가 제도개편 전 최저생계비를 기준으로 설정된 급여보다 낮은 경우, 그 차액을 보전하는 것이다. 둘째, 각 급여의 연계·조정을 위한 중앙생활보장위원회의 기능 강화이다. 이는 각 급여의 소관부처가 보건복지부 외에도 국토부와 교육부로 분산됨에 따라 각 급여의 선정과 급여 업무를 조정하고 연계할 필요성이 커졌음을 말해준다. 그리고 평가권한을 강화하여 맞춤형 급여체계하에서 선정기준과 급여수준이 적정성을 유지하는지 평가하도록 하였다.[14]

이 제도개편방안과 관련해서 쟁점이 되는 것은 크게 두 가지로 정리할 수 있다. 첫째, 최저생계비 개념을 포기하는 것에 대한 비판이다. 최저생계비는 오랜 시간 우리사회의 복지기본선으로 인식되어 왔다. 그리고 이는 빈곤층이 국가를 대상으로 하는 청구권을 완성시키는 매우 상징적인 의미 또

---

14) 현재 적용되고 있는 제도개편 내용에 대해서는 보건복지부의 기초생활보장사업 안내를 참조.

한 갖고 있다는 것이다(문진영 2013; 문진영 2015). 그것은 내용적으로 최저생계비가 갖는 한계에도 불구하고 그대로 유지할 필요가 있다는 지적이다. 둘째, 생계급여의 급여수준을 선정기준과 동일하게 중위소득의 일정 비율로 설정하는 방식이 적절하지 않다는 비판이다. 그것은 생계급여에 대한 절대방식의 계측이 필요하다는 주장으로 이해할 수 있다.[15] 이러한 비판 외에도 더 많은 비판이 있을 수 있다. 하지만 위에 언급한 두 가지 비판이 가장 핵심적인 쟁점이었다고 말할 수 있다.

3. 2014년 기초생활보장제도 개편과정의 특징

맞춤형 급여체계로의 개편방안은 2013년 중 수차례에 걸쳐 정부와 국회에서 논의되었다. 하지만 이 개편방안은 장기간 국회에 계류되어 있었다. 그 이유는 국민연금 도입과 관련한 여야 간 입장차이로 인해 복지 관련 법안들이 패키지로 저지되고 있었고, 기초생활보장제도 개편방안은 그중 하나였기 때문이다. 하지만 야당입장에서 이 법안을 통과시키기 주저하였던 이유 중 하나는 시민단체에서 최저생계비 개념을 포기하는 제도개편방안에 대해 강경하게 비판하였기 때문이다. 따라서 제도개편방안은 약 1년이 넘게 국회에 계류되었고, 정부와 연구자들은 국회에서의 법안통과가 불확실하다고 판단하기에 이르렀다. 그러나 2014년 12월 갑작스럽게 법안이 국회를 통과하기에 이른다.[16]

그렇다면 2014년의 제도개편과정은 어떤 특징을 갖는가? 가장 큰 특징은 다음 세 가지로 정리할 수 있다. 첫째, 정부가 주도한 정책결정이었다는 점

---

15) 이것은 별도의 문건에 설명되어 있지 않지만, 주로 박능후 교수의 주장이다.
16) 2014년 12월의 법률개정안 국회통과는 부처와 야당 간에 다음 세 가지 조건을 둘러싼 협상이 관철됨에 따라 가능했던 것으로 판단된다: 1) 최저생계비 개념을 법안에 유지하는 것이다. 2) 상대적 소득기준을 급여별로 명확하게 규정하고 그 수준을 법에 담는 것이다. 3) 제도개편에 필요한 추가예산을 약속받는 것이다.

이다. 둘째, 장기간의 논의를 거친 정책대안을 채택한 정책결정이었다는 점이다. 셋째, 시민단체와 전문가들의 의견이 통일되지 않은 상태에서 내려진 결정이었다는 점이다.

먼저 2014년의 제도개편은 정부가 인수위를 통해 먼저 정책의제로 설정하는 방식을 취했다는 특징을 갖는다. 그리고 제도개편의 개편방향과 세부방안에 대해서도 매우 상세하게 규정하고 있다. 맞춤형 급여체계에서 각 급여별 선정기준이 중위소득의 일정 비율로 설정된 것은 인수위 보고서에 담긴 내용에 기초한 것이다. 그리고 주거급여를 제외하고는 모든 선정기준이 최종 법률안에 그대로 반영되었다. 이는 정권 차원에서 주도하는 제도개편안이 부처 차원에서도 수용가능성이 훨씬 높았다는 점을 말해준다.

참고로 상대적 방식의 선정기준이나 급여수준 적정화, 그리고 교육급여의 부양의무자 폐지 등의 사안과 관련해서 첨예한 쟁점이 형성될 수 있었지만, 심각한 갈등으로 이어지지는 않았다. 경제 관련 부처 또한 세부 개편방안에 대해 강한 이견을 개진하지 않았다. 기획재정부는 전체적인 예산총량을 결정함으로써 추가적인 지출을 사전에 통제하는 방식을 취했던 것으로 판단된다.

이어 정부가 채택한 제도개편방안은 장기간의 논의를 거친 정책대안이었다는 점이다. 기초생활보장제도의 구성체계를 지칭하는 표현으로 개별 급여체계라는 개념이 시작된 것은 대략 2001년~2002년경으로 판단된다.[17] 그것은 기초생활보장제도하에서 자활사업을 활성화하는 방안을 논의하는 과정에서, 현재의 급여체계로는 근로유인이 힘들다는 점을 확인하면서 시작되었다. 자립준비적립제도나 근로장려금 인상 등으로 근로능력이 있는 수급자의 취업과 자립을 촉진하고자 했지만, 이러한 시도가 기초생활보장제도 수급자격을 유지하려는 욕구를 넘어서지 못한다는 판단에 따라, 급여체계 자체를 개편해야 한다는 주장으로 발전하였던 것이다.

---

17) 개별 급여체계로의 개편 필요성을 담은 최초의 문건은 김수현·노대명·홍경준(2002), "자활지원제도체계 정립방안"이었다.

그리고 이 정책대안은 2004년 빈부격차차별시정기획단이 주도했던 기초생활보장제도 개편작업, 2005년 당시 한나라당 고경화 의원의 법률안, 2007년 유시민 장관이 추진했던 기초생활보장제도 법률개정안 등으로 이어져 왔다. 이는 정부가 채택한 정책대안이 비교적 다양한 방식으로 검증되었음을 의미한다. 일종의 숙성기간을 거친 셈이다.

다음으로 2014년이 제도개편 과정에서 시민단체나 전문가들의 저항이 상대적으로 강하지 않았다는 점이다. 물론 기초생활보장제도 개편과 관련해서 참여연대와 빈곤사회연대 등의 시민단체가 비판적 태도를 취하고, 이를 저지하려는 시도를 했던 것은 사실이다. 그것은 주로 최저생계비 개념을 폐기한다는 비판이었다. 하지만 시민단체들의 비판이 다양한 시민사회단체로 확대되는 양상을 보이지는 못했다 그것은 기초생활보장제도 개편과 관련해서 단체마다 다소 이견이 있었음을 의미한다. 마찬가지로 학계전문가들 사이에서 기초생활보장제도 개편에 대해 합의된 목소리로 반대하기 힘들었다. 그것은 각 개인마다 입장이 다르겠지만, 전체적으로는 맞춤형 급여체계로의 개편에 대해 적극적으로 지지하지는 않지만, 그렇다고 현재의 기초생활보장제도를 그대로 유지해서는 곤란하다는 판단에 따른 것일 수 있다. 일종의 반사이익으로 제도개편에 대한 강력한 저항을 피할 수 있었던 것이다.

2014년의 기초생활보장제도 개편과정을 쓰레기통모형에 입각해서 해석하면 다음과 같다. 먼저 문제흐름에 대한 해석이다. 저성장이 지속되고 소득격차와 빈곤 문제가 심각한 수준을 보이고 있지만, 심각한 위기를 동반하지 않는 상황이었다. 그리고 정확하게는 빈곤율이나 소득불평등이 다소 개선되는 조짐을 보이고 있었다. 물론 이미 높은 수준으로 악화된 수치가 다소 조정되는 양상으로 해석해야 할 것으로 판단된다. 이처럼 상대적으로 안정된 상황에서 제도가 개편된다는 것은 비교적 안정적이고 합리적으로 정책을 선택하기 유리한 상황임을 말해준다. 이어 정치흐름에 대한 해석이다. 맞춤형 급여체계는 박근혜 대통령의 취임 직후 곧바로 국정과제로 채택되었다. 그리고 이것은 기초연금 등과 더불어 대표적인 정책과제로 부각되었다. 이는 맞춤형 급여체계로의 개편방안이 국정 지지도가 매우 높았던 시점에

채택되었음을 말해준다.

한 가지 특징적인 것은 기초생활보장제도 개편안이 국회에 계류되어 있었지만, 그것이 여야 국회의원 간에 첨예한 이견 때문은 아니었다는 점이다. 그것은 기초연금을 둘러싼 야당의 전략적 선택에 따른 것이었다. 이 점에서 기초생활보장제도 개편은 정치적으로 매우 유리한 입지에 있었다고 판단된다. 끝으로 정책흐름에 대해 해석할 필요가 있다. 기초생활보장제도와 관련해서 경합하는 정책대안은 분명했다. 한편에서는 현 제도를 유지하자는 것이고, 다른 한편에서는 제도를 개편하자는 것이다. 하지만 정책결정과정에 참여하는 대다수 행위자들은 현 제도가 많은 문제점을 안고 있다고 생각하고 있었다. 이 점에서 제도개편안이 선택될 개연성이 높았던 것이다. 그리고 맞춤형 급여체계로의 제도개편방안은 이미 수차례 법안형태로 국회에 상정된 바 있었다. 이는 이 제도개편안이 다양한 방식으로 검증절차를 거쳤음을 의미한다.

그렇다면 이러한 흐름들은 어떠한 사건을 계기로 정책결정에 이르게 되는가? 2014년의 법률개정안은 상대적으로 안정된 경제사회여건, 높은 정치적 지지도 그리고 상대적으로 검증된 정책대안이 만나, 국회를 통과하기 유리한 여건이었다. 하지만 시민단체의 반대와 기초연금을 둘러싼 갈등과 맞물려 상당 기간 공전하기에 이른다. 이런 상황에서 2014년 초 제도개편에 우호적인 영향을 미칠 충격적인 사건이 발생한다. 그것은 2014년 2월 송파구에서 발생한 세 모녀 자살사건이었다. 당시 가난에 시달리던 세 모녀가 마지막 월세를 지불하고 삶을 마감했던 이 사건은 빈곤층을 대상으로 하는 공공부조제도 개편에 힘을 실어주는 것이었다. 물론 시민단체들은 맞춤형 급여체계로 제도를 개편하더라도 송파구 세 모녀를 구할 수 없다고 비판했지만, 현재보다 선정기준과 급여수준을 상향 조정한 개편안을 거부할 명분은 상당 부분 약화되었던 것이다. 하지만 2014년 4월 16일 세월호 사건이 발생하게 된다. 이 사건은 모든 정치기능을 중지시키는 강력한 것이었고, 상당 기간 국회의 입법 활동을 정지시키게 된다. 하지만 모두가 지쳐 있던 2014년 12월 법률개정안이 국회를 통과하기에 이른다.

4. 1999년과 2014년 정책결정과정의 특징 비교

1999년 국민기초생활보장법의 제정과 2014년 법률개정이라는 두 개의 정책결정은 어떠한 공통점과 차이점을 갖는가. 〈그림 3〉은 두 개의 정책결정을 〈공론화 — 정책의제설정 — 정책결정 — 정책집행 — 정책평가〉라는 다섯 개의 단계로 구분한 뒤, 1999년과 2014년의 정책결정이 각 단계별로 얼마나 많은 시간을 투입하였는지 비교한 것이다.

〈그림 3〉을 보면, 기초생활보장제도가 필요하다는 점을 공론화하는 기간과 기초생활보장제도 개편이 필요하다는 주장을 공론화했던 기간은 각각 4년과 3년 반으로 비슷했던 것을 알 수 있다. 이는 전문가와 정책결정자들이 기존 제도를 개편할 대안을 준비하는 데 소요된 기간을 나타낸다.

하지만 각 정책대안이 정책의제로 설정되고 검증을 받는 기간은 큰 차이

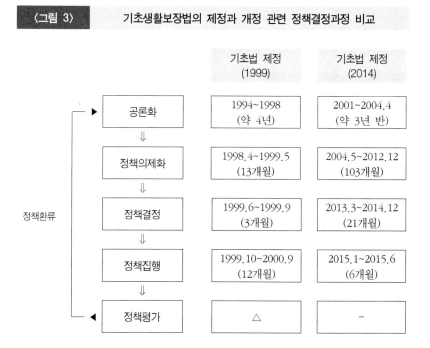

〈그림 3〉   기초생활보장법의 제정과 개정 관련 정책결정과정 비교

정책환류		기초법 제정 (1999)	기초법 제정 (2014)
	공론화	1994~1998 (약 4년)	2001~2004.4 (약 3년 반)
	정책의제화	1998.4~1999.5 (13개월)	2004.5~2012.12 (103개월)
	정책결정	1999.6~1999.9 (3개월)	2013.3~2014.12 (21개월)
	정책집행	1999.10~2000.9 (12개월)	2015.1~2015.6 (6개월)
	정책평가	△	-

를 보이고 있다. 국민기초생활보장법 제정안이 정책대안으로 부각되면서 그 타당성에 대한 검토를 받은 기간은 약 13개월이라고 말할 수 있다. 이는 다른 소득보장제도와의 관계나 핵심 개념인 최저생계비 및 소득인정액 등에 대한 체계적인 검토를 하기에 충분한 기간이라고 말하기 힘들다. 반면에 기초생활보장제도 개편안은 2004년부터 2012년 말까지 약 103개월간 수차례에 걸쳐 검증을 받게 된다. 때로는 정부가 추진할 제도개편방안으로, 때로는 국회의원이 발의한 법률제정 및 개정안으로 다양한 형태의 검증을 거쳤다.

정책결정에 소요된 기간을 보면, 국민기초생활보장법 제정안은 대통령의 발표가 있은 후 3개월 만에 국회를 통과한 반면, 기초생활보장제도 개편안은 국정과제로 선정되고 21개월이 지나 국회를 통과하였다. 이는 시민단체가 주도한 입법안에 대한 국회차원이 저항이 더 적다는 것으로 이해할 수 있다. 사회적 합의수준이 높게 형성되었다는 것을 의미하기도 한다.

정책집행에 소요된 기간을 보면, 국민기초생활보장법 제정에는 약 12개월의 준비기간이 허용되었고, 제도개편에는 약 6개월의 준비기간이 허용되었다. 하지만 이처럼 짧은 준비기간은 제도의 올바른 집행을 어렵게 한다. 1999년에는 전달체계를 전면적으로 개편하고, 새로운 개념을 학습하는 데 12개월이 크게 부족했다면, 2014년에는 불과 2개월 만에 다양한 세부사항을 결정하는 것은 불가능한 상황이었다. 이는 한국 빈곤정책이 좋은 제도를 설계하고도 집행과정에서 그것을 망치는 가장 큰 이유 중 하나라고 말할 수 있다.

그렇다면 1999년과 2014년의 정책결정과정은 어떠한 유사점과 차이점을 갖는가.

먼저 유사점을 보면, 두 사건 모두 대통령의 결정을 통해 추진력을 얻을 수 있었다는 점이다. 앞서 김대중 대통령의 울산 발언이 결정적인 역할을 했다는 점은 수차례 언급하였다. 하지만 박근혜 대통령 또한 기초생활보장제도를 개별급여로 개편하는 방안에 대해 이미 잘 알고 있었고, 이것을 국정과제로 채택하는 데 의지를 갖고 있었다.

또한 보건복지위원회에 소속된 여야 국회의원들이 동의했다는 점이다.

1999년에는 민주당이 주도하고 새누리당은 김홍신 의원을 중심으로 그것에 동조하는 형태를 취했다. 그리고 2014년에는 새누리당이 주도하고, 민주당이 그것에 소극적으로 동의하는 형태를 취했다. 이는 두 개의 정책결정과정은 국회차원에서 여야 간 이견이 첨예하게 대립하지 않았다.

마지막으로 대통령의 정책결정 이후 모든 부처가 개편방안을 지지하는 태도를 보였다는 점이다. 그것은 1999년의 정책결정과정에서 더욱 극적으로 나타났던 것처럼 보인다. 그리고 2014년 정책결정과정에서도 많은 부처가 처음부터 맞춤형 급여체계로의 개편을 적극적으로 지지했던 것은 아니다. 하지만 맞춤형 급여체계가 정책의제로 다루어진 기간이 길었으며, 경제부처에서도 이 개편방안을 지지하는 경향이 강했다는 점에서 극적인 전환이었다고 말하기는 힘들다.

이어 차이점을 보면, 1999년이 정책결정과 2014년의 정책결정은 상이한 숙성기간을 거쳐 이루어졌다는 점이다. 그중에서도 제도개편방안은 오랜 숙성기간을 거쳐 정책결정이 이루어졌다는 특징을 갖는다. 또한 1999년 전국의 사회복지학과 교수들이 연대서명으로 하나의 목소리를 냈다면, 2014년에는 하나의 목소리를 내지 않았다. 그리고 1999년 수많은 노동사회단체들이 기초생활보장법 제정을 요구하였다면, 2014년 어떠한 시민단체도 그러한 요구를 하지 않았다. 그것은 이 제도개편안이 정부가 제안한 것이기 때문이다. 하지만 반대로 이 제도개편방안에 반대하는 하나의 목소리를 형성하지도 못했다. 그것은 이들이 맞춤형 급여체계라는 현 정부의 개편방안에 동의하지는 않았더라도, 기존 제도를 그대로 유지해야 한다는 점에도 동의하지 않았기 때문일 것이다.

1999년의 정책결정과 2014년의 정책결정이 다른 양상을 보인 이유는 무엇인가? 이 문제와 관련해서는 정책제안자의 차이, 경제환경의 차이, 정책결정자의 정치적 상황의 차이, 정책대안의 숙성도 차이 등을 거론할 수 있을 것이다. 하지만 여기서는 한 가지 중요한 변화를 강조하고자 한다. 그것은 기초생활보장제도의 정책결정에 참여하는 주요 행위자들이 어제의 행위자와 크게 달랐다는 점이다. 사실 1999년 생활보호법을 개정하는 시점에는 이러한 종류의 공공부조제도가 사회 전체에 어떠한 영향을 미치게 될 것인지 예측하기 쉽지 않았다. 정책결정에 참여하는 주요 부처나 정당들도 제도의 구체적인 내용에 어떻게 개입해야 하는지 확신을 갖기 어려웠다. 달리 표현하면, 반대를 하더라도 충분한 논거를 갖고 반대하기 힘들었음을 의미한다. 이것이 정책결정과정에서 상대를 설득시키지 못하고 갈등을 증폭시킨 이유였을 것이다.

하지만 지난 15년간 주요 부처의 정책결정자들은 기초생활보장제도에 대해 충분한 학습을 마친 상태였다. 그리고 제도개편방안이 왜 필요한지에 대해서는 숙지하고 있었다. 따라서 제도개편의 필요성과 개편방향에 대해서는 이견이 적었다. 확보된 예산을 고려한 선정과 급여의 문제가 있었을 뿐이다. 이는 객관적인 논거가 부족한 상황에서 제도 도입에 대해 찬성과 반대를 선택해야 했던 상황과는 근본적으로 다른 것이다.

IV. 맺으며

15년의 간격을 두고 이루어진 기초생활보장제도와 관련된 두 개의 정책결정은 복지정책 결정과정에 대한 연구에 어떤 학문적·정책적 시사점을 줄 수 있는가.

첫째, 크든 작든 새로운 복지제도의 도입이나 기존 복지제도의 개편은 사회보장체계 전반에 걸친 큰 그림을 전제해야 한다는 점이다. 물론 그 그림은 집권세력의 이념적 지향에 따라 차이가 있을 수 있다. 그리고 큰 그림이 안고 있는 구조적인 한계에 대해서도 유념해야 한다. 그럼에도 큰 그림은 여전히 필요하다. 그 이유는 큰 그림이 없는 상태에서 하나의 정책을 도입하거나 개편하는 경우, 다른 정책과의 정합성 문제로 정작 필요한 제도개편도 추진하기 힘들기 때문이다. 미시적 개편에 그치고, 향후 제도개편을 더욱 어렵게 만드는 비틀림이 발생하게 되는 것이다.

예를 들면, 공공부조제도를 개편하는 작업은 다른 소득보장제도와의 관련성하에서 이루어질 필요가 있다. 노후소득보장을 위한 공적연금제도나 기초연금제도, 근로연령층 소득보장을 위한 고용보험제도 등이 그것이다. 노인빈곤층 규모가 매우 큰 상황에서 기초연금제도 등 관련한 소득보장제도를 어떻게 발전시킬 것인가는 공공부조제도의 개편방향을 정하는 데 매우 중요한 영향을 미친다. 이는 새로운 사회수당이나 기본소득을 도입해야 하는지 판단할 수 있게 하기도 한다. 결국 〈큰 그림〉이 전제되지 않고서는 각 제도가 매우 불균등하고 소극적으로 개편될 수밖에 없다는 것이다. 이러한 이유에서 제도개편에 따른 사회적 비용을 절감하고 제도개편의 성과를 제고하기 위해서는 큰 그림이 필요한 것이다.

둘째, 법률의 제정이나 개정과 관련해서는 국회차원에서 보다 체계적인 검토가 가능하도록 새로운 검증절차를 도입해야 한다는 점이다. 우리나라에서 복지제도의 도입이나 개편은 외국에 비해 신속하게 이루어지는 경향이 있다. 이 점에 대해 외국 연구자들은 그 역동성이 부럽다고 말하기도 한다. 하지만 그것이 냉소적 의미를 갖고 있다는 점에 주목해야 한다. 정책은 처음에 만들 때 잘 만들어야 한다. 외국에서 하나의 법률을 통과시키는 데는 많은 시간과 노력이 필요하다. 이는 민주주의체제하에서 당연한 것이며, 비효율적 선택도 아니다. 잘못된 법률을 통과시켜 매몰비용을 부담하는 것보다 효율적인 것이다.

실제로 영국이나 프랑스 등 대다수 국가들은 법률을 통과시키기까지 상원과 하원이 서로 수십 차례 의견서를 교환하여 내용을 수정한다. 따라서 법률통과라는 정책결정이 이루어지기까지 많은 시간이 소요되는 것이 당연하다. 우리나라는 모든 정책결정을 신속하게 처리하려는 강박증이 있다. 그것은 대통령 단임제와 국회 단원제라는 한계 때문일지 모른다. 정부는 단기간에 정책성과를 과시하고 싶고, 국회는 법률의 내용을 신중하게 검토할 의지도 시스템도 취약하기 때문이다. 그리고 최근 도입한 검토절차 또한 예산측면에서의 타당성 검토로 축소시켜 생각하는 경향이 있다. 하지만 더 중요한 것은 그것이 전체 사회보장체계 및 다른 제도와의 정합성을 갖는지 검토하고, 시행과정에서 예상되는 문제점은 없는지 검토하는 것이다. 예산에 대한 검토는 이러한 검토사항 중 하나여야 하는 것이다.

셋째, 법률통과 시에 제도시행까지의 준비에 충분한 시간을 주어야 한다. 우리나라의 복지정책 결정과정에서 가장 자주 발생하는 문제점 중 하나는 제도시행에 필요한 시간적 여유를 주지 않는다는 점이다. 사실 정책결정에 신중을 기하는 것 이상으로 제도시행에 충분한 시간적 여유를 두어야 한다. 하지만 많은 경우에, 국회는 정부에게 서둘러 법률을 시행할 것을 요구하게 된다. 문제는 단기간에 제도를 시행하기 위해서는 많은 영역에서 실수가 발생하게 된다는 점이다. 많은 주체들의 노력으로 하나의 제도를 도입하고 마지막 시행과정에서 서둘러 그림을 망치는 결과를 초래하는 것이다.

기초생활보장제도의 도입과 개편은 모두 이러한 문제점을 잘 보여주고 있다. 기초생활보장제도의 도입은 법률통과부터 시행까지 불과 1년의 여유를 두었고, 2014년 12월의 법률개정은 다음 해 6월을 시행시점으로 규정했다. 제도개편에 따른 제반 준비사항이 방대했다는 점을 감안하면, 6개월 내에 제대로 시행방안을 마련하기 힘들었을 것이라는 점은 충분히 짐작할 수 있다. 6개월 뒤 제도를 시행하려면, 수개월 전에 대부분의 세부적인 사항까지 정책결정이 내려져 있어야 한다. 하지만 법률은 그렇게 구체적인 사항까지 규정하지 않는다. 따라서 불과 1~2개월 내에 결정을 내려야 하는 것이다. 세부 결정사항의 정합성을 검토하기 힘들다는 것은 분명하다. 외국에서 하나의 법률을 통과시키면 통상 1~2년가량의 시범사업기간을 두고, 그동안 문제점을 해결하여 최종안을 결정한다는 점을 참고할 필요가 있다.

넷째, 기존 제도나 정책에 대한 평가체계를 강화함으로써 그것이 이후의 제도개편에 제대로 반영되게 해야 한다는 점이다. 빈곤정책의 설계와 집행에서 평가가 얼마나 중요한지는 20세기 후반 빈곤정책과 관련된 가장 야심찬 아이디어 중 하나였던 근로연계복지(Workfare)의 성공과 실패를 기술한 Quaid의 책 속에 잘 나타나 있다. 그는 『근로연계복지: 왜 웅대한 사회정책 이념이 좋은 결과를 내지 못하는가』라는 책에서 웅대한 사회정책 이념이 정작 현실에서 큰 변화를 일으키지 못하고, 그 영광의 흔적은 문서로만 남게 된다고 기술하고 있다. 그리고 설령 현실에 적용되어 다양한 영역을 아우르는 정책으로 시행되더라도, 결국에는 '서서히 그러나 분명하게(slowly but surely)' 잘못된 방향으로 귀결된다는 것이다. 그리고 이러한 문제가 발생하는 이유 중 하나는 기존 프로그램에 대한 평가가 제대로 이루어지지 않았기 때문이라는 것이다(Quaid 2002, 3-17).

이러한 문제는 1999년 기초생활보장제도 도입과 2014년 개편에서도 드러나고 있다. 그렇다면 왜 제대로 된 평가가 이루어지지 않는가. 일차적으로 피평가대상이 평가를 좋아할 리 만무하다. 그리고 하나의 감사조직이 전체 부처의 정책을 제대로 평가하기에도 한계가 있다. 더욱이 정책평가에 필요한 각종 행정정보가 정책을 집행하는 조직의 관리하에 있다는 점도 문제이다. 이런 상황에서 제대로 된 평가체계가 구축되기 힘든 것은 당연한 일이다. 지금 복지정책에 대한 평가는 그것을 집행하는 조직과 분리되어야 하고, 정책평가에 필요한 각종 정보는 법률에 의해 평가조직이 관리하도록 규정할 필요가 있다.

◆ 참고문헌 ◆

강신욱 · 허 선 · 정호원. 2004. "국민기초생활보장법 제정과정 분석." 한국보건사회연구원.

김미곤. 1997. "생활보호대상자 선정기준 개선방안." 「보건복지포럼」 1997.9. pp. 56-66.

_____. 1998. "고실업과 국민기초생활보장법." 『월간 복지동향』 (3). 1998.12. pp. 23-26.

_____. 2005. "국민기초생활보장제도 시행 5주년에 대한 재음미." 「보건복지포럼」 2005.10, pp.6-15.

김수현 · 장영희. 2001. 「국민기초생활보장법 상 주거급여 현실화 방안」. 보건복지부 · 서울시정개발연구원.

김윤영. 2015. "맞춤형 개별급여 평가와 전망." 『월간 복지동향』 (205). pp.48-54.

김종수. 2014. "국민기초생활보장법상 실제소득의 추정에 관한 소고." 『사회보장법연구』 3(2). 2014.12. pp.1-31.

_____. 2014. "사회보장위원회의 국민기초생활보장법 개정안에 대한 비판적 검토." 『사회보장법학』 제3권 제2호. 2014.12. pp.79-117.

김진수. 2001. "국민기초생활보장제도 1년 평가 및 과제." 경실련 주최. 〈국민기초생활보장제도 시행 1년 평가 토론회〉. 2001년 12월 14일.

노대명 외. 2006. "국민기초생활보장제도 개편급여체계 도입방안." 한국보건사회연구원 · 보건복지부.

_____. 2013. "국민기초생활보장제도의 맞춤형 급여체계 개편방안 마련을 위한 연구." 한국보건사회연구원 · 보건복지부.

노대명. 2011. "한국 공공부조제도의 패러다임 전환 필요성에 대한 고찰." 『한국사회정책』 18(1). 2011.4. pp.83-117.

_____. 2013. "기초생활보장제도 개편방안의 쟁점과 향후 과제." 「보건복지포럼」 (204). 2013.10. pp.42-51.

문진영. 1999. "국민기초생활보장법 제정 추진운동."『월간 복지동향』(7). 1999.4. pp.10-15.

_____. 2009. "여럿이 함께 꿈꾸어 이루어낸 현실."『월간 복지동향』(131). pp. 5-7.

_____. 2013. "국민기본선과 최저생계비: 국민기초생활보장법 개편방안에 대한 비판적 고찰."〈제3회 사회정책연합학술대회〉발표논문. 2013년 10월 11일. p.26.

_____. 2015. "빈곤선 측정방식에 대한 비교 연구."『비판사회정책』제46호. 2015. pp.202-236.

문창진. 2003. "기초생활보장제도의 변천과정과 현황."「보건복지포럼」. 2003.10. pp.5-25.

박능후. 2000. "기초보장제도의 역사적 전개과정과 함의."『보건사회연구』20(2). 2000.12. pp.3-49.

_____. 2010. "국민기초생활보장제도 10년의 성과평가."「보건복지포럼」2010.9. pp.6-13.

박영아. 2014. "국민기초생활보장법을 앞으로도 국민기초생활보장법이라 불러도 되는지에 대해."『월간 복지동향』(194). 2014.12. pp.45-47.

박윤영. 2001. "국민기초생활보장제도 결정과정에 관한 연구: 법 제정을 중심으로." 한국사회복지학회 추계학술대회 발표논문. 2001년 10월. pp.381-407.

손건익. 1999. "국민기초생활보장법과 생활보호법의 비교."「보건복지포럼」. 1999. 10. pp.18-25.

_____. 2010. "국민기초생활보장제도 시행 10주년에 즈음하여."「보건복지포럼」. 2010.9. pp.2-4.

송경용. 2000. "국민기초생활보장법 제정추진연대회의: 2천년에는."『월간 복지동향』(16). 2000.1. pp.6-7.

신윤창. 1993. "한국 사회복지정책의 결정요인에 관한 연구."『노동연구』10호. 1993년 9월. pp.278-306.

안병영. 2000. "국민기초생활보장법의 제정과정에 관한 연구."『행정논총』38(1). 2000.6. pp.1-50.

양재진. 2001. "구조조정과 사회복지."『한국정치학회보』35(1). 2001.6. pp.211-231.

윤찬영. 2000. "국민기초생활보장법 제정의 의의와 잠재적 쟁점에 관한 연구."『비판 사회정책』(7). 2000.4. pp.86-111.

이찬진. 2000. "국민기초생활보장제도 안착을 위한 시민사회계의 대책."『월간 복지 동향』(18). 2000.3. pp.22-26.

이태수. 2009. "국민기초생활보장법과 한국 복지국가, 그 관계의 어제와 오늘 그리고 내일."『월간 복지동향』(131). 2009. pp.13-18.

이현주. 1999. "국민기초생활보장법 제정배경 및 의의."「보건복지포럼」. 1999.10. pp.5-17.

임유진. 2015. "정당정치와 한국 복지정치의 전환."『한국정당학회보』14(1). 2015. 3. pp.5-35.

한국보건사회연구원·보건복지부. 2011. 『기초생활보장제도 10년사』.

허 선. 2000. "국민기초생활보장법 시행령에 대한 의견."『월간 복지동향』(23). 2000.10. pp.33-34.

_____. 2009. "국민기초생활보장법 제정 10년! 바뀐 것과 바뀌지 않은 것."『월간 복지동향』(131). 2009.9, pp.8-12.

_____. 2010. "국민기초생활보장제도에서 근로능력자 분리 주장에 대한 비판적 고찰."『비판사회정책』(30). 2010.8. pp.197-229.

Bane, Mary Jo. 2008. "Poverty Politics and Policy." *Institute for Research on Poverty*. Discussion Paper No.1355-08, September 2008, p.26.

Brodkin, Evelyn Z., & Alexander Kaufman. 2000. "Policy Experiments and Poverty Politics." *Social Service Review*, December 2000. pp.507-532.

Dosse, François. 1992. *Histoire du structuralisme*, vol.II: le chant du cygne, 1967 à nos jours, La Découverte.

Fiori1, Antonio, and Sunhyuk Kim. 2011. "The Dynamics of Welfare Policy-Making in South Korea: Social Movements as Policy Entrepreneurs." *Asian Social Work and Policy Review*, 5, pp.61-78.

Hall, Peter A. 2015. "Social Policy-Making for the Long Term." *Political Science & Politics* 48(02). April 2015. pp.289-291.

Kangas, Olli, & Joakim Palme. 2009. "Making social policy work for economic development: the Nordic experience." *International Journal of Social Welfare*, 18.

Kingdon, John W. 2011. *Agendas, Alternatives and Public Policies*. Boston: Little, Brown & Co., Update Edition, with an Epilogue on Health Care (2 edition).

Quaid, Maeve. 2002. *Workfare: Why Good Social Policy Ideas Go Bad.* University of Toronto Press.

Shaw, Greg M. 2000. "The Role of public Input in State Welfare policymaking." *Policy Studies Journal* 28(4). 2000. pp.707-720.

Stiller, Sabina. 2010. *Ideational Leadership in German Welfare State reform: How Politicians and Policy Ideas transform Resilient Institutions.* Amsterdam University Press.

제7장

지방정부 거버넌스의 제도와 과정:
청년정책 사례

서복경

I. 왜 청년정책인가?

이 글은 우리나라 중앙 및 지방정부의 청년정책을 둘러싼 제도와 과정의 변화를 소재로, SSK 좋은 정부 연구단(이하 좋은 정부 연구단)이 수립한 '좋은 정부'의 이론 틀을 활용해 청년정책 패러다임을 설명하고 대안적 접근을 모색해보고자 한다.

좋은 정부 연구단은 지난 6년여의 연구 성과를 토대로, 좋은 정부의 구성 요소로서 안보, 법치, 정의, 민주적 책임성, 복지라는 5가지 하위범주를 특정하고, 한국인들이 바라는 좋은 정부의 모델에 대한 연구를 지속하고 있다. 본 연구는 중앙정부 수준에 더하여 지방정부 차원에서 좋은 정부의 구성요소들이 어떻게 작동하고 있는지에 관해 연구범위를 확장하고 더 나은 지방정부 모델 구축을 위한 노력의 일환으로서 의미를 갖는다.

한국인들에게 좋은 정부란 대외적 안보와 국내적 치안을 아우르는 안전한 사회를 보장해 줄 수 있어야 하며, 법 앞의 평등 원리가 구현되어야 하고, 정책결정과정이 절차적 정의와 분배적 정의를 실현하는 방향으로 작동해야 하며, 여론 반영과 반부패의 노력을 통해 민주적 가치가 실현되어야 하고, 만족할만한 복지수준과 함께 복지의 실효성이 담보되어야 한다(조영호 2016, 101). 이 가운데 안보와 법치는 중앙정부에 더 강력히 요구되는 기준이라면, 정의, 민주적 책임성, 복지 실효성의 가치는 중앙정부를 넘어 지방정부 평가에도 매우 중요한 기준이 될 수 있다. 정책결정과정에서 이해당사자가 얼마나 공평하게 고려되고 있는지, 정책결정에 이해당사자와 여론이 실제 반영되고 있는지, 복지정책의 입안자이자 전달자로서 지방정부가 제공하는 복지정책의 실효성이 높은지 등은 지방정부와 주민 간의 상호작용과정에서 더 직접적으로 체감되고 평가될 수 있는 영역이기 때문이다.

한편 본 연구가 청년정책을 소재로 삼은 것은, 이미 정책의 기본 틀과 내용이 확립된 안정기정책이 아니라 이제 막 정책 패러다임이 만들어지고 있는 형성기정책이라는 특징과 이해당사자가 명확하면서도 조직되어 있지 못한 특성에 주목하기 때문이다.

한국에서 청년을 대상으로 특화한 정책이 등장하기 시작한 역사는 길게 잡아도 10여 년에 불과하다. 하지만 지난 10여 년간 청년정책을 바라보는 관점과 정책 내용에는 상당한 변화가 발견되며, 현재도 그 변화는 진행 중에 있다. 안정기정책들은 이미 확립된 정책 패러다임에 대한 경로 의존성이 강하게 작동하고 변화를 위한 제도와 과정에서 새로운 가치와 규범이 침투하기 쉽지 않다. 반면 형성기정책은 정책 패러다임을 어떻게 설정할 것인지, 정책과정에 참여하는 행위자의 범위를 어디까지 허용할 것인지, 어떤 상호작용과 절차를 거쳐 정책결과에 이를 것인지 등의 디자인에 따라 다양한 경로를 만들어낼 수 있다. 이런 점에서 청년정책의 변화 과정을 분석하는 것은 지방정부들이 가진 현재적 조건과 미래 전망을 탐색하는 데 좋은 소재가 될 수 있다.

또한 이 소재는 특정 사회집단을 대상으로 한 정책들이 갖는 다층적인 정책 네트워크를 잘 보여줄 수 있을 뿐 아니라, 미조직 대상 집단에 대한 지방정부의 접근과 능력을 확인할 수 있다는 점에서도 좋은 소재다. '청년'은 사회적으로 실존하는 집단이지만 동시에 정책 파트너십을 구축하기 어려운 미(未)조직 집단이기도 하다. 정책결정과정이 민주적 책임성을 담보하기 위해서는 일반적으로 기대되는 좋은 거버넌스의 규범들이 작동해야만 한다.

다양한 모델과 정의들이 사용되긴 하지만, 전통적인 수직적 정책결정모델이 아닌 수평적인 파트너십과 결정과정의 민주성, 책임성, 반응성을 강조하는 거버넌스 모델은 우리나라 지방정부들이 추구해야 할 바람직한 규범으로 자리 잡아가고 있다. 그런데 이 모델을 정책과정에 적용하려면 정부가 정책을 매개로 파트너십을 구축할 수 있는 대상이 특정되어야 하며, 그 대상과의 수평적 정책과정을 보장할 수 있는 공식적 제도와 비공식적인 규범의 작동이 필요하다.

정책대상이 되는 이해당사자들이 정책과정 개시 이전에 이미 조직화되어 있는 경우는 정책과정으로 초대하고 논의공간을 제공하며 협의에 제도적 권한을 부여하는 등의 장치를 고민하는 데에서부터 출발할 수 있다. 물론 이 경우에도 이미 조직된 집단이 이해당사자들을 얼마나 포괄하고 있는가, 그 집단이 표방하는 정책수요가 이해당사자들의 실제적인 지지에 기반하고 있는가 등에 따라 다양한 제도 디자인이 고민되어야 한다.

한편 이해당사자 집단이 조직되어 있지 않은 경우 정부는 선택에 직면한다. 전통적인 관 주도 정책결정과정으로 되돌아가는 방법, 이해당사자 집단 대신 이들의 이익을 대변한다고 가정되는 전문가 집단을 대상으로 파트너십을 설정하고 정책과정을 진행하는 방법, 이해당사자들을 직접 조직화하여 정책 파트너의 지위를 부여하는 방법 등이 있을 수 있다. 거버넌스 모델은 관주도 모델에 대한 비판적 접근으로부터 등장했지만, 현실에서 이 세 가지 접근들은 뚜렷이 구분되지 않으며 혼재되어 나타난다.

전통적 관료중심 모델에서도 전문가집단, 이익주창(advocacy) 단체의 정책결정과정 참여는 일반적이었다. 또한 거버넌스를 실현하려는 여러 시도들에서도 이해당사자의 참여와 전문가 집단의 결합은 배타적이지 않으며 동시에 추진되는 경우가 많다. 문제는 관료집단, 전문가집단, 이해당사자 중 누가, 얼마나 더 제도적 권한을 행사하는가 혹은 보장받는가 이다. 정부-시민 사회 관계의 역사라는 관점에서 볼 때, 우리나라는 미국 등 서구 국가들과는 다른 경로를 걸어왔다.

당대 세계 어느 나라보다 민주적인 국가로 탄생했던 미국은 '시민 행정가 (크렌슨·긴스버그, 서복경 2013, 53)'들의 자리를 관료 집단과 전문가 집단 이 대체하는 경로를 밟았다. 미국 정치에 대한 여러 연구들은 이런 현상이 미 국 민주주의에 야기한 부정적 효과에 주목한다. 스카치폴의 '위축된 민주주의 (diminished democracy),' 크렌슨과 긴스버그의 '민주주의 축소(downsizing democracy)' 주장은 그 대표적 연구들이다(Skocpol 2003; Crenson and Ginsberg 2002).

크렌슨과 긴스버그는 미국 민주주의에서 이해당사자인 일반대중의 자리 를 전문가 중심의 이익주창집단이 대체해버린 현상에 대해 '워싱턴에서의 이익 옹호 행위 폭발 현상과 벨트웨이 밖 침묵의 결합(크렌슨·긴스버그, 서복경 2013, 18)'이라고 묘사한 바 있다. 행정관청과 이익주창집단들이 밀 집한 벨트웨이 안 워싱턴의 모습과, 벨트웨이 밖으로 밀려나 더 이상 정책결 정과정의 주체가 되지 못하는 일반 시민들의 모습을 대비시킨 것이다. 1960 년대 이래 미국 정치에 대한 스카치폴의 묘사도 다르지 않다. 이해당사자들 의 결사체들이 점차 위축되고 그 자리를 전문가집단과 비영리단체들이 대체 해온 과정을 정밀하게 보여준다. 그리고 그 정치적 효과는, 연방정부 관료집 단과 기업 엘리트 집단에 점점 더 유리한 방향으로 변화되어온 정책결정이 었다.

반면 1960년대 이래 권위주의 발전국가 모델을 지속하다가 민주정체로 전환된 우리나라의 경험은 정반대의 경로를 밟았다. 우리나라의 전통적 모 델은 관료 중심의 자의적, 시혜적 정책결정모델이다. 전문가집단이나 이해 당사자들의 의견은 투입과정에서 배제되어 있었고, 관료들이 정책결정과정 을 주도했다. 1987년 민주정부의 탄생과 1995년 지방자치정부의 탄생이 이 런 전통을 일거에 뒤바꿀 수는 없었다. 민주화 이후로도 오랫동안 이해당사 자들의 결사는 제도적·관행적으로 제한되었고, 결사의 시도들은 많은 정치

사회적 비용을 대가로 치러야 했다.

중앙·지방정부와 개별 시민들 사이에 다양한 이익결사체들이 존재하고, 이들이 원자화된 시민들의 정책수요를 집단화하며 정부 정책결정의 파트너로서의 지위를 획득하고 압력과 영향력을 행사하는 모델은 적어도 한국에서는 오랫동안 낯선 어떤 것이었다. 그러나 민주화는 정치과정과 정책과정에 대한 개별 시민들의 참여 욕구를 추동했다. 더 많은 참여에 대한 시민적 욕구는 중앙·지방정부의 정책결정모델에도 변화를 강제했다. 하지만 그 자리를 차지하고 들어설 이해당사자들의 결사체들은 대개 정책과정에 결합할 준비가 되어 있지 않았다. 정부들이 마련한 다양한 제도적 공간은 시민적 참여욕구를 대리해 전문가, 이익주창자들로 채워졌다.

이처럼 정반대의 경로를 걸어온 미국과 한국이지만, 흥미롭게도 그 현재적 모습은 매우 유사하다. 수많은 중앙·지방정부의 기구들에 전문가, 비영리단체 활동가들이 참여하고 있지만, 이해당사자들의 모습은 잘 눈에 띄지 않거나 참여하고 있더라도 그 제도적 권한은 왜소하다. 이해당사자들을 회원으로 가진 조직이라고 하더라도 그 포괄범위는 협소하기 때문에 현실의 이해당사자들로부터 대표성을 확인받기도 쉽지 않다. 정부 정책결정과정에 누가 시민이자 이해당사자인 나를 대표하고 있는가, 무슨 내용으로 대표하고 있는가는 잘 보이지 않는다.

이런 조건에서 최근 우리나라 다수의 지방정부들이 추진하고 있는 청년정책들은, 어떻게 정부의 민주적 책임성을 담보하고 절차적 정의를 구현하며 정책실효성을 높여나갈 것인가라는 관점에서 흥미로운 소재가 아닐 수 없다.

거버넌스에 관한 기존연구와 유형들은 미(未)조직된 청년집단을 대상으로 한 정책이 어떤 방향으로 나아갈 수 있는지에 관한 중요한 함의들을 전달한다. 결사체 거버넌스(associate governance) 모델과 사례(Cohen and Rogers 1992; Bradford 1998)들은 정부가 미(未)조직 이해당사자들이 스스로 결사할 수 있도록 지원하는 것의 중요성을 강조한다. 이 모델에서는 정부가 이해당사자들의 결사에 다양한 유인을 제공하고 결사를 위한 비용을

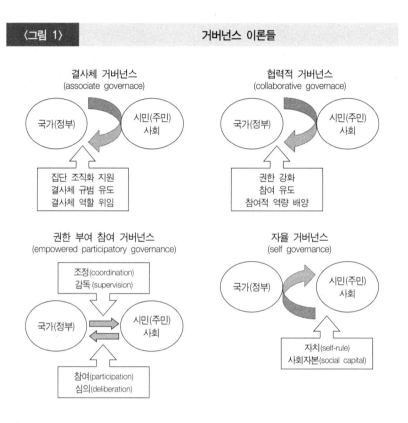

〈그림 1〉 거버넌스 이론들

대신 지불하며, 그 과정에서 발굴된 능력 있는 조직에게 정책과정에 참여할 수 있는 권한을 제공함으로써 파트너십을 구축하는 주체가 된다. 이 모델이 제대로 작동된다면 정부는 협력적 거버넌스의 주체를 세우고 보다 포괄적이며 정책수요에 반응적인 정책결과를 얻어낼 수 있다. 하지만 결사에 대한 지원이 정부에 우호적인 특정 블록에 국한되거나, 수평적 파트너십의 대상이 아니라 수직적 위계의 하위 파트너로서의 지위로만 활용하게 된다면, 정책과정에 대한 신뢰는 하락하고 정책결과에 대한 광범위한 저항에 직면할 수 있다.

Sirianni(2009)의 협력적 거버넌스(collaborate governance) 모델은 시민적 지원자(civic enabler)로서 정부의 역할을 강조한다. 협력적 거버넌스를 위해서는 공공재의 공동생산이나 전문지식의 공유, 안정적인 파트너십의 구축, 전략적인 네트워크 강화, 상호 책임성 담보 등의 원칙을 가지고, 지방정부가 주민들에게 실질적 권한을 부여하고 강화하며 참여를 유도하고 자기역량을 키울 수 있도록 지원하는 정책 프로그램을 가져야 한다는 것이다. Somerville(2008)의 공동 거버넌스(co-governance) 모델도 지방정부와 주민참여자 사이의 수평적 파트너십이 가능하려면 당사자 참여의 범위가 제한되지 않아야 하고 핵심 정책결정영역에서 갖는 대등한 권한이 보장되어야 한다는 점을 강조한다.

권한부여형 참여 거버넌스(empowered participatory governance) 모델은 기본적으로 이해당사자인 시민들의 상향식 참여를 강조하지만, 상향식 참여가 거버넌스로 전환되기 위해서는 정책과정의 심의(deliberation)가 제대로 작동되어야 하며 이 과정에서 정부의 조정(coordination)과 감독(supervision) 기능이 중요하다고 본다(Fung and Wright 2003). 구체적인 정책과정에 누구를 참여시킬 것인가, 참여자들의 권한과 책임성을 어떻게 부과할 것인가, 효율적이면서도 공평한 심의가 가능하도록 하려면 어떤 지원이 필요한가 등을 결정하는 주체는 정부일 수밖에 없다는 점을 인정하는 것이다.

한편 이전 저서들을 통해 민주적 거버넌스에는 이미 만들어져 있던 시민공동체의 사회자본(social capital)이 중요한 역할을 했다는 발견을 내놓았던 퍼트남은, 펠트스타인과의 공저 *Better Together*에서 사회자본의 새로운 형성이 어떤 경로를 통해 이루어지고 있는지에 관한 여러 사례들을 제공하고 있다(Putnam and Feldstein 2003). 이들에 의하면, '새로운 사회자본 형성은 선도적 주역들의 행동과 보다 넓은 환경에서 사회자본 형성에 유리한 구조적 조건에 달려 있으며'(271), '(구조적 조건 중 하나는) 시민들의 참여 요구에 반응적이고 더 많은 참여를 고무시키는 반응적인 정부'(248)가 될 수 있다고 한다. 시민 공동체의 자치역량을 뒷받침하는 사회 자본은 여전히 거버넌스의 핵심요소이지만, 정부의 행위와 선택은 사회 자본을 형성시킬 수도, 해체시킬 수도 있는 한 요소라는 것이다.

미(未) 조직된 청년집단을 대상으로 이제 막 정책을 형성해가고 있는 우리나라 지방정부들의 현재적 모습을 살펴보면서, 기존 거버넌스 모델들이 주목했던 정부의 주요 기능과 역할들이 어떻게 만들어지고 있는지 혹은 누락되고 있는지를 분석해내는 일은, 향후 더 나은 지방정부 모델을 구축해가는 데 중요한 함의를 전달해줄 수 있을 것으로 기대한다.

이하에서는 중앙정부 수준의 청년정책 현황을 먼저 살펴봄으로써 지방정부 청년정책이 놓인 전국적 맥락을 확인하고, 각 지방정부 청년정책의 현황을 진단한 다음, 서울시 사례를 통해 제도와 현실의 실제적 과정을 추적해보고자 한다.

II. '청년' 정치담론의 변화와 청년정책의 현황

한국사회와 정치에서 '청년'을 둘러싼 정치담론은 2000년대 초와 2007~2008년, 두 번의 계기를 기점으로 질적 변화를 해온 것으로 보인다. 2000년 이전까지 청년은 사회운동, 정치이념과 밀접히 연관되어 이해되었다. 그러던 것이 2000년대 초를 거치면서 실업 혹은 구직을 매개로 한 시장행위자로서의 담론 지위를 얻게 되었으며, 2007년 대선을 기점으로 정부 정책담론의 영역에서 그 자리를 차지하게 되었다.

〈그림 2〉는 한국언론진흥재단 뉴스 검색 사이트가 제공하는 뉴스 빈도와 빅데이터 연관검색어 검색 결과를 나타낸 것으로, 중앙일간지 8개 ─ 경향신문, 국민일보, 내일신문, 문화일보, 서울신문, 세계일보, 한겨레신문, 한국일보 ─ 를 대상으로 하였다. 각 연도별 수치는 '청년'을 주제어로 한 뉴스의 빈도수이며, 박스는 청년 연관 검색어 1~2위 단어들이다. 한국언론진흥재단 빅데이터 검색은 순위별로 30개까지 연관어를 제공한다.

2000년 이전까지 '청년' 주제어 뉴스의 빈도가 갑자기 증가한 경우는 선

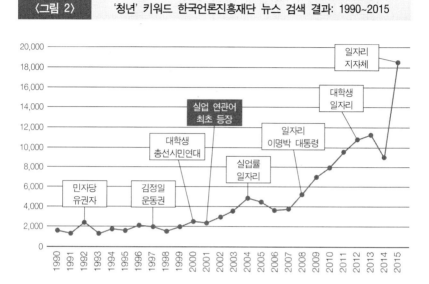

| 〈그림 2〉 | '청년' 키워드 한국언론진흥재단 뉴스 검색 결과: 1990~2015 |

자료: 한국언론진흥재단 뉴스검색 결과(http://www.kinds.or.kr/), 검색일: 2016년 5월 10일

거가 있는 해였다. 1992년에는 국회의원선거와 대통령선거가 있었고 1996
년엔 총선이, 1997년엔 대선이 있었다. 1992년에 청년과 민자당이 연관된
것은 당시 민자당에서 학생운동 출신 청년세대 정치인들을 충원했던 것이
크게 이슈가 되었기 때문이다. 1997년에는 11월 안기부가 발표한 이른바
'부부간첩 및 고정간첩 사건' 때문에 청년과 김정일, 운동권의 연관 검색어
가 급증했다. 당시 안전기획부는 고영복 전 서울대 교수가 수십 년 동안
고정간첩으로 활동하면서 동료 교수들을 포섭하여 운동권 청년들을 친북한
세력으로 조직화하는 활동을 해왔다고 발표(『서울신문』, 1997년 11월 21일
자)했다. 2000년에는 16대 총선이 있었고, 대학생들과 시민단체를 중심으로
'총선시민연대'의 낙천·낙선운동이 이슈가 되었다.

1. 경제행위자로서 청년에 대한 접근

이처럼 정당, 사회운동과 연관되어 있던 '청년'에 대한 언론의 접근이 경제와 시장 측면으로 이동하게 된 것은 2000년대 초였다. 한국언론진흥재단 연관어 검색에 따르면, 청년과 실업 문제, 실업자, 실업대책 관련 검색어가 처음 등장한 것은 2001년이었다. 2000년 청년 관련 기사빈도는 2,531건이었고 2001년에는 2,381로 오히려 줄어들었다. 하지만 2000년에는 관련 연관어가 전혀 등장하지 않았던 반면, 2001년에는 다양한 실업 관련 연관어들이 등장한다. 2001년 연초부터 '실업자 100만 시대'(『세계일보』, 2001년 2월 21일 자)에 대한 우려와 청년 실업에 대한 정부대책이 발표되었고, 그해 말에는 국제노동기구(ILO)의 한국청년실업 데이터가 공개되면서 다수 언론들이 '청년실업대란' '최악의 청년실업' 등의 기사를 쏟아냈다(『한국일보』, 2001년 11월 8일 자, 『세계일보』, 2001년 12월 7일 자 등). 이후 2004년까지 '청년' 관련 보도는 급증했고 실업, 취업, 직업훈련 등의 연관 검색어가 검색어 순위의 상위를 차지했으며, 17대 총선이 있었던 2004년에는 연관 검색어 1위가 실업률, 2위가 일자리로 확인되었다.

이런 분위기 속에서 16대 국회는 임기 말, 2008년까지만 한시적 효력을 갖는 「청년실업해소 특별법」을 제정했다. 당시 야당이었던 신한국당 의원 중심으로 148명이 2003년 9월 법안을 제출했고 2014년 2월 동 법안이 국회를 통과함으로써, 우리나라 법률체계에 처음으로 '청년'을 명칭에 포함하는 법률이 제정되었다. 「청년실업해소 특별법」의 내용을 통해 당시 입법자들이 '청년 문제'를 어떻게 인식하고 있었는지를 유추해볼 수 있다.

첫째, 동법 제2조(정의)에 따르면, 이 법에서의 '청년'은 '취업을 원하는 자로서 대통령령이 정하는 연령에 해당하는 자'다. 일정 연령에 이르는 자여야 할 뿐 아니라 '취업을 원하는 자'만을 대상으로 한 법이었다. 둘째, 동법은 2004년 제정 이후 2008년 12월 31일까지만 효력을 갖는 한시법으로 제정되었다. 이것은 당시 입법자들이 청년실업 문제를 구조적이고 장기적인 대응이 필요한 문제가 아니라, 단기 실업대책 수준에서 인식하고 있었음을

〈표 1〉	'청년' 키워드 한국언론진흥재단 빅데이터 분석 연관 검색어: 2005~2015		
연도	연관검색어 1~3순위		
2005	중소기업	취업	실업률
2006	실업률	실업자	대학생
2007	실업률	보고서	공공기관
2008	일자리	이명박 대통령	중소기업
2009	일자리	중소기업	정규직
2010	당사자 운동	일자리	정규직
2011	공공기관	중소기업	체감실업률
2012	대학생	일자리	생활비 부족
2013	공공기관	고용노동부	표준이력서
2014	중소기업	학자금	사각지대
2015	일자리	지자체	기성세대

보여주는 것이다. 셋째, 이 법이 '청년실업해소'의 방안으로 두고 있는 것은 공공기관 고용확대 및 중소기업 청년고용 지원방안이었는데 구속력이 없는 권고조항 수준에 머물렀다. 공공기관 고용확대 조치로 도입된 것이 '정부투자기관 및 정부출연기관의 장은 매년 각 기관의 정원의 100분의 3 이상씩 청년미취업자를 채용하도록 노력(제5조)'하여야 한다는 조항이었지만, 제대로 이행되지 않아 후일 청년 당사자들과 시민단체의 비판 대상이 되었다.

　한편 '청년' 관련 언론의 보도 빈도는 2005년~2007년 다소 줄어드는 추세를 보이다가 2008년 이후 급증하는 것으로 나타난다. 2005년 이후 언론 보도의 '청년' 연관 검색어들은 청년 관련 이슈의 진화과정을 보여준다.

2. 대학생인 청년의 문제, 등록금

2006년 연관 검색어에 '대학생'이 등장한 것은 대학 등록금 인상을 둘러 싼 학생, 대학, 정부의 갈등이 본격화되었기 때문이었다. 2006년 연초부터 주요 사립대학들의 등록금 인상폭이 문제가 되었고, 각 대학 총학생회들은 "서울 소재 대학들이 등록금을 10%포인트 이상 올리는 것은 2000년 이후 처음"이라며 등록금 인하 투쟁에 나설 것을 천명했다(『경향신문』, 2006년 1월 10일 자). 각 대학 총학생회와 시민단체를 중심으로 등록금 인하 요구 가 본격화되었고, 그해 5월 전국동시지방선거를 앞둔 각 정당들은 등록금 인하 관련 대책을 앞다투어 내놓았다. 야당이던 한나라당은 '대학등록금 반 값'정책을 당론으로 채택했고, 집권당이던 열린우리당은 '대학 선(先) 무상 교육제'를 주장했다(『문화일보』, 2006년 4월 14일 자).

2006년 말 기준 국회에 제출된 등록금 인하 관련 법안이 7종이나 되었으 나(『경향신문』, 2007년 1월 25일 자) 입법을 통한 해결책은 구체화되지 않 았고, 2007년 초부터 다시 등록금 문제가 이슈가 되었다. 이런 조건에서 한 나라당은 국가장학금 제도 도입, 기부금 공제 등의 정책을 묶어 '반값 등록 금'정책을 브랜드화해 나갔으며(『한국일보』, 2007년 1월 4일 자), 2007년 2월 임시국회와 2007년 6월 임시국회에서도 관련 법안처리를 핵심의제로 주장했다(『문화일보』, 2007년 2월 2일 자; 『문화일보』, 2007년 6월 4일 자). 그해 12월 대통령선거를 앞두고 한나라당 이명박 후보 선거대책위원회 는 11개 분과위원회 가운데 하나로 '등록금절반인하위원회'를 설치함으로써 (『연합뉴스』, 2007년 10월 10일 자), '반값등록금'을 한나라당 고유 정책 브 랜드로 굳혀 나갔다.

집권 후 이명박 전 대통령은 '반값등록금은 자신의 공약이 아니'라고 밝혔 고(2008년 9월 9일, '국민과의 대화' 중 발언), 실재 공약집에서도 '반값등록 금'에 대한 명시적 언급은 발견되지 않는다. 그러나 2006~2007년을 거치면 서 '반값등록금'은 한나라당의 정책 브랜드로 굳혀져 있었기에, 재임 기간 동안 대학생 조직과 시민단체들의 공약 이행 요구는 끊이지 않았다. 2008년

2월에는 '등록금 대책을 위한 시민사회단체 전국 네트워크'가 발족되었고 (『세계일보』, 2008년 2월 20일 자), 2008년 이후 매해 대학 등록금 결정 시점을 전후하여 등록금 인하를 요구하는 시위가 지속되었다. 2008년 연관 어 검색에서 '이명박 대통령'이 등장하게 된 것에는 등록금 관련 이슈의 진 화와 한나라당의 정책 브랜드화 작업이 원인으로 자리했던 것이다.

1990년 33.2%였던 대학진학률은 급격히 증가해 2005년 82.1%에 이르렀 다(한국교육개발원 1990; 2005). 고등학교 졸업자 10명 중 8명이 대학에 진학하는 현실이 지속되면서 대학 등록금은 청년 문제의 주요 현안으로 떠 올랐고, 대학생인 청년들과 그 부모들은 등록금 정책 관련 주요 이해당사자 로 부상했다.

한편 이해당사자와 정부, 국회가 일자리, 등록금 등의 현안정책을 놓고 갈등을 벌이는 사이, 당대 '청년 문제'를 어떻게 접근해야 하는가에 관한 시 민사회 내 논의도 활발해졌다. 2007년 발간된 『88만원 세대』(우석훈·박권 일)는 책 제목 자체로 유행어가 되면서 20대가 놓인 구조적 조건에 대한 사회적 논의를 촉발했고, 2010년 발간된 『아프니까 청춘이다』(김난도)는 한국사회가 청년세대를 어떻게 바라봐야 하는가를 두고 논쟁을 일으키기도 했다(『문화일보』, 2012년 10월 4일 자; 『한국일보』, 2015년 12월 4일 자). 2011년에는 연초부터 한국과학기술원(KAIST) 학생 4명이 잇따라 자살하는 사건이 발생하면서, 자살로까지 이어진 교육현실에 대한 우려가 시민사회와 정치권을 강타했다(『연합뉴스』, 2011년 4월 8일 자). 그해 6월 29일부터 9월 9일까지 전국 25개 도시에서 27회에 걸쳐 개최된 '청춘콘서트'[1]엔 대학 생들을 중심으로 한 청년들의 발길이 몰렸고, 청년 문제에 대한 당사자들의 관심을 확인시켜 주었다.

---

1) 안철수 서울대 융합과학기술대학원장과 박경철 경제평론가, 평화재단 평화교육원(이사 장 법륜 스님, 원장 윤여준)이 2011년 6월 29일부터 9월 9일까지 공동 주최했던 강연 회를 말한다(네이버 시사상식사전, 검색일: 2016년 5월 2일).

3. 청년 당사자 운동의 출현

실업, 등록금, 높은 자살률 등의 현안들이 반복해서 등장했고 사회적 관심은 높아졌지만 정치적 대응은 지체되는 와중에 등장한 것이, 이른바 '(청년)당사자 운동'이었다.[2] 2010년 3월 13일 창립을 선언한 '청년유니온'은 3월 18일 고용노동부에 설립신고서를 제출하면서 활동을 시작했다. 그해 4~6월 편의점 아르바이트생 66%가 최저임금에 미치는 못하는 시급을 받고 있다는 조사결과를 발표(『한겨레신문』, 2010년 6월 25일 자)했고, 2011년에는 커피전문점 아르바이트생 주휴수당 지급 실태조사 결과와 '불안정 노동청년과 사회안전망 실태조사' 결과를 내놓았으며(『한겨레신문』, 2011년 9월 6일 자; 『경향신문』, 9월 29일 자), 피자배달 30분제 폐지 운동을 벌이는(『연합뉴스』, 2011년 2월 21일 자) 등 청년세대와 청년노동의 현실을 이

---

2) 이 글에서 '당사자 운동'은 이해당사자들이 직접 나서서 스스로의 요구를 정식화하고 활동을 전개한다는 측면에 주목한 일반적 표현으로 사용한다. 기존에도 청년유니온, 알바노조 등의 활동을 '당사자 운동'으로 표현한 문헌들은 있었고(김병권 2010; 유형근 2015, 39), 청년운동만이 아니라 노숙인, 예술인 등의 활동영역에도 쓰이는 용어이긴 하지만(김용은 2001; 나도원 2013), 원래 이 용어는 장애인 운동의 역사적 발전과정에서 태동한 것이다. 1981년 의료 및 재활 전문가들의 조직인 국제재활협회(RI: Rehabilitation International)가 장애인들의 국제적 권익대변을 독점하는 것에 반대하면서 장애인 당사자들을 중심으로 국제장애인연맹(DPI: Disabled People's International)이 창설되었고, 당시 장애인 당사자들은 "우리를 제외하고는 우리에 대해 아무것도 하지 말라(Nothing about us Without us)"라는 슬로건을 일반화시키면서 당사자주의를 제기했다(곽정란·김병하 2004). 한편 2000년대 이후 국내에서 당사자주의, 당사자 운동 등의 용어가 확산되기 시작한 것은 나까니시 쇼요시(中西正司)와 우에노 치즈코(上野千鶴子)의 2004년 저작 『當事者主權』의 영향이 컸던 것으로 보인다. 2005년 한국을 방문했던 나까니시 쇼요시는 "당사자가 '자기의 것을 자기가 결정한다'라고 했을 때 먼저 떠오르는 것은 '주관적'이라는 판단이다. 그 반대가 '객관적'이며, 그 판정을 하는 것은 전문가나 제3자들이 해왔다. 당사자주권의 인식은 무엇보다도 전문가주의에의 대항으로부터 성립됐다."고 밝힌 바 있다(『에이블뉴스』, 2005년 12월 22일 자). 그는 당사자주권의 핵심 요건을 자신에 관계된 문제에 대한 '자기결정'권으로 보았고, 그것은 전문가 주도성에 대한 저항을 내포한 개념이었다. 그러나 장애인 운동 이외의 영역에서 이 개념을 적용할 때 자기결정권의 중요성은 수용될 수 있지만 전문가 주도성에 대한 저항까지 일반화하기는 어렵다고 판단된다.

슈화시켜 나갔다.

또한 2013년 4월 전국 청년유니온 설립 신고가 통과될 때까지 잇따른 노조설립신고서 반려에 전국 및 지방 지부들의 설립 신고 접수, 국가인권위원회 진정서 접수, 행정소송 진행 등으로 구직자를 포함한 세대별 노조의 결사권 문제를 제기했다. 2011년까지 전국 노조의 4차례에 걸친 설립신고와 반려과정을 거쳤고, 전국 단위에서 27개 지부의 설립신고를 병행했지만 모두 반려되었다. 2012년 2월 설립신고 반려처분 취소 행정소송에서 승소결과를 얻은 후 서울, 광주, 인천, 대전, 충북 등 지역단위 지부의 설립신고 필증을 먼저 얻었고 2013년 4월 결국 전국단위 노조설립신고에 성공함으로써, 미취업자를 포함한 세대노조의 합법적 등장을 알렸다.[3]

한편 '알바연대·알바노조'도 청년 당사자 운동을 표방하는 단체다. 이 단체는 2013년 1월 '알바연대'로 출발했고 2013년 8월 노조설립 신고를 하면서 '알바노조'의 이름을 병행해 사용하고 있다. 2013년 2월 '알바5적' 선정 기자회견과 '시일야알바대곡'을 발표하며 청년 당사자 이익대변활동을 시작했고(『연합뉴스』, 2013년 2월 28일 자), '최저임금 1만 원 인상'을 대표적 정책으로 내걸고 실질적 추진을 위한 다양한 활동을 벌여 나가고 있다(알바연대 홈페이지).

2013년 언론 연관 검색어에서 '표준이력서'가 등장한 것도 당사자 운동의 한 성과였다. '청년유니온'은 2012년 8월 서울시에 단체교섭을 공식적으로 요구했고, 2013년 1월까지 총 7차에 걸친 실무교섭 끝에 2013년 1월 28일 '서울특별시-서울청년유니온 청년일자리 정책 협약서(이하 '협약서')'를 체결했는데, 그 내용으로 포함된 것 중 하나가 표준이력서 제도의 도입이었다. '협약서'는 청년 고용 확대를 위한 기반 조성, 청년취업과 근로조건 개선의 두 부분으로 구성되었는데, 근로조건 개선 분야 정책 가운데 하나로 '서울특별시는 산하 투자·출연기관이 신규 직원을 채용할 때 직무와 무관한 항목

---

3) 청년유니온의 설립신고 관련 긴 여정은 청년유니온 홈페이지 게시글 중 '청년유니온 전국 노조 설립신고 당연하다(http://cafe.daum.net/alabor/)'에서 확인할 수 있다.

이 포함되지 않은 표준이력서를 사용하게 하는 방안을 추진한다.'는 내용이 포함되었다(청년유니온 2013).

4. 청년정책 의제의 확장

한편 2014년 지방선거는 청년정책의제를 확장시킨 중요한 계기였다. 〈표 1〉의 검색어를 기준으로 볼 때 2015년 '지자체'가 연관검색어 상위에 등장하고 있고, 그 외 경기, 성남시, 대구, 서대문구, 하남, 용인시 등의 자치단위들이 '청년'과 연관어로 등장하고 있다. 〈그림 2〉에서 2015년 '청년' 키워드 보도들이 급증한 것에는 광역 및 기초 지방정부 차원의 청년정책들이 앞다투어 입안되고 때로 갈등을 일으키고 있는 현실을 반영한 것이다. 지방정부 청년정책의제의 변화는 다음 절에서 구체적으로 다루기로 하고, 여기에서는 이런 지방정부 차원의 변화가 중앙정치 수준에도 변화를 일으키고 있는 측면을 살펴본다.

16대 국회 말기 2004년 3월 제정된 「청년실업해소 특별법」은 17대 국회에서 단 한 차례만 개정되었을 뿐이며 그 내용도 이전 '대통령 직속 청년실업대책특별위원회'를 폐지하고 부처 소관으로 그 위상을 낮추는 것이었다(「청년실업해소특별법 일부개정 법률안」(의안번호 8108) 의안원문). 2008년 4월 총선으로 등장한 18대 국회에서는 총 19건의 관련 법률안이 접수되었으나 5건의 대안반영 폐기, 2건의 위원회 대안 가결 및 12건의 임기만료 폐기로 마무리되었다. 2008년 12월 처리된 위원회 대안은 2008년 12월 말까지로 규정되었던 적용기한을 2013년 12월로 연장하는 것을 내용으로 했고(「청년실업해소특별법 일부개정 법률안」(의안번호 2906) 의안원문), 2009년 처리된 대안은 법명을 「청년고용촉진 특별법」으로 바꾸고 기존 고용노동부의 미취업자 고용지원서비스의 범위를 청년층으로 확대하며 해외취업 지원서비스를 포함했다(「청년실업해소특별법 일부개정 법률안」(의안번호 4755) 의안원문).

〈표 2〉		19대 국회 제출된 '청년발전기본법안'
법안명	발의자	제출일자
청년발전기본법안	박기춘 의원 등 27인	2014.03.13
청년발전기본법안	김상민 의원 등 53인	2014.05.22
청년발전기본법안	김광진 의원 등 11인	2015.11.09

2012년 임기를 시작한 19대 국회에서는 총 30건의 관련 법률안이 접수되었는데, 9건의 법안을 대안으로 만들어 2013년 처리했고, 나머지 20건은 임기만료로 폐기되었다. 2013년 4월 통과된 대안은 한시기한을 다시 5년 후로 연장하고, 공공기관 및 공기업 3% 취업권고조항을 의무조항으로 바꾸되 '구조조정 등 불가피한 사유가 있을 경우 제외'할 수 있도록 했으며, 의무조항 미이행 기관의 명칭을 공개하는 조치를 담고 있었다(「청년고용촉진법 일부개정 법률안」(의안번호 4724) 의안원문).

한편 19대 국회에서는 「청년고용촉진 특별법」 개정안 외에 「청년발전기본법안」 3종이 제출되었다. 3개 법안은 모두 입법화되지 못했고 임기만료로 폐기되었으나, 그 내용은 기존 청년정책에 대한 접근과는 성격을 달리하고 있어 주목할 필요가 있다.

박기춘 의원 등이 발의한 「청년발전기본법안」(의안번호 9701호)과 김상민 의원 등이 제출한 「청년발전기본법안」(의안번호 10709호)의 내용은 청년정책기본계획 수립 주체를 여성가족부와 기획재정부로 각각 설정한 것과 대통령 직속 청년발전위원회를 설치하는 것 정도의 차이가 있을 뿐 세부내용은 대동소이하며, 2015년 11월 김광진 의원 등이 제출한 법안은 앞선 두개 기본법안의 내용을 종합하고 있다.

동 법안은 2012년 10월 30일 '전국청년지방의원협의회(이하 협의회)'가 『2012년 전국청년지방의원협의회 세미나』를 통해 19대 국회 국회의원 연구단체인 '지방3정 발전연구회(이하 연구회)'에 「청년발전기본법안」을 입법청원하면서 국회 내로 들어오게 되었다. '전국청년지방의원협의회'는 42세 이하 청년 지방의원들의 모임으로, 입법청원 당시 강남구의회 새누리당 김길영 의원과 동대문구 의회 민주통합당 최경주 의원이 대표를 맡고 있었다. '지방3정 발전연구회'는 지방의원 출신 19대 국회의원들의 모임으로, 재정, 행정, 의정 3개 정책분야 지방정치 현안을 국회에서 논의하기 위한 목적으로 2012년 9월 5일 출범했으며, 당시 민주통합당 박기춘 의원이 대표의원을 맡고 있었다(『기호일보』, 2012년 9월 6일 자).

당시 세미나에서 최경주 대표는 입법청원안의 취지에 대해 "청년(대학생)의 권익신장과 사업지원에 필요한 재원확보를 위한 법 제정과 조례 제정을 목적으로 …"(『동대문포스트』, 2012년 11월 16일 자) 하였음을 밝혀, 청년발전기본법의 제정이 지방정부 차원의 정책수요에서 출발하고 있음을 보여준다. '협의회'와 '위원회'는 입법청원 1년여 후인 2013년 9월 27일 국회에서 '청년발전 기본법 제정을 위한 공청회'를 개최하였고, '위원회' 대표 박기춘 의원은 동 법안을 2014년 발의안으로 국회에 제출하였다. 한편, 박근혜 대통령 당선자 대통령직 인수위원회 청년특위 위원장을 역임했던 김상민 의원 등도 2014년 5월 별도의 '청년발전기본법안'을 제출했다. 김상민 의원 등의 안은 박기춘 의원 안과 큰 차이가 없으나, 대통령 직속 청년발전위원회의 설치와 총괄 기능을 두고 있는 점에서 차이가 있었다.

3종의 기본법안은 모두 제1조에 '청년이 지닌 무한한 능력을 개발하기 위해 국가와 지방자치단체의 책무 등에 관한 기본적인 사항을 규정하여 정치·경제·사회·문화의 모든 분야에서 청년의 참여를 촉진하고 청년의 발전, 고용확대 및 복지증진을 도모하여 경제를 활성화하고 미래성장 동력을 확충하는 것을 이 법의 목적'으로 규정하고 있는데, 이 내용은 기본적으로 2012년 '협의회'의 입법청원안에서 기원하고 있다. 또한 관련 정책분야를 고용정책으로 한정하지 않고 정치·경제·사회·문화 등 전 정책영역으로 확장하고, 정책대상을 '취업을 원하는 청년'에 국한하지 않고 전체 청년층을 대상으로 한다는 점 또한 기존에 제출된 기본법안 취지의 연장에 있었다.

19대 국회에 '청년발전기본법안'이 제출되는 과정과 법안 내용은 지방정부 차원의 청년정책 수요를 확인시켜 주며, 동시에 국회 원내 제1, 2당이 이러한 정책수요를 입법화함으로써 청년층의 정치적 지지를 도모하려는 데에는 큰 차이가 없음을 보여준다. 비록 19대 국회에서는 입법화에 실패했지만, 이런 추세는 20대 국회에서도 지속될 것으로 전망된다.

III. 지방정부 청년정책의 변화와 현재

1. 정책 내용과 대상범위의 확장

2016년 5월 말 현재, 17대 광역 지방정부 가운데 인천, 울산, 충북을 제외한 14개 시·도에는 청년 관련 조례가 마련되어 있었다. 또한 226개 기초 지방정부 가운데 48개에 청년 관련 조례가 있었으며, 자치구는 69개 가운데 36.2%인 25개, 자치시는 75개 가운데 22.75인 17개, 자치군은 82개 가운데 7.3%인 6개에 청년 관련 조례를 두고 있었다. 자치구에 비해 자치시, 자치시에 비해 자치군에서 청년 관련 조례를 두고 있는 지방정부 수가 작은 것은 인구 구성에서 청년층이 차지하는 비중의 차이로부터 설명될 수 있다.

〈표 3〉		청년 관련 조례가 있는 지방정부 현황			
	광역 자치정부	기초 자치정부			
		자치구	자치시	자치군	합계
전체	17	69	75	82	226
지방정부 수	14	25	17	6	48
지방정부 비율	82.4%	36.2%	22.7%	7.3%	21.2%

※ 한 지방정부가 청년 관련 여러 개의 조례를 가지더라도 '있다/없다'로만 분류함

〈표 4〉			지방정부 청년 관련 조례 현황				
기본 조례		일자리 창출		취업·창업 지원		기타	
광역	기초	광역	기초	광역	기초	광역	기초
6	11	13	26	4	8	1	9

※ 한 지방정부가 청년 관련 여러 개의 조례를 가지고 있을 경우 각각 분류함

청년층 인구가 상대적으로 많을수록 청년 관련 정책수요 또한 증가할 것이
기 때문이다.

한편, 각 지방정부의 청년 관련 조례의 내용은 비(非)경제활동 청년을 대
상으로 한 취업·창업 지원 관련 조례, 포괄적인 일자리 창출 관련 조례,
기본 조례와 기타 범주로 구분되었고, 기타 범주를 제외할 때 조례 제정의
시점은 대개 시기순으로 구분될 수 있었다. 청년 비(非)경제활동 인구만을
대상으로 한 취업, 창업지원 관련 조례는 청년 관련 조례 범주 가운데 가장
시기적으로 선행하였고, 그 내용은 '(지방정부의) 청년 인턴제 운영 지원',
'중소기업 취업 지원', '창업지원센터 지원' 등으로 구성되었으며 시기는 대
략 2011년~2013년에 걸쳐 제정되었다.

한편 취업·창업 지원 관련 조례와 마찬가지로 「청년고용 촉진법」에 그
근거를 두고 있기는 하지만, 현재 '구직을 희망하는 미취업 청년'만이 아니
라 청년 일반을 대상으로 한 포괄적인 일자리 창출 관련 조례가 뒤이어 등
장하였는데, 대개 그 명칭은 '청년일자리 창출 촉진'을 포함하고 있었다.

이 범주의 조례를 두고 있는 광역 및 기초 지방정부의 수가 가장 많았으
며, 시기적으로는 대략 2013년~2015년에 앞다투어 제정이 이루어진 것으로
나타난다. 특히 비수도권과 기초 지방정부의 경우 2014년 지방선거 이후
관련 조례의 제정이 급증한 것을 확인할 수 있었다. 광역지방정부의 경우
대구, 광주, 강원, 충남, 경남, 세종에서 2014년 6월 이후 '일자리 창출 촉진'
에 관한 조례가 제정되었고, 기초 지방정부에서도 포괄적 일자리 창출 관련

〈표 5〉	광역 지방정부, 청년 기본 조례 현황		
	조례명	공포번호	시행일자
서울	서울특별시 청년기본조례	제5812호	2015.01.02
대구	대구광역시 청년기본조례	제4805호	2015.12.30
광주	광주광역시 청년정책기본조례	제4617호	2015.12.28
경기	경기도 청년기본조례	제4993호	2016.01.01
충남	충청남도 청년기본조례	제4094호	2016.02.22
전남	전라남도 청년발전기본조례	제3939호	2015.07.23

조례를 두고 있는 26개 지방정부 가운데 22개가 2014년 지방선거 이후 관련 조례를 제정한 것으로 확인된다.

다음으로 '기본 조례' 성격을 갖는 청년 조례를 둔 지방정부는 광역 6개, 기초 11개였다. 기본 조례는 특정 정책분야에 한정하지 않고 '정치·경제·사회·문화 등 모든 분야'를 아우르며, 구직자, 미취업자, 저소득 취업자 등 청년 일부 계층만을 대상으로 하지 않고 전체 청년층을 대상으로 하고, 조례의 최종 목적이 일자리 창출로만 수렴되는 것이 아니라 사회참여, 권익증진 등의 내용까지 포괄하고 있다는 점에서 기존 청년 조례들과는 구분되는 특징을 갖는다.

광역 지방정부 기준으로, 서울, 대구, 광주, 경기, 충남, 전남 지방정부가 기본 조례를 두고 있었고, 제정 및 시행 시기는 모두 2015년 이후로 확인된다. 가장 먼저 기본 조례를 채택한 것은 서울로 2014년 11월 28일 조례안이 발의되어 12월 19일 시의회를 통과했다. 기초 지방정부에서는 서울 성북구, 서대문구, 부산 동구, 대전 서구, 유성구, 경기 수원시, 시흥시, 충북 청주시, 전북 전주시, 전남 곡성군, 장흥군에서 기본 조례를 두고 있었고, 그 시기 역시 모두 2015년 이후에 집중되었다.

2. 기본 조례와 협력적 거버넌스에 관한 인식

2015년 이후 광역 및 기초 지방정부의 '기본 조례'들은 정책 내용의 포괄성, 정책대상의 일반성에 더하여 협력적 거버넌스를 위한 기관들이 제도에 포함되어 있다는 점에서 기존 청년 관련 조례들과 차별성을 갖는다. 일부 예외가 있기는 하지만 일자리 창출 지원 조례들까지는 민·관 협력 방식의 정책입안, 정책집행과정에 대한 문제의식이 없거나 약했던 반면, 기본 조례 단계에서는 이 분야 관련 내용들이 제도의 전면에 등장하고 있음을 발견하게 된다.

광역 지방정부를 기준으로 보면, 서울시·경기도·광주시·충청남도 기본

〈표 6〉		광역 지방정부, 기본 조례 중 협력적 거버넌스 관련 내용	
	관련 조문	조문 제목	관련 조문 내용
서울	제6조	청년정책에 관한 기본계획	4. 서울특별시 청년정책위원회 등 민·관 협력체계 구성 및 운영
	제9조	청년정책위원회	④ 위원은 당연직과 위촉직으로 구성하며, 당연직 위원은 혁신·경제·주택·복지·문화 등 관련 부서 국장급 이상 공무원으로 한다. ⑤ 위촉직 위원은 다음 각 호에 해당하는 자 중에서 시장이 위촉하되, 청년을 5인 이상 포함하여야 한다. 1. 서울특별시의회 의원 2. 청년단체에서 활동한 경험이 풍부한 청년 3. 청년정책과 관련된 학식과 전문성을 보유한 사람 및 관계기관의 장 4. 그밖에 청년정책의 추진을 위해 필요하다고 인정되는 자
	제10조	청년의 참여 확대 등	① 시장은 청년의 참여를 확대하고 민주시민으로서의 학습과 경험을 지원하기 위해 노력하여야 한다. ② 시장은 서울시의 각종 위원회와 정책결정과정에서 청년의 의사를 반영하고 청년의 참여를 보장하기 위해 노력하여야 한다.

경기	제6조	청년정책에 관한 기본계획	4. 도 청년정책위원회 등 민·관 협력체계 구성 및 운영
	제9조	청년정책위원회	서울시 제9조 ④~⑤와 동일
	제10조	청년의 참여 확대 등	서울시 제10조와 동일
광주	제8조	청년정책 위원회	4. 제9조에 따른 청년위원회의 의장단 나머지는 서울시 제9조 ④~⑤와 유사
	제9조	청년위원회	① 시장은 시정에 청년의 참여를 보장하고 청년의 의견을 시정에 반영하기 위하여 다양한 분야를 대표하는 청년들로 구성된 청년위원회를 둔다.
	제11조	시정에의 참여	서울시와 제10조와 유사
대구	제5조	기본계획 수립	4. 청년정책 민·관 협력체계 구성 및 운영
	제8조	청년정책 심의위원회	서울시 제9조 ④~⑤와 유사
	제9조	청년정책 네트워크	시장은 청년정책의 수립·시행 과정에 청년의 소통과 참여를 확대하고, 지역사회를 이끌어갈 청년층을 육성하기 위하여 대구광역시 청년정책네트워크를 구성할 수 있다.
충남	제6조	기본계획의 수립	4. 제9조에 따른 위원회 등 민·관 협력체계의 구성 및 운영
	제9조	청년정책위원회 설치 및 운영	서울시 제9조의 ④~⑤와 유사
	제10조	청년정책위원회 분과위원회	② 분과위원회의 구성과 운영에 필요한 사항은 위원회의 의결을 거쳐 위원장이 정하되, 그 구성에는 청년을 포함해야 한다.
전남	제6조	청년정책에 관한 기본계획	4. 전라남도 청년발전위원회, 청년의 목소리 등 민·관 협력체계 구성 및 운영
	제9조	청년발전위원회	서울시 제9조 ④~⑤와 유사
	제11조	청년의 목소리 구성·운영	① 도지사는 청년 관련 각종 정책의 제안, 도 청년정책의 의견 수렴을 위하여 청년들의 협의체인 "청년의 목소리"를 둔다.
	제12조	청년의 참여 확대 등	서울시 제10조와 동일

조례의 '청년정책위원회,' 대구시의 '청년정책심의위원회,' 전라남도의 '청년 발전위원회'는 지방 행정부 공무원, 지방 의회 의원이나 의원이 추천한 자, 청년단체 활동가, 청년정책 전문가로 구성된 수평적 협의기관을 표방하고 있으며, 광주시의 '청년위원회,' 대구시의 '청년정책네트워크,' 전라남도의 '청년의 목소리'는 시정참여를 위해 청년들로만 구성된 협의체로의 위상을 갖고 있다. 기본 조례를 두고 있는 기초 지방정부에서도 광역 지방정부와 마찬가지로 민·관 협의기관을 두고 있으며, 청년 당사자를 대표하는 청년 활동가를 의무적으로 포함하게 하고 있다.

〈그림 1〉에서 나타난 협력적 거버넌스 모델들이 가정하고 있는 것처럼, 정부가 정책형성 및 집행과정에서 수평적 파트너십을 형성하기 위해서는, 직접 결사체 조직화를 유도하거나 제도적 유인을 제공하고 결사체들 간의 갈등을 조정하며 감독하는 등의 초기 이니셔티브가 중요한 역할을 담당하게 된다. 2015년 이후 급증하고 있는 이러한 청년정책 거버넌스에서도 광역 및 기초 지방정부의 정책적 개입이 중요한 효과를 발휘할 가능성이 높다. 이하에서는 제도로서 존재하는 민·관 협력 모델들이 현실에서 어떻게 작동하고 있는지에 관해 서울시를 사례로 살펴보도록 한다.

IV. 지방정부 청년 거버넌스의 제도와 현실: 서울시 사례

1. 청년정책에 대한 거버넌스 인식의 출발: '청년 허브'

서울시 박원순 시장은 2011년 10월 26일 보궐선거로 당선되었고, 당선 직후부터 전문가, 시민단체, 공무원들로 구성된 정책자문위원회 논의를 시작하여 이듬해인 2012년 1월 9일 「희망서울 시정운영계획(2012~2014)」(이하 '계획 2012')을 발표했다(서울시, 2012a). '계획 2012'는 5개 분야 15개의 중점과제를 제출했다. 5개 분야는 '당당하게 누리는 복지', '함께 잘사는 경제', '더불어 창조하는 문화', '안전하고 지속 가능한 도시', '시민이 주인 되는 시정'이었는데, 이 가운데 청년정책에 대한 거버넌스 모델 아이디어는 없었다. 15개 중점과제 가운데 6번째가 '청년의 자기실현이 보장되는 희망경제'였는데, 그 내용을 보면 출범 시점 박원순 행정부가 청년정책에 대해 어떤 인식을 가지고 있었는지를 추론해볼 수 있다.

〈그림 3〉은 '계획 2012'에서 청년정책 관련 정책목표와 정책수단을 나타낸 것으로, 전체적인 내용이 창업 및 취업 지원에 맞춰져 있으며 그 방식은 청년 당사자들과의 협력 모델이 아니라 관, 기업, 전문가 주도로 구성되어 있었다. 그런데 '청년의 창조 역량 극대화' 목표 아래 선정된 '서울형 미래 혁신 직업 발굴' 사업으로, '청년일자리 허브센터 설립'에 주목할 필요가 있다.

자료에 의하면, '청년일자리 허브센터(이하 '청년 허브')'는 청년 맞춤형 좋은 일자리를 공모하고 이 가운데 선별하여 사업화 컨설팅, 사업개발비를 지원하는 목적의 기관으로(서울시 2012, 58), 취업·창업 지원이라는 전체적인 청년정책 프레임하에 놓인 하나의 사업 집행기관처럼 묘사되어 있다.

| 〈그림 3〉 | 「희망서울 시정운영계획(2012~2014)」 중 청년정책 주요 내용 |

정책 목표	청년의 창조 역량 극대화	청년 벤처 육성 기반 확충	취업 경쟁력 제고
정책 수단	기업-대학 연동 프로그램	예비 청년 창업가 선발, 지원	직업능력개발, 취업알선
	스마트앱, 모바일 전문인력 육성	청년 창업 시장 진입 지원	서울형 의무 고용제 도입
	역사, 문화 콘텐츠 전문가 양성 지원	졸업 기업, 실패 기업 후속 지원	비정규 청년, 정규직 전환 지원
	서울형 미래 혁신 직업 발굴 청년 일자리 허브 센터 설립		

그런데 이것이 후일 서울시 청년 거버넌스의 모판으로 역할을 수행하게 된다. 공식 문헌과 참여자 인터뷰 등을 통해 서울시의 초기 청년 거버넌스 형성과정을 추적했던 한 연구는, '서울시 청년일자리 허브는 청년 문제의 관리를 전담하기 위한 장치이자 서울시 청년정책 전반의 물질적 구현물'(이연미 2014, 49)이라고 평가했다. 이런 평가를 이해하기 위해서는 '청년 허브'의 발생과 성장과정에 대한 이해가 필요하다.

2011년 10월 당선 이후 박원순 시장은 다양한 정책집단들을 대상으로 이른바 '청책' 토론회를 가지는데 그 일환으로 12월 6일 '청년일자리정책 수립을 위한 청책 워크숍'이 개최되었다. 서울시 자료에 의하면 '청년 허브'에 대한 논의는 이 모임 직후부터 시작되었다고 한다. 이 자리에서 전문가들은 '청년들이 새롭고 창의적인 일을 발굴하는 커뮤니티 센터', '청년들이 자기가 하고 싶은 일을 할 수 있는 생태계 조성'의 필요성을 역설했고(서울시 2012b, 4), 참여한 청년들도 모일 공간의 절실함에 관해 말했다. 이 자리에서 박원순 시장은 공간마련에 대한 대안을 약속했고 영국의 더 허브(The Hub)에 대한 언급이 있었다고 한다. '더 허브'는 2005년 영국 런던에서 최초로 만들어졌고 2014년 현재 전 세계에 50개 이상의 지부를 가진 사회 혁신 네트워크 공간이다(이연미 2014, 50).

이후 서울시에는 '청년일자리 허브센터 조성 TF'가 꾸려졌고, 논의 끝에 2012년 4월 설치 및 운영계획이 수립되었다. 계획 수립 시점 '청년일자리 허브'는 1월 시정계획 수립 시점 일자리 사업기관의 지위를 뛰어넘어, 시와 청년일자리 사업을 '연계'하고 청년을 경제 활성화의 '주체로 양성'하는 역할을 담당하도록 설계되었고, 이러한 역할을 담당하기 위해 청년단체 네트워크 구축 기능을 갖게 되었다. 청년정책에 협력적 거버넌스 개념이 도입되고, 파트너십을 구축할 대상을 적극적으로 형성해내려는 기획이 가동되기 시작한 것이다.

그런데 이 시점에서 서울시가 택한 사업방식은 주목할 만하다. 서울시는 관 조직이 직접 개입하는 방식이 아니라 민간위탁 사업방식을 채택했고, 그 이유에 대해 다음과 같이 밝히고 있다. '민간의 창조적·전문적인 인적·물

〈표 7〉	계획 수립 시점 '청년일자리 허브'의 역할과 기능(2012.04)
역할	• 새로운 청년일자리 모델제시 • 시(市)정책과 청년일자리의 연계 • 청년을 서울 일자리 경제 활성화의 주체로 양성
기능	• 연구·조사 등 청년일자리 기반조성(Lab) • 청년교류·관련기관·단체 네트워크 구축(Hub) • 신규 사업 발굴·지원 사업(Factory)

출처: 서울시(2012b, 6)

적 자원과 축적된 노하우 및 네트워크를 활용하고, 현장과 민간의 요구를 읽으면서 혁신적 변화를 촉진할 수 있는 개방적 조직체계'를 갖추기 위해 민간위탁 사업방식을 채택했다는 것이다(서울시 2012b, 8).

2012년 4월 서울시장 명의로 「청년일자리 허브 위탁운영 동의안」이 서울시의회에 제출되었고, 10월 동의안이 의회를 통과하였으며 2013년 4월 '청년일자리 허브'가 개관을 했다. 그리고 공모를 통해 민간위탁 사업자를 선정했으며, '청년일자리 허브'의 운영계획 등 일체를 실제로 위탁사업자에게 맡기는 형태로 일을 추진해 나갔다. 이 사업이 추진되고 4년여가 경과한 현재 시점에서 보면, 서울시가 택한 민간위탁 사업방식은 성공적인 것으로 보인다. '청년일자리 허브'는 현재 '청년 허브'로 명칭을 바꾸어 자리를 잡았고, 사업영역을 꾸준히 확대하고 있으며 참여단체 및 참여자의 수도 단기간에 상당한 증가세를 보이고 있다.

그러나 서울시의 이런 모델이 다른 지방정부에 얼마나 일반화될 수 있는지에 관해서는 좀 더 섬세한 고려가 필요하다. 결과적인 평가와는 별도로, 사업기획 시점 서울시가 민간위탁 모델을 과감히 채택할 수 있었던 데에는 서울시가 가진 특수한 자원의 구조가 고려되어야 한다. 사업기획 단계에서부터 결합해서 아이디어를 제공하고 실제 위탁운영을 할 수 있는 능력을 갖춘 민간기관 혹은 전문가 네트워크가 이미 존재했던 조건, '청년 허브'가 제공하는 다양한 사업에 대한 정책수요를 가진 풍부한 청년단체 혹은 개인들의 존재는 그 자체로 서울시 청년 거버넌스 진척에 핵심적인 기반이 되어 주었다. 반면 이 두 가지 조건은 다른 지방정부에 쉽게 일반화될 수 없으며, 다른 조건에서는 다른 접근과 기획이 필요할 것이다.

2013년 4월 '청년일자리 허브'가 실제 개관할 시점, 이 기관에 대한 서울

〈표 8〉		'청년 허브'의 주요 사업 및 예산		
사업 영역	사업명	사업 내용	예산(백만 원)	
			2015	2016
지원 사업	청년참	- 모임 지원 사업 - 3명 이상 모임에 최대 1백만 원	3,049	3,100
	청년활	- 단체 지원 사업 - 프로젝트를 가진 단체에 최대 1천만 원		
	미닫이사무실	- 청년단체·기업에 사무공간 지원		
	연구공모	- 청년과 사회 문제 연구에 5백~1천만 원		
	국내외네트워크	- 국내외 포럼, 컨퍼런스		
교육 사업	청년학교	- 공통교육 및 현장교육 지원 - 참여자 20만 원 수강료 납부		
	청년지도자아카데미	- 대학생 대상 인문학, 경영학 등 교육		
일자리 사업	사회혁신청년활동가	- 사회적 기업, 비영리단체 등 9~11개월 일자리		
	서울JOBs	- 서울소재 일자리 정보 제공 및 박람회 운영		
청년 정책	기획연구	- 전문기관 및 단체와 청년정책 연구	190	250
	서울 청년정책 네트워크	- 서울시 행정참여를 목적으로 한 모임 - 300여 명, 6개월 단위로 운영		

출처: 사업 내용은 '청년 허브' 홈페이지 정보(2016년 5월 30일 확인); 관련 예산은 서울시(2015a, 10)

시의 역할 부여는 2012년 4월 운영계획이 확정될 시점으로부터 또 한 단계 더 나아가 있었다. 서울시는 이 기관의 첫 번째 기능으로 '청년을 위한 커뮤니티와 네트워크 장 제공'을 꼽았으며, '청년을 위한, 청년에 의한, 청년의 공간'이라는 의미를 부여했다(서울시 2013a). 이렇게 출발한 '청년일자리 허브'는 2013년 9월 채택된 「서울특별시 청년일자리 기본 조례」에 포함되어 제도적 지위를 획득했고, 2014년 12월 「서울특별시 청년 기본 조례」의 채택과 함께 청년정책 일반을 포괄하는 기관으로 제도적 지위가 상승했다.

2016년 현재 '청년 허브'는 모임·단체·네트워크 직접 지원 사업, 교육사업, 일자리 사업, 청년정책 관련 사업을 포괄하고 있지만, 청년 커뮤니티 형성에 기여하는 사업에 한해서만 총괄한다. 예컨대 일자리 사업의 경우 청년 뉴딜 일자리, 서울시정 인턴십 등은 서울시에서 직접 관할하며, 기업·대학 연계교육이나 직업훈련 지원 등의 교육사업도 직할 운영된다. '청년 허브'의 사업은 해가 갈수록 참여 신청자의 범위와 지원대상의 범위가 확장 추세를 보이고 있다. 예컨대 모임지원사업인 '청년참'은 2013년 157개 모임이 지원해 112개가 선정·지원을 받았으며, 2014년에는 317개 모임이 신청을 하여 240개가 지원을 받았고 2015년엔 324개가 신청하여 230개가 지원을 받았다(서울시 2015b, 5). 한편, '서울청년정책네트워크'는 청년정책을 매개로 서울시정에 다양한 방식으로 참여하는 핵심그룹으로 형성되었다. '청년 허브'가 기획단계에서부터 현재의 모습은 아니었듯이, '청년정책네트워크'도 사업의 진행과정에서 아이디어가 더해지고 그 양태도 계속 바뀌고 있는 현재 진행형인 존재다.

2. 주체의 형성: 청년정책네트워크

'청년 허브'와 마찬가지로 청년정책네트워크 아이디어의 출발 역시 2011년 12월 6일 '청책' 토론회였다. 이 날 참가자 중 청년정책에 대한 청년들의 생각을 수렴하는 방법으로 '청년의회'에 대한 제안이 있었다. 다음날인 12월

7일, 박원순 시장은 서울 영등포구 하자센터에서 열린 '청춘콘서트 2.0, 김여진의 액션토크(이하 액션토크[4])' 프로그램에 초대되었고, 이 자리에서 전날 들은 '청년의회' 구상을 구체화할 것과 청년명예부시장[5]을 임명할 것을 약속했다. 청년정책에 대한 청년 당사자의 의견을 반영할 수 있는 집단적 주체의 형성 혹은 파트너십 대상으로서의 승인이라는 의미에서 보면, 이 시점 아이디어는 생성되어 발전하기 시작한 것이다.

2012년 2월 청년유니온 활동가인 김연경이 초대 청년명예부시장으로 임명되었다. 당초 명예부시장 제도는 자치법규에 근거한 지위가 아니며 '무보수 명예직으로 현장의 소리를 시정에 담아내는 메신저 역할(서울시 2013b)'로 규정되었기 때문에, 특별히 주어진 업무가 있는 것은 아니었다. 그러나 김연경 명예부시장은 2012년 8~9월 '먹거리와 건강', '주거와 자립', '일과 꿈'이라는 주제로 3차례 '청년정담회'를 개최했고, 11월 6일에는 '청년 박원순 시장을 만나다' 행사를 개최했다. 11월 6일 행사는 인터넷과 SNS 등을 통해 공개되었고, 참여를 원하는 사람들은 10월 22일부터 11월 4일까지 150명까지 누구나 신청할 수 있도록 했다. 물론 이 자리에는 앞서 진행한 3차례 정담회에 참석해서 정책주제들에 대해 의견을 나누었던 청년들이 참여했고, 논의의 결과를 박원순 시장에게 전달했다.[6]

2012년 '참여를 원하는 사람이면 누구나' 모여 청년정책을 논의했던 테이

---

4) '청춘콘서트 2.0, 김여진의 액션토크'는 비정규직, 등록금, 취업, 주거, 물가, 청년정치참여의 주제로 2011년 11월 23일, 11월 30일, 12월 7일, 12월 14일, 12월 21일, 12월 28일 총 6회 개최되었고, 박원순 시장은 '취업'을 주제로 한 세 번째 모임에 초대되었다.

5) 명예부시장은 박원순 시장이 청년만이 아니라 상인, 장애인, 여성, 어르신 등 다양한 주민집단을 대표하여 의견을 반영하기 위해 만든 것으로 제도적 지위는 아니었다. 취임 이후 점차 그 대상이 늘어나 2016년 현재 12명의 명예부시장을 두고 있다.

6) 김연경 청년명예부시장에 의하면, 청년 정담회나 11월 6일 행사의 기획 및 운영과정은 서울시와 무관하게 독자적으로 진행되었다고 한다. 명예부시장 임명 후 서울시가 자신에게 원했던 업무는 서울시 관련 행사에 내빈 참여 수준이었으며, 자신이 SNS를 통해 '청년암행어사'라는 이름으로 함께할 청년들을 모집하고 회의를 개최하고 그 요구를 서울시 담당부서에 전달하고자 하였을 때 담당공무원들의 반응은 '당혹감'으로 느껴졌다고 회고했다(2015년 10월 3일 인터뷰 내용 중).

블은, 2013년 시의 제도 안에서 공식화되었다. 2013년 7월 서울시는 "청년 정책에 관심이 많은 서울청년 100명을 모집해 '청년정책네트워크'를 구성, 청년 당사자들에게 실질적인 도움이 되는 정책을 개발·논의하고 시는 이를 검토·실행하는 거버넌스체제를 구축"(서울시 2013c)한다고 밝혔고, 20여일

〈표 9〉	제1차 청년정책네트워크의 활동
일자	활동 내용
2013-07-18~08.02	청년정책네트워크 시즌 1 청년정책위원 모집기간
2013-08-05	정책위원 발표
2013-08-16	'청정비빔밥' 발대식
2013-09-02	출장뷔페 "고함20"
2013-09-03	출장뷔페 "마포는 대학"
2013-09-04~09.06	정책위원 추가모집
2013-09-15	정책위원 오리엔테이션
2013-09-22	출장뷔페 "메니페스토 청년의회"
2013-09-23	정책워크숍
2013-09-25	서울시와 정책간담회
2013-10-04	생활안전망 강연 "보편적 복지인가, 선별적복지인가"
2013-10-12	"프리드리히 에버트 재단 국제세미나"
2013-10-21	서울시 청년정책 수립을 위한 정책 "원순 씨와 청년들의 이심전심 대화"
2013-10-26	청정비빔밥 네트워킹 파티
2013-11-12	청년정책아카데미 1강
2013-11-14	청년정책아카데미 2강
2013-11-19	청년정책아카데미 3강
2013-11-21	청년정책아카데미 4강 간담회
2013-12-20	청정비빔밥 마무리 파티

자료: 청년정책네트워크 제공 공개 자료를 토대로 재구성

에 걸쳐 19~39세 청년 대상 공개모집으로 이 단위를 구성할 것을 천명했다. 그리고 위원장은 청년명예부시장이 맡도록 설계되었다.

제1차 청년정책네트워크의 구성원들은 모임 이름을 '청정(청년정책)비빔밥'이라고 붙였다. 100여 명으로 출발했던 모임은 9월 추가모집을 거쳤고 최종적으로 249명이 참여했다. 활동은 '출장뷔페', '정책아카데미', 내부 '정책워크숍'을 중심으로 진행되었으며, 그 성과를 토대로 서울시 담당자들과의 정책간담회와 박원순 시장과의 '청책' 토론회가 이루어졌다. '출장뷔페'란 청년단체나 모임들을 직접 찾아가 청년정책네트워크의 취지를 알리고 정책수요를 파악했던 모임에 붙인 행사 명칭이며, '청년정책아카데미'는 관심분야의 전문가 초청 강연이었다. 그리고 참여자들의 내부논의는 관심 정책분야들을 나누어 팀을 구성한 다음 각 영역에 대한 정책수요를 논의하고 정리하는 방식으로 진행되었다.

제1차 청년정책네트워크 활동은 탐색, 자율, 참여로 특징지을 수 있다. 서울시는 일단 공개모집을 한 뒤 그 운영에 관여하지 않았고, 참가자들은 '무엇을, 어떻게, 언제' 할 것인지를 스스로 결정했다. 뿐만 아니라 청년정책네트워크의 활동을 지원하기 위한 민간위탁자를 공개모집, 선정하여 지원을 맡겼다. 아직 청년단체들에게 충분히 알려져 있지 않았던 시점이라 직접 찾아가는 기획이 등장했고, 무엇을 해야 할지 탐색하는 과정에서 교육의 수요가 등장했으며, 어떤 정책들을 중심으로 고민할 것인가도 토의과정 속에서 결정되었다. 그리고 그 성과는 정책요구의 형태로 서울시 행정부에 전달되었다.

서울시에 의하면, 제1차 청년정책네트워크는 총 20개의 정책제안을 내놓았고, 이 가운데 '아르바이트 권리보호센터 설치 및 운영', '청년단체 활성화 및 네트워크 거점 공간 조성' 등 14개 과제를 정책에 반영했다고 한다(서울시 2014). '거점 공간 조성'이란 '청년 허브' 외에도 서울 시내 다른 곳에 청년들이 모일 수 있는 작은 공간들을 만들어달라는 요구를 반영한 것으로, 서울시는 2014~2015년 대방동과 구로디지털단지 내 관련 공간을 만들었다. '무중력지대 G밸리'라는 이름이 붙여진 이 공간은 '청년 허브'와 마찬가지로 서울시 직할이 아니라 민간위탁으로 운영되고 있다.

제1차 청년정책네트워크 활동은 2013년 12월 마무리되었고, 이때 모색된 여러 실험들을 토대로 2014년 8월에는 2차 청년정책네트워크 참여자가 공개 모집되었으며 그 수는 300명으로 늘어났다. 9월부터 활동을 시작한 2차 청년정책네트워크는 당초 6개월로 예정되어 있었던 활동기한을 연장하여 2015년 6월 말에 활동을 종료했으며, 2016년 6월 현재 서울시는 3차 청년정책네트워크 참여자를 모집 중이다.

2016년 시점, 서울시가 '청년 참여 능동적 거버넌스 모델(서울시 2015a)'이라고 의미를 부여하고 있는 이 실험이, 협력적 거버넌스 모델들이 상정하고 있는 안정적이고 수평적인 파트너십 형성이라는 결과로 이어질지를 판단하기는 아직 일러 보인다. 아이디어와 사업, 활동과 참여의 내용은 여전히 진화하고 있으며 안정기에 접어든 것은 아니기 때문이다. 하지만 이 실험들이 지속되고 확장될 수 있는 조건이, '청년 허브'에 대한 진단에서와 마찬가지로 서울시의 특수성에 기반하고 있다는 것만은 분명하다.

2010년부터 구체화되기 시작한 청년 당사자 운동 주체들이 서울에 밀집되어 있었고, 이들이 청년명예부시장, 청년정책네트워크 지원 위탁사업자, 청년정책네트워크의 여러 사업 참여자로서 이 프로그램들의 아이디어 생산과 사업기획의 토대를 만들어 주었다. 제1기부터 제3기에 이르는 청년명예부시장들은 모두 '청년유니온' 창설 활동가들이었고, 2015년 '청년정책네트워크' 지원 민간위탁사업자인 '민달팽이유니온'은 '청년유니온' 활동과정에서 주거 문제를 특화하여 분화된 청년단체다. 제1차 청년정책네트워크가 외부의 큰 도움 없이 운영모델을 만들어나갈 수 있었던 것도 이러한 인적 자원의 영향이 컸다. 서울시의 청년정책 거버넌스를 위해서 이러한 특수성은 분명 우호적 조건이지만, 앞서 살펴본 다른 지방정부들의 청년 거버넌스를 추진해나가는 과정에서 서울시의 경로가 모방되기는 어려운 조건이기도 하다. 수평적인 위치에서 거버넌스에 참여할 수 있는 당사자 주체를 어떻게 형성할 수 있는가라는 문제에서 보면, 서울시와 다른 지방정부는 출발점 자체가 다른 것이다.

3. 거버넌스 제도화의 출발: 당사자 참여

서울시 행정부와 의회는 2012년 초부터 시작한 청년 거버넌스의 실험과 성과를 「서울시 청년일자리 기본 조례」(2013.09)와 「서울시 청년 기본 조례」(2014.12)로 2차례에 걸쳐 제도화했다. 제도화의 과정은 한편으로 2012년부터 본격화된 서울시정의 사업성과를 반영한 것이었지만, 다른 한편에서 별도의 아이디어 투입과 구체화 과정에 힘입은 것이었다.

그 기원은 또다시 2011년 12월 6일 '청책' 토론회와 12월 7일 '액션 토크'로 거슬러간다. 6일 참가자 가운데 '청년유니온' 활동가와의 대화 중 박원순 시장은 사회적 교섭에 대한 이야기를 꺼냈다. 그리고 7일 모임에서 한 활동가는 시장에게 '서울청년유니온'을 정식 노조로 승인해줄 것과 사회적 교섭 추진의 의사를 피력했다.[7] 당시 '청년유니온'은 2010년부터 지속적으로 노조승인을 요구해왔지만 정식노조로 인정받지 못하던 상황이었다. 이런 조건에서 사회적 교섭이라는 제도적 행위에 대한 계획까지는 나아가지 못하고 있다가, 12월 이후 교섭에 대한 아이디어를 구체화한 것으로 보인다.

2012년 2월 '청년유니온'은 노조승인을 위한 행정소송에서 승소하였고 3월 서울시로부터 노조승인을 받는다. '청년유니온'은 4월 '사회적 교섭 TF'를 꾸렸고 7월 대의원대회를 통해 7개 분야 25개 요구안을 확정하여 8월 서울시에 교섭요청 공문을 제출했다. 당시 '청년유니온' 25개 요구안 가운데 하나가 「청년일자리 지원에 관한 조례」(이하 일자리 조례) 제정이었고, 2013년 1월 타결된 협약내용 중 제3항에 「청년일자리 기본 조례」[8] 제정 추진이

---

7) 2010년 '청년유니온' 위원장으로 활동했고 2012년 2월 제1기 서울시 청년명예부시장에 임명되었던 김연경의 회고에 따르면, 2011년 12월 6일 모임에서 박 시장은 '그런데 청년유니온은 왜 서울시에 교섭하자고 안 그래요?'라고 가볍게 물었다고 한다. 그게 전부였지만 '청년유니온'은 곧바로 사회적 교섭에 대한 준비를 구체화하기 시작했다 (2015년 10월 3일 인터뷰 중). 2011년 12월 7일 모임에서 '청년유니온'의 노조승인과 사회교섭 추진 의사를 피력한 사람은 조금득으로, 그는 '청년유니온' 제1기 사무국장이었고 김연경에 이어 2013년 제2기 서울 청년명예부시장으로 활동했다('김여진의 액션 토크' 제3회 동영상 중).

〈표 10〉	청년일자리 관련 지방정부 조례(2013년 이전 사례)
조례(안) 명칭	민·관 협치 관련 내용
경기도 청년일자리 창출 촉진에 관한 조례 (2011년 11월 제정)	관련 내용 없음
제주특별자치도 청년일자리 창출 촉진에 관한 조례 (2012년 5월 제정)	관련 내용 없음
전라남도 청년일자리 창출 촉진에 관한 조례 (2012년 7월 제정)	제5조(위원회) ① 청년일자리 창출 촉진에 관한 주요 사항을 심의하기 위하여 도에 전라남도청년일자리창출촉진위원회를 둔다 … ③ 위원회는 위원장 1명을 포함하여 20명 이내의 위원으로 구성하되 … ④ 위원은 청년일자리와 관련한 공무원, 전문성과 경험이 풍부한 사람 중에서 도지사가 임명 또는 위촉한다.
'청년유니온' 청년일자리 지원에 관한 조례안 (2012년 7월 마련)	제5조(위원회) ① 청년일자리 지원에 관한 주요 사항을 심의하기 위하여 시에 서울특별시청년일자리지원을 위한 위원회(이하 "위원회"라 한다)를 둔다 … ③ 위원회는 위원장 1인을 포함하여 15인 이내의 위원으로 구성하되 … ④ 위원은 청년일자리와 관련한 공무원, 전문성과 경험이 풍부한 사람 중에서 시장이 임명 또는 위촉하되, <u>청년 당사자를 5인 이상 포함한다.</u>
서울특별시 청년일자리 기본 조례 (2013년 10월 제정)	제6조(청년일자리위원회) ① 시장은 청년고용 촉진 및 지원에 관한 주요 사항을 심의하기 위하여 청년일자리위원회(이하 "위원회"라 한다)를 설치·운영할 수 있다 … ③ 위원회는 위원장·부위원장 각 1명을 포함한 15명 이내의 위원으로 구성하되 … ④ 위원은 청년일자리와 관련한 공무원, 시의원, 전문성과 경험이 풍부한 사람 중에서 시장이 임명 또는 위촉하되, <u>청년 당사자를 3인 이상 포함하여야 한다.</u>

8) '청년유니온'이 서울시에 최초로 제출했던 요구안에 조례 명칭은 '청년일자리 지원에 관한 조례'였으나 서울시와 교섭과정에서 그 명칭이 '청년일자리 기본 조례'로 바뀌었다고 한다. 서울시와 '청년유니온'은 조례안 마련을 위해 서울시 담당자 4명과 '청년유니온' 4명이 참여한 수차례 실무회의를 진행했고 공동의 조례안을 만들었다(2016년 6월 8일 당시 '청년유니온' 사무국장 인터뷰 내용 중).

명시됨으로써 요구안이 반영되었다(청년유니온 2013).

'청년유니온' 2011년 7월 대의원대회에는 25개 요구안과 함께 조례안이 제출되었는데, 조례안은 그 이전 지방정부들의 청년일자리 관련 조례안들과 결을 달리했다. 당시 '청년유니온'은 경기도, 전라남도와 제주에서 논의되고 있던 일자리 창출 관련 조례(안)을 참조했다고 한다. 경기도의회는 2011년 11월 조례를 이미 제정한 상태였고, 제주도의회와 전라남도의회에서는 안이 논의되던 와중이었다.

최종 제정안을 보면, 경기도와 제주의 관련 조례에는 민·관 협치 관련 내용이 포함되어 있지 않았고, 전라남도 조례는 '일자리창출촉진위원회'를 설치하되 '관련 공무원, 전문성과 경험이 풍부한 사람 중에서 …' 위원을 구성하게 되어 있다. 전라남도 민·관 협치의 틀은 전문가 중심 참여라는 점에서, 기존 중앙정부 및 지방정부들이 활용해온 정부 위원회 구성방식의 틀을 따르고 있다. 반면 '청년유니온' 조례안은 '15인 이내 위원 중 청년 당사자 5인 이상 포함'을 통해 당사자 참여를 명시했고, 서울시 최종안에는 '청년 당사자 3인 이상 포함'으로 그 내용이 반영되어 있다.

'청년유니온'이 당사자 참여를 명시하게 된 이유는 무엇일까? 당시 조례안 성안을 담당했던 팀장의 인터뷰에 따르면, 2012년 초부터 서울시와 사회적 교섭을 준비하면서 국내외 산별교섭 사례들에 관한 연구를 진행했고 아이디어를 구체화해 나갔다고 한다(2016년 6월 8일, 당시 청년유니온 사무국장 인터뷰 중). 노·사·정 협치 모델로부터 당사자 참여의 아이디어를 얻었고 이를 조례안에 반영했다는 것이다.

2013년 「서울시 청년일자리 기본 조례」에 담긴 청년 당사자 참여 민·관 협치 기구모델은 2015년 1월 제정된 「서울시 청년 기본 조례」로 이어졌고, 〈표 6〉에서 확인할 수 있듯이 전국단위 광역 및 기초 지방정부로 일반화되어 나가고 있다.

4. 서울시 청년 거버넌스의 현재와 미래

현재 서울시는 「청년 기본 조례」에 따라 청년정책 심의기구로 청년정책위원회를 두고 있고, 위원회에는 공무원, 시의회 의원, 외부 전문가, 청년당사자가 참여하고 있다. 이와 별도로 서울시의회는 청년발전특별위원회를 구성해서 청년 관련 의제를 전담 심의한다. 청년정책네트워크는 그 자체로 제도상의 조직은 아니며, 매년 서울시가 공모를 통해 모집한 청년 정책위원들로 구성되고 서울시가 위탁한 민간사업자가 운영을 돕는다. 서울시가 민간위탁으로 운영하는 '청년 허브', '청년 공간 무중력지대' 등은 다양한 청년 모임이나 단체를 지원하고 그들 간의 네트워킹을 돕는 방식으로 청년 당사자들의 일상적인 참여와 결사를 활성화시킨다. 그 외 '서울 청년 주간 행사'나 '청년의회'9) 등 이벤트성 행사들을 통해 더 넓은 당사자 참여의 공간들을

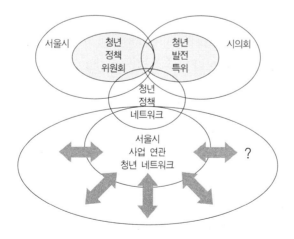

〈그림 4〉　　　　　　　　**서울시 청년 거버넌스의 현재적 모습**

---

9) 2015년 서울시와 서울시의회, 청년정책네트워크는 7월 13일부터 19일까지 '2015 서울 청년 주간 및 청년의회'를 개최하였고, 1주일 동안 주간 행사 및 1일 청년의회 회의에 참여한 참가자는 2천여 명에 이르렀다(이신혜 2015).

창출해나가고 있다.

서울시 사례는 지방정부 정책과정이 민주적 책임성을 담보하고 일상적인 거버넌스 모델을 형성하는데 필요한 조건과 경로에 대한 여러 문제를 생각하게 한다. 우선 시민참여 거버넌스의 중요성을 인식하고 이해하는 정책기획자의 역할이다. '서울플랜(서울시 도시계획)' 수립과정에서 시민참여 모델 도입 시도를 평가했던 한 연구는, 시민운동가 출신 시장의 참여시정에 대한 의지가 과거와 다른 시정모델을 창출하는 데 중요한 요인이었다고 지적한다(이영희 2013, 128).

그런데 청년정책을 둘러싼 서울시의 정책변화과정에서 2011년 청년 '청책' 토론회 제안 사항들을 곧바로 정책화하는 노력 등은 정책수요에 대한 높은 반응성을 보여주기도 하지만, 그 제안의 중요성에 착목하게 만든 것은 선행했던 시민참여 정책과정에 대한 이해일 수 있다. 핵심 정책결정자의 의지만큼이나 중요한 것이 이해도일 수 있다는 것이다. 그러나 이건 단순히 선출직 당선자의 당선 이전 경력의 문제로 치환될 수는 없다. 시민단체 활동경력을 가진 정치인이라고 해서 모두 이해도가 높다는 가정은 성립되지 않기 때문이다. 지방정부를 책임지는 지위에 있는 정치인들 혹은 직업 공무원 집단들이 새로운 정책결정모델에 대한 정보를 공유하고 이해도를 높일 수 있는 대안을 마련하는 관점에서 접근될 필요가 있다.

서울시 사례가 던지는 두 번째 질문은, 당사자 참여의 자원과 조건을 고려한 정책경로의 문제다. 서울은 대학, 시민단체, 청년층 가용 일자리가 밀집되어 있고 청년 인구 비중이 다른 자치단체에 비해 매우 높다. 이런 조건은 상대적으로 풍부한 전문가 자원과 참여욕구를 가진 청년 당사자 자원을 제공한다. 서울시가 청년 거버넌스 형성과정에서 민간위탁방식을 다면적으로 활용하여 단기간에 성과를 내고 당사자 참여를 제도화할 수 있었던 것은, 이런 조건에 힘입은 바가 크다.

예컨대 2011년 12월~2013년 4월, '청년 허브' 아이디어가 등장해서 개관하기까지 정책의 숙성 속도는 매우 빨랐다. 그 주된 원인은 정책기획 단계부터 결합해서 정책의 방향과 내용을 공급해줄 전문가 집단의 존재와 사업

기획 및 당사자 조직 활동의 경험을 가진 청년 활동가 자원이 있었기 때문이다. 반면 이런 조건이 부재한 상황에서는 정책기획 단계에서 참여자 범위설정, 기획에 필요한 정보획득 및 공유 방식, 심의과정과 권한부여에 대한더 섬세한 디자인이 필요할 것이다.

특히 청년 당사자를 기획주체로 만들어내는 문제를 중심에 둔 접근이 필요하다. 서울시와 부산시 마을 만들기 지원정책 관련 거버넌스를 비교한 한연구는, 부산시를 '형식적 거버넌스,' 서울시를 '불안정한 거버넌스'로 평가했는데, 그 주된 원인 중 하나로 정책기획과 참여과정의 괴리를 들었다. 시와 전문가 집단만 참여한 상태에서 정책기획이 이루어지고 사업공모를 통해사후적으로만 주민공동체 참여를 유도함으로써, 주민 당사자들이 부분 정책사업의 하위 파트너로 위치 지워졌다는 것이다. 출발부터 주체가 아닌 정책대상이 되어버린 주민공동체들은 정책과정에서 변경의 필요가 발생해도 실질적 영향력을 행사할 수 없었고, 결과적으로도 정책실효성에 대한 불만을토로했다(김정희 2015).

주민 공동체도 청년 당사자들과 마찬가지로 미조직 상태에 있긴 하지만거주지를 중심으로 한 공동의 이해관계를 공유한다는 점에서 차이가 있다.반면 청년 당사자들은 주민 공동체보다 훨씬 더 원자화되어 있고 이해관계의 공유도 쉽지 않다. 이런 조건은 초기 당사자 주체들의 자각적 인식과정책주체로서의 후속적 노력이 매우 중요하다는 것을 의미한다. 해당 지방정부 청년들이 어떤 사회경제적·교육적·문화적 조건에 놓여 있는지, 청년정책의 수평적 파트너십을 형성할 집단은 어떤 경로로 조직화될 수 있을것인지, 초기 주체들에게 어떤 지원이 이루어진다면 주체적 기획을 할 수있는지 등에 대한 문제부터 청년 당사자들이 직접 조사하고 연구하게 만들어야 한다. 그리고 시 정부는 이들이 일정한 실험과 실패, 그로부터 교훈을얻은 과정에 대해 인내를 가지고 기다려줄 수 있어야 한다. 시가 가진 재정적 자원, 네트워크 자원, 제도적 자원을 모두 활용해 민주주의의 토대를 형성하는 데 투자한다는 관점으로 접근되어야 한다는 것이다(Sirianni 2009).

어떤 정책이나 제도든 초기 형성과정이 후속과정과 결과까지도 결정할 만큼 중요하다. 최초에 만들어진 정책 틀과 정책과정은 후속과정에 경로의 존성을 부여하며, 일단 제도화되고 난 다음에는 경로수정이 쉽지 않다. 시작 단계에서부터 대등하고 수평적인 파트너십 형성이라는 목표를 구현한 설계가 필요하다는 것이다.

서울시 사례가 던지는 세 번째 질문은, 제도화 이후에도 어떻게 관과 당사자들 사이에 건강한 긴장관계를 유지할 수 있을 것인가의 문제다. 이것은 서울시 청년 거버넌스의 미래를 결정하는 문제이기도 하다. 자율 거버넌스 (self-governance) 모델이 정부와 독립된 결사체의 존재, 독자적 영역의 중요성을 강조하는 것도 이런 문제의식으로 볼 수 있다. 당사자들이 거버넌스 틀과 독립적으로 스스로의 정책수요를 끊임없이 개발하고 이미 시행하고 있는 정책을 비판적으로 평가하며 대안을 마련하는 작업을 진행해나가지 않는 한, 언젠가 거버넌스 모델은 관료화의 경로로 나아갈 수밖에 없다. 이미 만들어진 제도는 작동하고 사업은 진행되지만 점차 관료조직의 일상 업무처럼 경화(硬化)되어가는 것이다. 이런 경로를 겪게 되면, 거버넌스 기구에 참여하는 당사자들도 집단 대표성을 더 이상 추구하지 않게 되며, 당사자 조직의 활력은 사라진다.

서울시의 경우 '청년정책네트워크'를 민간위탁자를 선정해 지원하게 하되, 기본 조례 등에 명시하지 않고 제도화하지 않음으로써 자율성을 부여하는 방법을 택하고 있다. 단기적으로는 시장이 바뀌거나 정책기조가 바뀌어 지원이 사라지면, 당사자 네트워크는 영향을 받을 것이고 현재 제도화된 거버넌스 기구에 참여하는 당사자의 지위도 불안정해질 수 있다. 그러나 중장기적으로는 '지원은 하되 개입하지 않는다.'는 현재의 원칙을 지키는 것이 바람직하다. 당사자 조직이 자율적 공간과 독립적 운영을 할 수 있는 자생력을 갖는 것이 거버넌스 모델에서는 중요하지만, 그 자체를 관이 주도할 수는 없으며 시민사회의 영역으로 인정해야 한다. 당사자 조직이 자기 재생산과 연속성을 담보할 수 있도록 발전해 가는 데 필요한 지원을 하는 것까지가 지방정부의 역할이라는 것이다.

마지막으로 생각해 볼 점은 청년정책 거버넌스에 참여하는 당사자들이 대표성을 지속적으로 확대해나갈 수 있도록 만드는 유인에 관한 문제다. 어차피 이들이 서울에 거주하는 모든 청년 당사자들의 직접적 대표성을 확보할 수는 없다. 정책의제를 확장하고 정책 관련 새로운 당사자 네트워크를 창출하려는 반복적인 노력의 과정이 있을 뿐이다. 그런데 이러한 노력이 중단된다면, 현재 확보된 당사자 네트워크는 특정한 정책적 이해를 공유하는 이익집단이나 의견집단으로 고착되어 갈 수 있다. 지방정부는 이 경로를 피하기 위한 유인을 제공하는 데 고민을 집중할 필요가 있다. 청년집단 내 다양한 사회적 지위를 가진 집단들이 정책과정에 참여할 수 있는 경로를 다변화하고, 그들 간의 네트워크 형성을 지원하며, 갈등이 발생할 경우 스스로 조정할 수 있도록 전문가 네트워크를 연계시켜주는 등의 방법이 있을 수 있다. 물론 대표성 확대방안과 경로까지도 현재 마련된 당사자 주체들과의 협의 의제가 되어야 할 것이다.

V. 결론 및 함의

2000년대 초반부터 한국사회가 청년들의 시장적 지위에 주목하게 된 것은, 보다 넓은 맥락에서 진행되고 있는 한국사회 변화와 그것이 청년들에게 미친 효과 때문이었다. 1997년 IMF 외환위기와 그 극복과정에서 단행된 일련의 제도변화들은 전통적인 시장구조를 질적으로 변환시켜 놓았다. 위기 이후 시장에 진입해야 했던 청년들은 선배세대들이 경험해 보지 못한 전혀 새로운 환경에 놓여졌다. 시장 첫 진입자들에게 주어지는 정규직 일자리는 점점 더 줄어들었고, 단기 불안정 고용 상태로 출발하더라도 경력이나 연차가 쌓이면 안정 고용 상태로 전환될 줄 알았던 희망도 점차 사라져 갔다. 불안정 고용상태를 지속하거나 실직과 불안정 고용의 무한반복을 피하기 위해 시장진입 준비기간은 자꾸 늘어났다. 혹은 벤처 기업, 청년 창업이라는 이름으로 출발부터 부채를 안고 자영업자가 되기도 했다. 그러나 어떤 경로를 택하더라도 주거와 생계를 안정적으로 해결할 수 있는 행운은 점점 더 소수에게만 허락되었다. 청년들의 이런 삶은 실업률, 취업률, 자살률, 출산율, 결혼율, 빈곤율 등의 사회통계로 집약되어 나타났다.

2004년 「청년실업 해소 특별법」 제정은 2000년대 초반부터 감지되기 시작한 청년 문제에 대한 단기 대증요법이었다. 그러나 한시적으로 공공기관 청년고용을 늘리고 민간기업 고용지원을 한다고 해서 정책효과가 나타날 문제는 아니었다. 더군다나 그조차 권고조항으로 강제력을 갖지 못했다. 그러는 사이 대학생인 청년들의 등록금 문제, 불안정 고용에 더하여 열악한 노동환경과 저임금 일자리의 문제, 사회적 압박감을 견디지 못한 청년 자살 문제, 치솟는 주거비 부담으로 인한 주거 불안정 문제 등이 불거졌다. 부모세대들을 중심으로 청년 문제에 대한 사회적 진단들이 등장했고, 마침내 스스로 문제를 해결해 보겠다는 당사자 운동이 등장했다.

수년 전부터 시작된 당사자 운동은 언론의 많은 주목을 받았고 청년 문제에 대한 여론을 환기시켰으며 중앙정부 및 지방정부 정책결정과정에도 유의미한 영향을 미쳤지만, 여전히 그들은 수도권에 밀집되어 있고 대표할 수 있는 청년 당사자 범위는 협소하다. 시민단체와 전문가 집단이 연대하고 지원하기는 하지만, 원자화되어 있고 당장의 생존과 생계에 어려움을 겪는 그들이 스스로 결사하고 집단행동을 조직해서 정부정책을 바꾸어내는 일은 쉽지 않다. 이런 조건에서 최근 지방정부들이 청년 문제에 관심을 집중하고 제도적 지원을 고민하게 된 것은 다행스러운 일이 아닐 수 없다.

이제는 더 나아가 청년 문제에 대한 시각의 근본적 전환이 필요하다. 지금 청년들이 당면한 문제는 세대 문제가 아니라 한국사회 지속 가능성의 문제이기 때문이다. 청년들이 맞닥뜨린 시장의 현실은 신규 시장 진입자이거나 진입 준비자라는 그들의 지위 때문에 더 첨예해 보이는 것일 뿐, 중년이나 장년, 노년에 이르기까지 공통된 문제다. 차이가 있다면 청년들은 부모세대, 조부모세대보다 더 오래 이 사회를 살아가야 한다는 점이다. 지금 부모세대들은 이들이 미래에 낼 세금과 보험료에 노후를 의존해야 하며, 이들이 만들어가는 한국사회에서 노년을 보내야 한다. 곧 닥칠 미래의 한국사회가 어떤 모습이든 그 사회는 그들이 이끌어갈 수밖에 없다.

그런데 지금의 부모세대들은 청년세대의 미래를 준비해줄 능력은커녕 당장 내가 닥친 위험에 대한 해결책조차 갖고 있지 못하다. 세계화는 자본과 노동의 세계화뿐 아니라 위험과 위기도 세계화하고 있다. 생태와 환경의 위기, 저성장과 양극화의 위기, 저출산과 고령화가 낳는 사회 지속 가능성의 위기, 공동체 해체와 고립이 낳는 휴머니즘의 위기는 세계화와 밀접한 연관을 갖는다. 지구 온난화가 야기하는 온갖 재난을 어떻게 해결할 것인가? 전 세계의 정상들이 수십 년간 모여 약속하고 깨고 약속하는 일을 반복하고 있지만 점점 더 환경은 나빠지고 있는데, 대안이 있는가? 전 세계 전문가들과 국제기구들이 공히 저성장의 고착화를 진단하고 있지만, 그런 세계에서 미래세대가 어떻게 먹고 살아야 하는지에 대한 대안은 마련되었는가? 시계 초침이 움직이듯이 각국의 고령화 속도를 진단하고 그것이 야기할 위험에 대한 진단들은 쏟아지고 있지만, 그 세계를 살아갈 당사자들이 무엇을 해야 하는지를 알려주고 있는가?

이런 조건을 인정한다면, 그들이 살아갈 세계에 대한 문제 해결자로서 그들의 권리를 인정하고 지금부터 그들이 설 사회적 자리를 마련해야 한다. 어차피 지금의 세계에 대한 해결책을 부모세대나 청년세대나 모두 갖지 못했다면, 좀 더 오래 살아갈 그들이 스스로 대안을 마련해갈 수 있도록 공간을 열고 자원을 제공하여 자립의 토대를 만들어갈 수 있게 해야 한다는 것이다. 이것은 최근 지방정부 청년정책에 좋은 거버넌스의 문제의식들이 더 깊게 천착되고 구현될 필요가 있는 중대한 이유가 된다.

더 많은 참여, 더 깊은 심의, 수평적 파트너십과 상호 책임성의 구현은, 한편으로 지방정부 정책결정과정에 민주적 책임성을 강화시키고 참여자들의 정책실효성을 높이며 정책결과의 수요자 효용성을 높여 좋은 정부를 만들어내는 데 기여할 것이다. 다른 한편 사회의 지속 가능성 측면에서 볼 때 더 중요한 것은 단기적 정부의 성패 차원을 넘어 미래를 준비하는 집단적 시민주체를 형성해가는 장기 기획이다. 이 관점에서 보면 현재의 좋은 정부는 미래를 만드는 장기 기획 아래에서 현재의 과제를 도출하고 실천할 수 있는 정부일 것이다.

◆ 참고문헌 ◆

곽정란·김병하. 2004. "장애인 담론의 정치적 이해: 장애인당사자주의를 중심으로." 『특수교육 저널: 이론과 실천』 5(3). 249-263.

김난도. 2010. 『아프니까 청춘이다: 인생 앞에 홀로 선 그대에게』. 쌤앤파커스.

김병권. 2010. "20대 당사자운동이 일으킬 반전." 강수돌 외. 『처음 만나는 진보』. 시대의 창.

김용은. 2001. "샌프란시스코 홈리스 연합의 노숙 당사자 운동." 『도시와 빈곤』 49. 66-77.

김의영. 2011. "굿 거버넌스 연구 분석틀: 로컬 거버넌스를 중심으로." 『한국정치연구』 20(2). 209-234.

김정희. 2015. "굿 거버넌스 실현을 위한 대도시의 주민참여행정 비교연구: 부산시와 서울시의 마을만들기지원정책을 중심으로." 『지방정부연구』 18(4). 135-170.

나도원. 2013. "공동체를 위한 당사자 운동: '예술인소셜유니온'의 과정과 전망." 『문화과학』 73. 129-144.

신상준·이숙종·C. 햄든-터너. 2015. "협력적 거버넌스의 성공요인 및 과정: 인천광역시 주민참여예산제도 조례 개정 사례를 중심으로." 『한국지방자치학회보』 27(2). 79-111.

우석훈·박권일. 2007. 『88만원 세대: 절망의 세대에 쓴 희망의 경제학』. 레디앙.

유형근. 2015. "청년 불안정노동자 이해대변 운동의 출현과 성장: 청년유니온과 알바노조." 『아세아연구』 58(2). 38-77.

이신혜. 2015. "서울시 청년기본조례 이후 1년, 변화와 발전과제." 서울특별시의회. 서윤기·이신혜 의원실 주최 「서울시 청년기본조례 이후 1년, 청년정책의 미래를 말하다」 토론회 자료집.

이연미. 2014. "지속가능한 삶으로서의 활동: '서울시청년일자리허브'와 청년 활동가의 실천 연구." 서울대학교 사회학과 석사학위 논문.

이영희. 2013. "서울시의 참여적 시정개혁 평가: 서울 플랜 수립과정을 중심으로."

『경제와 사회』 98. 106-133.

장하성. 2015.『왜 분노해야 하는가: 분배의 실패가 만든 한국의 불평등』. 헤이북스.

조영호. 2016. "한국인들은 정부의 질을 어떻게 평가하는가?: 좋은 정부의 다차원적 모델과 경험적 적용."『국가전략』 22(1). 89-117.

청년유니온. 2013. "청년유니온－서울시 사회적 교섭 결과 보고 집담회" 자료.

크렌슨·긴스버그 지음, 서복경 옮김. 2013.『다운사이징 데모크라시: 왜 미국 민주 주의는 나빠졌는가』. 후마니타스.

한국교육개발원. 1990, 2005.『교육통계연보』.

Bradford, Neil. 1998. "Prospects for associative governance: Lessons from Ontario, Canada." *Politics and Society* 26(4).

Cohen, Joshua, and Joel Rogers. 1992. "Secondary Associations and Democratic Governance." *Politics and Society* 20(4).

Creson, Matthew A., and Benjamin Ginsberg. 2002. *Downsizing Democracy: How America Sidelined Its Citizens and Privatized Its Public.* The Johns Hopkins University Press.

Fung, Archon, and Erik Olin Wright. 2003. *Deepening Democracy: Institutional Innovations in Empowered Participatory Governance.* Verso.

Putnam, Robert, and Lewis Feldstein. 2003. *Better Together: Restoring the American Community.* Simon & Schuster.

Sirianni, Carmen. 2009. *Investing in Democracy: Engaging Citizens in Collaborative Governance.* Brookings Institution Press.

Skocpol, Theda. 2002. *Diminished Democracy: From Membership to Management in American Civic Life.* University of Oklahoma Press.

Somerville, P. 2008. "Prospects for Local Co-governance." *Local Government Studies* 34(1): 61-79.

中西正司·上野千鶴子. 2004.『當事者主權』. 岩波.

서울시. 2012a. 「희망서울 시정운영계획(2012~2014)」.

_____. 2012b. 「2013년도 정책자료집: 청년일자리허브 조성」.

_____. 2013a. "서울시, 청년일자리·사회적경제 책임 질 종합지원기관 문연다."

_____. 2013b. "市, 청년·중소기업인·문화예술인·관광인 명예부시장 4인 위촉."

_____. 2013c. "서울시, 청년 100명 머리 맞대 '청년정책' 만든다."

_____. 2014. "서울 청년정책, 청년 300명이 직접 만든다."

_____. 2015a. 「2015년 청년정책 추진계획」.

_____. 2015b. 「2020 서울형 청년보장(Seoul Youth Guarantee)」.

『경향신문』, 2006.01.10. ""올려도 너무 올린다" 사립대 등록금 몸살."

_____, 2007.01.25. "반값등록금 등 법 개정 추진."

_____, 2011.09.29. "'삼포세대 펀드' 청년 비정규직 소액대출 위해 상호부조기금 만든다."

『기호일보』, 2012.09.06. "지방의원 출신 국회의원 연구단체 지방3정발전연구회 공식 출범."

『동대문포스트』, 2012.11.16. "동대문구의회 최경주 복지건설위원장 '청년발전기본법' 입법청원서 전달."

『서울신문』, 1997.11.21. "부부간첩 사건─간첩 고영복 암약상."

『세계일보』, 2001.02.21. "실업자 100만 명 시대."

_____, 2001.12.07. "대졸실업 43만 명 … 일자리는 6만 개뿐/'실업대란' IMF때보다 더 심각."

_____, 2008.02.20. ""등록금 인상 더는 못참아" 학부모·시민단체 뭉쳤다."

『문화일보』, 2006.04.14. "'비싼 등록금' 정치쟁점화 …여 "先무상교육"─야 "반값으로.""

_____, 2007.02.02. "한나라당 김형오 원내대표 국회연설."

_____, 2007.06.04. "6월 임시국회 전망."

_____, 2012.10.04. "김난도-변영주 '아픈 청춘' 트위터 설전."

『연합뉴스』, 2007.10.10. "李 선대위 인선 마무리작업 '박차.'"

_____, 2011.02.21. "도미노피자 '30분 배달보증제' 폐지."

_____, 2011.04.08. "정치권, KAIST 자살사태에 애도."

_____, 2013.02.28. "알바연대, 대형 프랜차이즈 '알바5적' 발표."

『에이블뉴스』, 2005.12.22. "자립생활운동이 당사자주권 실현: 나까니시 쇼요시가 전하는 당사자주의."

『프레시안』, 2012.10.01. "김진숙과 통화하던 그날, "이런, 젠장 할 …""(변영주 인터뷰).

『한겨레신문』, 2010.06.25. "최저임금 기가막혀."

_____, 2011.09.06. "커피전문점 고속성장의 그늘/'주 15시간 이상 근무땐 의무/

매달 4일치 휴일수당 11%뿐."

『한국일보』, 2001.11.08. "최악의 청년층 실업사태."

_____, 2007.01.04. "한나라당, 이번엔 "대학등록금도 반값.""

_____, 2015.12.04. "청년들이여, 제발 아프지만 말고 분노하자"(장하성 인터뷰).

제**8**장

사법적 정책결정의 메커니즘:
정리해고 요건을 중심으로

서복경

I. 문제의식

이 글은 1980년대부터 현재에 이르기까지 정리해고 요건을 둘러싼 입법부, 행정부, 사법부, 시민사회의 갈등과 상호작용 사례를 토대로, '사법적 정책결정'의 한국적 맥락과 특징을 분석하는 데 목적이 있다.

원리상 대의 민주정에서는 선출된 대표들이 공공정책을 결정하고 행정부가 이를 집행하며 사법부가 결정 및 집행행위를 둘러싼 갈등에 사후적 판정을 내리는 것으로 이해된다. 그러나 현실에서는 사법부가 공공정책결정의 일 주체가 되고 나아가 입법부의 정책결정과 행정부의 정책집행에 가이드라인을 제공하는 현상이 일반화되고 있다.

이와 같은 현상은 비단 한국에만 국한된 것이 아니다. '법관들의 권력(power of judges)'이 강화되는 현상에 대한 학문적 관심이 미국, 유럽, 남미 등을 가로질러 전 지구적인 범위에서 진행되고 있다는 진단(Goldstein

2004)은, 이 현상의 보편적 성격을 보여준다. 사법통치(juristocracy, Hirschl 2007), 법원통치(courtocracy, Scheppele 2002)로 이런 현상을 포착하는 흐름은, 사법부의 정치적 역할이 선출된 대표들의 정책결정을 보완하는 수준을 넘어 정치체제의 성격을 변환시킬 정도에 이르렀음을 주장하기도 한다.

한국에서 '정치의 사법화(judicialization of politics)' 현상이 주목을 받게 된 계기는 노무현 정부에서 이루어진 2건의 헌법재판소 판결이었다. 그러나 이 글이 관심을 갖는 것은, 정치 문제에 대한 사법부의 역할보다 광범위한 공공정책의제에 대한 사법부의 역할, 그 원인과 효과에 관한 것이다. 대의 민주정에서는 선출된 대표들이 정치공동체 구성원들의 삶과 생계에 관계된 다양한 의제들 중 공공정책의제를 선별하고, 사회적 공론화과정을 거쳐 특정 정책방향을 '결정'하는 전 과정을 주도할 것으로 기대된다. 이른바 '대의'의 실현에 대한 기대다. 그런데 선출된 대표가 아닌 직업 관료집단인 사법부가 이를 대체하는 현상은 왜 나타나는가? 또 그 효과는 무엇인가?

사법부가 미국 교정정책 변화를 주도하게 된 과정을 분석했던 Feeley & Rubin(2000; 2003)은, 입법부재 혹은 정치부재가 주된 원인이었다고 진단한 바 있었다. 이 문제를 다루는 학술연구들은, 사법적 정책결정의 현실을 정정해야 할 대상으로 보든 불가피한 현실로 수용해야 한다고 보든 간에, 민주적 정치과정이 제대로 작동하지 않은 결과라는 진단에는 큰 이견을 갖지 않는다(Ferejohn 2002). 그렇기에 사법적 정책결정은 '사법적 문제가 아니라 정치적 문제'(Hirschl 2004)인 것이다.

입법부재 혹은 정치부재가 사법부를 정책결정의 장으로 불러들이는 현상은 정리해고 요건을 둘러싼 한국적 사례를 통해 명료히 확인할 수 있다. 뿐만 아니라 해외사례들을 통해 확인된, 민주적 정책결정과정을 사법적 과정이 대체할 때 발생하게 되는 문제들 또한 정리해고 요건의 변화 사례에서 확인이 가능하다. 이하에서는 사법적 정책결정에 대한 기존연구들을 살펴보고, 정리해고 요건을 둘러싼 긴 논쟁의 과정을 분석한 후 함의에 대해 살펴보겠다.

II. '사법적 정책결정'에 대한 이해

오늘날 정치와 사법의 경계가 모호해지는 것은 특정 국가에 국한되지 않는 전 지구적 현상으로 받아들여진다. 양자의 경계 넘나들기는 '정치의 사법화'와 '사법의 정치화'로 표현되지만, 그 세부 유형과 추동하는 동인, 정치경제적 효과 측면에서 보다 섬세하고 복잡한 접근을 필요로 한다.

한국에서 사법적 판결이 정치적 결정의 향방을 결정하는 문제에 관심을 쏟게 만든 것은 주지하다시피 2004년 2건의 헌법재판소(이하 헌재) 판결이었다. 노무현 대통령 탄핵소추안에 대한 헌법재판소 판결(헌재 2004.5.14., 2004헌나1)이 사법 판결을 통한 직선 대통령의 해임 권한을 현실화함으로써 현행 헌정체제가 부여한 사법 권력의 정치적 힘을 각인시킨 사건이라면, 행정수도 이전 근거법률에 대한 헌재의 위헌심사(헌재 2004.10.21., 2004헌마554·566병합)는 대선공약 급 국가정책 사업에 대한 헌재의 결정 권한을 현실화했다.

이 두 사건은 현행 헌법이 부여한 헌재의 적법한 권한실행이 현실 정치와 정책결정에 야기할 수 있는 결과를 충격적이고 집약적으로 보여줌으로써 '정치의 사법화'라는 화두를 확산시켰다. 이후 사법적 판결과 민주주의의 관계에 대한 학문적 관심이 증폭되었고(김종철 2005; 박종현 2010; 배종윤 2014; 오승용 2010; 유은정 2011; 이영재 2012; 채진원 2011; 함재학 2011), 저널리즘 수준에서도 이 용어는 정치현상을 설명하는 일상용어로 자리 잡게 되었다.[1]

그러나 현대사회에서 정치와 사법의 경계 넘나들기는 특정 영역에 국한된 현상이 아니며 헌법재판기관의 위헌법률심사(judicial review)를 매개로

[1] 네이버 뉴스검색을 활용해 언론의 용어 활용도를 분석한 결과, 1945년부터 2003년까지 59년 동안 '정치의 사법화'라는 용어는 총 12회 사용되었다. 그러던 것이 2004년 한 해에만 15건이 등장했고 2005년 1월 1일부터 2015년 12월 31일까지는 총 307건의 기사가 검색되어 매년 평균 29건의 용어 사용이 발견된다(검색일: 2015년 12월 31일).

만 현상하는 것도 아니다. 한국의 경우 2004년 두 사건 이후 헌법재판소의 법률심사권을 매개로 한 정치적·정책적 기능에 주로 관심이 몰렸지만, 현실에서는 사회, 경제, 문화, 관습 등 시민의 삶을 아우르는 모든 영역에서 일상적으로 사법적 정책결정이 이루어지고 있다. 헌재만이 아닌 모든 사법기관—우리나라의 경우 1심과 항소심, 최종심 재판부를 아우르는— 이 행하는 일상적 정책결정들과 그 영향에 대해 어떻게 바라보아야 하는가, 더 나아가 매일 이루어지는 이런 형태의 사법적 정책결정이 사법부와 입법부, 행정부라는 삼권 간의 헌정 관계에 어떤 변화를 야기하는가 등의 문제가 더 심도 깊게 다루어질 필요가 있다.

'사법화(judicialization)'현상은 크게 세 가지 수준으로 나누어볼 수 있다 (Hirschl 2006). 가장 넓은 맥락에서의 사법화는 사회적 관계 자체의 사법화, 법제화다. 한 사회가 사용하는 일상적 담론 수준에서 법적 사고와 법적 전문용어, 규칙과 절차에 관한 정제된 언어들이 보편화되는 현상으로, 이런 현상은 정치영역과 입법 및 정책결정과정을 통해 추동되고 확산된다. 제도 정치 행위자들은 그들의 정치적·정책적 결정이 사법적 판단의 대상이 되고 결정이 뒤바뀌는 경험들을 축적하면서 결정 이전 단계에서부터 스스로 사법심사를 내면화하고 정책결정과정에 관한 표현 및 기술의 언어들로 이를 표현한다. 이를 접한 유권자와 일반시민들은 점차 전문화된 그들의 언어에 적응 과정을 거치고 더 나아가 시민과 시민의 관계에 대한 기술과 표현에서도 표준화된 규범으로 자리 잡기 시작한다.

사회 자체의 광범위한 '사법화'현상은 한편으로 법과 유권자의 일상 사이의 거리를 좁힘으로써 사회적 관계를 보다 정치하게 만들고 법정에서의 다툼 이전 단계에서 갈등해소의 계기를 마련하는 순기능을 가질 수 있다. 그러나 그보다 훨씬 큰 부정적 기능을 수반한다. 평범한 시민들을 그 사회의 지배적 담론으로부터 소외시키고 더 나아가 정당한 권리행사를 제한시킬 수 있기 때문이다. 법의 언어가 일상세계를 잠식하게 될 때 일상담론은 소위 '전문가 집단'에 의해 지배당하게 된다. 법의 언어를 이해할 수 있고 그를 매개로 소통이 가능한 집단은 일정 수준 이상의 학력과 정보 접근 권한을 가진 집단으로 제한된다. 그 외 다수 시민들은 점점 더 일상의 소통언어로 부터 소외되는 정치적 결과를 피하기 어렵다.

당장 정치현상을 설명하는 언론의 칼럼 및 보도기사, 정치인들의 대(對) 유권자 연설 및 대화, 정당이나 국회 및 중앙·지방 행정부가 제공하는 공식적이거나 비공식적인 정보 등이 점차 일상의 언어에서 법률의 언어로 변화하게 되면, 법의 언어로 소통이 어려운 다수 평범한 시민들은 정치현상에 대한 이해를 회피하게 되고 그로부터 발생하는 일상의 이익이나 불이익에 대해 둔감해진다. 더 나아가 자신에게 불이익이 닥칠 정치현상이나 정책결정을 이해하지 못하게 됨으로써 권리구제를 할 수 있는 기회를 차단당하는 결과에 이를 수 있다.

한국에서도 첫 번째 수준, 일상담론의 사법화 현상이 상당히 진척되어 있다. 언론들은 법원의 판례나 판결을 일상의 언어로 변환하지 않고 판결문을 그대로 인용하는 것으로 대체하고 있으며, 입법을 둘러싼 국회의 논쟁은 '○○○법 ○조 ○항'의 개정 논쟁 수준으로 소개되고 있고, 행정·입법·사법부가 다양하게 제공하고 있는 대(對) 시민 온-오프라인 정보들은 상냥한 어조와 세분화된 키워드에도 불구하고 법률용어들이 여과나 변형 없이 나열된다. 형식적이고 절차적인 정보 접근권은 전례 없이 향상되었지만 그 안에 담긴 언어적 표현들은 점점 더 일상의 언어로부터 멀어지고 있는 것이다.

'사법화'현상의 두 번째 영역은 사법부가 광범위한 공공정책들의 입법기능을 대체하는 것이다. Hirschl(2006)에 따르면, 사법부는 주로 헌법에 규정된 다양한 기본권 조항들을 근거로 입법부와 행정부의 정책결정에 대한 정당성을 판결함으로써 그들의 정책결정권한을 제한하는 방식으로 개입한다. Tate & Vallinder(1995, 1-10)가 주목했던 현상들도 이 유형으로 볼 수 있다. 이들은 '이전에 입법부나 행정부 등이 담당했던 공공정책 결정을 법원이나 판사들이 결정하거나, 정책결정과정이 입법이나 정치적 협상을 통하지 않고 사법적 규칙이나 절차로 대체되는 현상'에 주목한 바 있었다. 이런 현상 역시 이미 새로운 것이 아니며 특정 국가나 지역에 국한되지 않는 전 지구적 현상으로 관찰되어 왔다.

미국사례 연구를 토대로 Dunn(2008)은 사법부에 의한 공공정책 결정이 야기할 수 있는 문제를 3가지로 정리한 바 있다. 부적절하거나 부족한 정보 제공의 문제, 판결이 야기할 의도하지 않은 효과의 문제, 이슈의 파편화·고립화의 문제가 그것이다.

첫 번째 문제는 상이한 판결이 낳는 정치사회적 문제다. 사법적 판단은 통상 단기간에 종결되지 않으며 긴 시간에 걸쳐 여러 번의 결정으로 구체화된다. 3심제를 택하고 있는 우리나라의 경우, 정책의 이해관계자가 많고 갈등적일수록 1심에서 끝나지 않고 3심까지 이를 가능성이 높아진다. 그런데 1심과 2심의 판결이 다르고 2심과 최종심의 판결이 다를 경우, 관련 이해관계자들은 계속해서 정책에 대한 이해를 바꾸어야 하며 단계별로 다른 전략을 취해야 한다. 1~3심 판결에 이르는 논리와 정보가 동일하지 않을 경우, 이해관계자들은 서로 갈등적이거나 상충하는 정보들로 인해 혼란을 겪을 수밖에 없고, 1심에 따른 전략이 2심에서 유효하지 않게 될 때 다수의 대규모 기회비용이 상실되는 효과를 피할 수 없다.

입법부나 행정부의 정책결정도 시간이 걸리고 과정에서 그 결과가 바뀌기도 한다. 그러나 이해관계자들은 공식적으로 보장된 제도적 과정을 통해 입장을 표명할 수 있고, 더 많은 정보가 쌓이면서 입장을 변경할 수도 있으며, 상충되는 이해관계자들이 제도적 결정 이전 단계에서 타협에 이름으로써 최종 결정의 사회갈등 비용을 줄일 수도 있고, 정책집행과정에서 야기될 수 있는 문제를 결정과정에 투영함으로써 제도적 보완장치를 만들게 강제할 수도 있다. 입법 및 행정예고, 공청회, 청문회, 청원 등이 직접적인 제도적 참여 장치라면 이해관계자들의 결사, 결사체의 집회나 시위, 전문가 네트워크를 활용한 대(對)시민 여론전, 온-오프라인을 통한 공론화 등은 간접적인 참여 장치로 볼 수 있다.

이해관계자들이 정책결정자를 대상으로 하는 포괄적인 로비행위뿐 아니라 직간접적인 이해관계자들 사이의 풍부한 논쟁의 기회는, 여러 대안 중 어떤 대안으로 결정되었을 때 발생할 기회비용을 가늠할 수 있게 하고 그에 대한 예측이 결정과정에서의 입장을 바꿀 수 있게 하기도 한다. 또한 일정 정도의 제도적 과정이 진척되고 나면 최종 결정이 나지 않더라도 그때까지의 정보를 토대로 결정 이후의 대안을 마련할 수 있게 된다. 반면 사법적 과정에서는 이해관계자들의 적극적 참여가 차단되어 있고 판결이 나오기까지 결과를 예측할 수 없기 때문에 결정 이후를 대비하기가 어렵다.

두 번째 문제는 첫 번째 문제 및 세 번째 문제와 밀접히 연관되고 있지만 또 다른 수준의 문제를 담는다. 결정 자체가 야기할 의도하지 않은 효과에 대한 진단과 대비가 사법적 결정에서는 훨씬 더 어렵다는 것이다. 입법 및 행정부의 정책결정과정은 과정의 각 단계에서의 정보공개를 기본으로 한다. 이해관계자들뿐 아니라 일반 시민들도 관련 쟁점에 대한 정보를 접할 수 있기 때문에 2차, 3차 이해관계자들의 개입을 가능하게 하고 그로부터 발생할 수 있는 문제가 해당 정책결정과정에 반영될 가능성이 높아진다.

예컨대 청년복지정책을 다룰 경우 1차적 이해관계자는 현재 청년집단이 되겠지만, 공론의 과정에서 청년의 부모세대들도 2차적 이해관계자로 떠오를 수 있으며, 해당 정책이 한정된 재원을 나눠야 하는 수준의 문제라면 장년, 노년층 등 다른 복지정책 수혜자들도 이해관계자가 될 수 있다. 청년복지정책 실행을 위한 비용조달과정에서 다른 계층의 복지혜택 삭감을 야기할 수 있다면, 이 문제는 의도하지 않은 효과로 떠오를 수 있고 청년복지정책결정과정에 반영될 수 있다.

반면 사법적 결정과정은 해당 사안에 대해서만 초점을 맞추어 판단하게 되므로 이러한 2차·3차적 효과에 대한 고려가 개입될 수 없으며, 사법적 결정의 특성상 개입되어서도 안 된다. 이렇게 결정된 단일사안에 대한 정책은 결정 사후에 의도하지 않은 효과로 인한 또 다른 사회갈등의 소재가 될 수 있다.

Dunn(2008)이 지적한 세 번째 문제 역시 간단하지 않다. 이슈의 고립화, 파편화가 야기하는 문제다. 예컨대 사법부가 쌍용자동차 해고 노동자들이 제기한 소송을 다룬다면, 사안의 보편적 속성은 기업이 행한「근로기준법」상 정리해고 기준의 적용을 다투는 것이지만 동시에 쌍용자동차라는 기업의 노동자 해고라는 특수 사례만을 다루는 것이다. 정리해고의 정당성을 다투는 다른 다수의 소송들과 같은 범주의 정책에 관계된 문제이긴 하지만 쌍용자동차 판결이 다른 사안에 그대로 적용될 수는 없다. 서로 다른 기업의 서로 다른 조건과 상황에 따른 결정의 정당성을 판결해야 하는 문제이기 때문이다.

반면 이것이 입법적 결정과정에서 다루어진다면, 「근로기준법」의 해당 조항·조문의 적절성에 대한 사회적 논의가 진행되고, 그 과정에서 특수한 한 기업이 아닌 보편적인 정리해고 요건에 대한 사회적 합의가 만들어지며, 그 합의에 기초하여 해당 조문을 변경하는 방식으로 과정이 전개될 것이다. 이 경우 하나의 사례에서 나아가 다수 사례에 적용될 수 있는 통합적인 정책이 결정될 수 있는 반면, 사법적 결정은 판결논리의 역사성과 정합성을 고려하더라도 유사사례에 대한 판결 결과를 예측하기 쉽지 않다는 점에서 사안별 결정의 한계를 벗어나기 어렵다. 모든 소송이 특수성에 근거하여 파편화되는 결과를 피할 수 없다는 것이다. 이것은 피해자 권리구제의 구체성이라는 사법적 순기능과는 별도로, 사회적 정책결정의 비효율성을 야기하게 된다.

'사법화'의 세 번째는 '사법통치(juristocracy)'로 명명되는 유형이다. Hirschl (2008)의 표현을 빌면 "순수정치(pure politics)" 혹은 "거대정치(mega-politics)" 영역에 해당하는 사안을 사법부가 결정함으로써 민주주의의 핵심 영역을 대체하는 현상이다. 국가구성원 전체가 결정과정에 관여해야 할 중대 사안, 예컨대 정부의 정통성을 판단하거나 선출된 핵심공작자를 그 지위에 올려놓거나 제거하는 사안, 해당 정책이 결정될 경우 전체 국민의 대다수가 이해관계자가 될 수밖에 없는 사회경제정책 사안 등을 사법적 결정으로 대체하는 것이다.

이런 결정은 많은 경우 위헌법률심사권을 가진 기관의 행위로 이루어지지만 꼭 그런 것만도 아니다. Hirschl은 캐나다, 뉴질랜드, 이스라엘, 남아프리카공화국의 경험 사례를 분석하면서 세 번째 사법화 유형의 위험성을 경고하였다. 그는 이런 유형의 사법화가 인권 및 시민적 기본권의 진작이라는 형태로 사회진보에 기여하는 것이 아니라, 기득권을 가진 정치엘리트 사이의 담합이나 거래를 반영함으로써 결과적으로 다수 시민들의 복리를 훼손하거나 민주정체 자체의 위험을 야기할 수 있다고 보았다.

Hirschl이 말한 "거대정치"영역의 사안이 사법적 결정으로 대체된 대표적 사례로는 2000년 미국 대통령 선거의 당선자 결정 판결이 꼽힌다(Bush vs. Gore). 그러나 전 지구적으로 회자된 이 사례 외에도 "거대정치"의 사법적 결정 사례는 점점 더 빈도가 높아지고 있다. 남유럽 국가들의 사례를 분석했던 Guarneri & Pederzoli(2002)는 정당정치가 행정부 및 의회라는 헌정제도를 통해 정치적 타협에 이르기에 실패하면서 사법심사권을 활용한 당파적 결정에 의존하게 된 것이, 남유럽 국가에서의 사법화 현상을 촉진하는 주된 이유라고 분석하였다. 2004년 한국에서 일어난 헌법재판소의 2차례 판결에 대해서도 이와 유사한 분석들이 다수 제기된 바 있었다.

국내 기존연구들의 동향을 살펴보면 위에서 제기한 '사법화'의 세 가지 유형 가운데 세 번째 유형에 대한 연구는 다수 제출된 반면, 첫 번째와 두 번째 유형에 관한 연구는 아직 충분하지 못한 상황이다.

이미 오래전부터 국내에서도 다양한 공공정책들이 소송을 통해 결정을 이뤄왔고 현재도 다수의 관련 재판이 진행 중에 있다. 어떤 사안은 국회의 입법이 제대로 이루어지지 않아 법원으로 넘어가 있고, 어떤 것은 행정부의 법 집행이 제대로 이루어지지 않아 법원의 판결을 기다리고 있다. 일단 소송이 제기되면 그 원인이 무엇이든 사법부는 재판절차를 진행하고 결정을 내릴 수밖에 없다. 많은 국내외 연구들은 현대사회에서 점점 더 늘어나는 '사법적 정책결정'이 의회와 정치의 기능이 제대로 작동하지 못한 결과라고 간파한 바 있다.

정치의 부재가 사법부를 정책결정의 장으로 불러들이고, 판결로 만들어진 정책결정이 행정부의 정책시행 지침을 제공하며 입법부의 입법 가이드라인을 제공한다. 반대로 사법부는 정책결정기능을 불가피하게 수행할 수밖에 없는 판결에 직면하여, 아직 입법이나 정책으로 '결정'되지 않았을지라도 입법부나 행정부 혹은 시민사회 내의 논쟁을 추적하여 판결의 근거로 삼음으로써 선출된 정부의 정책결정 이전의 사전적 결정을 담당하게 되는 현상은 현대 민주정치에서 더 이상 예외적인 상황이 아니라 그 자체의 중요한 구성요소로 자리 잡아가고 있으며 한국도 예외가 아닌 것이다. 이하에서는 정리해고 요건에 대한 판결변화 사례를 통해, 한국에서 사법부의 위상 변화과정을 추적하고 그 함의를 찾아보려 한다.

III. 사례: 정리해고 요건을 둘러싼 입법·행정·사법부의 관계

현행 「근로기준법」에서 정리해고 관련 핵심조항은 제24조이며, 내용은 1998년 2월 국회 본회의를 통과했던 개정안 제31조의 내용과 동일하다. 「근로기준법」에 정리해고 관련 조항이 최초로 도입된 것은 1996년 12월 31일 국회 본회의 통과한 개정안이었고, 이후 총2회에 걸쳐 내용상 변화를 야기하는 수준의 조문 수정이 있었다.[2) 1차는 1997년 법률의 폐지·제정 시점이었고 2차는 1997년 겨울 IMF 외환위기가 본격화되면서 1998년 2월 법률이 개정되었을 때였다.

정리해고와 관련한 사법부의 역할은 크게 3단계로 나누어볼 수 있다. 첫번째 단계는 1996년 12월 정리해고 관련 조항이 「근로기준법」에 명문화되기 이전까지의 시기다. 정리해고 관련 명문 규정이 없을 때에도 정리해고를 둘러싼 법적 쟁송은 빈번했으며, 당시 사법부는 1953년 법률 제정시점부터 존재했던 '해고 등의 제한' 조항을 토대로 하여 관련 판례를 만들어왔다. 성문화된 법률 조항이 없던 시기 사법부의 판례는 정리해고의 '정당한 이유'를 판단하는 기준이 되었으며, 행정부는 판례에 기초하여 지침을 마련했고, 이해관계자들은 각급 재판부의 판결에 따라 이익과 불이익이 교차하는 경험을 했다.

---

2) 타법개정 등으로 인한 작은 수정사항에 대해서는 다루지 않는다.

〈표 1〉			「근로기준법」 중 정리해고 관련 조항의 변화
국회 통과일정	조항	조항명	내용
1953(제정)	27조	해고 등의 제한	① 사용자는 근로자에 대하여 정당한 이유 없이 해고 … 를 하지 못한다.
1996.12.26. (일부개정)	27조의 2	경영상 이유에 의한 해고	① 1사용자는 경영상 이유에 의하여 근로자를 해고하고자 하는 경우에는 계속되는 경영의 악화, 생산성 향상을 위한 구조조정과 기술혁신 또는 업종의 전환 등 긴박한 경영상의 필요가 있어야 한다. ② 계속되는 경영악화로 인한 사업의 양도·합병·인수의 경우에는 제1항의 규정에 의한 긴박한 경영상의 필요가 있는 것으로 본다. ③ 제1항의 경우에 사용자는 해고를 피하기 위한 노력을 다하여야 하며 합리적이고 공정한 해고의 기준을 정하고 이에 따라 그 대상자를 선정하여야 한다. ④ 일정 규모의 인원을 해고하고자 할 때에는 대통령령이 정하는 바에 따라 노동위원회의 승인을 받아야 한다.
1997.03.10. (폐지·제정)	31조	경영상 이유에 의한 고용조정	① 사용자는 경영상 이유에 의하여 근로자를 해고하고자 하는 경우에는 긴박한 경영상의 필요가 있어야 한다. ② 제1항의 경우에 사용자는 해고를 피하기 위한 노력을 다하여야 하며 합리적이고 공정한 해고의 기준을 정하고 이에 따라 그 대상자를 선정하여야 한다. ③ 사용자는 제2항의 규정에 의한 해고를 피하기 위한 방법 및 해고의 기준 등에 관하여 당해 사업 또는 사업장에 근로자의 과반수로 조직된 노동조합이 있는 경우에는 그 노동조합, 근로자의 과반수로 조직된 노동조합이 없는 경우에는 근로자의 과반수를 대표하는 자(이하 "근로자대표"라 한다)와 성실하게 협의하여야 한다.

1998.02.14. (일부개정)	31조	경영상 이유에 의한 해고의 제한	① 사용자는 경영상 이유에 의하여 근로자를 해고하고자 하는 경우에는 긴박한 경영상의 필요가 있어야 한다. 이 경우 경영악화를 방지하기 위한 사업의 양도·인수·합병은 긴박한 경영상의 필요가 있는 것으로 본다. ② 제1항의 경우에 사용자는 해고를 피하기 위한 노력을 다하여야 하며 합리적이고 공정한 해고의 기준을 정하고 이에 따라 그 대상자를 선정하여야 한다. 이 경우 <u>남녀의 성을 이유로 차별하여서는 아니된다.</u> ③ 사용자는 제2항의 규정에 의한 해고를 피하기 위한 방법 및 해고의 기준 등에 관하여 당해 사업 또는 사업장에 근로자의 과반수로 조직된 노동조합이 있는 경우에는 그 노동조합(근로자의 과반수로 조직된 노동조합이 없는 경우에는 근로자의 과반수를 대표하는 자를 말한다. 이하 <u>"근로자대표"라 한다)에 대하여 해고를 하고자 하는 날의 60일전까지 통보</u>하고 성실하게 협의하여야 한다. ④ 사용자는 제1항의 규정에 의하여 <u>대통령령이 정하는 일정 규모 이상의 인원을 해고하고자할 때에는 대통령령이 정하는 바에 따라 노동부장관에게 신고</u>하여야 한다.
2007.03.06. (전부개정)	24조	경영상 이유에 의한 해고의 제한	내용 동일. 단 ③의 통보시한은 2007년 1월 개정으로 60일에서 50일로 조정되었음.

두 번째 단계는 1996년 12월부터 1998년 2월 관련 조항이 개정을 거듭하던 시기다. 이 시기에 사법부의 역할은 매우 정치적인 효과를 발휘하게 된다. 1980년대부터 축적된 사법부의 판례는 1996년 12월과 1997년 3월, 1998년 2월 「근로기준법」의 개정 및 폐지·제정 과정에서 입법의 핵심 내용을 제공했다. 그런데 기업과 기업 측 이익에 편향적인 대변자들과, 노동자 및 노동 측 이익의 편향된 대변자들은 사법부 판례로부터 각기 자신에게 유리한 근거를 찾았다. 사법부 판결은 상반된 이해관계자들에게 서로 다른

논리적 근거를 제공했고, 현실정치에서 기업과 노동의 이해관계는 엎치락뒤
치락하면서 서로가 원하는 조문의 근거로 판례를 원용하려고 애썼다.

세 번째 단계는 1998년 이후 지금까지의 시기다. 「근로기준법」상 관련
조항의 내용은 단 한 글자의 변경도 없이 그대로 유지되었다. 2007년 법률
의 전부개정으로 인해 조문의 위치가 제31조에서 제24조로 변경되었을 뿐
이다. 하지만 사법부가 정리해고 요건을 해석하는 방법은 변화를 거듭해 왔
고, 이해관계자들은 새롭게 해석되는 정리해고 요건에 따라 그때그때 자신
들의 이익을 재정의해 왔다. 이 시기 사법부의 해석은 대체로 기업의 정리
해고 요건을 과거의 엄격한 방식에서 점점 완화하고 기업 스스로 판단한
'경영상의 긴박한 필요'를 인정해주는 방향으로 변화해 왔다. 사법부의 이런
변화는 한편으로 기업과 노동의 새로운 갈등을 유발하고, 다른 한편으로 입
법을 통한 정리해고 요건의 명료화 요구로 이어지고 있다.

1. 1단계: 정리해고 조문 도입 이전 시기

우리나라 법원에서 정리해고의 정당성에 대해 본격적으로 판단을 하게
된 시점은 1980년대 후반이었다. 그리고 대법원이 판결로서 정리해고 요건
을 특정한 것은 1989년 5월 23일 대법원 판결(선고 87다카2132)이었다. 대
법원은 1989년 판결에서 정리해고 요건을 명시했는데 그 내용은 오늘날 「근
로기준법」상 관련조항의 내용과 거의 유사하다.

기업이 경영상의 사정에 의하여 근로자를 해고하는 이른바 정리해고에 있어
서는 첫째로 해고를 하지 않으면 기업경영이 위태로울 정도의 급박한 경영상의
필요성이 존재하여야 하고, 둘째로 경영방침이나 작업방식의 합리화, 신규채용
의 금지, 일시휴직 및 희망퇴직의 활용 등 해고 회피를 위한 노력을 다하였어야
하며, 셋째로 합리적이고 공정한 정리기준을 설정하여 이에 따라 해고대상자를
선별하여야 하고, 이밖에도 해고에 앞서 노동조합이나 근로자측과 성실한 협의
를 거칠 것이 요구된다(출처: 대법원 종합법률정보, 2015년 12월 31일 검색).

이 네 가지 기준은 1970년대 일본 최고재판소의 판례를 통해 확정된 내용이었다. 1984년 학술논문을 통해 동 기준을 소개했던 김유성(1984)에 따르면, '1970년대 후반부터 서구 선진국 및 일본에서는 정리해고 요건을 둘러싼 논의가 활발하게 전개된 반면, 우리나라와 같이 산업구조 및 노동시장이 불균형을 이루고 있는 상황에서는 정리해고에 관한 실제적 연구가 절실한 상황임에도 불구하고 판례 및 행정해석도 극소수에 불과하고 입법노력은 전무한 실정'이라고 당시 상황을 소개하고 있다.

1980년대 후반 대법원의 판결은 당시 근로기준법 상 '해고 등의 제한' 조항을 근거로, 위 네 가지 요건에 대해 엄격한 해석을 견지했고 요건을 결여할 경우 '정당한 이유'가 없는 부당해고라는 입장을 견지했다(김선수 1993, 68). 예컨대 대법원의 1989년 판결은 해고를 단행한 회사의 상황이 '긴박한 경영상의 필요성' 요건을 갖추었다고 보기 어렵다는 원심의 결정을 인정한 것으로, 제1요건에 대한 엄격한 해석에 토대를 둔 것이었다.

그런데 1991년 '동부화학정리해고사건'에 대한 대법원의 판결(선고 91다8647)은 역시 회사의 정리해고가 '긴박한 경영상의 필요성' 요건을 충족하지 못했다고 보았던 원심을 파기하고 요건 해석의 새로운 기준을 제시함으로써 기업과 노동계에 이전과 다른 메시지를 제공해 주었다.

> "… 기업의 경영상의 필요라는 것은 기업의 인원삭감조치가 영업실적의 악화라는 기업의 경제적인 이유뿐만 아니라 생산성의 향상, 경쟁력의 회복 내지 증강에 대처하기 위한 작업형태의 변경, 신기술의 도입이라는 기술적인 이유와 그러한 기술혁신에 따라 생기는 산업의 구조적 변화도 이유로 하여 실제 이루어지고 있고 또한 그럴 필요성이 충분히 있다는 점에 비추어 보면 반드시 기업의 도산을 회피하기 위한 것에 한정할 필요는 없고, 인원삭감이 객관적으로 보아 합리성이 있다고 인정될 때에는 긴박한 경영상의 필요성이 있는 것으로 넓게 보아 주어야 함이 타당하다 …"(출처: 대법원 종합법률정보, 2016년 1월 10일 검색).

당시 대법원의 판결은 "(이 사건에서 기업이) 원고 등을 해고하지 아니하면 필연적으로 기업의 도산이 초래될 객관적 상황에 처하여 있는 고도의 경영위기상태에 있었다고는 볼 수 없다"고 보았던 원심판결을 뒤집은 것이었다. 대법원은 1989년 판결 이후 불과 2년 만에 '긴박한 경영상의 필요성'에 대한 새로운 해석을 제시함으로써, 당시 진행되고 있었던 하급심의 유사사건 판결에 영향을 미쳤을 뿐 아니라 행정부의 행정해석에도 직접적인 영향을 미치게 된다. 당시까지 노동부는 근로기준법 제27조의 '정당한 사유' 운용기준에 대한 업무지침(1984년 12월 10일 자)에서 "감원을 하지 않으면 회사가 도산할 위기에 있거나 경영악화로 사업을 계속할 수 없다고 인정되는 경우 …"를 제1기준으로 삼고 있었다(김형배 1991, 479). 그런데 1991년 이후 대법원이 새로운 해석에 입각한 판결을 잇따라 내리게 되면서 노동부 내에서도 관련조항 해석에 혼선이 발생하기 시작했다.

대법원은 1992년 '동진정리해고사건'에 대한 판결(선고 90누9421), 같은 해 '영남화학 사건' 판결(선고 92다16973)에서도 "'긴박한 경영상의 필요'라 함은 반드시 기업도산을 회피하기 위한 것에 한정할 필요는 없고 인원의 삭감이 객관적으로 보아 합리성이 있다고 인정될 때에는 긴박한 경영상의 필요성이 있는 것으로 보아야" 한다는 기준을 적용했으며, 이 기준은 하급심의 판결기준으로 보편화되어갔다. 그러나 도산이나 경영 불가능 상태가 아닌 '객관적으로 보아 합리성이 있다고 인정될 때'라는 표현의 함의에 관해 이후 판결에서도 구체적인 기준을 제시하지 않음으로써, 정리해고를 단행하고자 하는 기업과 대상이 되는 노동자들 사이에 혼란은 가중되었다(김형배 1996).

한국에서 정리해고의 개념조차 확립되어 있지 않았고 관련 입법노력도 전무했던 시절, 사법부는 정리해고가 일반해고와 어떻게 구별되는지를 정의했고 정리해고의 '정당한 이유'와 '부당한 이유'의 구분 기준을 제시했다. 아니, 소송이 제기되었으므로 제시할 수밖에 없었다. 하지만 입법공백의 빈 공간을 메웠던 사법부의 기여에도 불구하고, 불명확하고 비(非)일관된 판결의 논리는 현실의 이해관계자들의 혼란을 야기했을 뿐 아니라 이후 입법과정에서 발생한 혼란에도 그대로 재연되었다.

2. 2단계: 정리해고 요건을 둘러싼 입법 갈등 시기

1996년 4월 24일, 김영삼 대통령은 대통령 직속 '노사관계개혁위원회' 설치를 공표하면서 노동관계법 개정을 추진했다. 당시 정부는 근로기준법의 근로자 보호조항의 완화, 변형근로제와 정리해고제 도입, 유급 월차 생리휴가 등의 폐지 등 기업 측이 원했던 정책과 노동계의 오랜 숙원이었던 복수노조 금지, 제3자 개입금지 조항의 폐지를 거래하는 방안을 구상하고 있었다(『동아일보』, 1996년 4월 25일 자).

당시 노동계에서는 '정리해고'를 법률에 명문화하는 것에 반대하고 있었고 명문화하더라도 대법원 판례에 준해야 한다고 주장했다. 당시 대표적 노동계 인사는 대법원 판례에 대해 '긴박한 경영상의 필요, 해고 회피 노력의 무, 합리적 기준에 따른 대상자 선정, 노조 또는 근로자 측과의 협의이며, 네 요건 중 어느 하나라도 충족되지 않는 경우 해고는 무효라는 것'으로 해석했고 '그간 판례를 바탕으로' 입법이 진행될 것을 요구했다(어수봉 한국노총 중앙연구원장, 『한국경제신문』, 1996년 5월 8일 자). 반면 재계에서는 '기업 경쟁력을 확보하기 위해서는 OECD나 ILO 등의 눈치를 보지 말고 정리해고 요건을(현재수준보다 더) 완화해야 한다.'는 주장을 전개했다(조남홍 경총 부회장, 『한국경제신문』, 1996년 4월 29일 자).

1996년 5월부터 가동되었던 '노사관계개혁위'는 결국 노·사·정 합의에 이르는 데 실패했는데, 정리해고 조항 도입 및 내용을 둘러싼 갈등은 핵심이슈가 되었고 그해 말 한국 역사상 '최초의 총파업'이 발생하는 계기가 되었다. 1996년 12월 28일 당시 의회 과반의석을 차지했던 집권 신한국당은 야당의원들이 불참한 상태에서 본회의를 단독 개최,「근로기준법」개정안을 포함한 11개 법안을 처리했다. 야당의원들은 '날치기 처리'를 성토하며 장외투쟁을 선언했고 한국노총과 민주노총은 총파업에 돌입했다.

당시 집권당은 단독 통과시킨「근로기준법」개정안에서 정리해고 조항 도입을 정당화하는 논리로 '법원의 판례를 최대한 존중하고 반영했다'고 주장했다(『한겨레신문』, 1997년 1월 17일 자). 실제로 12월 26일 통과된 개정안의 제27조의 2 ①에는 '경영상 이유에 의한 해고' 요건으로 '계속되는 경영의 악화'뿐 아니라 '생산성 향상을 위한 구조조정과 기술혁신 또는 업종의 전환 등'을 '긴박한 경영상의 필요'로 인정했고, ②에는 '사업의 양도·합병·인수의 경우'도 역시 '긴박한 경영상의 필요'로 인정하여 포함했는데, 관련 내용은 1991년 이후 대법원 판례 및 이후에 행해진 하급심의 판결문을 근거로 한 것이다.

1996년 12월 법 개정 이후 일어난 총파업과 야당의 반발로, 여·야당은 1997년 초 다시 법 개정협상을 진행했다. 그리고 1997년 3월 10일 기존 「근로기준법」 폐지와 새로운 「근로기준법」 제정이 이루어졌다. 협상 결과, '경영상 이유에 의한 해고' 요건으로 '계속되는 경영의 악화, 생산성 향상을 위한 구조조정과 기술혁신 또는 업종의 전환, 사업의 양도·합병·인수의 경우'는 삭제되었으며 '긴박한 경영상의 필요'라는 문구만 남겨졌다. 그리고 노조나 근로자 대표와 성실협의 요건이 추가로 삽입되었다.

결국 1997년 폐지·제정된 「근로기준법」의 관련 조항은 1989년 대법원 판결문에 준하는 형태로 남게 되었고, 노동계와 여당이 '판례를 존중'하려는 의사는 합의를 이루게 된 셈이다. 그러나 문제는 해결되지 않았고 1989년 수준으로 되돌아갔다고 볼 수 있었다. 물론 판례에 명시되었던 기준이 법률 조항이 됨으로써 법적 구속력을 갖게 되었지만, 내용 면에 있어서는 무엇을 '긴박한 경영상의 필요'로 볼 것인지, 1991년 대법원 판결 이후 남겨진 '객관적으로 보아 합리적이라고 인정'되는 경우는 또 어떤 것인지 등에 대한 문제는 모두 미해결의 과제로 남겨진 채 또다시 사법부에 공을 넘긴 것이다.

1997년 겨울 IMF 외환위기가 발발했고 정리해고 조항은 또다시 도마 위에 올랐다. 기업들이 도산하고 사업체 간의 양도, 인수, 합병이 빈번히 이루어지면서, '긴박한 경영상의 필요'를 어디까지 인정할 것인가에 따라 기업은 불법과 합법의 경계에 서고 노동자는 합법적 해고와 권리구제가 가능한 불법적 해고의 기로에 섰다. 1998년 2월, 1996년 12월 도입되었다가 1997년 3월 사라졌던 '양도, 인수, 합병'을 경영상의 필요로 인정하는 조항이 부활했다. 대신 해고에서 성별차이를 금지하고 60일 이전에 해고통보를 하며 노동부장관에게 신고를 하는 조항이 삽입되었다.

1996년부터 1998년 시기, 정리해고 입법을 둘러싼 사회갈등은 재계와 노동계, 여당과 야당 및 정부가 국무회의, 국회의 각종 위원회와 본회의를 아우르는 제도적 공간에서부터 총파업을 필두로 한 장외투쟁에 이르기까지 전면적으로 부딪히는 형태로 전개되었다. 그 과정에서 없던 조항이 등장하고 빠지고 등장하기를 반복했는데, 이면에는 사법부의 판례가 만들어온 또 다른 역사가 자리했다. 판결문으로 말하는 사법부는 국무회의와 국회, 거리투쟁에서는 보이지 않지만 갈등 양편에 핵심논리를 제공했고 정당화의 근거를 마련해 주었던 것이다.

3. 3단계: 정리해고 요건에 대한 해석 갈등 시기

1998년 2월 법 개정 이후 정리해고 관련 조항은 2016년 현재에 이르기까지 단 한 가지 문구만 빼고 아무런 변동이 없다. 2007년 정리해고 통보기간이 60일에서 50일로 줄어든 것이 그나마 유일한 변화였다. 일반적으로 사회변화에도 불구하고 법조문의 변화가 없다는 것은 사문화되었거나, 정치사회적 힘의 교착상태를 의미한다. 시간이 흐를수록 정리해고의 합법성을 다투는 소송은 증가해 왔고 법 개정을 통한 갈등해결에 대한 목소리도 커져왔다. 19대 국회에만도 수건의 관련 개정안이 제출되어 있는 상태다. 그러나 아직 개정이 이루어지지 않았다는 것은 재계나 노동계, 혹은 재계나 노동계의 입장을 대변하는 정치적 힘들이 모두 판도라의 상자를 열었을 때 압도적 우위를 차지하기 어렵다고 판단하고 있기 때문이다.

이런 조건에서 힘의 균형상태 혹은 교착상태를 깨기 시작한 것은 사법부였다. 대법원은 2002년 '긴박한 경영상의 필요'에 대한 해석에서 종래 '객관적으로 보아 합리성이 있다고 인정될 경우'에서 한 발 더 나아간 판례를 남겼다. 2002년 7월 9일 대법원은 정리해고 관련 소송 2건에 관한 판결을 내렸다. 우리은행 해고 무효 소송에 대한 판결(선고 2001다29452)과 예술의 전당 전 직원의 부당해고구제 관련 판결(선고 2000두9373)이다. 두 건에 대한 판결문에서 재판부는 공히 동일하게 2가지의 새로운 기준을 적용했다.

> "여기서 긴박한 경영상의 필요라 함은 반드시 기업의 도산을 회피하기 위한 경우에 한정되지 아니하고, 장래에 올 수도 있는 위기에 미리 대처하기 위하여 인원삭감이 객관적으로 보아 합리성이 있다고 인정되는 경우도 포함되는 것으로 보아야 하고, 위 각 요건의 구체적 내용은 확정적·고정적인 것이 아니라 구체적 사건에서 다른 요건의 충족 정도와 관련하여 유동적으로 정해지는 것이므로 구체적 사건에서 경영상 이유에 의한 당해 해고가 위 각 요건을 모두 갖추어 정당한지 여부는 위 각 요건을 구성하는 개별사정들을 종합적으로 고려하여 판단하여야 한다."(출처: 대법원 종합법률정보, 2015년 12월 10일 검색)

그 한 가지는 종래의 표현 사이에 '장래에 올 수도 있는 위기에 미리 대처'하기 위한 해고도 '긴박한 경영상의 필요'에 포함시킨 것이다. 이때 '장래에 올 수도 있는 위기'의 판단주체는 누가인가, 기업 혹은 제3자가 장래의 위기를 판단하고 행동했을 때 그 판단의 정당성은 또 어떤 기준으로 판단이 가능한가의 문제가 제기된다. 결국 기업주의 위기 판단에 대하여 소송이 제기된다면 사법부가 그 정당성 판별 주체가 될 수밖에 없다. 한편으로 '장래의 위기'를 요건으로 포함함으로써 기업의 재량범위를 넓혔고 다른 한편으로 '긴박한 경영상의 필요'에 대한 사법부의 재량 또한 넓혀 놓은 것이다. 다른 한 가지는 '… 확정적·고정적이 아니라 … 종합적으로 고려'해야 한다고 봄으로써, 종래 네 가지 요건 모두를 충족해야 한다는 해석에서 일부 요건의 불비에도 불구하고 요건충족으로 해석할 수 있는 여지를 넓혔다.

2003년 대법원은 정리해고 60일 전 통보요건 준수를 다투는 소송의 판결(선고 2003두4119)에서 '… 60일 기간의 준수는 정리해고의 효력요건은 아니어서 … (다른) 정리해고의 요건을 모두 갖춘 이상 그 통보시기가 해고 실시 60일 이전이 아니었다는 사정만으로는 정리해고가 위법하다고는 할 수 없다'고 보아 원심을 확정했다. 또한 사측과 정리해고 협상을 진행한 노동측의 대표성을 다투는 소송에 대한 2004년 판결(2001두1154)과 2006년 판결(2003다69393)에서 노동자 대표성 요건을 부차화하는 결정을 내렸다. 2002년 네 가지 구성요건에 대한 '종합적 고려'를 명시한 이후, 2004년과 2006년 판결을 통해 제3항의 절차적 요건 — 통보시한 규정과 대표성 규정을 위법의 구성요소에서 제외한 것이다.

> "정리해고의 절차적 요건을 규정한 것은 같은 조 제1, 2항이 규정하고 있는 정리해고의 실질적 요건의 충족을 담보함과 아울러 비록 불가피한 정리해고라 하더라도 협의과정을 통한 쌍방의 이해 속에서 실시되는 것이 바람직하다는 이유에서라고 할 것이므로, 근로자의 과반수로 조직된 노동조합이 없는 경우에 그 협의의 상대방이 형식적으로는 근로자 과반수의 대표로서의 자격을 명확히 갖추지 못하였더라도 실질적으로 근로자의 의사를 반영할 수 있는 대표자라고 볼 수 있는 사정이 있다면 위 절차적 요건도 충족하였다고 보아야 할 것이다."
> (출처: 대법원 종합법률정보, 2015년 12월 10일 검색)

한편 대법원은 제1항, '긴박한 경영상의 필요'에 대한 해석에서 기업 측 판단의 재량권을 계속 확대해왔다. 2012년 콜텍 노동자 해고무효 소송 판결(선고 2010다3735)에서는 '기업의 전체 경영실적이 흑자를 기록하고 있더라도 일부 사업부문이 경영악화를 겪고 있으며, 그러한 경영악화가 구조적인 문제 등에 기인한 것으로 쉽게 개선될 가능성이 없고 해당 사업부문을 그대로 유지할 경우 결국 기업 전체의 경영상황이 악화될 우려가 있는 등 장래 위기에 대처할 필요가 있다면…' 요건을 충족하는 것으로 보아, '장래에 올 수 있는 위기'의 범주를 확장했다. 기업 전체의 위기 진단이 아니더라도 '위기 판단'이 가능해진 것이다. 또한 2014년 동서공업 해고 무효 소송에 대한 판결(선고 2012다14517)에서 '기업 운영에 필요한 인력의 규모가 어느 정도인지, 잉여인력은 몇 명인지 등은 상당한 합리성이 인정되는 한 경영판단의 문제에 속하는 것이므로 특별한 사정이 없다면 경영자의 판단을 존중'해야 한다는 해석을 제시함으로써, 제1항에 대한 새로운 해석의 지평을 열었다. 사법부는 이제 경영자의 판단을 존중하지 않아도 되는 '특별한 사정'만 판단하면 되게 되었다.

IV. 해석과 함의: 입법 부재와 사법적 정책결정의 정치

사법부는 정리해고 관련 조항이 명문화되어 있지 않고 정치와 입법의 빈 공간으로 남겨져 있었을 때, 선도적으로 정리해고를 일반해고와 분리하여 정의했고 요건을 구체화했다. 당시 사법부의 판단은 일반해고와 뒤섞여 집단해고를 당했던 노동자들에게 중요한 권리구제의 지침이 되었다. 법원 판결문에 담긴 기준들은 해고당한 노동자들이 매달릴 수 있는 유일한 동아줄이 되어주었다. 아직 사회경제적 문제를 다루는 데 미숙한 한국의 정치인들은 입법요구에 부응하기 위해 법원의 판결문을 숙독했고 그로부터 입법의 내용을 빌려왔다. 정리해고 입법은 그렇게 사법부의 기여에 기대어 가능했다.

그러나 이 사례는 의회의 입법과정과 시민사회의 제도에 관한 쟁론이 본격화되면서, Dunn(2008)이 '사법적 정책결정'이 야기하는 문제로 지적했던 세 가지 요소를 모두 포함하게 되었다. 단주기로 변경되는 사법부의 판결에 따라 기존 판례에 의존하여 권익을 추구했던 이해관계자들은 혼란을 겪었고 대규모 기회비용을 치러야만 했다. 만약 다음 번 판례가 어떻게 나올지 알 수 있었더라면, 혹은 1-2-3심 간 판결이 연속적이지 않고 단속적이라는 것이라도 알았더라면, 당사자들은 법원을 통한 권리구제보다 입법이나 행정을 통한 권리구제 방안을 택했을 수 있고 미래에 대한 대비를 일부나마 할 수 있었을 것이다. 부적절하거나 혼란스러운 정보제공의 문제다.

또한 의도하지 않은 효과의 문제와 이슈 파편화 효과 역시 명료했다. 2~3년 주기로 유사 소송에 대한 판결의 기준이 지속적으로 변경되어 감으로써, 당초 이해관계자가 아니었던 사람들도 이해관계자가 되고 새로운 갈등의 소재가 발생했다. '긴박한 경영상의 필요' 요건에 대한 해석이 점차 완화됨에 따라 정리해고라는 수단을 회피했을 기업이 정리해고 수단을 택할 유인이 발생하고 이는 새로운 갈등과 소송의 소재지가 되었다. 또 각각의 사안마다 다른 기준들이 제시되면서 모든 문제는 특수한 기업과 특수한 노동자 간의 문제로 해체되었다. 사실 이 모든 문제들에 앞선 더 큰 문제가 있다. 1998년 이후 사법부가 동일 조항에 대한 서로 다른 해석의 기준을 제시했던 근거는 무엇인가? 법률조문의 문제가 아니라 현실을 살아가는 시민들의 삶 속에서 어떤 요구를 반영하고 어떤 요구를 기각했나? 그것이 가져온 2차, 3차적 효과에 대한 책임에서 사법부는 어떤 몫을 담당할 수 있나? 결국 그 내용이 무엇이든 다수의 결정에 따라 정책이 만들어지고 집행된다는 민주주의의 규칙은 사법부의 판결 속에서 어떻게 체현되고 있는가 혹은 체현될 수 있는가에 관한 문제를 묻게 되는 것이다.

사법부 차원에서도 사법적 정책결정이 야기하는 부정적 효과를 최소화할 방안이 모색될 필요가 있겠으나, 이 글의 관심은 사법적 정책결정을 불러들이는 입법부재 상황의 현실과 효과에 관한 것이다. 입법부가 제 기능을 다하지 못함으로써 사법부가 정책결정 주체로 초대되는 현상 자체는 한국과 다른 나라에서 유사한 양상을 띤다. 그러나 미국, 유럽 등 민주주의가 오래 전에 정착된 국가들의 경우 입법부의 권한과 능력이 약화된 한 결과라면, 우리나라는 다른 경로에 의한 특수성이 있다. 오랜 권위주의의 경험과 민주 정체 30년이라는 길지 않은 경험이 그것이다.

민주화 이전 체제에서는 입법부와 사법부가 공히 행정부 우위형 체제에 종속되어 있었고, 집권자와 소수 집권세력이 그때 그때 제시하는 가이드라인은 삼권의 정책결정 내용을 좌우했다. 민주화는 그 자체로 민주적 대의기관의 정책생산, 심의, 결정능력의 획기적 고양을 가져오진 못했다. 1987년 이후 상당 기간 한국의 입법자들은 민주적 결정과정을 주도해나갈 훈련을 받지 못한 집단들로 구성되었다. 어떻게 정책적 의제를 채택해야 하는지, 채택된 정책의제를 심의할 민주적 과정을 어떻게 운용해야 하는지, 결정된 내용의 집행 조응성을 담보하기 위한 수단을 어떻게 운용해야 하는지 등은 교과서와 성문의 규범에 있다고 해서 저절로 실천될 수 있는 성질의 것이 아니었다. 수많은 시행착오와 반성적 성찰, 민주적 규범과 현실의 실천 사이의 괴리에 대한 인식과 그 간극을 줄이기 위한 모색의 과정을 거쳐서만 가능한 것이었다. 민주화 이후로도 오랫동안 한국의 입법자들은 그 훈련을 해왔고 지금도 그러하다.

한편 수십만에 이르는 행정부 직업 공무원들 역시 구체제의 유산으로부터 자유롭지 못했다. 민주정체에서 선출된 대표자들에 의한 직업 관료의 통제는 민주주의 원리 자체로부터 규정되는 것이지, 선출된 대표자들의 능력이나 탁월함을 전제로 승인되는 것이 아니다. 하지만 현실에서 직업공무원들과 선출된 대표자들의 제도운영 능력, 정책의 입안과 운용 능력 간의 괴리는 컸다. 그럴 수밖에 없었다. 수십 년의 권위주의체제 동안 집권자들은 행정부 관료조직을 통해 통치를 했고, 민주적 규범을 제외할 때 관료조직은 대한민국에서 가장 잘 훈련된 공식제도이고 인력들이었다. 민주화 이후 입법자들은 행정부 관료조직을 통제하고자 했으나 그 능력을 갖추지 못했고, 행정부 관료들은 입법자들의 기대보다 낮은 능력에 신뢰를 줄 수 없었다. 양자 간의 갈등은 피할 수 없었다.

그 사이에 사법부가 놓여 있었다. 사법 관료들 역시 민주화 이전 대한민국에서 가장 잘 훈련받은 엘리트 집단이었다. 이들은 행정부 관료들과는 또 달랐다. 현실에 작동했던 것이 비록 권위주의체제였다 할지라도, 사법적 판결을 위해서는 민주주의 헌정체제를 연구해야 했고 시민의 기본권을 보장할 최후의 보루로서 자기 존재감을 이따금씩 드러냈던 경험도 축적하고 있었다. 사법부는 민주화 직후 삼권 가운데 민주주의 원리와 규범에 대해 가장 깊이 있는 해석을 내놓을 수 있는 주체였고, 시민의 기본권을 가장 잘 이해하고 있었으며 판결을 통해 권리의 범위를 확장해나갈 힘을 가진 주체로 자리하고 있었다.

이런 조건에서 민주화 직후 상당 기간 행정부와 입법부가 사법부의 판결 내용에 전적으로 의존하다시피 한 것은 불가피한 결과로 볼 수 있었다. 이 시기 사법부는 정치체제 수준에서 역사적으로 발생했던 입법지연과 공백의 자리를 메꿀 수 있는 유일한 주체로서의 역할을 강제 받았다. 특히 1960~80년대 급격하고 압축적인 산업화 과정은, 그때 그때 정책수요에 맞추어 사회경제정책에 관한 기본규범을 입법으로 확립함으로써 한국적 맥락에서 시장질서의 운영 규범과 시장 행위자들의 권리구제의 가이드라인을 마련할 것을 요구했다. 그러나 이 시기 집권자들에게 민주주의와 법치는 통치규범이 아니었기에, 1987년 민주화 시점 이 영역은 광범위한 입법부재 상황에 놓여 있게 되었고 이후 상당 기간 동안 이런 상태는 지속되었다.

지난 30여 년간 정리해고 요건을 둘러싼 사법부-행정부-입법부 결정내용의 변천과정은, 그 자체로 민주화 이후 공공정책결정을 둘러싼 삼권 간의 관계 변화를 보여주는 한 편의 드라마와 같다. 그러나 민주주의 운영 경험이 30여 년에 이르는 현 시점, 입법부재가 사법부를 정치경쟁, 사회갈등의 장으로 불러들이게 되는 상황을 적극적으로 개선해 나갈 필요가 있다. 입법부와 사법부 모두를 위해 그러하거니와, 무엇보다 공공정책을 둘러싼 이해관계자이자 납세자이며 주권자인 시민들의 공익을 위한 필요가 절실하다. 공공정책결정의 예측 가능성, 보편적 적용 가능성은 입법과정을 통해서만 달성 가능한 목표이며 사법적 결정이 대체할 수 있는 영역이 아니기 때문이다.

◆ 참고문헌 ◆

김선수. 1993. "정리해고요건으로서의 긴박한 경영상의 필요성." 『노동법연구』 (3): 59-84.

김유성. 1984. "정리해고에 관한 소고." 『서울대학교 법학』 25(2 · 3): 111-132.

김종철. 2005. "'정치의 사법화'의 의의와 한계: 노무현 정부 전반기의 상황을 중심으로." 『공법연구』 33(3): 229-251.

김형배. 1991. 『근로기준법』. 박영사.

_____. 1996. "긴박한 經營上의 必要에 의한 解雇의 法理." 『저스티스』 29(3): 115-131.

박종현. 2010. "정치의 사법화의 세 가지 유형." 『세계헌법연구』 16(3): 513-542.

배종윤. 2014. "2004년 대통령 탄핵사건과 정치의 사법화: 정치 발전과 위기의 양면성." 『동서연구』 26(3): 185-214.

오승용. 2010. "한국 민주주의의 위기와 법의 지배: 정치의 사법화를 중심으로." 『민주주의와 인권』 10(3): 163-196.

유은정. 2011. "정치의 사법화와 사법의 정치화: 온건하고 실용적인 헌법재판의 당위성: 리차드 포즈너의 이론을 중심으로." 『헌법학 연구』 17(3): 241-288.

이영재. 2012. "'정치의 사법화', 민주주의의 위기인가?: 하버마스의 민주법치국가 원리를 중심으로." 『고려대학교 평화연구논집』 20(1): 71-103.

채진원. 2011. "정치의 사법화 현상의 이론적 쟁점: 민주주의의 비관론과 낙관론 및 정당기능의 정상화 방향." 『고려대학교 평화연구논집』 19(2): 257-295.

함재학. 2011. "정치의 사법화와 헌법재판의 정치화: 세계적 보편성과 한국적 특수성." 『헌법학 연구』 17(3): 289-329.

Dunn, Joshua. 2008. " The Perils of Judicial Policymaking: The Practical Case for Separation of Powers." *Heritage Foundation First Principles Series* 20.

Feeley, Malcolm M., & Edward L. Rubin. 2000. *Judicial Policy Making and the Modern State: How the Courts Reformed America's Prisons.* Cambridge University Press.

Ferejohn, John. 2002. "Judicializing politics, politicizing law." *Law and Contemporary Problems* 65(3): 41-68.

Goldstein, Leslie Friedman. 2004. "From Democracy to Juristocracy?" *Law & Society Review* 38(3): 611-629.

Guarneri, Carlo, & Patrizia Pederzoli. 2002. *The Power Of Judges: A Comparative Study Of Courts And Democracy.* Oxford University Press.

Hirschl, Ran. 2004. ""Juristocracy" — Political, not Juridical." *The Good Society* 13(3): 6-11.

_____. 2006. "The New Constitutionalism and the Judicialization of Pure Politics Worldwide." *Fordham Law Review* 75(2): 721-754.

_____. 2007. *Towards Juristocracy: The Origins and Consequences of the New Constitutionalism.* Harvard University Press.

_____. 2008. "The Judicialization of Mega-Politics and the Rise of Political Courts." *The Annual Review of Political Science* 11: 93-118.

Rubin, Edward L., & Malcolm M. Feeley. 2003. "Judicial policy making and litigation against the government." *Journal of Constitutional Law* 5(3): 617-664.

Scheppele, Kim L. 2002. "Declarations of Independence: Judicial Reactions to Political Pressure." In Stephen B. Burbank and Barry Friedman, eds. *Judicial Independence at the Crossroads.* Thousand Oaks, CA: Sage.

Tate, C. Neal, & Torbjrn Vallinder, eds. 1995. *The Global Expansion of Judicial Power.* New York University Press.

제3부

유권자가 본 좋은 정부

제**9**장

국가인식과 민주주의 평가

황아란 · 이지호

I. 자료 소개

이 책의 제3부는 2015년 SSK 좋은 정부 연구단의 유권자 정치인식조사를 바탕으로 한국 유권자들의 국가와 정부, 정치제도와 과정에 대한 인식을 분석함으로써, 한국적 상황에서 '좋은 정부의 재구성 기획'에 필요한 기초정보를 제공하는 것이 목적이다.

「SSK 좋은 정부 연구단」의 2015년 정치인식조사는 2015년 10월 28일부터 11월 26일까지 「한국리서치」에 의뢰하여 시행되었다. 조사방법은 구조화된 설문지에 기초한 개별 면접(PI)이었으며, 표본은 만 20세의 대한민국 국민을 성, 연령, 거주지역에 따라 비례할당한 후 무작위 추출하여 구성되었다. 총 표본 수는 1,511명으로, 표본오차는 95% 신뢰수준에서 ±2.5%p였다. 전체 응답자의 분포는 〈표 1〉과 같다.

〈표 1〉	응답자 분포표	

(단위: %)

Base = 전체	사례수 (명)	계
■ 전체 ■	(1,511)	100.0
성별		
남자	(749)	49.6
여자	(762)	50.4
연령		
19~29세	(267)	17.7
30~39세	(277)	18.3
40~49세	(322)	21.3
50~59세	(299)	19.8
60세 이상	(346)	22.9
최종학력		
중학교 졸업	(256)	16.9
고등학교 졸업	(654)	43.3
전문대학 졸업	(195)	12.9
4년제 대학 졸업	(359)	23.8
대학원 졸업	(40)	2.6
무학	(4)	0.3
모름/무응답	(3)	0.2
직업		
농림어업	(51)	3.4
자영업	(189)	12.5
판매/영업/서비스직	(184)	12.2
생산/기능/노무직	(239)	15.8
사무/관리/전문직	(283)	18.7
주부	(340)	22.5
학생	(108)	7.1
무직/퇴직/기타	(117)	7.7

거주지역		
서울	(304)	20.1
인천/경기	(441)	29.2
대전/충청	(156)	10.3
광주/전라	(154)	10.2
대구/경북	(153)	10.1
부산/울산/경남	(237)	15.7
강원/제주	(65)	4.3
거주지구분		
대도시(7대도시)	(690)	45.7
동지역	(557)	36.9
읍·면지역	(264)	17.5
주거형태		
자가소유 자가거주	(1,129)	74.7
자가소유 전/월세거주	(111)	7.4
자가비소유 전세거주	(178)	11.8
자가비소유 월세거주	(90)	6.0
모름/무응답	(3)	0.2
계층구분		
상	(50)	3.3
중	(588)	38.9
하	(869)	57.5
모름/무응답	(4)	0.3
월평균가계소득		
150만 원 미만	(209)	13.8
150~230만 원 미만	(191)	12.7
230~300만 원 미만	(211)	13.9
300~350만 원 미만	(236)	15.6
350~400만 원 미만	(193)	12.8
400~450만 원 미만	(150)	9.9
450~500만 원 미만	(85)	5.6

500~600만 원 미만	(111)	7.3
600~800만 원 미만	(64)	4.3
800만 원 이상	(49)	3.3
소득 없음	(8)	0.5
모름/무응답	(4)	0.3
가구순재산		
1천만 원 미만	(140)	9.3
1천만 원~4천만 원 미만	(136)	9.0
4천만 원~7천만 원 미만	(122)	8.1
7천만 원~1억 원 미만	(155)	10.3
1억 원~1억 5천만 원 미만	(219)	14.5
1억 5천만 원~2억 원 미만	(155)	10.2
2억 원~3억 원 미만	(255)	16.9
3억 원~4억 원 미만	(158)	10.4
4억 원~6억 원 미만	(61)	4.0
6억 원 이상	(94)	6.2
모름/무응답	(17)	1.1
이념성향		
진보	(359)	23.8
중도	(643)	42.6
보수	(498)	32.9
모름/무응답	(11)	0.7
좋아하는 정당		
새누리당	(355)	23.5
새정치민주연합	(129)	8.5
정의당	(17)	1.1
기타정당	(7)	0.5
없다	(1,003)	66.4

민주화가 이루어진 지 30년째로 접어들었다. 그러나 민주주의에 대한 평가는 국민들 사이에서 다양하다. 민주주의에 대한 평가가 국민들의 국가 자긍심에 어떤 영향을 주고 있는지, 그리고 민주주의의 주요 가치 실현과 어떤 관계를 보이는지를 살펴보기로 한다. 이를 위하여 먼저 국가에 대한 자긍심과 민주주의 수준 및 민주주의 제도 운영의 평가에 중점을 두어 응답자의 인구학적 배경과 계층, 정치·경제 변인에 따라 살펴본다. 다음으로 민주주의 평가와 국가에 대한 자긍심, 그리고 자유, 평등, 공정성에 대한 국가 인식이 민주주의 평가와 국가 자긍심에 어떤 영향을 미치는지 분석한다.

II. 국가에 대한 자긍심

국가 자긍심은 "우리나라를 얼마나 자랑스럽게 생각하십니까?"에 대하여 0점에서 10점까지 11점 척도로 측정한 결과, 평균 6.4(표준편차 2.1)로 보통(5점)보다 약간 긍정적인 태도를 나타냈다. 이를 인구학적 배경 변인에 따라 살펴보면 〈표 2〉와 같다.

성별은 남자(6.3)보다 여자(6.5)가 더 국가에 대한 자긍심이 높으며, 통계적으로도 유의한 차이를 보였다. 연령은 나이가 많을수록 국가 자긍심이 높아지는 경향을 나타냈다. 다만, 20대와 30대 간에, 그리고 40대와 50대 간에는 통계적으로 유의한 차이를 보이지 않았으나, 2, 30대보다 4, 50대의 국가 자긍심이 높았으며, 이들보다 60대(7.2)가, 그리고 70대 이상(7.7)의 국가 자긍심이 가장 높은 수준을 보였다. 반대로 학력은 낮을수록 국가 자긍심이 높은 경향을 나타냈다. 중졸 이하(7.2)가 고졸(6.4)과 전문대 이상(6.1)보다 국가에 대한 자긍심이 높은 것이 통계적으로 유의하였다. 다만 고졸과 전문대 이상 간에는 통계적으로 유의한 차이를 보이지 않았다. 거주지 도시규모는 대도시나 중소도시(6.4)보다 농촌(6.7)에서 사는 사람들의

변수	변수 유목	N	평균	통계량
〈표 2〉		국가에 대한 자긍심: 인구학적 배경 변인		
성별	남자	746	6.26	t=2.51
	여자	765	6.53	p〈.05
연령	20대 이하	265	6.06	
	30대	275	5.69	
	40대	323	6.16	F=24.83
	50대	300	6.54	p〈.001
	60대	229	7.15	
	70대 이상	119	7.68	
학력	중졸 이하	261	7.16	
	고졸	653	6.37	F=23.22
	전문대 이상	594	6.11	p〈.001
도시 규모	도시	1,248	6.35	t=2.16
	농촌	263	6.65	p〈.05

국가 자긍심이 더 높은 것으로 나타났다.

한편, 계층 변인으로서 주관적인 계층인식과 가구자산, 주거형태에 따라 국가 자긍심을 살펴보면 〈표 3〉과 같다.

주관적 계층인식은 상층이나 중상층에 속한 사람들이 느끼는 국가 자긍심(7.1)이 그보다 낮은 계층인식을 지니는 사람(6.4)보다 높았다. 그러나 중간에 속한다고 응답한 사람들의 국가 자긍심 수준은 중하층이나 하층에 속하는 사람과 거의 차이가 없으며, 통계적으로도 유의하지 않았다. 가구자산 역시 국가 자긍심은 일방향의 관계를 나타내지 않았다. 자산은 오히려 양극적인 관계의 경향을 엿볼 수 있는데, 중간 수준(1억 5천~2억)의 자산을 지닌 사람들의 국가 자긍심이 낮은 편(6.0)에 속하고, 그보다 자산이 많거나 적은 사람들에게서 높은 현상을 나타낸다. 예컨대 1,000만 원 미만의 자산

변수	변수 유목	N	평균	통계량
계층 인식	중상층 이상	50	7.06	F=2.54 p<.1
	중간층	588	6.36	
	중하층 이하	869	6.39	
가구 자산	1천만 원 미만	140	6.71	F=1.81 p<.1
	1천만 원~4천만 원 미만	136	5.98	
	4천만 원~7천만 원 미만	122	6.34	
	7천만 원~1억 원 미만	155	6.55	
	1억 원~1억 5천만 원 미만	219	6.42	
	1억 5천만 원~2억 원 미만	155	6.04	
	2억 원~3억 원 미만	254	6.43	
	3억 원~4억 원 미만	158	6.59	
	4억 원~6억 원 미만	61	6.51	
	6억 원 이상	94	6.60	
주거 형태	소유주택에서 거주	1,129	6.49	t=2.56 p<.01
	소유주택 비거주 또는 무주택	382	6.15	

〈표 3〉 국가에 대한 자긍심: 계층 변인

을 지닌 가난한 사람들의 국가 자긍심이 가장 높고(6.7), 두 번째로 높은 자산 구간은 6억 이상의 자산을 지닌 부자(6.6)인 것이 흥미롭다. 주거형태는 가족소유의 주택에서 거주하는 사람들의 국가 자긍심(6.5)이 그렇지 않은 사람, 즉 가족소유의 주택이 있어도 남의 집에서 전·월세를 살거나 무주택자로 남의 집에서 전·월세로 사는 경우(6.2)보다 높았으며, 통계적으로 유의한 차이를 보였다.

끝으로 정치·경제 변인에 따라 살펴보면 〈표 4〉와 같다. 먼저 정치적 변인으로 선호정당은 여당인 새누리당의 지지 여부에 따라 국가 자긍심의 차이를 보이는 것이 통계적으로 유의하였다. 즉 여당 지지의 성향을 지닌 사람(6.9)이 새정치연합 지지자(6.0)나 정의당 지지자(5.7)보다 국가에 대한 자긍심이 높았다. 이념성향도 뚜렷한 차이를 보이는데, 보수성향을 지닌

〈표 4〉		국가에 대한 자긍심: 정치·경제 변인		
변수	변수 유목	N	평균	통계량
당파성	새누리당	729	6.94	F=24.03 p<.001
	새정치연합 정의당	465 48	5.95 5.67	
이념 성향	진보	357	5.83	F=53.53 p<.001
	중도	643	6.14	
	보수	500	7.16	
박근혜 정부평가	못함	493	5.43	F=134.6 p<.001
	보통	423	6.21	
	잘함	595	7.35	
국가 경제	좋음	207	7.17	t=5.72 p<.001
	나쁨	1,304	6.28	
개인 경제	좋음	395	6.83	t=4.68 p<.001
	나쁨	1,116	6.25	

사람이 중도보다 국가 자긍심이 높으며, 진보성향을 지닌 사람들이 가장 낮은 것을 볼 수 있다. 즉 진보(5.8)보다 중도(6.1)가, 그리고 보수(7.2)가 가장 국가에 대한 자긍심이 높은 것으로 나타났다. 참고로 11점 척도로 측정된 국가 자긍심과 이념성향의 상관계수(0.28)도 통계적으로 유의하였다(p<.001). 박근혜 대통령의 국정 만족도 평가와 국가 자긍심의 관계 역시 긍정적인 것을 발견할 수 있다. 박근혜 정부에 대하여 만족하는 사람들의 국가 자긍심(7.4)은 보통으로 평가하는 사람보다 높았으며(6.2), 불만족하는 사람(5.4)이 가장 낮게 나타나 분명한 차이를 나타냈다. 참고로 11점 척도로 측정된 국가 자긍심과 국정 만족도의 상관계수(0.46)도 통계적으로 유의하였다(p<.001).

경제적 변인으로는 국가 경제와 개인 경제에 대한 평가가 국가 자긍심과 밀접한 관련이 있는 것을 볼 수 있다. 먼저, 국가 경제 평가는 최근 2년 동안 우리나라 경제사정이 어떻다고 생각하는가에 대한 질문으로 측정하였는데, 긍정적인 평가를 한 사람들의 국가 자긍심(7.2)이 부정적인 평가를 한 사람(6.3)보다 높았다. 개인 경제 평가 역시 최근 2년 동안 가정 경제사정이 어떻다고 생각하는가에 대한 질문에 긍정적인 응답자의 국가 자긍심(6.8)은 부정적인 응답자(6.3)보다 높았다. 이러한 국가 및 개인의 경제사정에 따른 국가 자긍심의 차이는 모두 통계적으로도 유의하였다.

종합하면, 국가에 대한 자긍심으로 살펴본 국가인식은 인구학적 배경 변인에서 남자보다 여자가, 나이가 많을수록, 학력이 낮을수록, 농촌에 거주하는 사람들이 높은 경향을 발견할 수 있다. 그에 비하여 계층 변인으로 주관적 계층인식은 중상층 이상의 경우, 그리고 주거형태는 가족소유의 주택에 거주하는 사람들이 그렇지 않은 사람보다 국가 자긍심이 높은 것으로 나타났다. 특히 국가 자긍심은 정치·경제 변인에서 뚜렷한 차이를 드러냈는데, 정치적 변인으로 당파성에서는 여당 지지자가, 정당성향은 보수에 가까울수록, 박근혜 정부에 대한 평가는 긍정적일수록 국가에 대한 자긍심도 커졌다. 경제적 변인으로는 국가와 개인 경제사정 모두 긍정적인 경우가 부정적인 경우보다 국가 자긍심이 높은 차이를 나타냈다.

III. 민주주의 평가

1. 민주주의 수준

민주주의 수준에 대한 주관적 평가는 "우리나라 민주주의의 수준에 대해 어떻게 평가하십니까?"에 대하여 0점에서 10점까지 11점 척도의 질문으로

〈표 5〉		한국 민주주의 수준 평가: 인구학적 배경 변인		
변수	변수 유목	N	평균	통계량
성별	남자 여자	746 765	5.91 5.99	t=0.85 n.s
연령	20대 이하 30대	265 275	5.40 5.29	F=27.26 p<.001
	40대	323	5.79	
	50대	300	6.22	
	60대 70대 이상	229 119	6.86 6.71	
학력	중졸 이하	261	6.57	F=20.02 p<.001
	고졸 전문대 이상	653 594	5.72 5.66	
도시 규모	도시 농촌	1,248 263	5.93 6.08	t=1.15 n.s

측정한 결과, 평균 6.0(표준편차 2.0)으로 보통(5점)보다 다소 긍정적인 태도를 지닌 것으로 나타났다. 이를 먼저 인구학적 배경 변인에 따라 살펴보면 〈표 5〉와 같다.

성별에서는 남자(5.9)와 여자(6.0)가 별 차이가 없었으며, 통계적으로도 유의하지 않았다. 연령은 나이가 많을수록 민주주의 수준에 대한 평가가 긍정적인 경향을 보였다. 다만, 20대(5.4)와 30대(5.3) 간에, 그리고 60대(6.9)와 70대(6.7) 간에는 통계적으로 유의한 차이를 보이지 않았으나, 민주주의 수준에 대한 평가는 2, 30대보다 40대(5.8)가 높았고, 또 이들보다 50대(6.2)의 평가가 더 긍정적이며, 6, 70대 이상이 가장 높은 수준인 것을 볼 수 있다. 반대로 학력은 낮을수록 민주주의 수준에 대한 평가가 긍정적인 경향을 나타냈다. 중졸 이하(6.6)와 고졸 이상(5.7) 간의 민주주의 평가 차이가 통계적으로 유의하였다. 거주지 도시규모는 도시(5.9)보다 농촌

	〈표 6〉		한국 민주주의 수준 평가: 계층 변인		
변수	변수 유목	N	평균	통계량
계층 인식	중상층 이상 중간층 중하층 이하	50 588 869	6.06 5.92 5.96	F=0.13 n.s.
가구 자산	1천만 원 미만 1천만 원~4천만 원 미만 4천만 원~7천만 원 미만 7천만 원~1억 원 미만 1억 원~1억 5천만 원 미만 1억5천만 원~2억 원 미만 2억 원~3억 원 미만 3억 원~4억 원 미만 4억 원~6억 원 미만 6억 원 이상	140 136 122 155 219 155 254 158 61 94	5.94 5.49 5.79 6.16 5.91 5.73 6.11 6.16 6.08 6.31	F=2.10 p<.05
주거 형태	소유주택에서 거주 소유주택 비거주, 무주택	1,129 382	6.01 5.79	t=1.84 p<.1

(6.1)에서 민주주의 수준을 긍정적으로 평가하는 것으로 나타나지만, 통계적으로 유의한 차이를 보이는 것은 아니었다.

한편, 계층 변인으로서 주관적인 계층인식과 가구자산, 주거형태에 따른 민주주의 수준 평가를 살펴보면 〈표 6〉과 같다. 주관적 계층인식은 민주주의 수준을 평가하는 데 별 차이가 없었다. 가구자산과 민주주의 수준의 평가도 일관된 일방향성의 관계를 나타내지는 않지만, 약하나마 긍정적인 상관관계(r=0.07)를 지니는 것이었다(p<.01). 주거형태는 가족소유의 주택에서 거주하는 사람들의 민주주의 수준 평가(6.0)가 그렇지 않은 경우(5.8)보다 다소 높았다(p<.1).

끝으로 정치·경제 변인에 따른 민주주의 수준 평가를 살펴보면 〈표 7〉과 같다. 먼저 정치적 변인으로 선호정당은 여당인 새누리당을 지지하는 사람들(6.7)이 새정치연합 지지자(5.3)나 정의당 지지자(4.6)보다 우리나라의

〈표 7〉		한국 민주주의 수준 평가: 정치·경제 변인		
변수	변수 유목	N	평균	통계량
당파성	새누리당	729	6.66	F=53.7 p〈.001
	새정치연합	465	5.34	
	정의당	48	4.60	
이념 성향	진보	357	5.26	F=70.2 p〈.001
	중도	643	5.73	
	보수	500	6.72	
박근혜 정부평가	못함	493	4.92	F=184.6 p〈.001
	보통	423	5.73	
	잘함	595	6.97	
국가 경제	좋음	207	6.87	t=7.37 p〈.001
	나쁨	1,304	5.81	
개인 경제	좋음	395	6.32	t=4.38 p〈.001
	나쁨	1,116	5.82	

민주주의 수준을 긍정적으로 평가하는 것으로 나타났다. 야당 가운데에도 새정치연합과 상대적으로 더 진보적인 정의당 지지자의 민주주의 수준에 대한 평가도 유의한 차이를 보였다. 이는 민주주의 수준 평가가 여야성향만이 아니라 이념성향에 따라서도 차이를 크게 드러내고 있음을 말해준다. 이념 성향은 보수성향이 중도성향보다 민주주의 수준을 높이 평가하며, 진보성향이 가장 낮은 것을 볼 수 있다. 즉 진보(5.3)보다 중도(5.7)가, 그리고 보수(6.7)가 더 민주주의 수준을 높이 인식하는 것으로 나타난다. 참고로 11점 척도로 측정된 민주주의 수준과 이념성향의 상관계수(0.33)는 통계적으로 유의하였다. 박근혜 대통령의 국정 만족도 평가와 민주주의 수준 역시 긍정적인 관계임을 발견할 수 있다. 박근혜 정부에 대하여 만족하는 사람들의

민주주의 평가(7.0)는 보통으로 평가하는 사람보다 높았으며(5.7), 불만족하는 사람(4.9)이 가장 낮은 차이가 통계적으로도 유의하였다. 또 11점 척도로 측정된 민주주의 수준과 국정 만족도의 상관계수(0.54)는 이념성향보다 더 긴밀한 관계인 것으로 확인되었다(p<.001).

한편 경제적 변인으로 국가 경제와 개인 경제에 대한 평가는 민주주의 수준을 인식하는 데 밀접한 관련이 있는 것으로 나타났다. 먼저, 국가 경제를 긍정적으로 평가하는 사람들은 우리나라 민주주의 수준에 대한 인식(6.9)이 부정적인 평가를 한 사람(5.8)보다 높았다. 개인 경제 평가 역시 긍정적인 응답자는 민주주의 수준에 대한 인식(6.3)이 부정적인 응답자(5.8)보다 높았다. 이러한 국가 및 개인의 경제사정에 따른 민주주의 수준에 대한 인식의 차이는 모두 통계적으로도 유의하였다.

종합하면, 민주주의 수준에 관한 국민의 인식은 인구학적 배경 변인에서 나이가 많을수록, 학력이 낮을수록 긍정적인 데 비하여, 성별이나 거주지의 도시규모에 따라서는 별 차이가 없었다. 계층 변인에서는 가구자산이 많을수록, 가족소유의 주택에 거주하는 사람들이 그렇지 않은 사람보다 다소나마 민주주의 수준을 긍정적으로 인식하는 경향을 나타냈지만, 주관적 계층인식에서는 뚜렷한 차이를 보이지 않았다. 그러나 정치·경제 변인에서는 뚜렷한 차이를 드러냈는데, 정치적 변인으로 당파성에서는 여당 지지자가, 정당성향은 보수에 가까울수록, 박근혜 정부에 대한 국정 만족도 평가는 긍정적일수록 민주주의 수준에 인식이 긍정적이었다. 경제적 변인으로는 국가와 개인 경제사정 모두 긍정적인 경우가 부정적인 경우보다 민주주의 수준을 높이 인식하는 차이를 나타냈다. 이러한 경향은 앞서 국가 자긍심과 비교할 때 연령과 학력, 자산, 주거형태와 정치·경제적 변인의 영향이 유사하지만, 성별과 거주지 도시규모, 계층인식과는 유의하지 않은 차이를 나타낸다는 점에서 다르다는 점이 중요한 차별성이라 하겠다.

2. 민주주의 운영

민주주의 운영에 대한 평가는 "현재 우리나라 민주주의가 얼마나 잘 운영 되고 있다고 생각하십니까?"에 대하여 0점에서 10점까지 11점 척도의 질문 으로 측정한 결과, 평균 5.3(표준편차 3.1)으로 거의 보통 수준을 나타냈다. 이를 인구학적 배경 변인에 따라 살펴보면 〈표 8〉과 같다. 성별은 남자 (5.5)와 여자(5.6)가 차이가 없었다. 연령은 나이가 많을수록 민주주의 운영 에 대한 평가가 긍정적인 경향을 보였다. 다만, 연령 구간에서 20대(4.9)와 30대(4.9) 간에, 40대(5.3)와 50대(5.7) 간에, 그리고 60대(6.7)와 70대 (6.4) 간에 통계적으로 유의한 차이를 보이지 않았으나, 민주주의 운영에 대한 평가는 2, 30대보다 4, 50대가 높았고, 또 이들보다 6, 70대 이상이 긍정적인 것을 볼 수 있다. 반대로 학력은 낮을수록 민주주의 운영에 대한

〈표 8〉	한국 민주주의 운영 평가: 인구학적 배경 변인			
변수	변수 유목	N	평균	통계량
성별	남자 여자	746 765	5.52 5.55	t=0.23 n.s
연령	20대 이하 30대	265 275	4.94 4.90	F=13.43 p<.001
	40대 50대	323 300	5.31 5.66	
	60대 70대 이상	229 119	6.71 6.36	
학력	중졸 이하	261	6.49	F=16.16 p<.001
	고졸 전문대 이상	653 594	5.44 5.22	
도시 규모	도시 농촌	1,248 263	5.51 5.66	t=1.00 n.s

〈표 9〉	한국 민주주의 운영 평가: 계층 변인			
변수	변수 유목	N	평균	통계량
계층 인식	중상층 이상 중간층 중하층 이하	50 588 869	5.54 5.55 5.52	F=0.02 n.s.
가구 자산	1천만 원 미만 1천만 원~4천만 원 미만 4천만 원~7천만 원 미만 7천만 원~1억 원 미만 1억 원~1억 5천만 원 미만 1억 5천만 원~2억 원 미만 2억 원~3억 원 미만 3억 원~4억 원 미만 4억 원~6억 원 미만 6억 원 이상	140 136 122 155 219 155 254 158 61 94	6.16 5.00 5.25 5.47 5.46 5.26 5.69 5.67 5.72 5.90	F=1.60 n.s
주거 형태	소유주택에서 거주	1,129	5.64	t=2.74 p<.01
	소유주택 비거주, 무주택	382	5.23	

평가가 긍정적인 경향을 나타냈는데, 중졸 이하(6.5)가 고졸(5.4)이나 전문대 이상(5.2)보다 높았으며, 고졸과 전문대 이상 간에는 통계적으로 유의한 차이를 보이지 않았다. 거주지 도시규모는 도시(5.5)보다 농촌(5.7)에서 사는 사람들이 민주주의 운영을 긍정적으로 평가하는 것으로 나타나지만, 통계적으로 유의한 차이를 보이는 것은 아니었다.

한편, 계층 변인으로서 주관적인 계층인식과, 가구자산, 주거형태에 따른 민주주의 수준 평가를 살펴보면 〈표 9〉와 같다. 주관적 계층인식은 민주주의 운영을 평가하는 데 큰 차이가 없으며, 가구자산도 민주주의 운영 평가와 별 관련이 없었다. 그러나 주거형태는 가족소유의 주택에서 거주하는 사람들의 민주주의 운영 평가(5.6)가 그렇지 않은 경우(5.2)보다 다소 높았으며, 통계적으로 유의하였다(p<.05).

끝으로 정치·경제 변인에 따라 살펴보면 〈표 10〉과 같다.

〈표 10〉		한국 민주주의 운영 평가: 정치·경제 변인		
변수	변수 유목	N	평균	통계량
당파성	새누리당	729	6.27	F=42.5 p〈.001
	새정치연합	465	4.91	
	정의당	48	3.93	
이념 성향	진보	357	4.75	F=22.34 p〈.001
	중도	643	5.40	
	보수	500	6.26	
박근혜 정부평가	못함	493	4.56	F=61.4 p〈.001
	보통	423	5.27	
	잘함	595	6.53	
국가 경제	좋음	207	6.32	t=5.59 p〈.001
	나쁨	1,304	5.41	
개인 경제	좋음	395	5.85	t=2.93 p〈.001
	나쁨	1,116	5.42	

먼저 정치적 변인으로 선호정당은 여당인 새누리당을 지지하는 사람들 (6.3)이 새정치연합(4.9)이나 정의당인 경우(3.9)보다 민주주의 운영을 긍정적으로 평가한 것을 볼 수 있다. 그러나 야당 가운데에도 새정치연합과 상대적으로 더 진보적인 정의당 지지자의 민주주의 운영 평가가 뚜렷한 차이를 보였다. 이는 민주주의 운영 평가가 여야성향만이 아니라 이념성향에 따라서도 차이를 드러낸다는 것을 알 수 있다. 이념성향은 보수성향이 중도성향보다 민주주의 수준을 높이 평가하며, 진보성향이 가장 낮은 것을 볼 수 있다. 즉 진보(4.8)보다 중도(5.4)가, 그리고 보수(6.3)가 더 민주주의 운영을 긍정적으로 평가하는 것으로 나타난다. 참고로 11점 척도로 측정된 민주주의 운영과 이념성향의 상관계수(0.22)도 통계적으로 유의하였다. 박근혜 대

통령의 국정 만족도 평가와 민주주의 수준도 긍정적인 관계임을 발견할 수 있다. 박근혜 정부에 대하여 만족하는 사람들의 민주주의 운영 평가(6.5)는 보통으로 평가하는 사람보다 높았으며(5.3), 불만족하는 사람(4.6)이 가장 낮은 차이가 통계적으로 유의하였다. 또 11점 척도로 측정된 민주주의 운영 평가와 국정 만족도의 상관계수(0.33)는 이념성향보다 더 밀접한 관계인 것으로 확인되었다(p<.001). 경제적 변인으로 국가 경제와 개인 경제에 대한 평가 역시 우리나라 민주주의 운영에 대한 인식에 중요한 관련이 있는 것으로 나타났다. 먼저, 국가 경제를 긍정적으로 평가하는 사람들의 우리나라 민주주의 운영에 대한 인식(6.3)은 부정적인 평가를 한 사람(5.4)보다 높았다. 개인 경제 평가 역시 긍정적인 응답자는 민주주의 운영에 대한 인식(5.9)이 부정적인 응답자(5.4)보다 높았다. 이러한 국가 및 개인의 경제사정에 따른 민주주의 운영의 인식 차이는 모두 통계적으로도 유의하였다.

종합하면, 민주주의 운영에 관한 국민의 인식은 인구학적 배경 변인에서 나이가 많을수록, 학력이 낮을수록 긍정적인 데 비하여, 성별이나 거주지의 도시규모에 따라서는 별 차이가 없었던 점은 앞서 민주주의 수준에 대한 국민인식과 상당히 유사하다. 또 계층 변인에서는 소유의 주택에 거주하는 사람들이 그렇지 않은 사람보다 민주주의 운영에 대하여 긍정적으로 인식하는 경향을 나타낸 점이나 주관적 계층인식과는 무관한 점도 민주주의 수준에 대한 국민인식과 유사하지만, 가구자산이 민주주의 운영에 대한 평가와 무관하다는 점은 민주주의 수준에 대한 국민인식이 긍정적인 관계에 있었던 것과 비교되는 것이라 하겠다. 그러나 정치·경제 변인에서 나타나는 민주주의 운영에 대한 평가는 민주주의 수준에 대한 인식과 흡사한 것을 확인할 수 있다. 다만 정치적 변인, 즉 당파성에서는 여당 지지자가, 그리고 정당성향은 보수에 가까울수록, 박근혜 정부의 국정 만족도 평가는 호의적일수록 민주주의 운영평가가 긍정적인 경향은 민주주의 수준에 대한 인식과 비교해서는 덜 강한 것이 특징이라 할 수 있다.

IV. 민주주의 가치 인식과 민주주의 평가, 국가에 대한 자긍심 간의 상관성

우리나라 민주주의의 수준에 대한 인식과 민주주의 운영에 대한 평가는 긍정적인 상관관계(r=.50)를 지니는 것을 확인할 수 있다. 우리나라 민주주의를 독재에 가깝다고(혹은 완전한 민주주의에 가깝다고) 인식할수록 우리나라 민주주의가 매우 잘못 운영(혹은 매우 잘 운영)된다고 평가하는 경향을 나타내는 것이다. 그런데 민주주의 수준과 민주주의 운영에 대한 평가는 민주주의 이념의 주요 가치인 자유, 평등, 공정성이 얼마나 잘 실현되고 있는가에 대한 국민 인식과도 밀접한 관련이 있으며, 이는 또 국가 자긍심과도 중요하게 연계된다는 점에서 이들 간의 관계를 살펴보자.

1. 민주주의 가치 인식과 민주주의 수준 평가

민주주의 수준과 민주주의 운영에 대한 평가는 민주주의 이념의 주요 가치인 자유, 평등, 공정성에 대한 인식과 어떤 관련성을 지니는가를 살펴본 것이다. 자유는 '우리나라가 얼마나 자유롭다고 생각하는가?'에 대하여, 평등은 '우리나라가 얼마나 평등하다고 생각하는가?'에 대하여, 그리고 공정성은 '우리나라가 얼마나 공정하다고 생각하는가?'에 대하여 각각 0에서 10점까지 11점 척도로 측정되었다. 참고로 자유는 평균 6.7(표준편차 2.0), 평등은 평균 5.4(표준편차 2.0), 공정성은 평균 4.9(표준편차 2.1)였으며, 이들 간의 상관성은 자유와 평등(r=.55)이나 자유와 공정성(r=0.47)보다 평등과 공정성 간에 꽤 높은 상관관계(r=71)를 나타냈다.

먼저, 우리나라 민주주의 수준과 자유에 대한 인식은 긍정적인 상관관계(r=.57)를 나타내며, 민주주의 수준과 평등에 대한 인식도 중요한 관련성(r=.60)을 보이며, 공정성과도 긍정적인 관계(r=.57)에 있는 것을 볼 수 있

〈그림 1〉	자유와 평등(공정성) 인식에 따른 민주주의 수준 평가

<table>
<tr><td rowspan="2">자
유</td><td>높음</td><td>5.74
(n=448)</td><td>7.11
(n=637)</td></tr>
<tr><td>낮음</td><td>4.24
(n=372)</td><td>5.76
(n=54)</td></tr>
<tr><td></td><td></td><td>낮음</td><td>높음</td></tr>
<tr><td></td><td></td><td colspan="2">평등</td></tr>
</table>

<table>
<tr><td rowspan="2">자
유</td><td>높음</td><td>5.99
(n=587)</td><td>7.20
(n=498)</td></tr>
<tr><td>낮음</td><td>4.26
(n=389)</td><td>6.19
(n=37)</td></tr>
<tr><td></td><td></td><td>낮음</td><td>높음</td></tr>
<tr><td></td><td></td><td colspan="2">공정성</td></tr>
</table>

다. 즉 우리나라의 자유, 평등, 공정성에 대하여 긍정적인 인식을 할수록 민주주의 수준을 높이 평가한다는 것을 의미한다.

한편 〈그림 1〉은 우리나라의 자유와 평등(또는 공정성)에 대한 인식을 상·하로 나누어, 낮음은 0점에서 5점, 그리고 높음은 6점에서 10으로 구분하여 네 가지 집단으로 유형화한 것이다. 먼저 자유와 평등에 대한 인식에 따른 네 집단의 민주주의 수준 평가가 다르다는 것을 확인할 수 있다 ($F=255.6$, $p<.001$). 자유와 평등에 대하여 모두 높게 인식하는 사람들의 민주주의 수준 평가(7.1)가 가장 높고, 다음으로 자유를 낮게 그리고 평등을 높게(5.8), 또는 반대로 자유를 높게 그리고 평등을 낮게(5.7) 인식한 사람들, 그리고 둘 모두를 낮게 인식한 사람들의 민주주의 수준 평가(4.2)가 가장 낮았다. 또 자유와 공정성에 대한 인식에서도 네 집단의 민주주의 수준 평가가 다른 것을 확인할 수 있다($F=239.2$, $p<.001$). 자유와 공정성에 대하여 모두 높게 인식하는 사람들의 민주주의 수준 평가(7.2)가 가장 높고, 다음으로 자유를 낮게 그리고 공정성을 높게(6.2), 또는 반대로 자유를 높게 그리고 공정성을 낮게(6.0) 인식한 사람들, 그리고 둘 모두를 낮게 인식한 사람들의 민주주의 수준 평가(6.2)가 가장 낮았다.

2. 민주주의 가치 인식과 민주주의 운영

우리나라 민주주의 운영에 대한 평가와 자유에 대한 인식은 긍정적인 상관관계(r=.38)를 나타내며, 민주주의 운영과 평등에 대한 인식도 관련성(r=.43)을 보이며, 공정성과도 긍정적인 관계(r=.41)에 있는 것을 볼 수 있다. 이는 앞서 민주주의 수준보다는 약한 상관관계를 나타내는 것이지만, 우리나라의 자유, 평등, 공정성에 대하여 긍정적인 인식을 할수록 민주주의 운영도 긍정적으로 평가한다는 것을 의미한다.

한편 〈그림 2〉는 우리나라의 자유와 평등(또는 공정성)에 대한 인식을 상·하로 나누어, 네 가지 집단으로 유형화하여 민주주의 운영 평가를 살핀 것이다. 먼저 자유와 평등에 대한 인식에 따른 네 집단의 민주주의 운영 평가는 다른 것으로 나타난다(F=95.4, p<.001). 자유와 평등에 대하여 모두 높게 인식하는 사람들의 민주주의 운영 평가(6.9)가 가장 높고, 다음으로 자유를 낮게 그리고 평등을 높게(5.3), 또는 반대로 자유를 높게 그리고 평등을 낮게(5.1) 인식한 사람들, 그리고 둘 모두를 낮게 인식한 사람들의 민주주의 운영 평가(3.8)가 가장 낮았다. 또 자유과 공정성에 대한 인식에서도 네 집단의 민주주의 수준 평가가 다른 것을 확인할 수 있다(F=93.7, p<.001). 자유와 공정성에 대하여 모두 높게 인식하는 사람들의 민주주의 운영 평가(7.1)가 가장 높고, 다음으로 자유를 낮게 그리고 공정성을 높게

〈그림 2〉 **자유와 평등(공정성) 인식에 따른 민주주의 운영 평가**

자유		평등 낮음	평등 높음
	높음	5.06 (n=448)	6.88 (n=637)
	낮음	3.84 (n=372)	5.28 (n=54)

자유		공정성 낮음	공정성 높음
	높음	5.32 (n=587)	7.08 (n=498)
	낮음	3.88 (n=389)	5.51 (n=37)

(5.5), 또는 반대로 자유를 높게 그리고 공정성을 낮게(5.3) 인식한 사람들, 그리고 둘 모두를 낮게 인식한 사람들의 민주주의 운영 평가(3.9)가 가장 낮았다.

3. 민주주의 가치 인식과 국가 자긍심

국가에 대한 자긍심과 자유에 대한 인식은 긍정적인 상관관계(r=.53)를 나타내며, 국가 자긍심과 평등에 대한 인식도 긍정적인 관련성(r=.56)을 보이며, 공정성과도 중요한 관계(r=.63)에 있는 것을 볼 수 있다. 이는 우리나라의 자유, 평등, 공정성에 대하여 긍정적인 인식을 할수록 국가에 대한 자긍심이 높아진다는 의미한다.

〈그림 3〉은 우리나라의 자유와 평등(또는 공정성)에 대한 인식을 상·하로 나누어, 네 가지 집단으로 유형화하여 국가 자긍심을 살핀 것이다.

먼저 자유와 평등에 대한 인식에 따른 네 집단의 국가 자긍심은 다른 것으로 나타난다(F=184.6, p<.001). 자유와 평등에 대하여 모두 높게 인식하는 사람들의 국가 자긍심(7.5)이 가장 높고, 다음으로 자유를 낮게 그리고 평등을 높게(6.4), 또는 반대로 자유를 높게 그리고 평등을 낮게(6.2) 인식한 사람들, 그리고 둘 모두를 낮게 인식한 사람들의 국가 자긍심(4.8)이 가

〈그림 3〉 **자유와 평등(공정성) 인식에 따른 국가 자긍심**

자유		평등 낮음	평등 높음
	높음	6.18 (n=448)	7.52 (n=637)
	낮음	4.76 (n=372)	6.41 (n=54)

자유		공정성 낮음	공정성 높음
	높음	6.25 (n=587)	7.81 (n=498)
	낮음	4.81 (n=389)	6.70 (n=37)

장 낮았다. 또 자유과 공정성에 대한 인식에서도 네 집단의 국가 자긍심이 다른 것을 확인할 수 있다(F=209.0, p<.001). 자유와 공정성에 대하여 모두 높게 인식하는 사람들의 국가 자긍심(7.8)이 가장 높고, 다음으로 자유를 낮게 그리고 공정성을 높게(6.7), 또는 반대로 자유를 높게 그리고 공정성을 낮게(6.3) 인식한 사람들, 그리고 둘 모두를 낮게 인식한 사람들의 국가 자긍심(4.8)이 가장 낮았다.

4. 민주주의 평가와 국가 자긍심

민주주의 평가와 국가 자긍심은 긍정적인 관계를 지니는 것을 볼 수 있다. 우리나라 민주주의의 수준이나 운영에 대한 평가가 긍정적일수록 국가 자긍심이 높아지는 경향을 나타내는데, 특히 국가에 대한 자긍심과 민주주의 수준에 인식의 상관관계(r=0.54)가 민주주의 운영에 대한 평가와의 상관성(r=0.35)보다 더 강한 것으로 나타난다.

한편 〈그림 4〉는 민주주의 수준에 대한 인식과 민주주의 운영에 대한 평가를 상·하로 나누어, 낮음은 0점에서 5점, 그리고 높음은 6점에서 10으로 구분하여 네 가지 집단으로 유형화한 것으로, 이들 네 집단의 국가 자긍심의 평균 점수가 다른 것을 확인할 수 있다(F=152.7, p<.001). 예상대로 민주주

〈그림 4〉 **민주주의 평가에 따른 국가 자긍심**

		낮음	높음
민주주의 수준	높음	6.56 (n=241)	**7.41** (n=662)
	낮음	**5.11** (n=544)	6.36 (n=64)

민주주의 운영

의 수준과 민주주의 운영을 모두 긍정적으로 평가한 사람들의 국가 자긍심 (7.4)이 가장 높고, 다음으로 민주주의 수준을 높게 그리고 민주주의 운영을 낮게 평가한 사람들(6.6)이나 반대로 민주주의 수준을 낮게 그리고 민주주의 운영을 높게 평가한 사람들(6.4), 그리고 둘 모두 부정적으로 평가한 사람들의 국가 자긍심(5.1)이 가장 낮은 것으로 나타난다.

제**10**장

복지국가 태도의 결정 요인

황아란 · 이지호

국민의 복지수요 증가는 현대국가에 나타난 공통된 현상이며, 최근 우리나라 정부가 직면하고 있는 커다란 문제이기도 하다. 일반적으로 국민들은 복지를 더 많이 요구하고 그에 상응하는 증세에는 반대하는 이중적 태도를 갖는다. 선거에서 지지를 극대화하려는 정당과 정치인은 국민 다수가 지지하는 복지확대정책을 앞다투어 제시하는 반면, 다수가 싫어하는 증세정책을 내세우지는 못한다. 따라서 국민의 복지수요 증가는 결과적으로 정부의 재정 악화로 이어지게 된다. 그렇기 때문에 정부가 불가피하게 겪게 되는 복지수요의 증가와 재정 압박을 잘 조절하여 적재적소의 복지서비스를 국민이 체감할 수 있게 전달한다면, 그러한 정부는 국민으로부터 신뢰받을 것이고 '좋은 정부'로 인식될 것이다.

「SSK 좋은 정부 연구단」은 복지수요 증가라는 정책환경에서 이를 잘 조정해 가야 하는 것이 최근 정부가 풀어야 할 가장 중요한 문제임을 인식하고, 국민들의 복지지출 태도에 대한 조사와 연구를 수행하였다. 이 글은 복지확대에 대한 태도와 복지수준에 대한 인식, 그리고 '성장 대 복지'의 정책 태도에 인구사회학적 배경, 정치성향, 정부의 질 요소, 복지수준에 대한 인식 등이 어떻게 연관되어 있는지에 대한 기술적 통계 분석을 제시한다. 종속변수로 사용한 복지국가 태도로는 '현재보다 복지가 확대되어야 한다는 주장'에 대한 태도와 '우리나라 복지수준에 대한 인식, 그리고 '성장과 분배 가운데 정부가 중점을 두어야 할 정책'에 대한 의견을 사용하였다.

Ⅰ. 복지지출 확대에 대한 태도

복지확대 태도는 "우리나라 복지의 수준이 어느 정도라고 생각하십니까"에 대하여 1점부터 4점까지 4점 척도로 측정한 결과를 다시 2점 척도로 나타냈다. 전체적으로 우리나라 국민들은 복지확대에 찬성하는 의견(67.4%)이 반대하는 의견(32.6%)보다 훨씬 많았다. 이를 인구학적 배경 변인에 따라 〈표 1〉을 살펴보면 다음과 같다.

성별에 따라 복지지출 확대에 대한 태도의 차이는 나타나지 않았다. 그러나 연령은 나이가 많을수록 복지확대에 찬성하는 의견이 줄어들었다. 다만, 30대와 40대 간에는 통계적으로 유의한 차이를 보이지 않았으면서, 20대보다 3, 40대가 복지확대에 찬성하는 경향이 낮았으며, 이들보다 50대(63.9%)가, 그리고 60대(56.1%)가 복지확대에 더 적게 찬성하였다. 그러나 70대 이상(65.0%)에서 복지확대에 찬성하는 의견은 국민 평균 수준만큼 늘어났다. 이는 고령층의 노인복지 확대에 대한 욕구가 반영된 것으로 해석할 수 있다. 반대로 학력은 낮을수록 복지확대에 대한 찬성 의견이 줄어드는 경향이 뚜렷이 나타났다. 중졸 이하(55.%)가 고졸(68.6%)보다, 그리고 고졸이 전문대 이상(71.4%)보다 복지확대에 대한 찬성 의견이 적었다. 그리고 거주지 도시규모는 농촌(56.3%)보다 도시(69.8%)에 거주하는 사람들의 복지확대 의견이 훨씬 많았다.

| 〈표 1〉 | | 복지확대 태도: 인구학적 변인 | | | |

변수	변수 유목	현재보다 복지확대		N	통계량
		반대	찬성		
성별	여자	31.9	68.1	762	x^2=0.34
	남자	33.3	66.7	749	n.s
연령	20대 이하	25.1	74.9	267	x^2=25.03 p〈.001
	30대	30.0	70.0	277	
	40대	28.8	71.2	322	
	50대	36.1	63.9	299	
	60대	43.9	56.1	228	
	70대 이상	35.0	65.0	118	
학력	중졸 이하	45.0	55.0	260	x^2=24.37 p〈.001
	고졸	31.4	68.6	654	
	전문대 이상	28.6	71.4	594	
도시 규모	도시	30.2	69.8	1,247	x^2=18.00 p〈.001
	농촌	43.7	56.3	264	

* 모름/무응답은 표에서 생략

한편, 계층 변인으로서 주관적 계층인식과 가구자산, 주거형태에 따라 복지확대 태도를 살펴보면 〈표 2〉와 같다. 주관적 계층인식은 복지확대에 대한 찬반태도에 별 차이를 보이지 않았다. 가구자산 또한 복지확대 태도에 영향을 미치지 않았다. 계층 변인 중 거주형태만이 복지 태도와 연관성이 있는 것으로 나타났다. 전·월세 거주자를 포함하여 자신의 집에 살지 않는 사람들(73.9%)이 자신이 소유한 집에 사는 사람들(65.2%)보다 복지확대에 찬성하는 비율이 더 높았다.

끝으로 정치·경제 변인에 따른 복지확대 태도의 차이를 살펴보면 〈표 3〉과 같다. 먼저 정치적 변인으로 이념성향은 보수적인지 아닌지에 따라

〈표 2〉		복지확대 태도: 계층 변인			

변수	변수 유목	현재보다 복지확대		N	통계량
		반대	찬성		
계층 인식	중상층 이상	28.0	72.0	50	x^2=4.18 n.s
	중간	31.6	68.4	588	
	중하층 이하	33.3	66.7	869	
가구 순재산	1천만 원 미만	27.1	72.9	140	x^2=13.81 p=.18
	1천만 원~4천만 원 미만	25.7	74.3	136	
	4천만 원~7천만 원 미만	31.1	68.9	122	
	7천만 원~1억 원 미만	39.4	60.6	155	
	1억 원~1억 5천만 원 미만	33.9	66.1	218	
	1억 5천만 원~2억 원 미만	28.4	71.6	155	
	2억 원~3억 원 미만	34.5	65.5	255	
	3억 원~4억 원 미만	31.0	69.0	158	
	4억 원~6억 원 미만	42.6	57.4	61	
	6억 원 이상	35.1	64.9	94	
거주 형태	소유주택에서 거주	34.8	65.2	1,128	x^2=9.81 p<.01
	소유주택 비거주, 무주택	26.1	73.9	379	

* 모름/무응답은 표에서 생략

복지확대 태도의 차이를 보이는 것이 통계적으로 유의하였다. 즉, 보수성향을 지닌 사람(39.8%)이 중도성향과 진보성향의 사람(71%)보다 복지확대에 반대할 가능성이 높았다. 당파성에 따라 복지확대 태도는 뚜렷한 차이를 보였다. 즉 정의당 지지자(85.4%)가 새정치연합 지지자(73.1%)보다 복지확대에 찬성할 가능성이 높았고, 새정치연합 지지자가 새누리당 지지자(60.6%)보다 복지확대에 찬성할 가능성이 높았다. 박근혜 정부에 대한 국정 만족도는 박근혜 정부의 국정에 만족하는 사람과 그렇지 않은 사람 사이에서 복지확대 태도의 차이를 보였다. 박근혜 대통령의 국정운영에 만족하는 사람(61.4%)보다 보통인 사람(69.3%)과 불만인 사람(73.1%)이 복지확대에 더 많이 찬성하였다.

| 〈표 3〉 | | 경제상황 인식과 정치성향에 따른 복지 태도 | | | |

변수	변수 유목	현재보다 복지확대		N	통계량
		반대	찬성		
이념 성향	진보	29.0	71.0	359	x^2=17.54 p〈.001
	중도	29.1	70.9	643	
	보수	39.8	60.2	498	
당파성	새누리당	39.4	60.6	729	x^2=32.55 p〈.001
	새정치연합	26.9	73.1	465	
	정의당	14.6	85.4	48	
박근혜 정부평가	불만족	26.9	73.1	495	x^2=17.85 p〈.001
	보통	30.7	69.3	423	
	만족	38.6	61.4	593	
국가 경제	나쁨	33.0	67.0	1,303	x^2=0.76 n.s.
	좋음	30.0	70.0	208	
개인 경제	나쁨	32.0	68.0	1,115	x^2=0.572 n.s.
	좋음	34.1	65.9	396	

* 모름/무응답은 표에서 생략
* 당파성에서 기타정당과 무당파 생략

　경제적 변인으로 국가 경제와 개인 경제는 복지확대 태도와 연관성이 없는 것으로 나타났다. 국가 경제가 좋다고 인식하든 나쁘다고 인식하든 복지 태도에는 큰 차이가 없었다. 개인 경제에 대한 인식도 마찬가지였다. 경제가 좋다고 인식해도 정부의 복지확대는 지속적으로 필요하다고 생각할 수 있으며, 국가 경제가 나쁘다고 느끼면 정부 재정을 고려해서 복지지출의 확대에 반대할 수 있기 때문이다.

　종합하면, 복지확대 태도는 인구학적 배경 변인에서 나이가 적을수록, 학력이 높을수록, 도시에 거주할수록 찬성 의견이 많아진다는 것을 발견할 수 있다. 이에 비하여, 계층 변인으로는 주거형태만이 전·월세 거주자를 포함한 가족소유의 주택에 거주하지 않는 사람들이 가족소유의 주택에 거주하는 사람보다 복지확대에 찬성할 가능성이 높았다. 특히 복지확대 태도는 정치적 변인에서 뚜렷한 차이를 드러냈다. 보수적인 사람이 중도나 진보성향의 사람보다 복지확대에 찬성할 가능성이 낮았고, 새누리당 지지자가 새정치연합이나 정의당 지지자보다 복지확대에 찬성하는 의견이 적었다. 박근혜 정부의 국정운영에 만족하는 사람 또한 그렇지 않은 사람보다 복지확대에 찬성하지 않을 가능성이 높았다.

계층 변인이나 경제적 변인이 복지 태도와 연관성이 적고, 정치 변수가 복지 태도에 크게 영향을 미친다는 분석 결과는 우리나라 국민들 사이에 형성되는 복지 태도가 경제적인 이해관계보다 정당이나 정치인의 정책선호에 영향을 받고 있음을 말해준다. 새누리당을 지지하기 때문에 새누리당이 주장하는 복지확대 제한에 동조적이고, 민주당이나 정의당을 지지하기 때문에 그러한 정당이 강조하는 복지확대정책에 우호적인 것이다.

II. 전반적인 복지수준에 대한 인식

복지수준에 대한 인식은 "우리나라 복지의 수준이 전반적으로 어느 정도라고 생각하십니까?"에 대하여 1점부터 4점까지 4점 척도로 측정한 결과를 다시 높음과 낮음의 2점 척도로 병합하였다. 우리나라 전체 국민들 사이에서 복지수준이 낮다는 인식(54.1%)이 높다는 인식(45.9%)보다 많았지만 그 차이는 미미하였다. 〈표 4〉는 복지수준에 대한 인식을 인구학적 배경 변인에 따라 보여주고 있다.

복지수준에 대한 인식 또한 복지확대 태도와 마찬가지로 성별을 제외한 연령과 학력 및 도시규모의 변수에 따라 차이를 보였다. 연령은 나이가 많을수록 복지수준이 높다는 인식이 늘어났다. 20대와 30대 간에는 통계적으

〈표 4〉		복지수준 인식: 인구학적 변인			

변수	변수 유목	복지수준		N	통계량
		낮다	높다		
성별	여자	54.6	45.5	762	x^2=0.19
	남자	53.4	46.6	749	n.s.
연령	20대 이하	64.4	35.6	267	
	30대	65.0	35.0	277	
	40대	57.8	42.2	322	x^2=78.38
	50대	51.5	48.5	299	p〈.001
	60대	39.0	61.0	228	
	70대 이상	28.8	71.2	118	
학력	중졸 이하	34.6	65.4	260	x^2=51.19
	고졸	56.3	43.7	654	p〈.001
	전문대 이상	59.8	40.2	594	
도시 규모	도시	57.3	42.7	1,247	x^2=31.78
	농촌	54.0	46.0	264	p〈.001

* 모름/무응답은 표에서 생략

로 유의한 차이를 보이지 않았지만, 30대(35.0%)부터 70대(71.2%)까지 순
차적으로 복지수준이 높다고 인식하는 사람들의 비율이 높아졌다. 학력은
고졸 이상의 학력층이 종졸 이하의 저학력층보다 복지수준이 낮다고 인식하
는 사람들의 비율이 높게 나타났다. 중졸 이하(65.4.%)가 고졸(43.7%)보다,
그리고 전문대 이상(40.2%)보다 복지수준이 높다고 평가하였다. 그리고 거
주지 도시규모는 도시(42.7%)보다 농촌(69.8%)에 거주하는 사람들의 복지
확대 의견이 훨씬 많았다.

〈표 5〉는 계층 변인에 따른 복지수준 인식의 차이를 보여주고 있다. 주관
적 계층인식은 복지확대에 대한 찬반태도에 유의한 차이를 보이지 않았다.

〈표 5〉		복지수준 인식: 계층 변인			
변수	변수 유목	복지수준		N	통계량
		낮다	높다		
계층 인식	중상층 이상	44.0	56.0	50	x^2=3.80 n.s.
	중간	53.4	46.6	588	
	중하층 이하	55.0	45.0	869	
가구 자산	1천만 원 미만	55.0	45.0	140	x^2=31.87 p<.001
	1천만 원~4천만 원 미만	58.8	41.2	136	
	4천만 원~7천만 원 미만	59.0	41.0	122	
	7천만 원~1억 원 미만	46.5	53.5	155	
	1억 원~1억 5천만 원 미만	54.6	45.4	218	
	1억 5천만 원~2억 원 미만	57.4	42.6	155	
	2억 원~3억 원 미만	58.4	41.6	255	
	3억 원~4억 원 미만	54.1	45.9	158	
	4억 원~6억 원 미만	54.1	45.9	61	
	6억 원 이상	29.8	70.2	94	
거주 형태	소유주택에서 거주	51.8	48.2	1,128	x^2=9.22 p<.01
	소유주택 비거주, 무주택	60.8	39.2	379	

* 모름/무응답은 표에서 생략

그러나 복지확대 태도와는 달리 복지수준에 대한 인식은 가구자산과 연관성이 있는 것으로 나타났다. 그러나 가구자산은 복지수준 인식과 일방향의 관계를 나타내지 않았다. 7천만 원~1억 원 미만의 자산층이 그 이하의 자산층보다 우리나라의 복지수준을 더 높다고 인식하고 있었다. 그러나 1억 5천에서 6억 원 사이의 넓은 자산 구간에서는 50% 중후반대로 복지수준이 낮다는 인식이 많았다. 반면에 6억 원 이상의 자산층(70.2%)은 다른 자산층보다 뚜렷하게 복지수준을 높게 평가하고 있다. 복지 태도와 마찬가지로 복지수준 인식도 주거형태에 따라 차이를 보였다. 가족이 소유한 집에 살지 않는 사람들(60.8%)이 가족이 소유한 집에 사는 사람들(51.8%)보다 우리나라 복지수준을 더 낮게 평가하였다.

끝으로 정치·경제 변인에 따른 복지확대 태도의 차이를 살펴보면 〈표 6〉과 같다. 이념성향은 보수적일수록 복지수준이 높다고 인식하는 경향이 뚜렷하게 나타났다. 즉, 진보성향의 사람(35.1%)보다 중도성향의 사람(42.9%)이 복지수준을 더 높게 인식하였고, 중도성향의 사람보다 보수성향의 사람(57.9%)이 복지수준을 더 높게 평가하였다. 당파성에서도 복지수준에 대한 인식의 차이는 뚜렷했다. 정의당 지지자(79.2%)가 새정치연합 지지자(61.7%)보다 복지수준을 더 낮게 평가하였고, 새정치연합 지지자가 새누리당 지지

〈표 6〉		복지수준 인식: 정치·경제적 변인			
변수	변수 유목	복지수준		N	통계량
		낮다	높다		
이념 성향	진보	64.9	35.1	359	x^2=48.19 p〈.001
	중도	57.1	42.9	643	
	보수	42.1	57.9	498	
당파성	새누리당	43.3	56.7	729	x^2=70.70 p〈.001
	새정치연합	61.7	38.3	465	
	정의당	79.2	20.8	48	
박근혜 정부평가	불만족	70.4	29.6	495	x^2=108.86 p〈.001
	보통	56.0	44.0	423	
	만족	38.9	61.1	593	
국가 경제	나쁨	57.3	42.7	1,303	x^2=43.82 p〈.01
	좋음	32.7	67.3	208	
개인 경제	나쁨	59.5	40.5	1,115	x^2=51.68 p〈.001
	좋음	38.5	61.5	396	

* 모름/무응답은 표에서 생략

자(43.3%)보다 복지수준을 더 낮게 인식하였다. 박근혜 정부에 대한 국정 만족도 또한 국정에 불만족할수록 복지수준을 낮다고 평가하는 경향을 명료하게 보였다. 박근혜 정부의 국정운영에 만족하는 사람(38.9%)보다 보통인 사람(56.0%)이 복지수준을 더 낮게 평가하였고, 보통인 사람보다 국정운영에 불만족하는 사람(70.4%)이 복지수준을 더 낮다고 인식하였다.

복지확대 태도와는 달리, 복지수준 인식은 경제적인 변인에 따라 유의한 차이를 보였다. 국가 경제가 나쁘다고 인식하는 사람(57.3)이 좋다고 느끼는 사람(32.7%)보다 우리나라의 복지수준을 훨씬 더 낮게 평가하고 있었으며, 마찬가지로 자신의 경제사정이 나쁘다고 인식하는 사람(59.5%)이 좋다고 인식하는 사람(38.5%)보다 복지수준을 더 낮게 인식하고 있었다. 경제적 상황 인식은 복지정책의 방향으로 연결되지 못했지만, 복지수준에 대한 인식과는 긴밀히 연관되었다.

종합하면, 인구학적 배경 변인에서 나이가 적을수록, 고졸 이상의 학력층이, 도시에 거주할수록 복지수준이 높다는 평가가 많아진다는 것을 발견할 수 있다. 계층 변인으로는 가구자산과 주거형태가 복지수준 인식과 연관되었다. 복지수준이 낮다는 인식은 7천만~1억 원 미만과 6억 원 이상의 자산 구간에서 눈에 띄게 적었다. 주거형태로는 가족소유의 주택에 거주하지 않는 사람들이 가족소유의 주택에 거주하는 사람보다 복지수준을 더 낮게 인식하였다. 복지수준에 대한 인식은 모든 정치·경제적 변인에서 뚜렷한 차이를 보였다. 진보적일수록, 진보적인 정당을 지지할수록, 박근혜 정부에 불만족할수록 우리나라 복지수준을 낮게 평가하였다.

III. '성장 대 분배'의 정책 태도

성장-분배의 정책 태도는 "우리나라 정부가 성장과 분배 가운데 어디에
더 중점을 두어 정책을 운영해야 한다고 생각하십니까?"에 대한 이분법적
응답으로 표출되었다. 우리나라 전체 국민들 사이에서 성장에 중점을 두어
야 한다는 의견(54.9%)이 분배를 우선해야 한다는 의견(44.9%)보다 많았
다. 〈표 7〉은 인구학적 배경 변인에 따른 성장-분배의 정책 태도를 보여주
고 있다. 인구학적 변수는 국민들의 성장 대 분배의 정책 태도에 영향을
미치지 않았다. 성, 연령, 학력, 도시규모 등 어떤 인구학적 변수도 정부가
성장과 분배 중 어느 쪽에 힘을 쏟아야 할지에 대한 정책 태도에 유의한

〈표 7〉 성장-분배의 정책 태도: 인구학적 변인

변수	변수 유목	성장 대 분배		N	통계량
		성장	분배		
성별	여자	54.4	45.3	762	x^2=2.10
	남자	55.5	44.5	749	n.s
연령	20대 이하	56.2	43.4	267	
	30대	54.2	45.8	277	
	40대	50.6	49.4	322	x^2=11.91
	50대	55.2	44.8	299	n.s.
	60대	59.2	40.8	228	
	70대 이상	56.8	42.4	118	
학력	중졸 이하	56.9	42.7	260	x^2=3.34
	고졸	55.0	44.8	654	n.s.
	전문대 이상	54.0	46.0	594	
도시규모	도시	55.4	44.5	1,247	x^2=1.02
	농촌	52.9	47.1	264	n.s.

* 모름/무응답은 표에서 생략

| 〈표 8〉 | | 성장-분배의 정책 태도: 계층 변인 | | | |

변수	변수 유목	성장 대 분배		N	통계량
		성장	분배		
계층 인식	중상층 이상	56.0	44.0	50	$x^2=2.99$ n.s.
	중간	56.8	43.0	588	
	중하층 이하	53.7	46.1	869	
가구 자산	1천만 원 미만	47.5	52.5	140	$x^2=23.04$ n.s.
	1천만 원~4천만 원 미만	53.7	45.6	136	
	4천만 원~7천만 원 미만	60.7	39.3	122	
	7천만 원~1억 원 미만	49.0	51.0	155	
	1억 원~1억 5천만 원 미만	50.2	49.3	218	
	1억 5천만 원~2억 원 미만	54.2	45.8	155	
	2억 원~3억 원 미만	57.1	42.9	255	
	3억 원~4억 원 미만	62.0	38.0	158	
	4억 원~6억 원 미만	57.4	42.6	61	
	6억 원 이상	63.9	36.2	94	
거주 형태	자가거주	56.3	43.7	1,128	$x^2=9.81$ p<.01
	자가소유 전월세, 비소유	50.7	49.1	379	

* 모름/무응답은 표에서 생략

차이를 드러내지 않았다.

한편 〈표 8〉은 계층 변인 중에서도 주거 형태만이 성장-분배의 정책 태도에 차이를 보여주고 있다. 가족소유의 집에 거주하는 사람(56.3%)이 그렇지 않은 사람(50.7%)보다 정부가 분배보다 성장을 중시해야 한다는 의견을 가질 가능성이 더 높았다. 그러나 주관적인 계층인식이나 가구자산은 성장과 분배의 정책 태도에 통계적으로 유의한 차이를 보이지 않았다.

끝으로 〈표 9〉의 정치적 변인에서는 정당선호와 박근혜 정부 국정 만족도가 성장 대 복지의 정책 태도와 연관성을 지녔다.

새누리당 지지자 중 60.1%가 정부의 성장우선정책을 지지했고, 새정치연합 지지자의 52.7%가 성장우선정책에 동조했다. 그러나 정의당 지지자는

〈표 9〉		성장-분배의 정책 태도: 정치·경제적 변인			
변수	변수 유목	성장 대 분배		N	통계량
		성장	분배		
이념 성향	진보 중도 보수	54.0 52.7 57.8	46.0 47.1 42.0	359 643 498	x^2=7.02 n.s.
당파성	새누리당	60.1	39.9	729	x^2=27.59 p〈.001
	새정치연합	52.0	47.7	465	
	정의당	29.2	70.8	48	
박근혜 정부평가	불만족	45.8	54.2	495	x^2=32.87 p〈.001
	보통	54.7	45.0	423	
	만족	62.7	37.1	593	
국가 경제	나쁨 좋음	55.4 51.7	44.4 48.3	1,303 208	x^2=1.38 n.s.
개인 경제	나쁨 좋음	54.4 56.5	45.5 43.3	1,115 396	x^2=1.14 n.s.

* 모름/무응답은 표에서 생략

70.8%가 분배에 주안점을 두는 국정운영방향을 지지했다. 박근혜 정부평가
도 성장 대 분배의 정책 태도에 유의미한 차이를 가져왔다. 박근혜 정부의
국정운영에 만족하는 사람들 중 62.7%는 성장우선정책을 지지하였고, 만족
하지 않는 사람들의 54.2%는 분배를 중시하는 정책을 지지하였다. 국민의
이념성향은 성장 대 분배의 정책 태도와 연관되지 않았다. 정치인이나 정당
과는 달리 진보-보수의 이념성향은 성장 대 분배의 정책 태도의 차이로 연
결되지 않았다. 한편 경제적 변인으로 국가 경제와 개인 경제사정에 대한
인식 차이 역시 성장과 분배의 정책선호와 연관성을 나타내지 않았다.

　종합하면, 성장 대 분배의 정책 태도는 인구학적 변인에 따라 차이를 드
러내지 않았다. 계층 변인에서는 주거형태만이 성장 대 분배의 정책 태도에

차이를 보였다. 정치·경제적 변인에서도 경제적 변인들은 성장 대 분배의 정책 태도와 연관성을 갖지 않았다. 정치적 변인에서는 당파성과 박근혜 정부평가가 성장 대 분배의 정책선호에 차이를 가져왔다. 성장 대 분배의 정책선호가 연령, 학력, 그리고 이념성향에 따라 차이를 드러내지 않는 발견은 기존의 조사들과 사뭇 다르다. 기존 조사에서는 젊을수록, 고학력층일수록, 그리고 진보적일수록 분배를 중시하는 정책 태도를 취했고, 나이들수록, 저학력층일수록, 그리고 보수적일수록 성장을 우선시하는 태도를 보였다.

이는 성장 대 분배의 정책갈등이 적어도 정치세대와 같은 사회적 수준에서 많이 둔화되었음을 말해준다. 경제적 침체가 장기간 지속되면서 이념적으로 분배를 중시했던 젊은층이 과거보다 성장의 필요성을 더 느끼고, 성장을 우선시했던 중고령층이 복지와 같은 분배정책에 더 많은 관심을 갖게 된 결과로 보여진다. 성장 대 분배의 정책선호가 계층과 경제사정에 따라 유의한 차이를 보이지 않는다는 것은 성장 대 분배의 정책갈등이 사람들의 경제적 이해관계와 연결되지 않는다는 것을 의미한다. 그러나 주택 소유 여부에서 성장 대 분배의 계층적 이해가 엿보였다. 성장 대 복지의 정책 태도가 대부분의 인구사회적 변인에 연관성을 갖지 않는 데 반해, 정치적 변인에서 당파성과 대통령 국정운영 만족도에서 유의한 차이를 보인 것은 그만큼 이 정책 태도가 정당과 정치인에 의해 조장되고 있음을 알 수 있다.

IV. 복지확대 태도와 복지수준 인식 및 성장-분배정책 태도의 연관성

여기서는 지금까지 보았던 복지확대 태도가 복지수준 인식과 성장 대 분배의 정책 태도와 어떻게 연관되고 있는지를 살펴본다. 〈표 10〉은 복지수준이 낮다고 인식하는 사람이 복지확대에 찬성할 것이고, 복지수준이 높다

〈표 10〉		복지수준 인식 및 성장-분배의 정책선호와 복지 태도			
		현재보다 복지확대		전체	통계량
		반대	찬성		
복지수준	낮다	157명 19.2%	659 80.8	816 100.0	x^2=144.11 p〈.001
	높다	336 48.3	360 51.7	696 100.0	
정책 태도	성장	319 38.4	511 61.6	830 100.0	x^2=28.84 p〈.001
	분배	174 25.6	505 74.4	679 100.0	
전체		493 32.6	1,018 67.4	1,511 100.0	

고 인식하는 사람은 복지확대에 덜 찬성할 것이라는 일반적인 예측을 지지
한다. 복지수준이 낮다고 인식하는 사람 중 80.8%가 현재보다 복지를 확대
해야 한다는 의견에 동의하였고, 복지수준이 높다고 인식하는 사람의 복지
확대 반대 비율은 48.3%로, 복지확대에 동의하지 않는 전체 평균 32.6%보
다 15.7% 더 많았다.

　흥미로운 것은 복지수준이 높다고 인식하는 사람의 51.7%가 정부의 복지
확대에 찬성하고, 복지수준이 낮다고 인식하는 사람의 19.2%가 복지확대에
반대하고 있다는 사실이다. 정부 능력을 복지수준에 대한 인식에 매개하면
복지수준 인식과 복지확대 태도 사이의 다른 관계를 설명할 수 있다. 즉,
정부가 능력이 없다고 인식하면 정부가 복지수준을 끌어올리지 못할 것이며
따라서 복지확대를 기대하지 않을 것이다. 반대로 정부가 능력이 있다고 인
식하면 정부가 복지수준을 높여 왔으며, 앞으로도 충분히 복지수준을 높일
수 있을 것이라는 기대를 하게 된다.

　일반적으로 성장을 선호하는 사람들은 분배를 선호하는 사람보다 복지확

대에 덜 동조적이고, 분배를 중시하는 사람은 성장을 우선하는 사람보다 복지확대를 더 지지한다고 기대한다. 〈표 10〉은 이러한 예측을 지지한다. 성장을 우선시하는 사람이 복지확대에 반대하는 비율은 38.4%로 분배를 중시하는 사람이 복지확대에 반대하는 비율보다 12.8% 더 높았는 데 반해, 분배를 중시하는 사람이 복지확대에 찬성하는 비율은 74.4%로 성장을 우선시하는 사람이 복지확대를 찬성하는 비율보다 12.8% 더 많았다.

그러나 이 두 변인 간의 관계에는 다른 태도도 무시할 수 없을 만큼 많은 비율로 존재한다. 성장을 우선시하는 사람 중 복지확대에 찬성하는 사람은 61.6%로 전체 국민의 33.8%나 차지하였다. 그만큼 국민들 사이에 성장만큼 복지도 중요하다는 태도가 크게 자리하고 있음을 의미다. 정부가 성장과 복지를 이분법적으로 접근할 것이 아니라, 다수 국민들이 동의하는 합의 의제로 동등한 비중에서 다루어야 함을 시사하고 있다.

V. 영역별 복지 인식과 복지 태도

다음은 영역별 복지에 대한 정부의 책임소재를 국민들이 어떻게 인식하고 있는지, 영역별 복지에 대한 정부 수행을 어떻게 평가하고 있는지를 파악하고, 이들과 복지 태도와의 관계를 살펴본 것이다. 먼저 〈표 11〉에 의하면 우리나라 국민들은 다수가 복지의 주요 분야에 대해 정부 책임이 있다는 인식하고 있었다. 특히 보건의료(68.7%)와 노인복지(69.1%)의 정부 책임소재에 동의하는 사람들이 실업복지(51.6%)와 주거복지(57.6%)의 정부책임성에 동의하는 사람들보다 많았다. 국민의 다수는 실업과 주거복지에서도 정부 책임을 인식하고 있었지만, 보건과 노인복지보다 정부 책임이 아니라고 답한 응답자가 많았다. 특히 실업복지에 대해서는 국민의 45.8%가 정부 책임이라는 의견에 동의하지 못한다고 응답했다.

〈표 11〉		복지영역별 정부책임과 수행평가		
	정부책임		정부수행	
	비동의	동의	잘못함	잘함
보건의료	29.6	68.7	33.9	66.1
노인복지	29.4	69.1	35.7	64.3
실업복지	45.8	51.6	56.1	43.9
주거복지	39.6	57.9	64.1	35.9

* 모름/무응답은 표에서 생략

한편, 복지분야별로 정부가 얼마나 잘 수행하고 있는지를 물었다. 국민의 압도적인 다수가 정부에게 책임이 있다고 인식하고 있는 보건의료와 노인복지분야에서 정부의 수행평가가 좋았다. 국민의 66.1%가 보건복지분야에서 정부의 수행성과를 긍정적으로 평가했고, 64.3%가 노인복지 성과를 긍정적으로 평가했다. 정부 책임의식이 상대적으로 적었던 실업과 주거복지분야에서 정부수행 평가는 잘못함이 잘함보다 훨씬 더 많았다. 정부에 기대하는 만큼 정부의 성과도 인정하고 있는 것이다.

〈표 12〉는 복지영역별로 정부책임 인식과 정부수행 평가에 따라 복지확대에 대한 태도의 차이를 보여준다. 복지영역별로 책임 소재가 정부에 있다고 인식하는 사람은 그렇지 않은 사람보다 정부의 복지지출 확대에 동조할 가능성이 더 많았다. 복지분야별 정부책임 소재에 동의하는 사람과 동의하지 않는 사람 간의 복지확대 태도의 차이는 보건의료(각각 71.5%, 57.8%)에서 13.7%p, 노인복지(각각 72.0%, 57.3%)에서 14.7%p, 실업복지(각각 74.5%, 59.5%)에서 15.0%p, 그리고 주거복지(각각 71.1%, 62.2%)서 8.9%p였다.

정부의 복지분야별 수행평가에 있어서도 잘못한다고 평가하는 사람이 잘한다고 평가하는 사람보다 복지확대에 더 많이 동조하였다. 복지분야별 정부수행에 부정적인 사람과 긍정적인 사람 간의 복지확대 태도의 차이는 보

유목	변수	변수 유목	현재보다 복지확대		N	통계량
			반대	찬성		
정부 책임 소재	보건 의료	정부책임 아님	42.2	57.8	448	x^2=26.74 p<.001
		정부책임	28.5	71.5	1,039	
	노인 복지	정부책임 아님	42.7	57.3	443	x^2=32.54 p<.001
		정부책임	28.0	72.0	1,044	
	실업 복지	정부책임 아님	40.5	59.5	693	x^2=37.56 p<.001
		정부책임	25.5	74.5	779	
	주거 복지	정부책임 아님	37.8	62.2	598	x^2=13.05 p<.001
		정부책임	28.9	71.1	875	
정부 수행 평가	보건 의료	잘못함	24.4	75.6	387	x^2=23.41 p<.001
		잘함	36.7	63.3	632	
	노인 복지	잘못함	24.9	75.1	538	x^2=22.42 p<.001
		잘함	36.8	63.2	972	
	실업 복지	잘못함	28.9	71.1	847	x^2=12.02 p<.001
		잘함	37.3	62.7	664	
	주거 복지	잘못함	27.9	72.1	969	x^2=27.89 p<.001
		잘함	41.1	58.9	542	

〈표 12〉 복지정책 영역별 정부책임 인식과 정부수행 평가에 따른 복지 태도

* 모름/무응답은 표에서 생략

건의료(각각 75.6%, 63.3%)에서 12.3%p, 노인복지(각각 75.1%, 63.2%)에서 11.9%p, 실업복지(각각 71.1%, 62.7%)에서 8.4%p, 그리고 주거복지(각각 72.1%, 58.9%)에서 13.2%p였다. 정부의 복지성과에 만족하지 못하는 사람들이 정부의 복지지출 확대에 찬성할 가능성이 높았던 것이다.

한편 〈그림 1〉은 복지정책의 네 개 영역(보건의료, 노인복지, 실업복지,

〈그림 1〉	복지정책의 정부책임과 수행평가에 따른 복지확대 태도

		잘못함	잘함
정부 책임 소재	있음	76.7% (n=533)	67.3% (n=336)
	없음	66.4% (n=351)	51.6% (n=291)

정부 수행평가

주거복지)에 대한 정부 책임소재와 수행평가를 각각 산술 평균하여 상·하로 나누어, 1점에서 2.5점까지는 정부책임 없음(정부수행 잘못함)으로, 그리고 2.5점을 넘어 4점까지는 정부책임 있음(정부수행 잘함)으로 구분하여 네가지 집단으로 유형화한 것이다. 이들 네 집단의 복지확대 태도의 찬성비율을 살펴보면 뚜렷이 차이가 나는 것을 확인할 수 있다(x^2=54.6, p<.001). 예상대로 복지정책에 대하여 정부에 책임이 있으나 잘못한다고 평가한 사람들의 복지지출 확대에 찬성하는 비율(77%)이 가장 높고, 반대로 정부에 책임이 없지만 잘한다고 평가한 사람들이 복지지출 확대에 찬성하는 비율(52%)이 가장 낮았다. 그 중간에는 정부에 책임이 있고 잘 한다고 평가한 사람들(67%)이나 정부에 책임이 없고 잘못한다고 평가한 사람들(66%)의 복지확대 태도가 거의 유사한 수준인 것으로 나타났다.

제**11**장

'좋은 정부' 인식의 구성적 요소

황아란 · 이지호

「SSK 좋은 정부 연구단」은 우리나라 국민이 인식하는 '좋은 정부(Good Government)'의 개념이 무엇이며, 서구에서 밝혀진 '정부의 질' 구성 요소와 어떠한 공통점과 차별성이 있는가를 조사 자료를 통해 규명하고자 하였다. 서구에서 수행된 '좋은 정부'와 관련한 연구는 국가 간 '정부의 질(Quality of Government)'을 비교하는 목적으로 설계되었다. 「세계은행」, 「정부의 질 연구소」와 같은 국제적 연구기관은 '좋은 거버넌스(Good Governance)'혹은 '정부의 질'이라는 개념을 이론적으로 구축하고 이를 조작화하여 정부의 질에 대한 국가 간 비교를 수행하였다. 또한 이들 연구는 좋은 거버넌스 혹은 정부의 질의 개념적 요소들이 독립변수로서 경제성장, 복지, 의료, 환경, 삶의 만족도 및 기관신뢰 등 다른 사회경제적 속성에 어떠한 영향을 미쳤는지를 규명하는 데 주력해왔다.

그러나 이러한 연구들은 사람들이 정부를 좋거나 나쁘다고 평가할 때 정부의 질의 여러 속성 중 어떤 속성을 중심적으로 생각하는지에 대해서는 크게 주목하지 않았다. 국가 간 비교를 위해 정부의 질에 대한 개념을 최대한 단순화하였지만, 그러한 개념들이 특정 국가에 적실한지는 검증해 보아야 할 또 다른 문제인 것이다.

이러한 문제의식으로부터 '좋은 정부 연구단'은 일반적으로 정부에 대한 좋고 나쁨의 평가가 어떤 요인들에 의해 영향을 받는지를 살펴보았다. 그리하여 정부에 대한 일반적인 평가 인식이 어떤 사회경제적인 배경과 정치적 성향에 의해서 형성되는지, 그동안 '정부의 질'로서 정의되어온 통치의 요소들도 유사한 사회경제적 배경과 정치 성향에 의해서 영향을 받고 있는지, 그리고 정부에 대한 평가 인식이 정부의 질의 어떤 요소와 연관성을 보이고 있는지를 규명하였다.

특히 후자의 연구와 관련하여 주시할 점은 사람들 사이에 '좋은 정부'의 개념이 '정부의 질'의 구성요소와 밀접한 관련이 있지만 동일하지는 않다는 것이다. 비교정치학에서 정부의 질은 그 개념들이 세계 각국에 보편적으로 적용되어 측정되었지만, 각국의 정치사회적 맥락에 따라 그러한 개념들이 다르게 적용될 수 있기 때문에, 특히 아시아의 신생민주주의 국가 중 하나인 한국에서 서구에서 논의되어온 정부 질의 구성요소가 정부의 일반적 평가와 어떻게 연관되어 있는지를 경험적으로 검증하였다. 이 장에서는 이러한 연

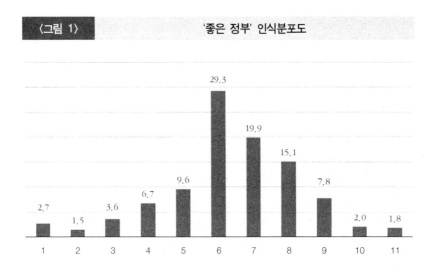

〈그림 1〉 '좋은 정부' 인식분포도

구들에 기초가 되었던 자료들을 기술적으로 소개하고자 한다.

좋은 정부 인식은 정부에 대한 좋고 나쁨의 일반적인 평가의 11점 척도로 측정하였다. 보통을 5점으로 하고, 매우 나쁨을 0, 매우 좋음을 10점으로 설정하였다. 〈그림 1〉은 우리나라 국민의 정부평가의 평균 점수가 5.38점 (표준편차 0.19)으로 좋다는 쪽으로 기울어 있음을 보여준다. 정부에 대한 평가가 보통이라는 의견은 전체 국민의 29.3%였고, 좋은 편이라는 의견 (0~4)은 46.6%, 나쁜 편이라는 의견(6~10)은 24.1%였다. 이로써 우리나라 국민들의 정부에 대한 평가는 대체로 긍정적이라고 볼 수 있다.

I. 좋은 정부 인식의 개인배경 변인

〈표 1〉은 국민들의 인구학적 배경 변수에 따른 정부평가 인식의 차이를 보여주고 있다. 남자(5.47)는 여자(5.28)보다 정부를 더 좋다고 평가한다. 정부평가에 대한 인식은 연령에 따라 유의한 차이를 보였다. 정부평가는 20 대와 30대 그리고 60대와 70대에서 의미있는 차이가 나타나지 않는 가운데, 30대부터 60대까지 젊을수록 정부를 나쁘다고 인식하였고, 나이가 들수록 좋다고 평가하였다. 학력에서는 고학력층으로 갈수록 정부를 긍정적으로 인식하는 경향이 약해졌다. 중졸 이하(6.12)가 고졸(5.32)보다 정부를 더 좋다고 평가하였고, 고졸보다 전문대 이상(5.1)이 정부를 조금 더 좋게 평가하였다. 도시에 사는 사람과 농촌에 사는 사람 사이의 정부평가 인식에는 차이가 나타나지 않았다.

한편 〈표 2〉의 좋은 정부 인식은 계층인식에 따라 뚜렷한 차이를 보였다. 중상층 이상(5.8)이 중간층(5.5)보다, 그리고 중간층이 중하층 이하(5.3)보다 정부를 더 좋다고 평가하였다. 하층이라고 인식할수록 정부를 나쁘다고 평가하는 사람들이 늘어났다. 가구자산도 정부 인식과 연관성을 가졌다. 1

〈표 1〉		좋은 정부 인식: 인구학적 변인		
변수	변수 유목	N	정부평가 평균	통계량
성별	남자	749	5.47	t=2.00
	여자	762	5.28	p〈.05
연령	20대 이하	267	4.83	
	30대	277	4.68	
	40대	322	5.22	F=32.80
	50대	299	5.57	p〈.001
	60대	228	6.26	
	70대 이상	118	6.47	
학력	중졸 이하	260	6.12	
	고졸	654	5.32	F=23.22
	전문대 이상	594	5.11	p〈.001
도시 규모	도시	1,247	5.37	t=0.06
	농촌	264	5.38	n.s

* 모름/무응답은 표에서 생략

억 미만의 자산을 가진 사람들 사이에서는 1천만 원~4천만 원 자산을 가진 사람들(4.8)을 정점으로 U자형을 그렸고, 1억 원에서 2억 원 미만의 자산을 가진 사람들(5.2)보다 2억 원에서 6억 원 미만의 자산을 가진 사람들이 정부를 더 긍정적으로 평가하였으며, 이들보다 6억 원 이상을 가진 사람들(5.9)이 더 높은 평가를 하였다. 참고로 11점 척도의 좋은 정부 인식과 가구 자산의 상관성(r=.10)도 낮은 수준이지만 통계적으로 유의했다(p〈.001). 거주형태에 따라 정부 인식의 차이가 나타났다. 가족소유의 집에 거주하는 사람(5.5)보다 전·월세 포함하여 가족소유의 집에 거주하지 않는 사람(5.0)이 정부를 더 부정적으로 평가하였다.

〈표 3〉은 정치·경제적 변인에 따른 정부 인식의 차이를 보여준다. 이념

〈표 2〉			좋은 정부 인식: 계층적 변인	
변수	변수 유목	N	정부평가 평균	통계량
계층 인식	중상층 이상	48	5.77	F=2.69 p<.05
	중간	587	5.49	
	중하층 이하	860	5.28	
가구 자산	1천만 원 미만	137	5.30	F=3.33 p<.001
	1천만 원~4천만 원 미만	136	4.80	
	4천만 원~7천만 원 미만	121	5.28	
	7천만 원~1억 원 미만	154	5.57	
	1억 원~1억 5천만 원 미만	219	5.21	
	1억 5천만 원~2억 원 미만	155	5.21	
	2억 원~3억 원 미만	253	5.59	
	3억 원~4억 원 미만	158	5.63	
	4억 원~6억 원 미만	59	5.49	
	6억 원 이상	94	5.94	
거주 형태	자가거주	1,129	5.49	t=3.84 p<.001
	자가소유 전월세, 비소유	379	5.03	

* 모름/무응답은 표에서 생략

성향은 정부 인식과 연관성을 가졌다. 진보적일수록 정부를 더 나쁘게 인식하였다. 진보층(4.6)은 중도(5.2)보다, 그리고 중도는 보수(6.2)보다 더 부정적으로 인식하였다. 진보는 현상을 타파하려는 경향이 강하기 때문에 정부에 비판적이고 보수는 현상을 유지하고 질서를 중시하기 때문에 정부에 긍정적일 수 있다. 그러나 다른 한편으로 현 정부가 보수적 성향의 정부이기 때문에 진보성향의 사람이 정부를 나쁘다고 인식할 수 있다. 그렇다면, 진보적 성향의 정부가 들어서면 보수성향의 사람이 정부를 나쁘게 인식할지 모른다. 정부 인식은 현직 대통령 국정 만족도와도 가까운 연관성을 지닐

〈표 3〉		좋은 정부 인식: 정치·경제적 변인		
변수	변수 유목	N	정부평가 평균	통계량
이념 성향	진보	359	4.59	F=61.11 p⟨.001
	중도	643	5.15	
	보수	498	6.21	
당파성	새누리당	729	6.11	F=62.02 p⟨.001
	새정치연합	465	4.73	
	정의당	48	3.88	
박근혜 정부평가	불만족	495	4.08	F=297.99 p⟨.001
	보통	423	5.31	
	만족	593	6.51	
국가 경제	나쁨	1,303	5.23	t=-7.58 p⟨.001
	좋음	208	6.30	
개인 경제	나쁨	1,115	5.24	t=-4.53 p⟨.01
	좋음	396	5.75	

* 모름/무응답은 표에서 생략

것이다. 응답자들이 정부의 좋고 나쁜 인식을 현 정부의 좋고 나쁜 평가로 이해할 수 있기 때문이다. 박근혜 대통령 국정에 만족하는 사람(6.5)이 보통이라고 느끼는 사람(5.3)보다, 그리고 보통이라고 인식하는 사람이 만족하지 않는다고 생각하는 사람(4.1)보다 정부를 더 긍정적으로 평가하였다. 당파성 또한 정부 인식과 크게 연관성을 가졌다. 새누리당 지지층(6.1)은 새정치연합 지지층(4.7)보다 정부를 더 좋게 평가하였다. 새정치연합 지지층 사이에서 정부를 나쁘게 인식하는 사람들이 좋게 인식하는 사람보다 더 많았지만 정의당 지지층(3.9) 사이에서보다는 적었다.

경제 변인도 정부 인식의 차이를 보여주었다. 국가 경제가 나쁘다고 인식하는 사람(5.2)보다 좋다고 인식하는 사람(6.3)이 정부를 더 좋다고 인식하였다. 자신의 경제사정 역시 정부 인식과 연관되었다. 자신의 경제사정이 좋다고 느끼는 사람(5.8)이 나쁘다고 생각하는 사람(5.2)보다 정부를 더 긍정적으로 평가하였다.

종합하면, 좋은 정부 인식에는 남자가 여자보다, 나이가 많을수록, 학력이 낮을수록 긍정적인 경향을 발견할 수 있다. 계층 변인에서는 주관적 계층인식이 중상층 이상의 경우, 그리고 주거형태는 가족소유의 주택에 거주하는 사람들이 그렇지 않은 사람보다 정부를 긍정적으로 인식하였다. 좋은 정부 인식은 특히 정치·경제 변인에서 뚜렷한 차이를 드러냈는데, 이념성향은 보수적일수록, 그리고 당파성은 새누리당 지지자가 새정치민주연합 지지자보다 높고, 정의당 지지자가 가장 낮았으며, 박근혜 정부에 대한 평가가 긍정적일수록 정부 인식도 우호적이었다. 또 경제적 변인으로 국가와 개인 경제사정은 모두 긍정적인 경우가 부정적인 경우보다 좋은 정부 인식이 높은 차이를 나타냈다.

II. 민주주의 평가 및 민주주의 가치 인식과 좋은 정부 인식

국민들의 민주주의에 대한 인식도 정부에 대한 평가 인식과 밀접한 연관성이 있는 것으로 나타났다(〈표 4〉 참조). 우리나라가 비민주적이라고 인식하는 사람들의 정부평가는 평균 3.6점으로 정부가 나쁘다고 평가하는 사람들이 더 많았고, 민주적이라고 인식하는 사람들의 평가점수는 평균 6.2점으로 정부를 좋게 평가하는 사람들이 더 많았다. 민주주의에 대한 만족도에 있어서도 만족할수록 정부평가가 좋아졌다. 만족하는 사람(6.3)이 보통인 사람(4.8)보다, 그리고 보통인 사람이 불만족인 사람(3.7)보다 정부를 더 긍

변수	변수 유목	N	정부평가 평균	통계량
민주주의 수준	비민주적임	298	3.61	F=291.98 p<.001
	중간	311	4.80	
	민주적임	902	6.16	
민주주의 만족도	불만족	313	3.71	F=304.64 p<.001
	보통	374	4.82	
	만족	824	6.26	
민주주의 제도 운영	잘 못함	394	3.72	F=263.44 p<.001
	보통	393	5.08	
	잘함	723	6.44	

〈표 4〉 민주주의 평가에 따른 좋은 정부 인식

* 모름/무응답은 표에서 생략

정적으로 평가하였다. 민주주의 제도가 잘 운영되고 있는지에 대한 인식도 정부평가와 밀접한 연관성을 가졌다. 민주주의 제도를 잘못 운영하고 있다고 생각하는 사람(3.7)이 보통이라고 생각하는 사람(5.1)보다, 그리고 보통이라고 생각하는 사람보다 민주주의 제도를 잘 운영하고 있다고 생각하는 사람(6.4)이 정부를 더 좋게 평가하였다. 참고로 좋은 정부 인식과 민주주의 평가 간의 상관성은 민주주의 수준(r=.60)이나 민주주의 만족도(r=.62)와의 관계가 민주주의 제도 운영(r=.45)보다 더 깊은 관련이 있었다(p<.001).

한편 일반적으로 민주주의 국가의 가치인식은 공정, 자유, 평등의 세 가지 가치 기준으로 평가한다. 〈표 5〉는 국민에 의한 국가의 가치 평가가 좋은 정부 인식과 밀접한 연관성이 있음을 보여주고 있다.

우리나라가 공정하다고 느끼는 사람(6.6)이 보통이라고 인식하는 사람(5.4)보다, 그리고 보통이라고 인식하는 사람이 불공정하다고 느끼는 사람(4.2)보다 정부를 더 긍정적으로 평가하였다. 우리나라가 자유롭다고 느끼

변수	변수 유목	N	정부평가 평균	통계량
〈표 5〉		민주주의 가치인식에 따른 정부평가 인식		
공정함	불공정함	557	4.22	F=268.70 p〈.001
	보통	420	5.40	
	공정함	533	6.56	
자유로움	자유롭지 못함	173	3.73	F=137.30 p〈.001
	보통	253	4.54	
	자유로움	1,085	5.83	
평등함	불평등함	444	4.18	F=231.14 p〈.001
	보통	377	5.01	
	평등함	690	6.34	

* 모름/무응답은 표에서 생략

는 사람(5.8)이 보통이라고 인식하는 사람(4.5)보다, 그리고 보통이라고 인식하는 사람이 자유롭지 않다고 느끼는 사람(3.7)보다 정부를 더 긍정적으로 인식하였다. 우리나라가 평등하다고 인식하는 사람(6.3)이 보통이라고 인식하는 사람(5.0)보다, 그리고 보통이라고 인식하는 사람이 불평등하다고 느끼는 사람(4.2)보다 정부를 더 좋다고 평가하였다. 정부평가 인식과 세 국가 가치 인식 사이의 상관성은 모두 높았으나 그중 공정성($r=.59$)이 가장 높았고, 다음으로 평등($r=.57$), 그리고 자유($r=.46$)가 가장 낮았다. 국가가 공정한지 불공정한지 여부가 가치 인식 중 정부평가에 가장 중요한 잣대가 된다는 것이다.

종합하면, 좋은 정부 인식에는 규범적인 차원에서 우리나라의 민주주의에 대한 평가가 반영된 것이라 할 수 있으며, 또 민주주의의 가치 인식으로 자유, 평등, 공정성에 대한 평가 역시 긴밀하게 관련된 것이라 하겠다.

III. 정부의 질 요소와 좋은 정부 인식

「SSK 좋은 정부 연구단」은 「세계은행」의 '좋은 거버넌스(Good Governance)' 연구나 스웨덴 「정부의 질 연구소」의 '정부의 질' 연구 등 선행 연구에서 정의한 정부의 질의 구성요소를 종합하여 이들이 좋은 정부 인식에 어떤 연관성을 지니는지를 규명하였다. 정부의 질의 다차원적 요소들이 우리나라 국민들의 정부 인식과 실제로 어떻게 연관되고 있는지를 탐색한 것이다. 선행 연구를 종합한 결과, 정부의 질은 법치, 공정성, 민주성, 효율성, 그리고 안보와 복지의 여섯 가지 차원으로 압축되었다. 그리고 앞의 네 가지 요소는 절차적 질로 범주화되고, 뒤의 두 가지 요소는 결과적 질로 묶을 수 있었다. 각 차원에는 해당하는 2개의 변수를 포함하였다.

먼저 〈표 6〉에서 정부의 절차적 질에 해당하는 네 가지 요소는 모두 좋은 정부 인식과 커다란 연관성을 지니고 있었다. 법치에 해당하는 공직자의 법 준수와 청렴함과 관련하여 동의하지 않는다는 집단(각각 5.0점, 5.2점)과 동의하는 집단(각각 6.2점, 6.2점) 사이에 좋은 정부 인식의 차이는 각각 1.2점과 1.0점으로 모두 통계적으로 유의하였다. 공정성에 해당하는 세금·병역 부과의 공정함과 민원처리의 공정함에 동의집단(각각 6.2점, 5.7점)과 비동의집단(각각 4.9점, 4.9점) 간의 정부 인식 차이 역시 각각 1.2점과 0.8점으로 모두 통계적으로 유의하였다. 정부의 공정성이 법치보다는 정부 인식에 조금 약하게 연관되었다. 민주성은 절차적 질 요소 중 정부 인식에 가장 큰 영향을 미쳤다. 정부가 정책을 결정할 때 국민여론을 반영하고 보통사람의 의견을 반영한다는 의견과 관련하여 동의집단(각각 6.2점, 6.3점)과 비동의집단(각각 4.9점, 5.1점)의 정부 인식 격차는 각각 1.3점과 1.2점으로 모두 통계적으로 유의한 차이를 보였다. 정부의 과제해결 능력과 세금 낭비로 측정된 효율성 또한 정부 인식과 연관성을 지녔지만 민주성보다는 적었다. 각각의 동의집단(각각 6.1점, 6.0점)과 비동의집단(각각 4.9점, 5.2점)의 차이는 1.2점과 0.8점으로 모두 통계적으로 유의하였다.

〈표 6〉			정부의 절차적 질과 정부 인식		
구분	변수	변수 유목	N	정부평가 평균	통계량
법치	공직자가 법을 준수함	동의하지 않음	1,017	4.99	t=12.42 p<.001
		동의함	446	6.25	
	공직자가 청렴함	동의하지 않음	1,248	5.20	t=-8.08 p<.001
		동의함	263	6.23	
공정성	세금/병역부과의 공정함	동의하지 않음	963	4.93	t=-12.65 p<.001
		동의함	545	6.17	
	민원처리의 공정함	동의하지 않음	635	4.90	t=-8.35 p<.001
		동의함	876	5.72	
민주성	국민여론 반영	동의하지 않음	980	4.91	t=-13.56 p<.001
		동의함	530	6.24	
	보통사람 의견 반영	동의하지 않음	1,129	5.06	t=-11.47 p<.001
		동의함	382	6.32	
효율성	정부의 과제해결 능력	능력 없음	897	4.90	t=-11.91 p<.001
		능력 있음	594	6.07	
	세금낭비 안 함	동의하지 않음	1,227	5.23	t=-6.05 p<.001
		동의함	284	5.99	

* 모름/무응답은 표에서 생략

　한편 〈표 7〉은 정부의 결과적 질에 해당하는 두 가지 요소에 대한 평가 역시 좋은 정부 인식과 깊은 관련이 있음을 보여준다. 앞서도 보았지만 복지인식 또한 정부 인식과 연관성이 높았다. 전반적인 복지수준이 낮다는 집단(4.9점)과 높다는 집단(6.0점) 사이에 정부 인식 차이는 1.1점으로 통계적으로 유의하였고, 복지가 적절하게 전달되고 있다는 집단(6.1점)과 그렇지 않다는 집단(4.9점) 사이에 정부 인식 차이도 1.2점으로 통계적으로 유의하

〈표 7〉			정부의 결과적 질과 정부 인식		
구분	변수	변수 유목	N	정부평가 평균	통계량
안보	외부위협에 대한 대응	잘못함	602	4.62	t=-12.79 p〈.001
		잘함	909	5.88	
	생명/재산을 지킴	잘못함	519	4.45	t=-14.35 p〈.001
		잘함	992	5.86	
복지	전반적인 수준	낮음	815	4.88	t=-11.24 p〈.001
		높음	696	5.96	
	적절한 전달	부동의	969	4.95	t=-11.98 p〈.001
		동의	542	6.14	

* 모름/무응답은 표에서 생략

였다. 그러나 안보에 해당하는 변수들이 복지보다 더 강하게 정부 인식과 연관되어 있었다. 정부가 외부 위협으로부터 잘 대응하고 있다고 생각하는 사람들(5.9점)과 그렇지 않다고 생각하는 사람들(4.6점) 사이에 정부평가 차이는 1.3점으로 통계적으로 유의하였다. 그러나 12가지의 정부의 질 변수 중 의견 집단 사이에 정부 인식의 격차가 가장 크게 나타난 것은 안전에 대한 정부 수행이었다. 정부가 생명과 재산을 잘 지킨다는 의견에 동의하는 집단(5.9점)과 동의하지 않는 집단(4.5점) 사이에 정부 인식의 격차는 1.4점으로 뚜렷한 차이를 보였다. '생명과 재산의 안전'이 정부 인식에 미치는 영향이 컸던 것은 북한과 같이 외부로부터의 국가안보만큼이나 재난으로부터 국민의 생명을 보호하는 안전이 정부의 역할로 크게 여겨지고 있음을 알 수 있다. 2014년 전 국민을 충격 속에 몰아넣었던 '세월호 사건'의 경험이 이러한 경향을 촉진하였던 것일 수 있다.

〈그림 2〉는 정부의 절차적 질에 대한 네 가지 요소의 8개 항목과 결과적 질에 대한 두 가지 요소의 4개 항목의 평가를 각각 산술 평균하여 상·하로

<그림 2> 정부의 절차적·결과적 질 평가에 따른 좋은 정부 인식

		낮음	높음
정부의 결과적 질	높음	6.00 (455)	7.06 (176)
	낮음	4.62 (819)	6.25 (61)

정부의 절차적 질

나누어, 낮음은 1점에서 2.5점까지, 그리고 높음은 2.5점을 넘어 4점까지로 구분하여 네 가지 집단으로 유형화한 것이다. 이들 네 집단의 좋은 정부 인식을 살펴보면 뚜렷한 차이를 확인할 수 있다(F=134.1, p<.001). 예상대로 정부의 절차적 질과 결과적 질을 모두 긍정적으로 평가한 사람들의 좋은 정부 인식은 7.1점으로 가장 높았다. 다음으로 절차적 질을 높게 그리고 결과적 질은 낮게 평가한 사람들의 정부평가는 6.3점이었고, 반대로 절차적 질을 낮게 그리고 결과적 질을 높게 평가한 사람들의 정부평가 또한 6.0점으로 비슷했다. 그러나 두 차원 모두 부정적으로 평가한 사람들의 좋은 정부 인식은 4.6점으로 가장 낮은 것으로 나타난다. 이로써 정부의 질 요소와 정부평가 인식 사이에는 밀접한 연관성이 있음을 확인하였다.

끝으로 <표 8>은 좋은 정부에 대한 인지적 차원의 구성요소를 탐색하기 위하여 '어떤 정부를 좋은 정부라고 생각하는가?'라는 직접적 질문에 대한 응답 분포를 보여주고 있다. 좋은 정부는 국가안보를 책임지는 정부라고 생각하는 사람이 전체 국민의 14%, 사회복지를 실현하는 정부라고 인식하는 사람이 30%, 법과 질서를 확립하는 정부라고 생각하는 사람이 34%, 그리고 경제성장을 이루는 정부라고 인식하는 사람이 20%였다. 법치, 복지, 성장, 그리고 안보순으로 좋은 정부 인식의 중요도가 나타났다. 그러나 응답 유형에 따라 정부 인식의 평균점수를 비교하면 이야기는 달라진다. 국가안보를

〈표 8〉		좋은 정부 인식의 기준에 따른 정부평가 인식	
기준	빈도	정부 인식 평균(편차)	통계량 (ANOVA)
국가안보	14%	6.3 (1.9)	A
사회복지 법과 질서 경제성장	30% 34% 20%	5.1 (1.9) 5.3 (1.9) 5.4 (1.9)	B B B
전체	100% (1,511명)	5.4 (1.9)	F=28.1 p<.001

* ABC 표기는 ANOVA 사후검증의 평균값 차이 여부를 뜻함

잘 수행하는 정부가 좋은 정부라고 생각하는 사람들의 정부평가가 6.3점으로 다른 요소를 중시하는 경우보다 정부에 대해 호의적이었다. 사회복지나 법과 질서, 경제성장이 좋은 정부의 기준이라고 생각하는 사람들의 정부 인식은 통계적으로 유의한 차이를 나타내지 않았다.

종합하면, 좋은 정부 인식에는 규범적인 차원에서의 민주주의 평가뿐 아니라 정부의 질에 대한 구체적인 평가도 중요한 영향 요인임을 확인할 수 있다. 절차적 질로서 법치, 공정성, 민주성, 효율성에 대한 긍정적·부정적 평가가 정부 인식에 중요한 차이를 낳았으며, 결과적 질로서 안보와 복지에 대한 평가 역시 좋은 정부 인식에 큰 차이를 나타냈다.

IV. 기관신뢰도 및 기관청렴도와 좋은 정부 인식

마지막으로 기관신뢰도 및 청렴도와 정부 인식과의 연관성을 살펴보았다. 먼저 〈표 9〉는 국가의 모든 주요 기관에 대한 신뢰여부가 좋은 정부

변수	변수 유목	N	정부평가 평균	통계량
〈표 9〉		기관신뢰도와 정부평가 인식		
중앙정부	신뢰함	665	6.18	t=15.57
	신뢰 못함	833	4.72	p⟨.001
대기업	신뢰함	636	6.10	t=13.26
	신뢰 못함	864	4.83	p⟨.001
법원	신뢰함	836	5.83	t=10.83
	신뢰 못함	664	4.78	p⟨.001
검찰	신뢰함	836	5.78	t=9.56
	신뢰 못함	664	4.85	p⟨.001
국회	신뢰함	211	6.21	t=6.91
	신뢰 못함	1,288	5.23	p⟨.001
지자체	신뢰함	776	5.68	t=6.59
	신뢰 못함	724	5.03	p⟨.001

인식에 차이를 가져왔고, 그러한 결과는 모두 통계적으로 유의한 것을 보여
준다. 여섯 가지의 기관 중에서 특히 중앙정부에 대한 신뢰여부가 정부평가
를 가장 크게 갈랐다. 즉 중앙정부를 신뢰하는 사람(6.2점)과 하지 않는 사
람(4.7점) 사이의 평균 점수 차이는 1.5점에 달하였다. 일반적으로 정부가
국민으로부터 좋다는 평가를 받기 위해서는 중앙정부가 신뢰를 받는 것이
중요하다는 의미다. 대기업은 국가기관은 아니지만 나라 경제를 이끄는 주
요 기관이어서 신뢰를 묻는 기관에 포함시켰다. 대기업에 대한 신뢰여부(각
각 6.1점, 4.8점)는 두 번째로 크게 정부평가의 차이(1.3점)를 보였다. 다음
으로 법원에 대한 신뢰여부(각각 5.8점, 4.8점)도 정부평가에 1.0점의 차이
를 가져왔다. 검찰에 대한 신뢰여부(각각 5.8점, 4.9점)는 정부평가에 0.9점
의 차이를 나타냈다. 국회는 국민들로부터 가장 신뢰받지 못하는 기관으로

나타났는데, 이번 자료에 의하면 국민의 89%가 국회 불신한 것을 준다. 국회 신뢰여부(각각 6.2점, 5.2점) 역시 정부 인식을 크게 가르지는 않았지만 1.0점의 차이를 나타냈다. 지방자치단체에 대한 신뢰여부(각각 5.7점, 5.0점)도 정부 인식을 크게 가르지 못한 0.7점의 차이를 나타냈다. 요컨대 우리나라 국민 사이에 좋은 정부라는 평가 인식은 지방정부보다는 중앙정부, 국회나 법원보다는 대기업에 대한 신뢰여부가 정부 인식에 중요하였다.

한편 기관청렴도는 11점 척도로 측정되었는데, 매우 부패는 0점이고, 매우 청렴은 10점이었다. 11점 척도인 좋은 정부 인식과의 연관성을 알아보기 위해 이변량 상관관계 분석을 한 〈표 10〉의 결과는 모든 기관의 청렴도가 좋은 정부 인식과 뚜렷한 연관성을 가지는 것으로 나타났다(p〈.001). 기관 신뢰와 마찬가지로 국회의 청렴도는 좋은 정부 인식과의 상관성이 비교적 낮았다(r=.292). 또 기관 신뢰와 마찬가지로 중앙정부부처(r=.486)와 중앙공무원(r=.451), 그리고 검찰(r=.446), 법원(r=.435)순으로 이들의 청렴도가 좋은 정부 인식에 중요하였다.

종합하면, 좋은 정부 인식에는 국가의 주요 기관들과 대기업에 대한 국민의 신뢰여부가 중요하게 자리하고 있음을 확인할 수 있으며, 특히 중앙정부에 대한 신뢰여부는 좋은 정부 인식과 밀접한 상관성을 지닌 것이었다. 이는 또 정부신뢰의 핵심 요소라 할 수 있는 청렴도와의 관계에서도 유의한 상관성을 나타냈는데, 중앙정부 기관과 공무원의 청렴도 평가가 좋은 정부 인식에 가장 큰 영향을 미치는 것을 볼 수 있었다.

〈표 10〉 기관 청렴도와 좋은 정부 인식의 상관성

기관	법원	중앙정부부처	국회	중앙정부공무원
상관계수	.435**	.486**	.292**	.451**
기관	지방정부공무원	검찰	경찰	국세청/세무서
상관계수	.349**	.446**	.391**	.386**

색 인

지은이 소개

❖ **이현우**

서강대학교 현대정치연구소 소장 (2015~)
한국선거학회 회장 (2015~)
서강대학교 정치외교학과 교수 (2006~)

❖ **노대명**

한국보건사회연구원 기초보장연구실
아시아사회정책연구센터 센터장 (2013~)
한국보건사회연구원 연구위원 (2000~)

❖ **서복경**

서강대학교 현대정치연구소 연구원 (2009~)

❖ **이덕로**

세종대학교 행정학과 교수 (2001~)
세종대학교 국정관리연구소 소장 (2013~)

❖ 이정진

서강대학교 현대정치연구소 연구원 (2013~)

❖ 이지호

서강대학교 현대정치연구소 연구원 (2009~)

❖ 조영호

서강대학교 정치외교학과 조교수 (2015~)

❖ 최연혁

Scandinavian Institute for Policy Studies 소장 (2009~)
스웨덴 Södertörn대학교 교수 (1997~2014)

❖ 황아란

부산대학교 공공행정학부 교수 (2004~)